革命文献与民国时期文献
保护计划

成果

國家圖書館出版社 編

社會部公報兩種

第三冊

國家圖書館出版社

第三冊目錄

社會部總務司　編

社會部公報

第五期

重慶：中華民國社會部總務司，民國三十一年（1942）鉛印本

中華郵政登記認為第一類新聞紙類

中華民國三十一年一月至三月

第五期

社會部公報

社會部總務司編印

國父遺像

國父遺囑

余致力國民革命，凡四十年，其目的在求中國之自由平等，積四十年之經驗，深知欲達到此目的，必須喚起民衆，及聯合世界上以平等待我之民族，共同奮鬥！

現在革命尚未成功，凡我同志，務須依照余所著：建國方略、建國大綱、三民主義、及第一次全國代表大會宣言，繼續努力，以求貫徹！最近主張開國民會議，及廢除不平等條約，尤須於最短期間，促其實現！是所至囑。

社會部公報

第五期目錄

命令

法規附方案

命令

任免令一百三十三件

公牘

總務類

社會部呈一件

總二字第二一〇八〇號　呈行政院　奉令任命黃仲翔等爲四川等省社會處長一案謹將遵辦情形呈請鑒核并請分飭各省政府將社會處本年度預算內一、二兩月經費劃作開辦費并准暫時預撥關防由

社會部公函一件

總二字第二一一四二號　函考選委員會　准函擬具關於社會行政人員之高考普考暨普通考試合作人員應考資格及考試科目意見函請察酌辦理由

社會部電六件

會四字第二〇四四四號　代電本部所屬各機關　抄發修訂各機關領發公務員生活補助費及特別生活補助費辦法及清單格式電仰依限遵辦呈憑彙轉由

社會字第二〇七四二號　代電各省政府主席　爲酌擬該省社會處編制標準希參酌本部各司職掌在省社會處組織大綱第四五兩條規定迅擬該處組織規程報部核轉由

會四字第二一三二七號　代電本部所屬各機關　奉院令抄發追加預算案處理大綱及各部動支預備金暫行辦法電仰切實遵照由

總二字第二一六一五號　電周達時　奉院令任命該員爲貴州省社會處處長仰積極籌備具報特電遵照由

社總字第二二五五二號　代電各省政府　電請飭社會處(科)迅擬本年度工作計劃呈轉審核由

總二字第二三一〇四號　代電各省市社會處　檢發本部三十一年度社會建設計劃草案希查收具復由

社會部訓令九件

總二字第二〇〇〇九號　令本部所屬各機關　令發職員年終考成辦法及考成表式仰於三十一年一月十日前遵辦具報由

總二字第二〇一一六號　令本部所屬各機關　抄發修正黨政軍機關小組會議與公私生活行爲輔導辦法令仰遵照由

總二字第二〇五七八號　令本部所屬各機關　爲重新製定服務人員一覽表及人事動態表格式令仰遵辦由

總　字第二〇八二八號　令黃仲翔等　奉院令任命該員等爲四川等省社會處處長飭先行代理處長職務並依法塡具任用審查表呈轉任命由

總一字第二一三一七號　令本部所屬各機關　令知鄉鎮公所及區署對轄境內人民團體之行文程式由
總字第二一八六八號　令本部所屬各機關　頒黨政軍各機關人事機構統一管理綱要令遵由
會一字第二二三八九號　令本部所屬各機關　准國府主計處函送中央各機關編製二十九年度及三十年度決算要點合行抄發令仰遵照并轉飭遵照由
總二字第二二九一五號　令本部所屬各機關　奉令轉發國府公布紀念日期表令仰知照由
總二字第二二九一六號　令本部所屬各機關　奉院令為三月十二日總理逝世紀念不再舉行儀式令仰知照由

組織訓練類

社會部函十一件

組三字第二〇一七九號　函中央秘書處　准函以浙江省黨部請停止施行非常時期農工商團體維持現狀暫行辦法囑核辦等由復請查照由
組五字第二一〇八四號　函貴州省黨部　准函以救國團體負責人及社會服務處主辦事業各機關主要負責人可否援例緩役核復一案復請查照轉知由
組三字第二一一二九號　函四川省黨部　准函以據彭水縣黨部呈請核示戰時食鹽購銷處是否可以加入商會一案函復查照飭知由
組五字第二一二八三號　函安徽省黨部　准函詢族務委員會可否准予組織復請查照轉知由
組二字第二一五九〇號　函西康省黨部　關於西昌縣總工會請示國營省營工廠工人應否加入組織及商營工廠不組織工會與工會會員不納會費應否予以制裁一案復請查照轉知由
組一字第二三三四九號　函浙江省黨部　准電囑解釋僱用捕魚工人應否組織工會一案復請查照由
組五字第二三二六〇號　函各省市黨部　奉飭令學生自治會劃歸教育部主管一案函請查照由
組三字第二三二〇三號　函江西省政府　准函囑核釋組織汽車商業同業公會疑義函復查照由
組三字第二三七六七號　函重慶市黨部　准函囑解釋擬船業同業公會委員可否兼任船員工會理事一案函復查照由
組五字第二二七八二號　函湖南省黨部　准函據藍田區黨部報告以據周純熙等組織藍田中等學校教職員聯合會應否許可組織一案復請查照轉知由
組三字第二三〇九九號　函四川省黨部　准函以據渠縣商會呈請核示銀行業是否應組織公會及對商會同業公會法第十二條之疑義轉囑釋復等由函復查照飭知由

社會部咨五件

組六字第二〇一五二號　咨各省市政府　為頒佈非常時期人民團體訓練綱要咨請查照由
組二字第二〇六二二號　咨湖南省政府　為規定勞資仲裁委員會仲裁書應載明之事項及該會無須使用圖記復請查照并轉飭遵照由
社組字第二一六三一號　咨四川省政府　准咨囑核復關於黨政機關辦理社會工作之權責問題一案復請查照飭知由
組三字第[illegible]一五號　咨軍政部　准咨以河南軍管區司令部電請核示人民團體負責人緩役疑義囑核復一案咨復查照轉知由

社會部電十件

社會部訓令三件

社會福利類

社會部咨一件

社會部電一件

合作事業類

社會部公報　目錄

[illegible]

八

法規

非常時期人民團體組織法

三十一年二月十日國民政府公佈

第一條　非常時期各種人民團體之組織依本法之規定

第二條　人民團體之主管官署在中央為社會部在省為社會處未設社會處之省為民政廳在院轄市為社會局在縣市為縣市政府但其目的事業應依法受該事業主管官署之指揮監督

第三條　人民團體因同一業務而結合者為職業團體

第四條　各種職業之從業人均應依法組織職業團體並應依法加入各該團體為會員

各種職業團體依法許其有級數之組織者其下級團體均應加入各該上級團體為會員

第五條　職業團體之會員除法律另有規定外以現在從事本業者為限

第六條　凡具有兩種以上人民團體之會員資格者得同時加入兩種以上之團體為會員

第七條　人民團體組織之區域除法令另有規定外以行政區域為其組織區域

第八條　人民團體在同一區域內除法令另有規定外其同性質同級者以一個為限

第九條　人民團體均應置理事監事就會員中選舉之其名額依左列之規定

一　縣市以下人民團體之理事不得逾九人

二　省或院轄市人民團體之理事不得逾二十五人

三　中央直轄人民團體之理事不得逾三十一人

四　各級人民團體之監事名額不得超過該團體理事名額三分之一

五　各級人民團體均得置候補理事候補監事其名額不得超過該團體理事監事名額二分之一

前項各款理事監事名額在三人以上時得按名額多寡互選常務理事常務監事一人至五人必要時並得就常務理事中選舉一人為理事長

第十條　各職業團體置書記一人以曾經訓練合格之人員充任必要時得由主管官署指派

其他人民團體遇必要時得依前項規定辦理

第十一條　人民團體之發起人數除法令另有規定外應依左列之規定

一　縣各級人民團體之組織應有十五人以上之發起

二　中央直轄及省或院轄市之人民團體之組織應有三十人以上之發起

三　依法有級數組織之人民團體應先組織其下級團體有過半數之下級團體組織完成時得發起組織其上級團體

第十二條　人民團體之章程應載明左列事項

一　名稱

二　宗旨

三　區域

四　會址

五　任務或事業

六　組織

七　會員入會出會及除名

八　會員之權利與義務

九　職員名額權限任期及其選任解任

十　會議

十一　經費及會計

十二 章程之修改

第十三條 人民團體之組織應由發起人向主管官署申請許可經許可後主管官署應即派員指導

第十四條 人民團體經許可組織其發起人應即推定籌備員組織籌備會呈報主管官署備案

第十五條 人民團體於召開成立大會前應將籌備經過連同章程草案呈報主管官署並請派員監選

第十六條 人民團體組織完成時應即造具會員名冊職員略歷冊連同章程各一份呈報主管官署立案並由主管官署造具簡表轉送目的事業主管官署備查

第十七條 人民團體經核准立案後應頒發立案證書及圖記

前項立案證書及圖記之式樣暨頒發規則由社會部定之

第十八條 人民團體違反法令妨害公益或怠忽任務時主管官署得分別施以左列之處分

一 警告

二 撤銷其決議

三 整理

四 解散

職業團體經解散後應即重行組織

下級主管官署為第一項第三款或第四款之處分時應經其上級主管官署之核准

第一項第一款及第二款之處分目的事業主管官署亦得為之

第十九條 現行法令關於人民團體組織之規定與本法不抵觸者仍適用之

第二十條 本法自公佈日施行

國家總動員法

三十一年三月二十九日國民政府公布

第一條 國民政府於戰時為集中運用全國之人力物力加強國防力量貫徹抗戰目的制定國家總動員法

第二條 本法所稱政府係指國民政府及其所屬之行政機關而言

第三條 本法所稱國家總動員物資係指左列各款而言

一 兵器彈藥及其他軍用器材
二 糧食飼料及被服品料
三 藥品醫藥器材及其他衛生材料
四 船舶車馬及其他運輸器材
五 土木建築器材
六 電力與燃料
七 通訊器材
八 前列各款器材之生產修理支配供給及保存上所需之原料與機器
九 其他經政府臨時指定之物資

第四條 本法稱國家總動員業務係指左列各款而言
一 關於國家總動員物資之生產修理支配供給輸出輸入保管及必要之試驗研究業務
二 關於民生日用品之專賣業務
三 關於金融業務
四 關於運輸通信業務
五 關於衛生及傷兵難民救護業務
六 關於情報業務
七 關於婦孺老弱及必要者之遷移及救濟業務
八 關於工事構築業務
九 關於教育訓練與宣傳業務
十 關於徵購及搶運購運之業務
十一 關於維持後方秩序並保護交通機關及防空業務
十二 其他經政府臨時指定之業務

第五條 本法實施後政府於必要時得對國家總動員物資徵購或徵用其一部或全部

第六條　本法實施後政府於必要時得對國家總動員物資之生產販賣或輸入者命其儲存該項物資之一定數量在一定期間非呈准主管機關不得自由處分

第七條　本法實施後政府於必要時得對國家總動員物資之生產販賣使用修理儲藏消費遷移或轉讓加以指導管理節制或禁止

前項指導管理節制或禁止必要時得適用於國家總動員物資以外之民生日用品

第八條　本法實施後政府於必要時得對國家總動員物資及民生日用品之交易價格數量加以管制

第九條　本法實施後政府於必要時在不妨礙兵役法之範圍內得使人民及其他團體從事於協助政府或公共團體所辦理之國家總動員業務

第十條　政府徵用人民從事於國家總動員業務時應按其年齡性別體質學識技能經驗及其原有之職業等為適當之支配

第十一條　本法實施後政府於必要時得對從業者之就職退職受雇解雇及其薪俸工資加以限制或調整

第十二條　本法實施後政府於必要時得對機關團體公司行號之員工及私人雇用工役之數額加以限制

第十三條　本法實施後政府於必要時得命人民向主管機關報告其所雇用或使用之人之職務與能力並得施以檢查

第十四條　本法實施後政府於必要時得以命令預防或解決勞動糾紛並得對於封鎖工廠罷工怠工及其他足以妨礙生產之行為嚴行禁止

第十五條　本法實施後政府於必要時得對耕地之分配耕作力之支配及地主與佃農之關係加以釐定並限期墾殖荒地

第十六條　本法實施後政府於必要時得對貨幣流通與匯兌之區域及人民債權之行使債務之履行加以限制

第十七條　本法實施後政府於必要時得對銀行信託公司保險公司及其他行號資金之運用加以管制

第十八條　本法實施後政府於必要時得對銀行公司工廠及其他團體行號之設立合併增加資本變更目的募集債款分配紅利履行債務及其資金運用加以限制

第十九條　本法實施後政府於必要時得獎勵限制或禁止某種貨物之出口或進口並得增徵或減免進出口稅

第二十條　本法實施後政府於必要時得對國家總動員物資之運費保管費保險費修理費或租費加以限制

第二十一條　本法實施後政府於必要時得對人民之新發明專利品或其事業所獨有之方法圖案模型設備命其報告試驗并使用之

關於前項之使用并得命原事業主供給熟練技術之員工

第二十二條　本法實施後政府於必要時得對報館及通訊社之設立報紙通訊稿及其他印刷物之記載加以限制停止或命其為一定之記載

第二十三條　本法實施後政府於必要時得對人民之言論出版著作通訊集會結社加以限制

第二十四條　本法實施後政府於必要時得對人民之土地住宅或其他建築物徵用或改造之

第二十五條　本法實施後政府於必要時得對經營國家總動員物資或從事國家總動員業務者命其擬訂關於本業內之總動員計劃並舉行必要之演習

第二十六條　本法實施後政府於必要時得對從事國家總動員物資之生產或修理者命其舉行必要之試驗與研究或停止改變原有企業從事指定物資之生產或修理

第二十七條　本法實施後政府於必要時得對經營同類之國家總動員物資或從事同類之國家總動員業務者命其組織同業公會或其他職業團體或命其加入固有之同業公會或其他職業團體

前項同業公會或職業團體主管機關應隨時監督並得加以整理改善

第二十八條　本法實施後政府對於人民因國家總動員所受之損失得予以相當之賠償或救濟並得設賠償委員會

本法實施停止時原有業主或權利人及其繼承人對於原有權利有收回之權

第二十九條　本法實施時應設置綜理推動機關其組織另以法律定之

關於國家總動員物資及業務仍由各主管機關管理執行

第三十條　本法實施時前條綜理推動機關為加強國家總動員之效率起見得呈請將有關各執行機關之組織經費權限加以變更或調整

第三十一條　本法實施後政府對於違反或妨害國家總動員之法令或業務者得加以懲罰

前項懲罰以法律定之

第三十二條　本法之公布實施與停止由國民政府以命令行之

雲南省箇舊縣礦區勞工福利委員會組織規則

三十一年一月十三日院令核准

第一條　社會部為積極推進雲南省箇舊縣礦區勞工福利事業起見特設立雲南省箇舊縣礦區勞工福利委員會（以下簡稱委員會）

第二條　委員會以左列各代表充任委員

一　社會部代表一人

二　經濟部代表一人

三　衛生署代表一人

四　雲南省政府代表一人

五　新生活運動促進總會婦女指導委員會代表一人

六　中華基督教會福利事業服務人員代表一人

七　公營礦場方代表（錫務公司總理）及勞方代表各一人

八　民營礦資方代表及勞方代表各一人

九　箇舊耆紳一人

第三條　委員會之任務如左

一　調查礦工組織與生活狀況

二　指導礦工組織工會

三　訓練礦工工會幹部及會員

四　改善與保障礦工生活

五　建議戰時適用於箇舊礦區之勞工立法

六　協助處理礦工相互間及礦工與礦商爭議

七　籌辦及指導礦工福利事業

八　籌措礦區勞工福利事業經費

九　執行指導監督機關之命令

第四條　委員會受社會部之指導監督為辦事便利起見社會部得將指導監督權委託雲南省政府就近執行之

第五條 委員會置左列三組

一 指導組 掌理礦工之組織訓練調查統計暨執行指導監督機關命令與協助處理爭議事項

二 福利組 掌理礦工福利事業之設計籌辦事項

三 總務組 掌理文書會計庶務及不屬於其他各組之事項

第六條 委員會設主任委員一人由雲南省政府社會處處長兼任之必要時得設副主任委員襄理會務下設組長副組長各三人指導員辦事員雇員各若干人承主任委員副主任委員之命辦理會務

組長副組長辦事員雇員由主任委員提出委員會議任免之并分呈社會部雲南省政府備案

第七條 委員會工作計劃及每月進度應分呈社會部雲南省政府核定後實施

第八條 委員會每月開會一次會議紀錄應隨時呈送社會部雲南省政府備查

第九條 委員會應按月編具工作報告分呈社會部雲南省政府備案

第十條 委員會經費除自行籌措外社會部雲南省政府得予以補助

第十一條 委員會於個舊縣礦工工會組織健全與福利事業發展任務完成時由社會部撤銷之

第十二條 本規則由社會部訂定呈請 行政院備案施行

陪都及遷建區各機關公務員眷屬生產合作推進辦法

三十一年一月十五日院令核定

一 陪都及遷建區各機關公務員眷屬經營生產合作事業除法令另有規定外依本辦法之規定

二 陪都及遷建區各機關員工眷屬除因年齡體格住所及其本人工作狀況有特殊障礙者外均應一律參加生產合作工作

三 陪都及遷建區各機關爲辦理員工眷屬之生產合作事業得於其員工消費合作社設置生產部經營之必要時得另設立員工眷屬生產合作社

四 各機關辦理員工眷屬生產合作社或於消費合作社設置生產部時各眷屬之參加工作者均須加入合作社爲社員

五 員工眷屬生產合作社或增設生產部之消費合作社均應採保證責任制

六 生產合作社或生產部爲籌措營運款項得設置生產基金由參加之眷屬分別認繳之

七 參加生產合作之眷屬各依其所得工資分配盈餘贏餘過小時得經理事會之決議全部撥作公積金

八 員工眷屬生產合作關於產製部分爲適應家庭環境得採分散制以原料工具分發各眷屬使用但在可能範圍內仍應酌量設置廠場集中經營

九 員工眷屬生產合作之原料採辦設備購置及產品運銷以由合作社集中辦理爲原則

十 員工眷屬生產合作所產製之物品應暫以紡織縫紉製鞋刺繡編織飼養種植及其他適宜於家庭婦女操作之副業爲限

十一 員工眷屬生產合作之推進由社會部合作事業管理局督導之

十二 員工眷屬生產合作社或消費合作社生產部所需資金除由所在機關借撥外如有不足得請社會部合作事業管理局負責轉商金融機關或有關機關貸放之

十三 員工眷屬生產合作之產製技術由社會部合作事業管理局或合作社所在機關商由農工業技術改進機關協助之

十四 社會部合作事業管理局爲供給員工眷屬生產合作所需之原料工具種籽並推銷其產品應於其所設全國合作社物品供銷處設置各機關員工眷屬生產合作推廣部

十五 全國合作社物品供應處爲推廣員工眷屬生產合作必要時得以便於各員工眷屬產製所需之原料工具供給各合作社並負責以適當之價格收購其產品

十六 全國合作社物品供銷處爲辦理員工眷屬生產合作之推廣得擬具概算呈請增撥經費

十七 陪都及遷建區各機關設置員工眷屬生產合作社或消費合作社生產部之實施計劃及辦法由各機關另行擬具送請社會部合作事業管理局備案

十八 本辦法經行政院核定施行

黨政軍各機關人事機構統一管理綱要

三十年十二月二十七日國防最高委員會議決通過
三十一年一月二十六日院令轉發

甲、管理機關

黨政軍各機關人事機構及其人員應分別由左列機關統一管理之

一 屬於黨者爲中央黨部祕書處

二 屬於政者爲考試院銓敍部

三 屬於軍者爲軍事委員會銓敍廳

乙、管理辦法

一　黨政軍各機關內之人事機構或人事管理人員應受甲項所列各管理機關之指揮監督仍應遵守各機關之處務規程與其他通則并秉承原機關主管長官依法辦理其業務

二　黨政軍各機關辦理人事人員之考核任免應一律由各該管理機關依法辦理

三　黨政軍各機關辦理人事人員應一律予以訓練

丙、實施步驟

一　本方案先由黨政軍中央各機關實施再推行於地方黨政機關及各部隊

二　為實施各機關人事機構統一管理各管理機關得擴充或增設專管此項事務之機構

三　黨政軍各機關人事管理辦法應由各該管理機關分別擬定其已有辦法而未能收統一管理之效者須即依照乙項辦法修正之

四　黨政軍各機關之人事機構應力求充實其尚未設專管機構者應從速設立其設置員位人數亦應視各該機關業務之繁簡編制之大小與附屬機關之多寡為準（如不必設處者則設科或設股凡同級機關不必強求一律以免冗閒之弊）

五　現任黨政軍各機關人事管理人員應由各該管理機關分別考核決定去留其考核辦法另定之

六　關於黨政軍各機關人事管理人員之訓練由考試院負責統一辦理并限於三年內辦理完竣

七　黨政軍各機關人事管理人員之任用資格如各管理機關認為有另定之必要時得另擬標準

八　黨政軍各機關組織法規中未定人事機構或其現在機構與法定組織不合者應即修正其組織法規

九　本綱要經國防最高委員會議決通過後於三十一年度開始施行

出征抗敵軍人對合作社借款展期償還辦法

國防最高委員會第七十五次常務會議決議修正備案
三十一年一月二十七日院令轉發

一　合作社出征社員於應召前對合作社所負債務得依本辦法之規定辦理

二　凡合作社社員出征抗敵者其應召前對合作社所負債務如確係無力償還應准展緩至役滿返籍後之第二年籌措清理在

期間內免計利息

三 前項出征社員所負債務如係向貸款機關轉借貸放者應由合作社填具展期還款申請書呈由縣市政府證明應召日期並蓋印證明後轉請貸款機關准其展期停息

四 凡出征社員戰歿及因戰殘廢或戰事結束後一年無下落其債務確無法清償者在中央未另訂補救辦法前得由合作社於查明屬實後呈由縣市政府分別呈函主管及有關機關予以救濟

五 本辦法對互助社及其他以互助為宗旨之社團出征社員準用之

六 本辦法自公布之日施行

社會部學術會議實施計劃

三十年十二月二十九日部長核准施行
三十一年二月四日奉行政院指令修正

一 本部學術會議與原有各小組會議合併舉行

二 本部學術會議按照各單位工作人員學識程度及所任工作性質分組每週舉行會議一次其日期由組長會議排定之

三 每小組設組長一人秉承常務次長之指示對各該小組負指導考核之責

四 各組組長每月舉行組長會議一次以常務次長為主席負責主持組長會議一切事宜

五 充實小組會議內容規定每次開會二小時讀書報告及研究問題兩項節目應佔有四十分鐘之時間

六 小組組員讀書照釐定進度其閱讀範圍如左

1. 總理遺教
2. 總裁言論
3. 與本部業務及各組員本身工作有關之專門著作
4. 中央最近發布之命令訓詞及文告等
5. 其他 總裁指定之古今重要書籍

前項讀書進度由組長會議決定之

七 小組組員研究問題以與本部業務或抗建國策有關者為主其研究範圍暫定如左

1. 民衆組訓
2. 社會運動
3. 社會福利
4. 合作事業
5. 公文處理
6. 會計統計
7. 其他政治經濟及社會問題等

八　各小組每週舉行小組會議時在讀書報告程序中由組長指定組員報告本期應讀書籍之心得在研究問題程序中由各組員自由提出有關學術問題或由組長提出共同討論

九　各小組研究問題之結果如對於本部業務有改進意見得建議部長採擇施行

社會部學術會議考核辦法

三十年十二月二十九日部長核准施行
三十一年二月四日奉行政院指令修正

一　本部各學術會議學術研究之進度由常務次長負責考核

二　各小組舉行會議及組員讀書報告與研究問題之情形應按期列表連同會議紀錄送呈常務次長核閱

三　學術會議應行考核之事項如左

1. 會議進度　根據會議次數與研究進度考核各小組之優劣
2. 與會情形　根據個人出席會議次數與發言情緒考核各組員之勤惰
3. 報告內容　根據個人讀書報告及研究問題之心得見解考核各組員之學識能力

四　前條所列事項除第一款由常務次長逕行考核外其二三兩款先由各小組組長初核於每月月終製成報告就各該組組員之成績切實塡具評語送呈常務次長覆核

五　各小組組員學術研究成績之考核結果得併入年終考績分別予以獎懲

陪都及遷建區普設消費合作社配銷平價物資辦法

三十一年三月二十五日奉院令核定

一 本辦法依行政院經濟會議核定當前平價工作實施綱要丁項第十四款普設消費合作社配銷平價物資之規定訂定之

二 為運用合作組織配銷平價物資陪都及建遷區各機關團體尚未組織消費合作社者應依社會部公佈消費合作推進辦法與陪都及遷建區各機關消費合作社推進辦法之規定積極籌設其已組設者並應依上項辦法及社會部呈院核定機關合作社改善辦法改進之

三 消費合作社所需之平價物資如花紗布疋油鹽茶糖火柴燃料以及其他日用必需品等由全國合作社物品供銷處查明所需數量統籌配銷或協助採購之

四 消費合作社社員及其在陪都或遷建區之眷屬人數應由社會部合作事業管理局擬具表格交由各社據實填報各機關團體合作社經所在機關團體主管人員復核蓋章證明後送全國合作物品供銷處作為物資供應之依據

五 全國合作社物品供銷處對各合作社社員及其眷屬配銷平價物資之限定辦法另定之

六 各消費合作社不得對非社員交易社員一律憑摺購貨並應記明社員之交易數額以憑查對

七 各消費合作社之社務業務財務有不健全甚或違反政府法令者全國合作社物品供銷處即停止供給其平價物資之一部或全部並由合作主管機關加以整理

八 各消費合作社配銷平價物資之售價應盡量求其低廉重量尺寸均須十足不得稍存一般商店加放折發短付之惡習陋規

九 全國合作社物品供銷處為供應各消費合作社之需要對各物資管理及專賣機關平價供應之各項物品有優先請購之權

十 全國合作社物品供銷處原有營運資金不敷應用時得依陪都遷建區各機關消費合作社推進辦法之規定呈准動用物價平準基金

十一 各機關公務員眷屬依重慶市及遷建區各機關員工眷屬生產合作推進辦法之規定辦理生產合作時其所需物品之供應適用本辦法之規定

十二 社會部合作事業管理局考核各消費合作社之成績俾作供應平價物資之參考並作整理之依據遇見應即會同有關機關組織合作工作督導會議其辦法另定之

十三 本辦法經行政院核定後施行

社會部工作考核實施細則

三十一年三月三十一日 行政院指令准予備案

第一條　本細則依據黨政工作考核辦法及本部工作成績考核委員會組織規程訂定之

第二條　考核事項如左

甲、工作

一　依據各單位按月填報之工作計劃與工作進度對照表考核其是否與本部預定工作計劃及進度相符尤注重實際效果

二　依據各種會議決定事項考核各單位辦理情形

三　依據各單位工作日記考核其工作實況

四　依據公文登記室報告檢查各單位處理公文是否迅速及有無積壓等情事

乙、經費

一　依據計劃考核經費支配是否適當

二、依據事業進度考核其經費運用效能

丙、人事

一　考核各單位人員配置是否適宜

二　考核各級人員是否盡職

丁、部長飭交考核事項

第三條　各附屬機關之工作進度人事支配與經費運用由主管司局依其每月報告先行審核或派員實地考察詳具意見送由工作成績考核委員會復核

第四條　各附屬機關年終考績由主管司局先行分別考核加具意見送由工作成績考核委員會復核

第五條　新辦事業應由主管單位於事業開始前擬具事業進度表呈經　部長核定後交工作成績考核委員會存作考核依據

第六條　各附屬機關主管人員辦理交代時除財務外應遵照國防最高委員會頒發政績交代比較表表式逐項填具報部存作考核依據

第七條　本部及附屬機關對於現行法令之推行及實施利弊應以推行實況及實施結果作考核依據

第八條　工作成績考核委員會對本部及附屬機關工作經考核後除應就事業性能統計成績依照優劣編製成績比較表及依法擬定獎懲呈請　部長核定實施外並得提供改進意見

第九條　工作成績考核委員會考核各主管部份業務時如有疑義得詢問各主管人員各主管人員遇有工作進展不能與原定計劃及其進度表相符時應預向工作成績考核委員會聲明其困難原因及改進辦法

第十條　本細則呈請　行政院核准施行

非常時期人民團體訓練綱要

三十一年一月七日部令公佈

甲、總則

一　為訓練非常時期人民團體之會員特制定本綱要

二　人民團體之訓練須遵照　總裁「訓練的目的與訓練實施綱要」之規定

三　人民團體之訓練應以增進會員之工作智能改善其生活習慣培養其民族意識嚴密其團體組織建立有組織有生機之社會完成三民主義之國家為目的

四　人民團體之訓練在戰時應使會員在「國家至上民族至上」「意志集中力量集中」及「軍事第一勝利第一」三大目標之下發揮其力量期與軍事行動相配合達成抗戰建國之非常任務

乙、訓練方針

（一）一般的

1.思想方面

一　使會員明瞭中國國民黨之主義政綱政策抗戰建國綱領及非常時期民衆組訓方針

二　使會員認識　國父與　總裁之偉大人格歷代民族英雄與革命先烈之光榮史績以提高其民族意識與國家觀念

三　使會員認識共產主義之不合國情及敵偽理論之謬誤

四　使會員明瞭國際現狀及敵我形勢以堅定其抗戰必勝建國必成之信心

2.智能方面

一　使會員明瞭地方自治之意義行使四權之方法及政府各種戰時法令

二　使會員獲得生產技能及生活常識

三　使會員具備使用新式生產工具及利用合作組織之能力

四　使會員獲得一切戰時常識

3. 生活方面

一　養成會員實踐新生活之習慣

二　養成會員遵守黨員守則之精神

三　督促會員切實履行國民公約各條款

四　領導會員作業餘體育活動及其他正當娛樂

4. 組織方面

一　使會員明瞭個人與團體社會國家民族之關係

二　激發會員自信互信共信之精神

三　培養會員自動自覺自治之能力

四　養成會員負責任守紀律之習慣

（二）分業的

1. 關於農民者

一　指導農民改進耕耘技術增加糧食生產

二　指導農民培植森林築堤開堰預防水旱

三　指導農民飼養牲畜及蜂蠶魚鴨增加副產收入

四　指導農民運用生產運銷農貸各種組織解除經濟困難

五　指導農婦利用新式手工業生產工具

六　指導農民瞭解獸醫常識

七　指導農民代抗戰軍人家屬協助耕耘

2. 關於漁民者

一 增進漁民捕撈水產物之技能
二 指導漁民設立水產物飼養場
三 指導漁民改良魚類儲藏法
四 指導漁民創設水產物製造廠
五 指導漁民運用各種合作組織推廣魚業運銷
六 指導漁民利用閒暇從事各種副業

3. 關於工人者

一 指導工人改進工作技能增進生產效率
二 指導工人在勞資協調之原則下增進其福利
三 指導工人協助政府推行戰時經濟政策
四 鼓勵工人參加工作競賽
五 指導工人利用「生產」「消費」「運銷」「信用」各種合作社之組織
六 防止工人有妨害國家戰時生產行動之發生

4. 關於商人者

一 指導商人推行國家經濟政策協助政府認定物價
二 勸導商人投資一切生產事業
三 指導商人實施對敵經濟反封鎖
四 指導商人推行國家財政政策照章繳納稅捐
五 指導商人獲得新式商業組織及營業技能
六 勸導商人節制謀利心理提高服務精神

丙、訓練方式

（一）機會訓練

一 家庭訪問
二 田間訪問

三　漁塲訪問

四　業務訪問

為啟發會員之正確觀念糾正其錯誤行為及利用業餘閒暇機會以談話方式實施訓練

（二）集會訓練

一　國父紀念週

二　國民月會

三　各種紀念會

四　各種競賽會或展覽會

五　各種娛樂會

六　各種討論會

七　各種舊俗節會

為增進會員之工作興趣提高其集團意識凡具有紀念性質之集會應遵照規定舉行凡民間各種舊俗節日應換以新的意識領導實施並視事實之需要利用時間空間舉行各種並以提高工作興趣鼓舞民族精神之集會

（三）課堂訓練

一　民衆學校

二　各種業餘講習班

三　各種訓練班

各團體得遵照政府之規定斟酌環境設立以上各種學校或班次增進會員之一般常識與業務知能

（四）社會訓練

一　生活指導所

二　職業指導所

三　同人福利社

四　托兒所

五 救濟院
六 旅行團
七 糾紛調解處
八 書報閱覽室
九 衛生檢查隊

各人民團體得視事實上之需要舉辦以上各種社會福利事業藉事業以發揮訓練之功效

丁、實施要點

（一）辦法

一 人民團體訓練之主管官署在中央爲社會部在省爲社會處（未設社會處之省爲民政廳）直隸行政院之市爲社會局在縣市爲縣市政府實施訓練者爲各該人民團體理事會或執行委員會

二 人民團體訓練之施教人員應由各該主辦團體就該團體職員當地黨務團務工作人員學校教員初中以上學生或對某項技藝具有專長之人士中聘請之概爲義務職

三 人民團體舉辦訓練所需費用概由各該主辦團體自行籌措

四 各種訓練方式中所列各項目各團體得視事實與環境之需要擇要實施並得與同在一地之其他團體合併舉辦

五 各團體舉辦民衆學校應照教育部辦理民衆學校之規定辦理按受訓者識字程度分班授課但業餘補習班及訓練班應否分班得斟酌情形決定之

六 對團體所施各種訓練會員應一致參加不得借故規避但曾受中等以上教育或年齡在五十歲以上者得不入民衆學校受訓

七 人民團體對會員之訓練應儘量利用業餘時間以不妨礙生產爲原則

（二）技術

一 訓練之要訣在即訓即練與講到做到

二 教材之選擇應切合受訓會員之工作需要與知識水準

三 施教人員應在解答疑難問題指示工作技術或糾正生活態度時設法引起會員參加受訓之興趣儘量避免空泛理論之講述

四 除課堂訓練外施教人員應注意在工作與生活中實施訓練

五　除自上而下之教導或訓練外施教人員應組會員相互研究互相訓練

六　施教人員講述問題時應喻之以事實激之以情感曉之以利害使受訓者易於接受

七　施教人員實施課堂注入式之訓練後應繼之以啟發式與討論式之訓練使會員運用思想自動研究

八　施教人員應於機會訓練之個別談話中設法明瞭受訓會員之家庭狀況及其生活環境與性行能力予以適宜指導

九　施教人員應以競賽方式鼓勵受訓會員之向上心理

（三）管理

一　實施各項訓練時應實行軍事管理樹立整齊嚴肅之風氣

二　實行軍事管理時應選拔具有軍事常識之會員充當幹部輪流值日發揮其自治精神

三　應隨時隨地以軍事管理之方法訓練各受訓會員之組織能力

（四）考核

一　各團體遵照本綱要辦理會員訓練應將過去半年訓練工作報告連同下半年度訓練計劃呈報主管官署由主管官署彙編送呈社會部備查

二　各團體之訓練計劃應遵照本綱要並參酌各該團體之環境需要與本身能力訂定之

三　各團體辦理工作之人員經確實考核後其成績優異者各級主管官署應分別予以名譽之獎勵或提升其工作

四　各級主管官署應派員督導所屬各團體之訓練工作並以各該團體之訓練工作為其主要考績標準之一

五　訓練工作報告應一律遵照附表格式

會　年　月　日訓練工作報告表　年　月　日填報

所在地		所屬會員人數		填表人姓名	
會務負責人姓名		訓練工作主持人姓名		訓練工作參加人姓名	

訓練種類	訓練項目	辦理情形	舉行次數	受訓總人數	經費概數及來源

機會訓練	集會訓練	學校訓練	社會訓練
[illegible]	[illegible]	[illegible]	[illegible]

戊　參考教材舉要

一　民衆文庫（教育部編正中書局印行共三十四冊）
二　非常時期民衆叢書（教育部編正中書局印行共四十六冊）
三　民間讀物（社會部編計六種尚在編輯中）
四　總理遺教全集
五　總裁言論全集
六　歷代民族英雄事略
七　新生活運動（正中書局）
八　中國抗戰地理（正中書局）
九　戰時法律常識（商務印書館）
十　中國戰時法規概述（青年書店）
十一　中華民國憲法草案釋義（世界書局）
十二　社會福利事業之理論與實際（社會部）
十三　農業政策（商務）
十四　工業政策（商務）
十五　應用商業常識（大東書局）
十六　農運法規方案（社會部）
十七　工運法規方案（社會部）
十八　商運法規方案（社會部）
十九　婦女法規方案（社會部）
二十　民運技術（社會部）
二十一　中國農民運動概述（社會部）
二十二　抗戰建國的農業政策（青年）

二三 農村副業與地方工業建設(青年)
二四 中國土地制度(商務)
二五 中國合作經濟問題(正中)
二六 漁業經濟合作(正中)
二七 國際貿易論(正中)
二八 外匯統制與貿易管理(正中)
二九 農業金融新論(中華)
三〇 世界蠶絲業概觀(商務)
三一 中國桐油貿易概論(商務)
三二 農業政策綱要(商務)
三三 中國茶業復興計劃(商務)
三四 看護與綱論(商務)
三五 蔬菜大全(商務)
三六 特殊兒童教育法(商務)
三七 工廠檢查概論(中華)
三八 農業合作(大華)
三九 戰時勞動統制(獨立出版社)
四〇 非常時期經濟管理法規輯要(經濟部)
四一 農業職業教育(商務)
四二 青年擇業問題(商務)
四三 中國名將傳(拔提書局)
四四 縣各級組織綱要(行政院縣政計劃委員會)
四五 蔣介石先生嘉言類抄(商務)

四六　總裁地方自治言論（行政院縣政計劃委員會）
四七　地方自治之理論與實際（行政院縣政計劃委員會）
四八　明太祖革命武功論（國學書局）
四九　科學進步談（商務）
五〇　救護知識（生活書店）
五一　機械常識（中華）
五二　衣食住行工藝概要（中華）
五三　抗日先烈記（中宣部）
五四　農家副業（商務）
五五　農村副業指導（黎明書局）
五六　種樹方法（中華）
五七　農業動物飼養法（商務）
五八　商店管理（商務）
五九　民衆學校課本甲種四冊（商務）
六〇　民衆學校課本乙種兩冊（商務）
六一　高級民衆學校課本四冊（商務）
六二　民衆學校筆算課本（商務）
六三　民衆學校筆算教學法（商務）
六四　民衆學校珠算課本（商務）
六五　民衆學校珠算課本教學法（商務）

己　附則

一　本綱要暫就農漁工商團體試先推行凡農漁工商以外之職業團體及社會團體得參照本綱要自訂訓練計劃呈准主管官署核定施行

第十一條　本綱要由社會部呈准行政院核定施行

工業生產合作推進辦法

三十一年一月十三日部令公佈

一　工業生產合作以運用合作方式改善工業經營增加勞動收益發展民間工業爲目標

二　各級合作主管機關應積極研究宣傳並指導工業生產合作之推進以謀此類合作組織之逐漸建立與健全發展

三　各級合作主管機關應指導各級合作社設置合作工廠兼營工業生產合作必要時并得成立專營合作社設置工業專廠辦理工業品之粗製精製或手工業之改良製造

四　合作主管機關得商同工業技術改進機關工業合作促進社團及工業或合作金融機關選定適宜地點指導組織示範合作工廠

五　經營工業生產之合作社應就其業務需要及所在地情形注意其組成份子之適當選擇並應予可能範圍內取銷雇工制使全部勞動均能逐漸由其社員供給

六　凡在合作社工作而暫時不能正式入社之工人得先加入爲預備社員但預備社員之期限不得逾六個月其數額并不得超過正式社員

七　工業生產合作社之工人社員其應繳股金之一部份得以其入社後之工資抵充之

八　工業生產合作社之設廠地點應求其接近原料生產之水陸交通路線同時并應兼顧其社員之來源及產品之市場

九　工業生產合作社得經營紡織化工鑛冶機械及其他各種工業但應依市場需要及本身條件選擇最適當之工業經營之

十　工業合作社對於當地競爭極強之工業應暫緩經營并不得從事一切冒險投機企圖市價暴漲以僥倖生存之工業

十一　經營工業生產之合作社對於市場需要及價格變動應加以精密之分析及預測各級合作主管機關並應以各種有關經濟情報供給各合作社

十二　工業生產合作社應運用合作組織之特質從人力物力財力上力求其生產成本之減低與工作效率之提高對於廢物利用副產收入物資節約尤應特別加以注意

十三　工業生產合作社之技術指導由所在地或上級合作主管機關商請改進工業技術之機關團體協助之

十三　工業公產合作社得個別或聯合與大規模之公營工廠訂立契約負責各種粗製品或零件之製造然後由此項公營工廠集合各合作社之產品完成全部生產俾收減低成本增加效率之成果

十四　工業生產合作社得分別製造粗製品或零件交由聯合社從事精製或配裝加工以收分工合作之效

十五　工業生產合作社以集中生產爲原則但得視產品之性質與成本之分析酌量採取個別生產集中經營之方式

十六　工業生產合作社非因改組合併或虧折及依合作社法第五十五條之規定不得請求解散

十七　工業生產合作社產品有關貿易管理或專賣時合作主管機關應商請貿易或專賣事業管理機關予以產製及銷售之便利及保護

十八　工業生產合作社應調査其他合作社及合作供銷機關之需要儘先以其物品供給其他合作社合作社聯合社或合作供銷機關

十九　工業生產合作社之產品應根據生產成本規定售價不得冀圖暴利但此項成本之計算應包括其應得之合理利潤及公積金公益金與酬勞金

二十　工業生產合作社之工廠設備工作時間工作待遇勞動保險及一切有關勞工福利之設施均應根據合作組織之精神儘量加以改善

二十一　戰區及接近戰區之工業生產合作社或合作工作隊應注重當地物力人力之搶救及利用並以其產品供應當地民衆之需要以協助對敵封鎖之進行

二十二　工人以聯合供給勞動力爲目的所組織之勞動生產合作社得視同工業生產合作社

二十三　合作促進團體參加工業合作之推進時其促進方針工作計劃及業務經營由合作主管機關根據本辦法之規定審核之

二十四　工業生產合作之資金供運用合作社之自給資金外由工業及合作金融機關貸放之

二十五　本辦法自公布日施行

社會部社會行政計劃委員會研究室辦事細則

三十一年一月十四日部令公佈

第一章　總則

第一條　本細則依據本部處務規程第四十三條之規定訂定之

第二條　本室辦事悉依照本細則之規定

第二章　職責

第三條　本室主任秉承部次長之命綜理本室一切事務

第四條　本室各組組長商承主任辦理各該組主管事項

第五條　本室各組工作人員商承各該主管組組長辦理該管事項

第六條　各組主管事務有互相關係者應協商辦理如意見不同時由主任決定之

第七條　本室文書處理辦理悉依本部處務規程第十六條至三十三條之規定辦理之

第八條　本室職員工作考勤辦法悉依本部處務規程第三十四條至三十九條之規定辦理並須遵填各種工作日記及月報表彙呈　部次長考查

第九條　本室為研討應興應革事項得舉行室務會議由主任召集之

第三章　資料蒐集事項

第十條　本室研究資料之蒐集應依照資料蒐集計劃按左列方法進行之

一　派員實地調查製成報告送請各主管單位參考

二　派員或雇用抄寫人員前往各機關團體抄錄重要有關資料

三　與國內學術機關團體合作舉辦實地調查其合作辦法另定之

四　由本室分別函請國內外各有關機關團體及學校寄贈各項刊物章則法規計劃以及工作報告等

五　關於書報雜誌之採購除依既定計劃分別洽購外並得隨時向國內外圖書館分別函索圖書目錄以便洽商借閱

第十一條　前項資料之蒐集應由各組主管人員根據資料蒐集計劃各就所需分別擬定交由資料組彙送主任轉呈　部次長核定之

第十二條　本室資料目錄每三個月應彙編一次並分送各單位參考必要時得摘要在本部刊物發表

第十三條　本室未經發表之機密資料除有特殊情形經　部次長特准者外任何部外機關或私人不得借用部內工作人員調閱該項資料時須有各該管主管人之簽章

第四章　編譯事項

第十四條　本室得自行編譯或特約專家並與學術機關團體合作編譯各種應用社會行政叢書

第十五條　本室對各國社會行政機關之法規章則及各國社會事業機關或團體之報告表冊應隨時選譯以備參考

第十六條　本室對本部重要文獻應隨時譯成外國文以廣宣傳

第十七條　本室編譯之書冊須經依法審核並簽准後方得發表

第十八條　本室編譯各項叢書之出版應斟酌情形依左列辦法辦理之

一　關於專門性質者得由本部出版

二　關於普通性質者得交由各書局出版

三　所有出版之書冊於封面加印社會行政計劃委員會研究室字樣由原編譯人署名其審核付刊之合作書冊之標題及簽署方式得按其內容性質由雙方隨時規定之

四　所有本室職員編譯之書冊經由各書局或各出版社出版者其版權均歸本部所有

五　特約專家學術機關團體合作編譯之書冊其版權版費或稿費分別另定之

第十九條　本室編譯書冊之審核由本室初審由出版審查委員會覆審再簽請　部次長核定出版審查委員會組織規程另定之

第五章　研究事項

第二十條　本室研究工作應依照研究計劃辦理之並分為文獻研究實地研究及實驗研究三種

第二十一條　各項研究計劃應包括左列各項

一　研究題目範圍內容方法及目的

二　資料來源及研究設備

三　研究進度及完成日期

四　研究經費及研究人員

第二十二條　為檢討研究內容及方法計每週舉行研究會報一次本室工作人員均應參加輪流報告並將會報情形製成紀錄簽請部次長核閱

第二十三條　本室得依照計劃特約專家或與學術機關團體合作研究其辦法分別另定之

第六章　設計事項

第二十四條　本室各項設計工作除臨時交辦者外悉依照計劃辦理之

第二十五條　本室各項設計應包括左列各項

一　問題說明及設計要點

二　實施對象及實施範圍

三　實施內容及實施方法

四　實施步驟及實施進度

五　工作機構組織人員及經費

第二十六條　本室進行設計工作時應先請　部次長指示要點並徵詢關係方面意見調閱有關檔案

第二十七條　各項設計方案由設計組組長送由主任轉呈　部次長核定之

第七章　附則

第二十八條　本細則如有未盡事宜得隨時修改之

第二十九條　本細則自公布日施行

社會部社會工作人員訓練委員會組織規程

三十一年一月十四日部令公佈
同年三月十三日部令修正

第一條　社會部為訓練社會工作人員起見特設社會工作人員訓練委員會（以下簡稱本委員會）

第二條　本委員會設主任委員一人由　部長兼任委員七人至十一人由　部長聘任或就本部高級職員中派充之均為名譽職

第三條　本委員會掌理左列各事項

一　關於訓練計劃之籌議事項

二　關於訓練方案之擬訂事項

三　關於訓練教材之徵集及審核事項

四 關於訓練課程標準之審計事項

五 關於各省社會工作人員訓練機關之指導事項

六 其他有關社會工作人員訓練事項

第四條 本委員會開會由主任委員召集之

第五條 本委員會設祕書一人由 部長指派之承主任委員之命辦理會中日常事務

第六條 本委員會所需辦事人員以部員兼充之

第七條 本委員會設訓練所或訓練班直接實施訓練其編制另定之

第八條 本規程自公布日施行

合作社供銷糧食辦法

三十一年一月十五日通咨各省市政府

一 凡依法成立之各級合作社經各級合作主管機關商准糧食管理機關並依糧食管理機關規定登記後得辦理糧食供銷事宜

二 各級合作社辦理糧食供銷應依糧食管理法令之規定並接受糧食管理或業務機關之指導

三 各級合作社辦理糧食供銷得視其所在地情形與其業務範圍就糧食之運銷分售等項業務選定一種或數種辦理之

四 各級合作社為辦理供銷糧食得於社內設立專管部份辦理之

五 各級合作社申請辦理糧食供銷時應將供銷區域及供應社員人數報由各級合作主管機關核轉糧食管理或業務機關

六 各級合作社辦理糧食供銷業務時得設倉庫及加工設備與運輸工具等但應報由各級合作主管機關轉糧食管理機關登記

七 各級合作社辦理糧食運銷加工分售等業務所需資金除運用其自籌者外得由合作金庫或有關金融機關貸放之

八 各級合作社批發或零售糧食之價格及其付款方式應依糧食管理或業務機關之規定

九 糧食管理或業務機關於必要時得委托各級合作社代辦其業務區域範圍內非社員糧食之供應事項

十 承辦糧食供銷之合作社如有違反糧食法令行為糧食管理機關得隨時予以糾正必要時並得商同各該合作社事業管理機關予以整理或改組

十一 本辦法經社會部糧食部會同核定施行修改時同

社會部社會服務處業務概要

三十一年一月十九日部令公佈

壹 生活服務事項

(一)衣食住業務

一 服務合作社　以達到織呢製革為最終目標

二 社會食堂　處內設置專售標準營養餐

三 民衆食堂　普遍設立供應一般市民

四 營養菜蔬供應市場

五 消費合作社

六 社會新村　提倡居住合作

七 社會公寓　替旅客解決住的問題

八 理髮室

九 淋浴室

(二)旅行業務

一 國際觀光社　辦理國際旅行業務

二 交通服務站　辦理公路及鐵路沿站食宿服務

三 旅行嚮導　辦理國內旅行業務

四 代購舟車船票

五 代運行李

貳 人事服務事項

一 升學輔導

二 職業介紹

三 法律顧問

四 衛生顧問

五 人事諮詢

六　人事調查
七　零物存放
八　信件留轉
九　代售郵票
十　代收電報
十一　代辦救濟
十二　讀寫書信
十三　公用電話

叁　文化服務事項

（一）教育業務

一　圖書館
二　社交會堂
三　學術講演會
四　座談會
五　週會
六　職業訓練
七　民衆學校
八　讀書會
九　書報供應
十　各種有關文化之展覽會
十一　社會通訊

（二）康樂業務

一　社會劇編

二　社會劇團

三　音樂研究會　聲樂及器樂研究

四　娛樂室　各種室內娛樂設備

五　影會　攝影研究及觀摩

六　銀社　電影鑑賞及研究

七　體育場

八　各種球隊

九　健身房

十　游泳池

十一　國術研究會

十二　各種運動會

十三　施診所　發動義診配藥房身體檢查及衛生檢驗設備

十四　體育及衛生展覽會

十五　兒童健康比賽

肆　經濟服務事項

(一)代辦業務

一　公益信託　代辦個人或公私財團公益款項之保管運用分配事項

二　代辦保險　代辦投保事項

三　代辦保管　代理保管物品事項

四　代辦貨物　代辦報關及轉運事項

五　代辦經租　房地產之買賣或經租事項

六　代辦收付　代理股金捐款學費會費等之收付事項

七　辦理信用保證　就業舉債等之信用保證事項

八　代辦經濟調查　承辦當地經濟動態市場情況之調查事項

九　代辦信用調查

（二）貸款業務

一　辦理小本借貸　經辦並代理振濟委員會小本借貸事項

二　協助地方土產推廣及運銷

社會部與學術機關團體合作舉辦調查研究編譯工作暫行辦法

三十一年一月二十一日部令公佈

第一條　本部為與學術機關團體合作舉辦有關社會行政之調查研究編譯工作特製定本辦法

第二條　本部與學術機關團體合作舉辦前條規定之工作應由本部研究室先行與學術機關團體負責人洽商工作範圍經洽妥後簽請部次長核定之

第三條　合作機關團體應根據本部計劃擬具工作大綱工作進度及經費預算連同工作主持人及重要工作人員簡明履歷一併函送本部查核同意雙方簽定合約

第四條　本部應按照預算及合約之規定分期撥付所担負之經費由合作機關團體出具正式領據並依照預算支付之

第五條　合作機關團體應編製工作報告送本部備查該項報告製送之次數及期限得因工作性質於合約內規定之

第六條　調查研究編譯工作之結果應由合作機關團體負責人函送本部審查如認為有應行修正補充之必要時得送還原機關團體修正補充再送本部審查酌量付刊

第七條　凡經審定付刊之書冊其標題及發署方式得按其內容性質由雙方隨時商定之

第八條　前項出版書冊之版權歸本部所有其由書局出版者之版稅或稿費由本部具領並得酌量提取一部酬送原著者及參加工作人員

第九條　本辦法自公佈日施行

社會部出版審查委員會組織規程

三十一年一月二十一日部令公佈

第一條　本部為審查編譯之叢書或研究及調查報告起見特設出版審查委員會（以下簡稱本會）

第二條　本會設委員七人至十一人除研究室主任及各組組長為當然委員外由　部長就本部高級職員及社會行政計劃委員會委員中分別派聘充任之並就中指定一人為主任委員

第三條　本會設秘書一人由　部長就本部職員中指派之秉承主任委員辦理本會一切事務

第四條　本會審查各種叢書或研究及調查報告時應由該管單位先行審查加註意見連同有關重要資料送會由主任委員分交各委員個別審查簽註意見提會討論後呈請　部次長核定或發還修正補充之

第五條　發還修正補充之件再付審查時仍依照前條之規定辦理

第六條　本會開會由主任委員召集之

第七條　本會所需辦事人員得請調部員兼充之

第八條　本規程自公布日施行

人民團體推進國民精神總動員及新生活運動工作實施綱要

三十一年二月三日部令頒發

一　社會部為督促人民團體普遍實施國民精神總動員及新生活運動特訂定本綱要

二　人民團體應以推行國民精神總動員及新生活運動為中心工作之一各團體負責人員尤應以身作則率先倡導實行

三　人民團體推進國民精神總動員及新生活運動之工作要點如左

（一）關於國民精神總動員者

甲　按期舉行國民月會

乙　督促會員實踐國民公約

丙　厲行工作競賽

（二）關於新生活運動者

甲　定期舉行會員月會或週會敦請當地黨政教育人員講述新生活要義

乙　定期舉行個人或集體各種新生活比賽或利用舊有之廟會舉行新生活巡迴展覽以引起會員及民衆對新生活之之興趣及認識

丙　厲行淸潔運動守時運動規矩運動並按春夏秋冬季節發起種植衛生節約賑濟等運動

(三)關於國民精神總動員及新生活運動配合推行

甲　改正醉生夢死之生活

(子)策進戰時國民生活改進運動

(丑)厲行戰時節約儲蓄獻金運動

(寅)協助禁煙禁賭並取締一切不正當娛樂

乙　養成奮發蓬勃之朝氣

(子)提高會員之民族自信心與個人自強心

(丑)提倡勞動服務

(寅)推進體育衛生

(卯)舉行工作競賽

丙　打破自私自利之企圖

(子)提高會員國家民族意識

(丑)鼓勵捐輸救國運動

(寅)剷除貪污並杜絕囤積居奇與走私行爲

(卯)協助救濟難民工作

丁　革除苟且偷生之習性

(子)檢舉游閑怠惰份子强制戰時服役

(丑)協助推行兵役運動

(寅)加緊慰勞運動

戊　糾正紛歧錯雜之思想

(子)加强會員對三民主義之認識

(丑)努力肅反工作

（寅）加緊鋤奸運動

四　各人民團體應依其團體性質分別規定一種或數種有關前條各項運動之業務爲中心工作

五　各人民團體應將國民精神總動員及新生活之要義製成簡明之標語圖表懸掛於會所及會員工作場所以喚起會員之注意

六　各人民團體應就所屬會員中組織規勸團、檢查團、比賽團等互相督促勸勉以期策動實施

七　各人民團體應設法利用各種集會如代表大會會員大會等或紀念日推行國民精神總動員及新生活運動各項工作

八　各人民團體負責人員應斟酌實際情形利用機會召集所屬會員舉行小組會議或討論會其要旨如左

（一）發揚民族意識提高國家觀念

（二）加強抗戰認識堅定必勝信念

（三）研討主義國策確定中心思想

（四）改造悖謬心理糾正不良習慣

（五）講解國際形勢研究社會現狀

（六）增養團體意識提高服務精神

（七）倡導節約儲蓄實行勞動服務

九　各人民團體應遵照政府訓練方針對會員實施左列三種訓練

（一）生活訓練——合乎新生活禮義廉恥的標準達到整齊清潔簡單樸素迅速確實靜肅秘密的要求

（二）體格訓練——提倡早起及爬山競走游泳射擊騎馬等運動並盡可能實施會員軍事訓練以發揚尚武愛國之精神配合動員工作之需要

（三）工作訓練——提高工作技術增進工作效率并養成負責任守紀律之精神

十　戰地及戰區之各種人民團體應依各地實際情形參照本綱要之規定斟酌辦理之並須特別注重國民公約之實踐及廉恥氣節運動之倡導

十一　各人民團體於擬訂工作計劃時應將國民精神總動員及新生活運動事項列爲專章并訂定實施程序按期推行

十二　各人民團體於工作報告內應按期將國民精神總動員及新生活運動之實施狀況逐級呈報以憑考核

十三　本綱要由社會部公佈施行

社會部經費節約辦法

三十一年二月十一日部長核准

一　非業務上之必要不增用人員現有人員之工作應作適當分配確屬冗員卽予裁汰

二　公役除依照職員四人用公役一人之規定支配外其事務簡單之單位幷應予以酌減

三　公文用紙及印刷品應盡量採用國產紙張不重要或無須長久保存之公事用紙可酌用次等紙張

四　同時寄發某一機關之公文有數件時可併入一封套內郵寄不重要或無時間性之文件不用掛號或航寄

五　非重要及有時間性之公務不拍發電報電報文字幷應力求簡單

六　燃料僅供給本部員工伙食及茶水之用辦公室內冬季不用燃料取暖

七　汽車暫備一輛僅供部次長因公外出之用其他公出人員不得乘用

八　印刷品除本部公報須定期發行外非業務上之必要不發行刊物幷盡量利用油印少用鉛印或石印其需要份數亦應事先切實估計

九　房屋修繕以整潔適用爲度不得有華麗及不需要之裝飾

十　凡視察調查及其他因公出差人員所需旅費應照國內出差旅費規則規定支給幷應由主管單位考核其工作有無任意延滯情事以爲審核報銷之依據

十一　購置傢具及一切器皿應盡量採用國貨並以樸素耐用爲主要標準

十二　需用辦公房屋或其他建築應盡量設法借用或租賃非有確實必需建造理由不得請款營造

十三　特別費必事實上確實需要開具理由呈經部次長核准方得支用

十四　必須有特殊事故（如因公集會招待外賓等）方得舉行宴會並應依照取締黨政軍機關人員宴會辦法暨非常時期重慶市取締宴會及限制酒食消費辦法各項規定辦理

十五　本辦法自核准之日施行

社會部購置物品稽核辦法

三十一年二月十四日部長核准

一　本部辦公物品之購置由總務司第四科（以下簡稱總四科）辦理之

二　採購人員由總四科就所屬職員中擇其操守廉潔熟悉市情者担任之

三　每月購置之物品應由總四科於次月上旬內編製月報表送會計室核對後由總務司司長核轉部次長察閱

四　月報表內應記載之事項如次

子　品名

丑　數量

寅　單價

卯　商號名稱及地址

辰　各單位領用數量

前項月報表應由採購人總四科科長會計主任總務司司長署名蓋章月報表格式另定之

五　月報表內所填事項如　部次長認為有疑問時得令總四科或經手人負責聲復必要時得指派人員密查

前項指派人員得向總四科或經手人質詢或調閱簿籍憑證單據總四科或經手人不得隱匿或拒絕遇有疑問並應為詳實之答復

六　月報表經　部次長核定後公佈之

七　本部職員如發現公佈之月報表所填事項有疑問時得密報　部次長核辦

八　本辦法自呈奉　部長核准之日起施行

修正社會部處務規程第三十五條條文

（三十一年二月十六日部令修正）

第三十五條　各職員到部辦公時須在簽到簿上親自簽名各辦公室于辦公時間開始後十五分鐘內將簽到簿送由主管長官查閱示簽到人員應分別註明于辦公時間開始後半小時內送交總務司第二科月終由總務司列表彙呈　部長次長核閱

簽到簿考核辦法另定之

陪都及遷建區消費合作督導辦法

三十一年二月二十六日部令核准

第一條　社會部合作事業管理局（以下簡稱本局）爲考核陪都及遷建區消費合作社之實際成績並策進其健全發展起見特訂定本辦法

第二條　陪都及遷建區各種合作社之兼營消費業務者其消費業務依本辦法之規定督導之

第三條　本局爲執行本辦法之規定得組織消費合作督導會議設委員九人至十五人由局長就本局及有關機關人員聘請之每月舉行一次必要時得召開臨時會議其議事規則另定之

第四條　消費合作督導會議以本局局長爲主席並得酌設秘書督導員及辦事員由本局局長指定人員兼任之

第五條　本局得制定各種合作報表分發各合作社填報並派員抽查

第六條　本局得單獨或會同有關機關派員考察各合作社之實際情形

第七條　各合作社之工作成績應根據報表分析及實地觀察分期考核由本局召集消費合作督導會議審查後評定之其等級如左

一　九十分以上者爲優等

二　八十分以上者爲甲等

三　七十分以上者爲乙等

四　六十分以上者爲丙等

五　五十分以上者爲丁等

六　不及五十分者爲戊等

第八條　合作社成績等級經評定後依次列規定分別處理之

一　成績在優等者呈請社會部核給褒狀並由物品供應機關予以優先購貨之便利

二　成績在甲等者由本局頒給獎狀並由物品供應機關予以便利

三　成績在乙等者由本局頒給獎狀並由物品供應機關酌予便利

四　成績在丙等者不予獎勵

五、成績在丁等者令飭整理並減除其購買平價物品之便利

六、成績在戊等者令飭解散

上項等級之評定標準另定之

第九條　陪都及遷建區各消費合作社之督導本辦法未規定事宜適用社會部公布消費合作推進辦法陪都及遷建區各機關消費合作推進辦法及合作事業獎勵規則之規定

第十條　本辦法呈經社會部核准施行

人民團體整理辦法

三十一年三月二日部令公佈

第一條　凡人民團體組織不健全或發生糾紛其程度尚未達到依法解散之規定時應依照本辦法整理之

第二條　屬於省(市)縣(市)之人民團體主管官署認爲有整理之必要時應先呈准上級主管官署後令飭整理其直屬中央及不屬於省(市)縣(市)之人民團體整理事宜由社會部直接辦理之

第三條　人民團體之整理應由主管官署派員指導

前項指導員得援人民團體組織指導員任用規則任用之

第四條　人民團體整理員應由主管官署就該團體會員中選派三人至七人充任之

第五條　人民團體整理員經主管官署派定後應就原團體所在地成立辦事處受指導員之指導進行一切整理事宜

前項辦事處工作以該團體內部之整理事宜爲限

第六條　人民團體整理期間以一個月爲限如有特殊情形得呈准主管官署酌予延長之其延長期限不得逾十日指導員及整理員於延長期間尚不能將該人民團體指導整理完竣時應一律撤回另派充任其工作期限不得逾一月

第七條　人民團體整理之實施程序由各該團體整理員擬定呈准主管官署後施行

第八條　人民團體整理員於工作開始及任務終了時均應呈報主管官署備案

第九條　人民團體整理完竣後指導員應將指導整理經過塡寫整理總報告表省市兩份縣市三份呈報主管官署分別呈轉社會部備案並由主管官署造具備表轉送目的事業主管官署備查

前項整理報告表式另訂之

第十條　本辦法自公布之日起施行

指導人民團體改組辦法

三十一年三月二日部令公佈

第一條　指導人民團體之改組應依照本辦法辦理之

第二條　主管官署於所屬之人民團體新法頒布後即須一律飭令改組如有特殊情形暫時不能改組者應將不能改組之原因呈請上級主管官署備案但直屬中央之人民團體由社會部自行處理之

第三條　人民團體之改組應由主管官署派員指導

前項指導人員得援人民團體組織指導員任用規則任用之

第四條　人民團體之改組除法令另有規定外應先完成其基本組織然後逐級改組上級團體

第五條　每一人民團體之改組期間以一個月為限如有特殊情形得呈准主管官署酌予延長之其延長期間不得逾十日指導員於延長期限內仍不能將該團體改組完竣時應即撤回另派人員之工作期限不得逾一月

第六條　指導員應於工作期間指導改組之團體完成左列各項事宜

1.團體原有名稱如與新頒法規規定不符者應改正之

2.具有新頒法規規定之會員資格而未加入該團體者應限期令其入會

3.該團體原有會員其所具資格如已與新頒法規規定不合者應令其退出

4.前三項手續辦理完畢後應即依照新法規修正章程改選職員

5.改選完畢後應將改組經過連同章程會員名冊職員略歷冊等呈報主管官署備案

第七條　人民團體改組完竣後指導員應將指導改組經過填寫改組總報告表省市兩份縣市三份呈報主管官署分別存轉社會部備案並由主管官署造具簡表轉送目的事業主管官署備查

前項改組總報告表式另訂之

第八條　本辦法自公布之日起施行

指導人民團體改組（整理）總報告（表式）

團體名稱	
團體所在地	
改組（整理）時期	自　年　月　日至　年　月　日共經過　日

過去會務概況

原有團體名稱			
沿革		活動情形	

過去負責人姓名及職別

職別	姓名	職別	姓名	職別	姓名	職別	姓名

改組（整理）經過	

改組（整理）後會務概況

職員姓名及其略歷

職務	姓名	略歷	職務	姓名	略歷

會員數	個人	男　人	女　人	共計	人
	團體	團體數		會員代表數	人
		公司行號或工廠數		會員代表數	人
經費來源					
團體事業及計劃述要					

備註	

中華民國　年　月　日改組（或整理）指導員　填報

注意：職員略歷須詳填與現任工作有關之各種資歷

合作社物品供銷處暫行辦法 三十一年三月四日部令公佈

第一條 合作社物品供銷處（以下簡稱合作供銷處）以促進合作業務之發展為宗旨

第二條 合作供銷處分左列二級由中央及省或直隸行政院之市合作主管機關設置之

一 全國合作社物品供銷處（以下簡稱全國合作供銷處）

二 省（市）合作社物品供銷處（以下簡稱省（市）合作供銷處）

全國合作社物品供銷處得在供銷中心市場及省合作供銷處未成立區域設立分處省合作供銷處得在所轄各縣設置縣供銷分處必要時各省合作供銷處得聯合成立辦事處（以下簡稱省聯合供銷處）

第三條 省合作供銷處及其聯合辦事處之業務應受全國合作社物品供銷處之指導監督

第四條 合作供銷處之業務如左

一 關於合作社需要物品之採購批發事項

二 關於合作社產製物品之運銷加工事項

三 關於合作社供銷業務之輔導推進事項

四 其他有關合作社物品供銷事項

第五條 合作供銷處以合作社合作社聯合社及其他合作供銷機構為其業務對象但合作社銷費品之採購及合作社產製品之推銷不在此限

第六條 合作供銷處之經費由主辦之合作主管機關（以下簡稱主辦機關）編製概算依歲計程序呈請核發其營業資金商由金融機關貼放之

第七條 合作供銷處得採用股份制其股份由合作主管機關金融機關各級合作社及其他合作供銷處認購之

第八條 全國合作供銷處設總經理一人協理一人至三人省合作供銷處設經理一人副經理一人至二人均由主辦機關聘任之省縣合作供銷分處設主任及副主任各一人由其所屬總處任用之省聯合供銷處比照省供銷處之組織定之

第九條 為適應業務之需要全國合作供銷處得分置各組室省合作供銷處或省分處得分置各課室縣分處得分置各股並均得為供銷特種物品成立專部

第十條　合作供銷處得為便利業務之推進與聯繫設置各種委員會

第十一條　合作供銷處業務計劃應於每年度開始前根據主辦機關所定原則擬定呈報主管機關及上級合作供銷處備案并由主辦機關函送有關金融機關備查

第十二條　合作供銷處以每年度終了為總決算期造成財產目錄資產負債表損益計算書業務報告書及盈餘分配案呈報主辦機關及上級合作供銷處備案並由主辦機關函送有關金融機關備查

第十三條　合作供銷處盈餘之分配除提存一部份作為公積金公益金及職員酬勞金外應依交易額比例攤還於合作社及合作社聯合社于各該合作供銷處章程內載明之

第十四條　合作供銷處得以前條規定應予攤還盈餘之一部或全部作為合作社及合作社聯合社所認儲之合作準備金由合作供銷處依其數額發給憑證

上項準備金於合作社解散時不得由解散之合作社請求分配

第十五條　合作供銷處俟同級合作社聯合社成立具有獨立經營能力時由主辦機關將其業務逐漸交由各該聯合社接收經營之合作社及合作社聯合社所認儲之合作準備金於各該聯合社接收經營時即移作合作社對聯合社或下級聯合社對上級聯合社之股金並以原有之合作準備金憑證核發正式社股已解散之合作社之合作準備金即移作合作社聯合社準備金

第十六條　合作供銷處應依本辦法訂立各項章則呈由主辦機關核准轉報社會部備案

第十七條　本辦法自公布日施行

人民團體組織指導員任用規則

三十一年三月四日部令公佈

第一條　人民團體組織指導員（以下簡稱指導員）之任用依本規則之規定

第二條　主管官署核准人民團體發起組織時應依照本規則派遣指導員給予任用書並通知所指導之團體

第三條　凡具有左列資格之一者得任用為指導員

一　各級官署辦理社會行政人員

二　曾受中央或地方社會工作訓練合格之人員

第四條 三 從事社會工作著有成績之人員

主管官署如發現派出指導員有左列各項情事之一時得即撤換之

一 營私舞弊查有確據

二 工作廢弛致所指導之團體久未成立

第五條 指導員之任務於所指導之團體組織完成經主管官署核准立案後解除之

第六條 指導員為無給職但得由主管官署核給必需之交通費

第七條 指導員之服務規則另定之

第八條 本規則自公布日施行

人民團體組織指導員服務規則

三十一年三月四日部令公佈

第一條 本規則依據人民團體組織指導員任用規則第七條之規定制定之

第二條 組織指導員（以下簡稱指導員）須依照非常時期人民團體組織法及有關法令指導人民團體之組織

第三條 指導員之任務如左

一 指導發起人依法定手續推舉籌備員組織籌備會並呈報主管官署備案

二 指導籌備會擬訂章程草案

三 指導籌備會徵求會員並審查其資格

四 出席發起人及籌備會議

五 指導籌備會召開成立大會

六 指導該團體造具會員名冊職員略歷冊連同章程呈報主管官署立案

第四條 指導員於開始工作前得向主管官署請閱有關文件

第五條 指導員在指導籌備期間遇有重要事件應隨時向主管官署報告並請示辦理

第六條 指導員於該團體組織完成時應將工作經過編造組織總報告表呈報主管官署

前項總報告表式另定之

第七條　指導員於任務尚未終了時不得擅離職守

第八條　指導員不得因執行職務接受任何招待與餽贈

第九條　本規則自公布日施行

指導人民團體組織總報告表（式樣）

團體名稱（全稱）							
設立地址							
發起經過	發起宗旨						
	發起人數或團體單位數						
	許可發起組織日期						
籌備經過	籌備員推定日期						
	籌備員姓名						
	呈報籌組草案日期						
成立經過	成立會日期及地點						
	到會會員或代表人數		當選人姓名				
	會員	個人	總數	男	女		
		團體	團體數	會員代表數			
			公司行號或工廠數	會員代表數			
	職員	職別	姓名	略歷	職別	姓名	略歷
	主管官署立案日期		立案證書字號	字　號			
	經費來源						
	團體事業及計劃綱要				圖記模樣		
指導經過	奉派日期		工作經過時間	計　日	此處蓋該團體圖記		
	重要指導事項						
備註							

中華民國　　年　　月　　日　組織指導員　　填報

注意　人民團體職員略歷須詳填與現任工作有關之各種經歷

社會部製

人民團體立案證書頒發規則

三十一年三月四日部令公佈

第一條　人民團體立案證書之頒發依本規則之規定

第二條　頒發人民團體立案證書之官署列左

一　縣（市）及縣（市）以下之人民團體爲縣（市）政府

二　省人民團體爲社會處未設社會處之省爲民政廳

三　院轄市人民團體爲社會局

四　中央直轄之人民團體爲社會部

第三條　人民團體立案證書由主管官署自行製發其式樣由社會部定之

第四條　人民團體遺失立案證書時應即申述緣由呈請補發

第五條　人民團體組織解散時主管官署應將原發立案證書註銷幷公告之

第六條　頒發人民團體立案證書除依法徵收印花稅外不另徵費

第七條　本規則自公布日施行

附人民團體立案證書式樣說明

一　縣（市）及縣（市）以下之人民團體其立案証書白地黑字市尺長五寸五分寬七寸五分

二　省及院轄市之人民團體其立案証書白地黑字市尺長六寸寬八寸

三　中央直轄之人民團體其立案證書白地黑字市尺長六寸五分寬八寸五分

立案證書式樣

字第　　號

人民團體立案證書

（團體名稱）業已依法組織完成應准立案此證

計開

團體名稱

設立地址

負責人姓名

中華民國　　年　　月　　日

（主管官署）（長官署名）

市尺七寸五分
市尺八寸
市尺八寸五分

市尺五寸五分
市尺六寸
市尺六寸五分

字第　　號

根存

人民團體立案證書存根

團體名稱	設立地址	負責人姓名
證書號數　字　　第　　號	頒發日期	備考

附註　字號須按團體性質分類編號

人民團體圖記刊發規則

三十一年三月四日部令公佈

第一條　人民團體圖記之刊發依本規則之規定

第二條　人民團體圖記應鐫刻各該團體名稱之全文（如某某會圖記）

第三條　人民團體圖記概用木質長方形由各級主管官署刊發其大小規定如左

一　由社會部刊發者正面長八公分五厘寬五公分邊緣寬五公厘背面長七公分五厘寬四公分高三公分

二　由社會處局（未設社會處之省為民政廳）刊發者正面長七公分五厘寬四公分五厘邊緣寬四公厘背面長六公分五厘寬三公分五厘高三公分

三　由縣（市）政府刊發者正面長六公分五厘寬四公分邊緣寬三公厘背面長五公分五厘寬三公分高三公分

各級主管官署刊發圖記得酌收製費

第四條　人民團體圖記正面之字概用篆體陽文

第五條　人民團體圖記背面右邊鐫「中華民國年月日」字樣左邊鐫「某官署刊發」字樣後面鐫「字第號」字樣

主管官署刊發圖記時須按人民團體分類編號并登記存查

第六條　人民團體啟用圖記時應將圖鑑及啟用日期呈報主管官署備案

第七條　人民團體遺失圖記時應申述緣由呈請補發主管官署核准補發時應公告之

第八條　人民團體組織解散時應將圖記截角呈主管官署銷燬

第九條　本規則自公布日施行

人民團體圖記式樣

甲、由社會部刊發圖記式樣

（正面）

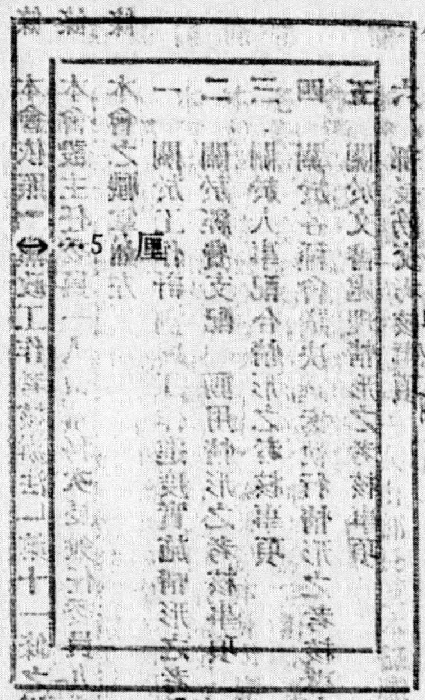

（背面）

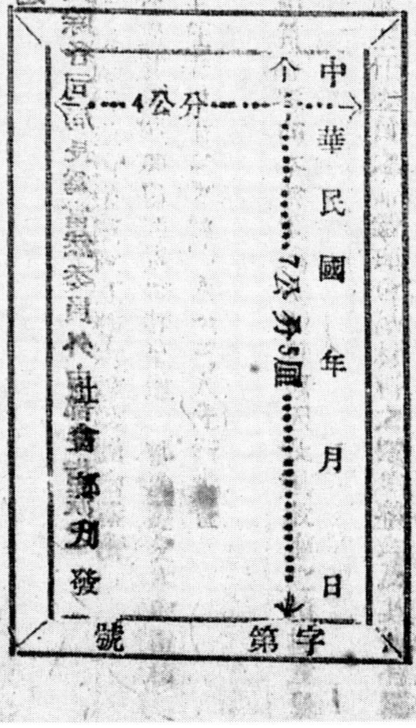

乙、由社會部（處）刊發圖記式樣

（正面）

（背面）

丙、由縣（市）政府刊發圖記式樣

丙、由縣（市）政府刊發圖記式樣

（正面）

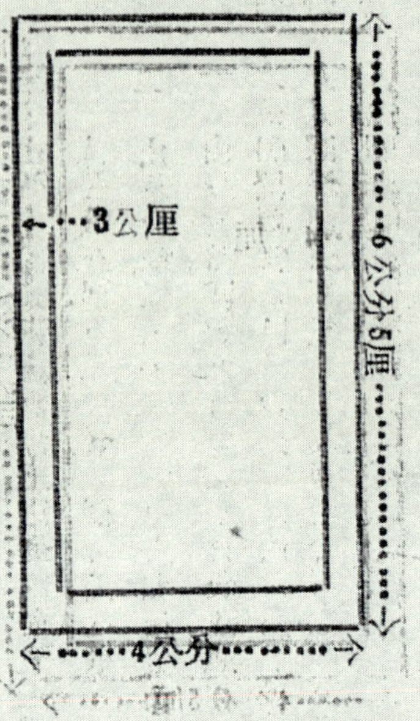

（背面）

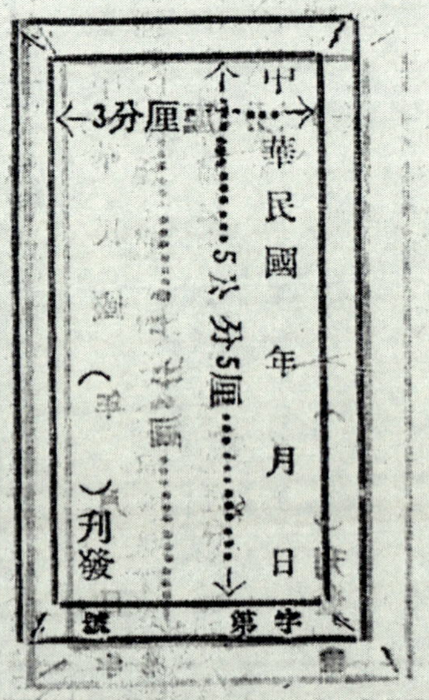

乙、由社會部工作成績考核委員會組織規程

三十一年三月五日部令第二次修正

第一條　本會依照「黨政工作考核辦法」第十一條之規定組織之

第二條　本會設主任委員一人由常務次長兼任委員九人至十一人除各司局長為當然委員外由部長指派之

第三條　本會之職掌如左

一　關於工作計劃與工作進度實施情形之考核事項

二　關於經費支配與動用情形之考核事項

三　關於人事配合情形之考核事項

四　關於各種會議決議案執行情形之考核事項

五　關於文書處理情形之考核事項

六　部長飭交考核事項

第四條　本會每月舉行會議一次由主任委員召集之必要時並得召集臨時會議

第五條　本會會議以主任委員爲主席主任委員因故不能出席時由主任委員指定委員一人代理之

第六條　本會設秘書一人科員若干人由部長就本部職員中遴委承主任委員之命掌理會議材料之徵集整理及其他有關會議事項必要時得酌用雇員

第七條　各廳司局室遇有工作進展不能與原定計劃及其進度表相符時應向本會敍述其困難原因及其改進之積極意見

第八條　本會開會時遇有考核事項關係委員本身者應行迴避

第九條　本會決定事項應以會議方式行之但未提交會議前得由主任委員指定委員一人至三人先行審查

第十條　本部所屬機關之成績考核應由主管司局先行分別考查對其成績加以切實批評呈送部長提交本會覆核

第十一條　本會每三月應將考核結果應製成詳細報告呈請　部長核定施行並函送黨政工作考核委員會備查

第十二條　本規程自公布之日施行并呈報　行政院備案

合作社承銷食鹽辦法大綱

三十一年三月九日社會部財政部會同公布

第一條　凡依法登記之合作社得按本辦法大綱之規定向該管鹽務機關申請依照鹽務法令規章承辦該社業務區域以內之食鹽銷售事項

第二條　合作社承銷食鹽應設專部並繕具申請書呈經合作事業主管機關轉請該管鹽務機關審查核准登記發給許可證其申請書應載明左列各事項

（一）名稱（標明責任及業務之全稱）及社址

（二）理事監事之姓名性別年齡籍貫職務住所及經理（副經理）司庫之姓名性別年齡籍貫住所

（三）原登記機關（謂合作事業主管機關）名稱及所發登記證之日期字號

（四）社員人數及股金總額（如係保證責任者並應將保證金額列明）

（五）業務區域之範圍及其現有人口確數

（六）承銷鹽斤月額（以市担爲單位按照該管鹽務機關規定每人每月配鹽標準計算）

（七）承銷食鹽專部實有資金數額（以能供購銷每月額鹽所需資金並敷週轉爲最低限度）

前項申請書及許可證之式樣另定之

第三條　凡一區域已有組織健全資金充實之合作社足以承辦銷鹽業務者該管鹽務機關於查明屬實後得予該合作社以在該區域優先承銷之便利

第四條　合作社承銷鹽額應由該管鹽務機關指定之國鹽號所購領俟各縣合作社聯合社成立後全縣各合作社承銷鹽額得由縣合作社聯合社彙總購領仍照各合作社登記鹽額分配承銷如有合作社承銷鹽額無論個別或聯合購領均應按月購領足額不得遲短

第五條　合作社承銷食鹽應遵守其業務區域及現行管制銷鹽及定價辦法配發食戶不得有買領囤積操縱居奇或私運他區衝銷圖利等情弊

第六條　合作社承銷食鹽之鹽出數量及收納款項均應立專帳詳晰登記以備該管鹽務機關隨時派員考查

第七條　承銷食鹽之合作社如有違反鹽務法令規章行為該管鹽務機關得隨時予以糾正或依法懲處之必要時並得商同合作社事業主管機關予以整理改組或撤銷其承銷食鹽之權

第八條　承銷食鹽之合作社如須依法解散或因故停止承銷食鹽部份業務時均應於一個月內報請合作事業主管機關核明轉知該管鹽務機關並應俟其原有業務區域食鹽供銷辦法另行籌妥實行後方得解除照額購銷之責如合作社因合併而依法為變更或設立之登記時其存續或另立之合作社仍須承銷食鹽者應照本辦法大綱第二條之規定重行辦理申請登記手續

第九條　合作事業主管機關為培養合作社辦理銷鹽業務之人才得商請該管鹽務機關開設短期訓練班訓練之

第十條　各縣市合作社承銷食鹽細則由各區鹽務管理局會同各省合作事業主管機關根據本辦法大綱斟酌當地情形另定之並分報財政部社會部備案

第十一條　本辦法大綱如有未盡事宜得隨時由社會部財政部會同修改之

第十二條　本辦法大綱由社會部財政部會同核定公佈施行

修正社會部社會工作人員訓練委員會組織規程第二條條文

三十一年三月十三日部令公佈

第二條　本委員會設主任委員一人由部長兼任委員七人至十一人由部長聘任或就本部高級職員中派充之均為名譽職

全國人民團體總登記辦法　三十一年三月二十日部令公佈

第一條　為調整並發展全國人民團體之組織舉行全國人民團體總登記特制定本辦法

第二條　凡在民國三十一年二月底以前依法成立之人民團體應一律依照本辦法履行登記

第三條　人民團體總登記由各級主管官署各就所屬人民團體分別辦理之

前項主管官署中央為社會部省為社會處未設社會處之省為民政廳直隸行政院之市為社會局縣市為縣市政府

第四條　人民團體總登記開始日期由社會部以命令定之各級主管官署得於期先分別公告及通知

第五條　凡申請登記之人民團體應由主管官署填報總登記表縣市三份省市兩份遞轉社會部備案

前項人民團體總登記表另訂之

第六條　凡申請登記之人民團體須將其原領許可證書及備案證件呈繳主管官署核驗銷毀之

第七條　主管官署辦理總登記時遇有應依法改選整理或改組之人民團體除法令另有規定外應限期令其依法改選整理或改組之

第八條　凡登記之人民團體經核為健全者即由主管官署換發立案證書其應依法改選或整理或改組者須俟其依法辦理完竣後再補發立案證書

第九條　凡登記之人民團體經審核認為不合法者應予以解散

第十條　凡逾期不履行登記之人民團體除有特殊原因外應將其負責人撤職遞補並限期補行登記經審核或分別依八九兩條辦理

第十一條　戰地人民團體之總登記得由各該主管官署呈准社會部另行辦理

第十一條　本辦法自公布之日起施行

人民團體總登記表

No.

團體名稱				
地址				
沿革	黨部許可	年　月　日證書　字號	政府備案	年　月　日
	曾否改組整理及其次數與情形			
	最近改選日期及次數	年　月　日第　次改選		
現有會員數	個人			
	團體	機關或團體		
		公司行號或工廠		

	職別	姓名	資格	略歷	職別	姓名	資格	略歷
現在負責人資歷								

經濟概況			
工作概況			
備註			
登記日期	年　月　日	填表人	簽名　（蓋章）
主管官署審核結果			

辦理總登記機關……………………

填表須知

（1）本表各欄除備註外務須切實填寫

（2）現有會員數一欄應視團體之性質填寫如該團體之會員為個人時即於個人欄內填註如其會員為機關或團體以及為公司行號或工廠時則於各該欄內填註

（3）職員資格及略歷欄職業團體之職員必須填資格社會團體之職員可從簡

（4）本表應由各該團體負責人填具並須於填表人欄內簽名蓋章

（5）主管官署審核結果一欄應填對於該團體所審核之斷語如「健全」「應改選」「應整理」「應改組」「應解散」「應加強督導工作」等

本部與各省市社會行政機關行文辦法

三十一年三月部長核准

一　凡奉令轉行屬於一般性質之案件應請省市政府轉知但奉令運飭社會行政機關辦理者不在此限

二　關於頒行法規編造預算以及人事編制工作計劃等案件應咨請省市政府轉知但應同時令社會處局(民政廳)

三　凡須經省政府會議決定或須由處局擬府稿之案件應咨省市政府但得同時令社會處局(民政廳)

四　依照計劃對於工作之指示及督促可逕接令社會處局(民政廳)其臨時飭辦之重要工作并須咨行省市政府

五　凡在職掌範圍內本部對社會處局(民政廳)有所委託或查詢事件不必咨行省市政府

六　各省社會行政案件經省府會議決定者由省政府咨照本部

七　關於法規預算工作計劃及重要人事行政應由社會處局(民政廳)擬府稿咨行本部

八　應行答復之件其由省市政府轉令辦理者以由省市政府咨復爲原則

九　各社會處局(民政廳)在其職權範圍內有所請示或報告時得逕呈本部對於本部逕行飭辦案件之答復亦同

[illegible]行辦理案件之審核事項

[illegible]規則

七 [illegible]

六 [illegible]

五 [illegible]

四 [illegible](另定之)

三 [illegible](另定之)

二 [illegible]

一 [illegible]

[illegible]

命令

府令

國民政府令　三十一年一月十七日

行政院院長蔣中正呈據社會部部長谷正綱呈請任命王紹林署社會部合作事業管理局視察應照准此令

國民政府令　三十一年二月二十六日

行政院院長蔣中正呈據社會部部長谷正綱呈爲社會部視導范師任另有任用請免本職應照准此令

行政院院長蔣中正呈據社會部部長谷正綱呈請任命范師任爲社會部科長應照准此令

部令

社會部令　社法字第二〇一五一號　三十一年一月七日

茲制定非常時期人民團體訓練綱要公佈之此令

社會部令　社法字第二〇三七五號　三十一年一月十三日

茲制定工業生產合作推進辦法公佈之此令

社會部令　社法字第二〇三九〇號　三十一年一月十三日

茲制定社會部社會行政計劃委員會研究室辦事細則公佈之此令

社會部令　社法字第二〇三九一號　三十一年一月十四日

茲制定社會部社會工作人員訓練委員會組織規程公佈之此令

社會部令　社法字第二〇五八〇號　三十一年一月十九日

茲制定社會部社會服務處業務概要公佈之此令

社會部令　社法字第二〇六六四號　三十一年一月三十一日

茲制定社會部與學術機關團體合作舉辦調查研究編譯工作暫行辦法公佈之此令

社會部令　社法字第二〇六六五號　三十一年一月二十一日

茲制定社會部出版審查委員會組織規程公佈之此令

社會部令　社法字第二一八五四號　三十一年一月十六日

茲修正社會部處務規程第三十五條條文公佈之此令

社會部令　社法字第二二三八六號　三十一年三月一日

茲制定人民團體整理辦法公佈之此令

社會部令　社法字第二二三八七號　三十一年三月一日

茲制定指導人民團體改組辦法公佈之此令

社會部令　總二字第二二四一二號　三十一年三月二日

本部重慶市示範救助院籌備委員會着即撤銷此令

社會部令　社法字第二二四六八號　三十一年三月四日

茲制定合作社物品供銷處暫行辦法公佈之此令

社會部令　社法字第二二四七〇號　三十一年三月四日

茲制定人民團體組織指導員任用規則公佈之此令

社會部令　社法字第二二三七二號　三十一年三月四日

茲制定人民團體組織指導員服務規則公佈之此令

社會部令　社法字第二二三七二號　三十一年三月四日

茲制定人民團體立案證書頒發規則公佈之此令

社會部令　社法字第二二四七三號　三十一年三月四日

茲制定人民團體圖記刊發規則公佈之此令

社會部令　社法字第二二五五〇號　三十一年一月五日

茲修正社會部工作成績考核委員會組織規程公佈之此令

社會部
財政部
會令　社法字第二二七六五號
渝鹽(乙)六六三四號　三十一年三月九日

茲制定合作社承銷食鹽辦法大綱公佈之此令

社會部令　社法字第二二九六五號　三十一年三月十三日

茲修正社會部社會工作人員訓練委員會組織規程第二條條文公佈之此令

社會部令　社法字第二三三〇一號　三十一年三月二十日

茲制定全國人民團體組織登記辦法公佈之此令

社會部令　三十一年一月六日　社會字第二〇一〇三號

派何霸若為本部重慶殘廢教養所會計員此令

三十一年一月六日　總二字第〇一〇三九號

委任趙澤華試署本部科員此令

三十一年一月八日　總二字第二〇二〇七號

本部統計處家計調查員余華豐呈請辭職應照准此令

三十一年一月八日　總二字第二〇二〇八號

本部統計處家計調查員黎星厚着即免職此令

三十一年一月十二日　總二字第二〇三三九號

派蔡克新代理本部科員此令

三十一年一月十五日　總二字第二〇四四九號

本部科員張公甫呈請辭職應照准此令

三十一年一月十五日　總二字第二〇四五一號

代理本部合作事業管理局辦事員石藩着即免職此令

派本部專員陳繼貞兼任兒童福利研究委員會秘書本部專員劉崇齡兼任人口政策研究委員會秘書本部科長張永懋兼任勞工政策研究委員會秘書此令

三十一年一月十六日　總二字第二〇四八〇號

代理本部科員洪　元另有任用應免本職此令

三十一年一月十七日　總二字第二〇五五三號

派洪　元爲本部調查員此令

三十一年一月十七日　總二字第二〇五五四號

派陳一平代理本部合作事業管理局科員此令

三十一年一月二十六日　總二字第二〇八六六號

派謝　嘉爲國際勞工組織理事院中國理事辦事處秘書此令

三十一年一月二十七日　總二字第二〇九〇六號

本部科員徐翊之着即免職此令

三十一年一月二十七日　總二字第二〇九一六號

本部科員張延紓呈請辭職應照准此令

三十一年一月三十日　總二字第二一〇六六號

委任蕭仲泉爲本部科員此令

三十一年一月三十一日　總二字第二一〇八五號

派錢克顯代理本部科員此令

三十一年一月三十一日　總二字第二一一一二號

本部督導員胡守棻呈請辭職應照准此令

三十一年二月六日　總二字第二一三三〇號

本部專員兼秘書周學藩呈請辭職應照准此令

三十一年二月六日　總二字第二一三三三號

代理本部合作事業管理局辦事員王厚昌應予免職此令

三十一年二月六日　總二字第二一三四三號

派王　荃爲本部調查員此令

三十一年二月六日　總二字第二一三五四號

代理本部科員方蕙華應予免職此令

三十一年二月六日　總二字第二一三五五號

派宋實君代理本部科員此令

三十一年二月十一日　總二字第二一六一九號

本部調查員田壯飛應予免職此令

三十一年二月十二日　總二字第二一七四八號

派本部科員武正欽兼任四川樂山縣農工運動督導專員此令

三十一年二月十二日　總二字第二一七四九號

本部專員兼本部法規委員會委員李　隆呈請辭職應照准此令

三十一年二月十二日　總二字第二一七五〇號

本部科員許鴟秋呈請辭職應照准此令

三十一年二月十二日　總二字第二一七六二號

兼本部社會行政計劃委員會研究室編譯組組長傅尙霖呈請辭職應照准此令

三十一年二月十六日　總二字第二一八五二號

派李公馥代理本部科員此令

三十一年二月十九日　總二字第二一九六二號

本部調查員張雲雷呈請辭職應照准此令

三十一年二月十九日　總二字第二一九八七號

本部統計處計算員陳眞一呈請辭職應照准此令

三十一年二月十九日　總二字第二一九八八號

派科員王發祥兼本部檔案室主任此令

三十一年二月十九日　總二字第一〇〇三號

本部統計處家計調查員陳小村金綺雲殷學權工作不力着即免職此令

三十一年二月二十日　總二字第二〇〇四號

本部科員陳超漢呈請辭職應照准此令

三十一年二月二十日　總二字第二〇〇五號

本部統計處家計調查員王學章譚壽柏唐承富呈請辭職應照准此令

三十一年二月二十日　總二字第二〇〇六號

代理本部合作事業管理局辦事員葉　庠呈請辭職應照准此令

三十一年二月二十日　總二字第二〇五三號

派曹　柏代理本部合作事業管理局科員此令

三十一年二月二十日　總二字第二〇五五號

本部社會運動督導員劉一鴻呈請辭職應照准此令

三十一年二月二十一日　二字第二一〇八號

派傅揆武代理本部科員此令

三十一年二月二十三日　總二字第二一五四號

本部農運督導員沈一平呈請辭職應照准此令

三十一年二月二十三日　總二字第二一五五號

本部調查員周　鈞楊克昌黃心銘侯輔威試用期滿工作不力應即停用此令

三十一年二月二十三日　總二字第二一五六號

本部社會運動督導員劉大覺試用期滿工作不力應即停用此令

三十一年二月二十三日　總二字第二一五七號

本部科員汪亞男着即免職此令

派楊光耀馮夢萍代理本部科員此令　三十一年二月二十四日　總二字第二二一七六號

派本部專員林榮葵兼本部第二育幼院籌備主任此令　三十一年二月二十四日　總二字第二二一七七號

代理本部科員吳瑞芳

派孫庭蘭代理本部科員此令　三十一年二月二十四日　總二字第二二一七八號

派王世鑫代理本部合作事業管理局科員此令　三十一年二月二十五日　總二字第二二二〇八號

本部簡任秘書兼代社會福利司司長宋景暄另有任用應免本兼各職此令　三十一年二月二十五日　總二字第二二二一二號

本部參事謝徵孚另有任用應免本職此令　三十一年二月二十七日　總二字第二二二九三號

本部荐任秘書楊　放另有任用應免本職此令　三十一年二月二十七日　總二字第二二二九四號

派謝徵孚代理本部社會福利司司長除請簡外此令　三十一年二月二十七日　總二字第二二二九五號

派朱景暄代理本部參事除請簡外此令　三十一年二月二十七日　總二字第二二二九六號

派楊　放代理本部簡任秘書除請簡外此令　三十一年二月二十七日　總二字第二二二九七號

本部統計處調查科導員戴　錄呈請辭職應照准此令　三十一年二月二十七日　總二字第二二三一一號

本部科員高　邁另有職務應免本職此令

三十一年二月二十八日　總二字第二二三四八號

派本部政務次長洪蘭友代理參事朱景暄組織訓練司司長陸京士合作事業管理局局長壽勉成代理社會福利司司長謝徵孚參事李俊龍祕書黃夢飛研究室主任張鴻鈞視導鄭若谷爲本部社會工作人員訓練委員會委員此令

三十一年二月二十八日　總二字第二二三六二號

本部調查員洪　元呈請辭職應照准此令

三十一年二月二十八日　總二字第二二三六四號

本部社會運動督導員張泉生着即免職此令

三十一年二月二十八日　總二字第二二三七〇號

本部調查員邱之汝應予免職此令

三十一年二月二十八日　總二字第二二三七一號

本部科員唐　鐵呈請辭職應照准此令

三十一年二月二十八日　總二字第二二三七三號

派金成鼎代理本部科員除呈荐外此令

三十一年二月二十八日　總二字第二二三八〇號

本部統計處調查審導員程硯銘呈請辭職應照准此令

三十一年三月一日　總二字第二二三九〇號

派李　劭代理本部科員此令

三十一年三月二日　總二字第二二三九六號

代理本部科員吳瑞芳另有任用應免本職此令

三十一年三月二日　總二字第二二三九七號

派吳瑞芳爲本部調查員此令

三十一年三月二日　總　字第二二三九八號

本部重慶市示範救助院籌備委員會主任委員范定九呈請辭職應照准此令

三十一年三月二日　總二字第二二四一一號

派專員王　克兼任本部重慶實驗救助院院長此令

三十一年三月二日　總二字第二二四一三號

本部科員蕭家珍呈請辭職應照准此令

三十一年三月五日　總二字第二二五六二號

專員林榮葵請辭兼任本部第二育幼院籌備主任職務應照准此令

三十一年三月五日　總二字第二二五七五號

派本部專員陳繼貞爲本部兒童福利委員會委員仍兼該會秘書此令

三十一年三月五日　總二字第二二五七七號

派陳則釗代理本部科員此令

三十一年三月五日　總二字第二二五七八號

派張　熾周志羣爲本部督導員此令

三十一年三月五日　總二字第二二五八一號

派黃劍雄爲本部統計處調查審導員此令

三十一年三月五日　總二字第二二五八二號

派高寶鈞爲本部調查員此令

三十一年三月五日　總二字第二二五八三號

本部調查員金　培代人簽到着即免職此令

三十一年三月六日　總二字第二二六〇九號

本部統計處調查審導員袁壽徵白方琦蔡啟仕張九容另有任用應予免職此令

三十一年三月六日　總二字第二二六一〇號

派喻兆明代理本部科長除呈荐外此令

三十一年三月六日　總二字第二二六一一號

本部社會行政計劃委員會委員何清儒着毋庸兼代社會福利司第四科科長職務此令

三十一年三月六日　總二字第二二六一二號

本部科員廖鳳昇呈請辭職應照准此令

三十一年三月六日　總二字第二二六六九號

本部統計處調查統導員彭純呈請辭職應照准此令

三十一年三月六日　總二字第二二六七〇號

委任楊耀庭爲本部合作事業管理局辦事員此令

三十一年三月七日　總二字第二二七〇〇號

本部科員應錫瓘呈請辭職應照准此令

三十一年三月七日　總二字第二二七〇三號

派盧塵陽代理本部科員此令

三十一年三月七日　總二字第二二七二〇號

派吳瑞芳爲本部重慶第二育幼院院長此令

三十一年三月七日　總二字第二二七二三號

本部調查員吳瑞芳另有任用應予免職此令

三十一年三月七日　總二字第二二七二四號

派歐陽匯代理本部合作事業管理局視察除呈荐外此令

三十一年三月九日　總二字第二二七五一號

派本部社會行政計劃委員會專任委員范任、吳克剛、劉仰之兼研究室編譯、設計、資料組組長此令

三十一年三月九日　總三字第二二七六一號

本部社會行政計劃委員會專任[illegible]着[illegible]兼研究室資料組組長此令

三十一年三月九日　總二字第二二七六一號

派彭曉暉爲本部督導員此令

三十一年三月九日　總二字第二二七六三號

派李正賢馮啟珠爲本部調查員此令

三十一年三月九日　總二字第二二七六四號

委任吳茲琮爲本部科員此令

三十一年三月十日　總二字第二二八一七號

委任楊品青爲本部科員此令

三十一年三月十日　總二字第二二八一九號

委任葉　烈試署本部合作事業管理局辦事員此令

三十一年三月十日　總二字第二二八七二號

本部統計處調查輔導員黃□孝呈請辭職應照准此令

三十一年三月十日　總二字第二二八七五號

派張鳴岡爲本部道義社會服務處主任此令

三十一年三月十日　總二字第二二八八〇號

派本部專員屈慎勤兼會計室第一股股長此令

三十一年三月十二日　總二字第二二九二〇號

本部專員兼會計室第一股股長裴立民呈請辭職應照准此令

三十一年三月十一日　總二字第二二九二二號

派黃環粤代理本部科員此令

三十一年三月十二日　總二字第二二九四九號

本部統計處調查輔導員漢　夫工作不力着即免職此令

三十一年三月十二日　總二字第二二九八八號

本部專員兼社會福利司幫辦邱致中辭職照准此令

三十一年三月十三日　總二字第二三〇二七號

本部調查員邱焱森應予免職此令

三十一年三月十三日　總二字第二三〇二八號

本部合作事業管理局辦事員傅希瑗葉　烈另有任用應免本職此令

三十一年三月十三日　總二字第二三〇三七號

派傅希瑗葉　烈代理本部合作事業管理局科員此令

三十一年三月十三日　總二字第二三〇三八號

派盧若愚為本部調查員此令

三十一年三月十四日　總二字第二三〇六三號

派盛克猷姚翼鴻代理本部科員此令

三十一年三月十四日　總二字第二三〇七八號

本部調查員馮競宇廖茂生徐昌期楊懷白朱宙得楊業勳孫吝園工作不力應予免職此令

三十一年三月十六日　總二字第二三〇九二號

派本部專員王振九兼任本部內江社會服務處主任此令

三十一年三月十七日　總二字第二三一七四號

代理本部合作事業管理局科員柳勁植呈請辭職應照准此令

三十一年三月十八日　總二字第二三二〇一號

派沈桂祥代理本部合作事業管理局科員此令

三十一年三月二十一日　總二字第二三三五五號

本部合作事業管理局辦事員楊耀庭呈請辭職應照准此令

三十一年三月廿一日　總二字第二三三九六號

派甘登信代理本部科員此令

三十一年三月廿一日　總二字第二三四〇五號

本部商運督導員瞿焘萱着即撤職此令

三十一年三月廿一日　總二字第二三四〇六號

本部統計處調查督導員黃鍁雄呈請辭職應照准此令

三十一年三月廿五日　總二字第二三五七八號

委任汪冰如劉緒始武正玖孫藹如鍾其熾趙少華朱元龍盛佩芝夏光惠爲本部科員此令

三十一年三月廿五日　總二字第二三五七九號

代理本部科員靳法彬楊光輝另有任務應予免職此令

三十一年三月廿七日　總二字第二三六八六號

派靳法彬楊光輝爲本部社會工作人員訓練班事務員此令

三十一年三月廿七日　總二字第二三六八七號

本部重慶市空襲服務隊臨時保健院第二托兒所所長宋鼎另有任用應免本職此令

三十一年三月廿八日　總二字第二三七四八號

派宋　鼎爲本部重慶第一育幼院院長此令

三十一年三月廿八日　總二字第二三七四九號

本部科員楊品吉呈請辭職應照准此令

三十一年三月廿八日　總二字第二三七六五號

本部統計處家計調查員毛錫吾呈請辭職應照准此令

三十一年三月三十日　總二字第二三七八七號

派鄭良桐代理本部科員此令

三十一年三月三十一日　總二字第二三七八八號

本部統計處調查兼指導員劉筠倩應予免職此令

三十一年三月三十日 總二字第二三七九四號

派趙連璧為本部統計處計算員此令

三十一年三月三十日 總二字第二三七九五號

派楊天樂為本部統計處調查指導員此令

三十一年三月三十日 總二字第二三七九六號

派黃燦如舒伯勤林炯[illegible]仁汪鄂生殷[illegible]白[illegible]三李平為本部統計處家計調查員此令

三十一年三月三十日 總二字第二三七九七號

本部統計處家計調查員周有常呈請辭職應照准此令

三十一年三月三十日 總二字第二三八一四號

本部科員吳運甲呈請辭職應照准此令

三十一年三月三十一日 總二字第二三八五二號

本部督導員陳鍾瑞工滬督導員趙祖沅着即免職此令

三十一年三月三十一日 總二字第二三八五四號

派閔劍梅代理本部秘書除呈荐外此令

三十一年三月三十一日 總二字第二三八五六號

本部視導閔劍梅另有任用應免本職此令

三十一年三月三十一日 總二字第二三八五六號

代理本部科員錢克顯着即免職此令

三十一年三月三十一日 總 字第二三八五五號

派姜光昫代理本部科長除呈荐外此令

三十一年三月三十一日 總二字第二三八五八號

本部科長范舖任另有任用應免本職此令

振范師任代理本部視導除呈荐外此令

三十一年三月三十一日　總二字第二三八六〇號

三十一年三月三十一日　總二字第二三八六一號

社會部新派幫辦副科長姓名一覽

本部專員向　愷兼任總務司幫辦

本部視導范師任兼任社會福利司幫辦

本部專員譚　任兼任總務司第二科副科長

本部科員武福恭兼任總務司第三科副科長

本部專員陳冠英兼任組訓司第三科副科長

本部專員汪　度兼任組訓司第四科副科長

本部專員鄧學銘兼任社會福利司第四科副科長

本部專員高　邁兼任社會福利司第五科副科長

本部專員孟勉之兼任社會福利司第六科副科長

社會部新聘社會行政計劃委員會委員姓名一覽

謝挺生　劉克儁　潘學固　喻兆明

社會部新聘勞工政策研究委員會委員姓名一覽

西門宗華　程海峯　李中襄　李劍華　束儉保

戈　陵　程失溪　蔣鎮瀾　邱致中

社會部新聘兒童福利研究委員會委員姓名一覽

周之濂　田貴鑾　胡叔異

社會部新聘人口政策研究委員會委員姓名一覽

喬啟明　吳澤霖　柯象峯　言心哲

社會部社會工作業務人員管理制度專題研究委員會委員姓名一覽

王文山　左章金　王佩衡　張金鑑　吳祥麟　宋宜山

黃友郢　柯鴻鈞　陸京士　朱景暄　陳　烈　郭　驥

周泰京　黃燕飛

公牘

總務類

社會部呈　總二字第二一〇八〇號　三十年一月三十一日

奉令任命黃仲翔等爲四川等省社會處長一案謹將遵辦情形呈請鑒核並請分飭各省政府將社會處本年度預算內一二兩月經費劃作開辦費並准暫時刊發關防由

案奉

鈞院三十一年一月十四日順拾字第六四五號訓令，略以任命黃仲翔等十員爲四川等省社會處長，飭轉飭各該員先行代理處長職務，並依法塡具任用審查表，連同證明文件呈院核轉任命等因；奉此，遵經分別令飭各該員遵照，並分咨各省政府查照，請即擬送社會處組織規程，并轉飭各該員迅即籌備設處，儘本年三月一日以前正式成立在案。惟查各省社會處開辦經費，並未另列概算，現設處在即，此項經費亟應予以確定，俾資支用，茲擬將各該處本年度預算內一二兩月份經費劃作各該處開辦經費，實支實銷，如蒙可行，擬懇

鈞院令飭設處之各省政府遵照辦理，再各省社會處印信，業經本部呈請

鈞院轉請頒發，在未奉頒到以前，擬請准由各省政府暫時刊發關防，以資信守，是否有當？理合一併呈請

鑒核示遵！謹呈

行政院

社會部公函　總二字第二一一四二號　三十一年二月三日

准函擬具關於社會行政人員之高考普考暨普通考試合作人員應考資格及考試科目意見函請察酌辦理由

案准

貴會本年一月五日選二字第五八二四號公函，囑將高等及普通考試及社會行政人員考試暨普通考試合作行政人員考試應考資格考試科目等項開送，以便商訂各該項考試條例等由；附高等考試合作行政人員考試暫行條例及普通考試合作人員考試暫行條例草案各一份，准此，自應照辦，茲擬就社會行政人員之高考普考應考資格及考試科目草案暨對於普通考試合作人員考試暫行條例草案意見，相應函請察酌辦理爲荷！此致

考選委員會

附社會行政人員高考普考應考資格及考試科目暨對於普通考試合作人員考試暫行條例草案意見各一件（略）

社會部代電

會四字第二〇四四四號　三十一年一月十五日

抄發修訂各機關領發公務員生活補助費及特別生活補助費辦法及清單格式電仰依限辦理呈憑彙轉由

本部所屬各機關覽：案准主計處三十年一月渝歲字一七號魚代電，略以原訂非常時期公務員各項生活補助費之請領撥發辦法，手續繁重，現三十一年度業已開始，經本處重行規定，以期簡便，特擬送修訂各機關領發公務員生活補助費及特別生活補助費辦法暨清單格式各一份，請將本部及所屬各機關應領兩項生活補助費人數清單，於本年一月份內造送過處，以便核轉財政部，俾與各月經費同時撥發，等由；到部，除照辦並分飭外，合亟抄同原附修訂辦法及清單格式電仰於文到十日內，照辦理，呈憑彙轉爲要！社會部子咸印。附抄發修訂各機關領發公務員生活補助費特別生活補助費辦法及清單格式各一份

修訂各機關領發公務員生活補助費及特別生活補助費辦法

一　各機關依照非常時期改善公務員生活辦法所訂生活補助費及特別生活補助費之請領撥發依本辦法辦理之

二　各機關應於年度開始之第一個月內按核定分配預算內俸給費人數造具一月份應領生活補助費及特別生活補助費清單送由主計處（第三級以下各機關單位清冊由各該管第二級主管機關彙轉主計處）核轉財政部撥發并由主計處另以清單一份核轉審計部備查其一月份以後各月份應領兩項生活補助費即以一月份人數爲標準按月由財政部撥發交各機關

核實發給

三　各機關因駐地窵遠前項生活補助費清單不及在年度開始之第一個月內送達者得先行電報人員總數由主計處核轉撥發如事後與清單所列人數有超支或溢領者再由國庫分別扣算

四　各機關生活補助費應按非常時期改善公務員生活辦法第十四條及第十五條及第十六條之規定合併計算特別生活補助費應按同辦法第十四條第二項所定數額由財政部依照前項生活補助費清單人數按月分別撥發

五　在年度開始第一個月以後成立之機關其生活補助費及特別生活補助費自成立月份起依前項手續辦理之

六　各機關在年度進行中因組織法修訂增加人員較多致本機關經費無法墊付時得重編兩項生活補助費清單送由主計處核轉撥發以後各月份之人數即以重編清單為標準

七　年度終了時各機關應與全年度實際領支兩項生活補助費分別造具總分表及年度收支對照表送主計處彙編追加預算（其表式依主計處之所定）其有剩餘或短領數目應同時解庫或補領

八　前項解庫及補領手續應于年度終了後一個月內辦理完竣其剩餘之款并不得移充其他用途

（某機關及所屬各機關）年度　月份應領公務員生活補助費及特別生活補助費人數清單

機關別	每月應領生活補助費人數	每月應領特別生活補助費人數	備註
合計			

社會部代電

社參字第二〇七四二號　三十一年一月二十日

為酌擬該省社會處編製標準希參酌本部各司職掌依省社會處組織大綱第四五兩條規定迅擬該處組織規程報部核轉由

贛湘桂陝川滇閩黔甘省政府公鑒：省社會處組織大綱早經院令公布，茲復經院會決定於　貴省設置社會處，并定三十一年度經費為每月二萬元(贛湘桂陝)二萬五千元(川滇)二萬四千元(閩)一萬五千元(黔甘)，其編製標準經本部酌擬，暫設三科，薦任以秘書科長視導會計主任等共十一員(贛湘桂陝)十二員(川滇閩)九員(黔甘)。委任以視導科員辦事員等共六十四員(贛湘桂陝)七十四員(川滇閩)五十三員(黔甘)，為最高額，即希參酌本部組織法總務組訓福利三司職掌及上列標準，依處組織大綱第四五兩條規定，迅速擬訂該處組織規程呈部核轉為荷！社會部子號參印

社會部代電

會四字第二一三二七號　三十一年二月六日

奉　院電令各機關切實避免遇事臨時零星請款先自挪墊補請追加情事抄發追加預算案處理大綱及各省動支預備金暫行辦法飭遵照等因合行抄發上項大綱及辦法電仰切實遵照由

本部所屬各機關：案奉　行政院本年一月二十二日順會字一一一一號養院計三代電開：近年以來，各機關每於年度中間屢屢提請追加預算，頭緒紛繁，匪特影響經費之籌劃，抑且缺乏整個施政計劃之表現，殊非貫徹計劃政治之道，雖經　國民政府於上年八月間通令訓示，非有迫不及待之特殊情形發生，各機關不得提請追加，而近數月來各機關提出之追加案，較前反見增多，其中先自挪墊補請追加之件，竟逾半數，年度預算，形同具文，國家政令，等於虛發，外顧國際艱危，內察民生疾困，若不共謀節制，前途實可寒心。三十一年度國家總預算現已制定施行，各級機關經常事業各費，均經本年度需要衡量財力，核實計劃，嗣後各長官務須恪守預算範圍，通盤考慮全年計劃，嚴實撙節支用，期毋超越，其必須增加之經費，亦盼能及早籌計，依照預算法令所定，提請追加，俟奉核定再行動支，以往遇事臨時零星請款或先自挪墊補請追加等情事，切宜避免，以重計政而維國難，茲為各機關知所遵循起見，經飭由行政院秘書政務兩處會同主計處財政部共同研議，擬具追加預算案處理大綱及各省動支預備金暫行辦法兩草案，提出行政院第五四六次會議決議：「通過」。除分行外，特抄發該項大綱暨辦法電仰切實遵照，並轉飭所屬一體恪遵毋違。等因；奉此，自應遵照，除分行

外，合行抄發原頒大綱暨辦法電仰切實遵照為要！社會部　魚計四印。附抄發追加預算案處理大綱及各省動支預備金暫行辦法各一份

追加預算案處理大綱

民國三十一年度適用行政院第五四六次會議通過

一　本院所屬各機關不得舉辦未經核准之事業經核准之事業其計劃必須附具概算

二　凡具有左列情形之一者得提請追加

(1)奉令舉辦之新事業其經費未有預算者

(2)奉令設置之機關其經費未有預算者

(3)奉令擴充之原有事業或機關其經費未能在原預算範圍內勻支者

(4)遇有緊急事件須即時處理其經費未有預算者

(5)前四款所需經費應儘先就總預算所列該機關主管部份經費及第一預備金應撥各項數目內統籌支應不足時始得提請追加其就主管經費勻支之件仍須照變更預算案程序辦理其動支第一預備金之件亦須依法定手續辦理

三　前條追加案依左列辦法處理之

(1)確屬事關重大緊急需款之件隨時提出院會核決

(2)其性質次要之件召集財政部及關係機關會同主計處審查擬具意見奉　准後於　三　六　九　十二各月內彙案列表提出院會

(3)業屬完成預算手續而不加重國庫負担之件由秘書政務兩處核案相符者得先由院轉送核定彙案報告院會

四　上年度追加案依左列辦法處理之

(1)上年度追加案應儘於二月十五日以前送到本院過期不予查核

(2)上年度機關經費及事業經費超支案由秘書政務兩處簽註或召集財政部及關係機關會同主計處彙案審查分別准駁如確屬無可避免之超支查明已用數項來源分別可准移用及必須另請由國庫撥款之件擬具意見奉准後轉送核定並報告院會

（3）上年度事業經費因原預算不敷請增經費者由秘書政務兩處簽註或召集財政部及關係機關會同主計處彙案審查擬具意見呈奉 准之件如三十一年度預算內列有繼續經費即飭就三十一年度預算數統籌支配其未列繼續經費者由院轉請追加三十一年度預算仍彙案報告院會

（4）上年度建築費超支案工程已竣工款已移用撥付者照本項第（2）款辦法處理工程業已開始尚未完竣待款續修且係在核定工程計劃範圍以內者由院派員就已興工部份查明實需經費數目簽奉 核准後轉請核定追加仍彙案報告院會其在原核定工程計劃範圍以外請增建者一律不准追加

五 追加預算案不合於緊急命令限制辦法之件一律不發緊急命令

六 上年度追加案一律不發緊急命令

各省動支預備金暫行辦法

行政院第五四六次會議通過

一 各省歲出概算內所列第一預備金得由省務會議議決動支並按月編製月報表四份（表式另訂之）呈報行政院核轉主計及審計機關

二 各省歲出預算內所列戰時特別預備金除經行政院核准統籌支配部份外所餘部份動支應照第三第四兩條辦理

三 各省如遇緊急處置或重大災變需動支戰時特別預備金時應將事實需要情形詳細電呈行政院核准支用并即補具詳細計劃及概算各五份呈核但因本於法令契約或新增設施並無特殊情形者應事前擬具計劃及概算呈請核准後動支

四 各省呈請動支戰時特別預備金所餘部份在本年上半年度不得超過百分之五十

社會部代電

總二字第二一六二五號 三十一年二月十日

奉 院令任命該員為貴州省社會處處長仰積極籌備具報等因電仰遵照由

貴州省政府轉社會處周代處長達時：案奉 院令任命該員為貴州省社會處處長，飭轉飭先行代理并填送任用審查表及證件，以憑轉請任命等因；除電達貴州省政府查照外，仰先行代理迅即籌備設處，于三月一日以前正式成立為要！特電遵照。社會部丑灰總二印

社會部代電　社秘字第二三五五二號　三十一年三月五日

電請轉飭社會處科迅擬本年度工作計劃呈轉查核由

各省政府公鑒：查各省社會處科現正次第成立，所有本年度各該處科工作計劃，亟應訂定，以爲施政之依據。特電請轉飭依照核定概算，幷斟酌地方需要，迅擬呈轉以憑查核。附奉本部擬定各省三十一年度社會建設計劃綱要一冊，幷請轉飭參考爲荷！附各省三十年度社會建設計劃一冊。社會部機印。

社會部代電　總五字第二三二一〇四號　三十一年三月十八日

檢發本部三十一年度社會建設計劃草案希査收具復由

各省社會處

重慶市社會局：本部三十一年度社會建設計劃草案，業經編就，茲爲供參攷起見，特檢發一份，卽希査收具復。附發社會部三十一年度社會建設計劃草案一份。社會部總五巧印。

社會部訓令　總二字第二〇〇〇九號　三十一年一月二日

令本部所屬各機關

令發職員年終考成辦法及考成表式仰於三十一年一月十日前遵辦具報由

查三十年度已告終了，本部及附屬機關人員考績考成事宜，亟應舉辦，除分令外，茲檢發本部職員年終考成辦法及年終考成表式，令仰遵照迅速辦理，於三十一年一月十日以前具報核辦爲要！此令。

附發本部職員年終考成辦法及年終考成表各一份（見本部公報四期法規欄）

社會部訓令　總三字第三〇一一六號　三十一年一月六日

令本部所屬各機關

抄發修正黨政軍機關小組會議與公私生活行爲輔導辦法令仰遵照由

案奉

行政院三十年十二月六日勇文字第一九五〇七號訓令開：「准國防最高委員會祕書廳三十年十一月二十日國綱字第二一八六〇七號公函開：「案准中央執行委員會祕書處十一月十四日渝豐機字第一四六四號公函開：查黨政軍機關小組會議與區分部小組會議，前經中央第一七八次常會決議，仍分別舉行，並各改爲隔週舉行一次，經分函查照在案，關於黨政軍機關人員小組會議與公私生活行爲輔導辦法有關各條條文，自應隨同修正，茲經陳奉中央第一八七次常會分別修正如下，第二條原文「每週舉行」修改爲「每兩週舉行」，第四條第一款原文「一週內工作」修改爲「兩週內工作」，第六條原文「每週小組會議之事項」修改爲「每次小組會議之事項」，除由會分行外，相應錄案函達，即希查照轉陳並分別轉飭遵照！又第一八五次常會修正案第十一條「並以會議紀錄爲年終考績之重要根據之一」上之字係衍文應删去，並希查照轉知」。等因；附修正黨政軍機關人員小組會議與公私生活行爲輔導辦法一份，准此，查前准中央祕書處函送修正小組會議與輔導辦法第三九十條各條條文，經於本年十月廿四日以國綱字第二一一四三號函達在案。茲准前由，除轉陳並分函外，相應抄同修正辦法函達，即希查照並轉飭所屬各部會遵照爲荷！」等由；附修正黨政軍機關人員小組會議與公私生活行爲輔導辦法一份，准此，查前准國防最高委員會祕書廳函送修正黨政軍機關人員小組會議與公私生活行爲輔導辦法第三九十條各條文，業於本年十一月七日以勇考字第一七七二一號令遵在案。茲准前由，除分令外，合行抄發原附件令仰遵照，此令！」

等因；附修正黨政軍機關人員小組會議與公私生活行爲輔導辦法一份，奉此，查前奉行政院令發修正黨政軍機關人員小組會議與公私生活行爲輔導辦法第三、九、十各條條文，業於三十年十二月二十二日以社總字第一〇四一三號令遵在案。奉令前因，除分令外，合行抄發原附件令仰遵照！此令。

附發修正黨政軍機關人員小組會議與公私生活行爲輔導辦法一份

黨政軍機關人員小組會議與公私生活行爲輔導辦法

二十八年三月九日第五屆中央常務委員會第一一六次會議備案

三十年九月二十九日第五屆中央常務委員會第一八五次會議修正
三十年十月二十七日第五屆中央常務委員會第一八七次會議修正

第一條 為培養公務人員之德業增進機關工作之效率淬勵抗戰建國之精神訂定本辦法

第二條 黨政軍機關人員公私生活行為以左列各項為規範

一 中國國民黨黨員守則
二 陸海空軍軍人讀訓
三 新生活須知
四 節約運動大綱

第三條 黨政軍機關應就本機關內部各級組織單位為區分每一單位為一小組每兩週舉行小組會議一次

第四條 小組會議之事項如左

一 關於組員兩週內工作之檢討及批評
二 關於組員公私行為之檢討及批評
三 關於本組及本機關業務之報告及改進意見
四 關於組員應讀書籍及程限之規定
五 關於組員研究問題之指定
六 關於讀書心得或研究問題之發表及商討

第五條 小組組長以及各單位主管任之其責任如左

一 以身作則領導本組組員努力於工作及智識之追求并啟發其興趣
二 以教育之方法教育自己并指導訓練本組組員工作之能力
三 考察組員之個性與特點為工作之分配并矯正其缺點
四 養成組員自我批評相互批評之精神及批評之道德與誠意接受批評
五 養成組員之規律生活行為及組員間之互助

第六條 小組組長應將每次小組會議之事項擇要紀錄報告於組長會議

第七條 組長會議由各機關長官召集各小組組長於每月終舉行之

第八條 組長會議之事項如左

一 聽取各組之工作報告

二 考核各組組長組員工作、議及公私行爲之良否

三 規定各組工作之進度及標準

四 檢閱本機關業務之經過及改進

第九條 各上級機關須隨時派員至所屬機關考察幷參加組長會議

第十條 各機關小組會議組長會議舉行之情況應於呈送工作報告案內一併擇要列報備核

第十一條 各機關得以組長會議爲內部考核之經常機構幷以會議紀錄爲年終考績重要根據之一各機關所屬職員中有成績特殊優越者得臚列事實密向上級機關保薦

第十二條 本辦法自公布之日施行。

社會部訓令 總二字第二〇五七八號 三十一年一月十七日

令本部所屬各機關

爲重新製定服務人員一覽表及人事動態表格式令仰遵辦由

本部各附屬機關應造送之服務人員一覽表及人事動態表，關係人事登記及考核至爲重要，茲查各該機關對於上項報表多未造送，其已造送者，亦復內容簡略，不便查考，爲求整齊劃一起見，業經重新製定格式，頒發塡用，除分令外，合行檢發上項格式，令仰遵照，自上年十二月份起將上項報表分別塡註，於文到五日內造送來部，以憑核辦，嗣後各月份人事動態表，應於次月十日以前造送勿延爲要！此令。

附發服務人員一覽表格式一紙（略）

人事動態表格式一紙（略）

社會部訓令 總二字第二〇八二八號 三十一年一月二十四日

令 黃仲翔 方青儒 黎民任 趙龍文 陳保安
裘存藩 戴振魂 黃光斗 黃仁浩 鄭傑民

奉 院令任命黃仲翔等為四川等省社會處處長等因令仰遵照由

案奉

行政院三十二年一月十四日順拾字第六四五號訓令略開，本院五四五次會議決議：「任命黃仲翔 方青儒 黎民任 趙龍文 陳保安 裴存藩 戴振魂 黃光斗 黃仁浩 鄭傑民 為四川 浙江 廣西 甘肅 陝西 雲南 廣東 江西 湖南 福建省社會處處長，仰即轉飭該員先行代理處長職務，並依法填具任用審查表，連同證明文件呈轉任命，此令。」等因；奉此，除咨請四川 浙江 廣西 甘肅 陝西 雲南 廣東 江西 湖南 福建省政府外，合行令仰遵照！此令。

社會部訓令　總一字第二一三一七號　三十一年二月五日

令本部所屬各機關

令知鄉（鎮）公所及區署對轄境內人民團體之行文程式由

案奉

行政院三十年十二月二十三日勇一字第二〇一四二號訓令開：「查縣各級組織綱要規定鄉（鎮）為法人，其意義即為鄉（鎮）具有獨立之人格，凡依鄉（鎮）區域之組織之人民團體，自應以鄉（鎮）公所為主管機關，其行文程式應以令呈行之，至區署原為縣政府之輔助機關，應以避免對外直接行文為原則，對于轄境內人民團體有所指示時，可分別由縣政府或鄉（鎮）公所轉行，如有直接行文必要，亦得以令呈行之，除分令外，合行令仰知照，此令。」等因；奉此，合行令仰知照！此令。

社會部訓令　總二字第二一八六八號　三十一年二月十六日

令本部所屬各機關

為奉令頒發黨政軍各機關人事機構統一管理綱要令仰遵照由

案奉

行政院三十一年二月二十六日順文字第一四六一號訓令開：

「奉　國民政府三十年十二月三十一日渝文字第一三三一號訓令開：據本府文官處簽呈稱：「准國防最高委員會秘書廳三十年十二月二十七日國紀字第二三五五三號公函開：「奉　委員長亥篠侍仁審代電開：「查人事行政為建國之基本工作，關係極為重要，而各機關人事機構，為推行人事行政之工具，尤應統一管理，以專責成而宏實效，茲擬定黨政軍各機關人事機構統一管理綱要草案，希即提會通過，分行有關機關，切實施行為要，至該草案內所稱之考核辦法，俟另案送逕可也，」等因；並附綱要一份，奉此，當經提奉　國防最高委員會第七十四次常務會議決議「通過」，相應錄案並抄同黨政軍各機關人事機構統一管理綱要函達，即希查照轉陳分別飭遵：」等因；理合簽請鑒核，』等情；據此，應即照辦，除飭復並分行外，合行抄發原附綱要，令仰遵照，並轉飭遵照，此令！」等因；並抄發綱要一份，奉此，除分令外，合行抄發原綱要令仰遵照，並飭屬遵照，」等因；並抄發黨政軍各機關人事機構統一管理綱要一份，奉此，除分令外，合行抄發原綱要，令仰遵照！此令。

附抄發黨政軍各機關人事機構統一管理綱要一份（見法規欄）

社會部訓令　會一字第一三三八九號　三十一年三月十日

令本部所屬各機關

准國民政府主計處函送中央各機關編製二十九年度及三十年度決算要點合行抄發令仰遵照并轉飭遵照由

案准國民政府主計處三十一年二月十六日渝字第四二八號公函開：

「查中央各機關二十九年度及三十年度決算，急待依法編製，前經本處歲計局擬訂編製要點，約集有關機關代表及各機關主辦會計人員集會討論，並將議決各要點，提經本處第二三三次主計會議修正通過，除分行外，相應抄同前項編製要點，函請查照轉飭所屬遵照辦理為荷！」

等由；附中央各機關編製二十九年度及三十年度決算要點一份，准此，自應照辦，除分令外，合行抄發原附編製決算要點一份，令仰遵照，并轉飭遵照！此令。

附抄發中央各機關編製二十九年度及三十年度決算要點一份（略）

社會部訓令

總二字第二二九一五號

三十一年三月十一日

令本部所屬各機關

奉令轉發國府公布國定紀念日日期表令仰知照由

案奉

行政院本年三月十日順文字第四一五〇號訓令開：

「奉國民政府本年三月五日渝文字二九三號訓令開：「查革命紀念日簡明表施行已久，頗有未盡適用之處，茲將國定紀念日改為五天，業已明令公布，應即通飭施行，除分行外，合行抄發國定紀念日日期表，令仰知照，並轉飭所屬一體知照，此令！」等因；奉此，除分行外，合行抄發原表，令仰知照，並飭屬知照！此令。」

等因；附抄發國定紀念日日期表一份，奉此，除分行外，合行抄發原表，令仰知照！此令。

附抄國定紀念日日期表一份

國定紀念日日期表

三十一年三月五日公布

一月一日	中華民國開國紀念
三月二十九日	革命先烈紀念
八月二十七日	孔子誕辰
十月十日	國慶
十一月十二日	國父誕辰

社會部訓令

總二字第二二九一六號

三十一年三月十一日

令本部所屬各機關

奉令為三月十二日總理逝世紀念不再舉行儀式令仰知照由

案奉

行政院本年三月十日順文字第四一四二號訓令開：

「奉國民政府本年三月五日渝文字第二九七號訓令開：「案據本府文官處簽呈稱，准中央執行委員會秘書處三十一年三月三日渝世機字第三七五號函開：「查關於修訂革命紀念日日期一案，業經　中央第一九二次常會決議，國定紀念日改定爲五天，並檢同國定紀念日日期表，函送政府明令公布在案。查原革命紀念日期表規定之三月十二日　總理逝世紀念應不舉行紀念儀式，相應函達，即希查照轉陳，分行各機關知照，等由；理合簽呈鑒核等情；據此，應即照辦，除飭復並分行外，合行令仰知照，並轉飭所屬一體知照，此令！」等因；奉此，除分行外，合行令仰知照，並飭屬知照，此令！」

等因；奉此，除分行外，合行令仰知照！此令。

組織訓練類

社會部公函　組三字第二〇一七九號　三十一年一月七日

准函以浙江省黨部請停止施行非常時期農工商團體維持現狀暫行辦法囑核辦等由復請查照由

案准

貴處三十年十一月十九日文字第一八二三二號函，以據浙江省黨部電請在浙西停止施行農工商團體維持現狀暫行辦法一案轉囑查照核辦等由；准此，查本案前准浙江省黨部代電同前由到部，除電復依照非常時期人民團體組織綱領第十二條之規定辦理外，相應復請

查照爲荷！此致

中國國民黨中央執行委員會祕書處

社會部公函　組五字第二一〇八四號　三十一年一月三十一日

准函以救國團體負責人及社會服務處主辦事業各機關之主要負責人可否援例緩役囑核復一案復請查照轉知由

准

貴會三十一年一月三日行社字第一一五六四號函，以據銅仁縣黨部呈爲救國團體負責人及社會服務處主辦各事業主要負責人，可否援例緩役，請核示等情，囑查照見復等由；准此，查救國團體爲社會團體之一種，人民團體實際負責人緩役

辦法第三項已有規定不得援例緩役。至各社會服務處主辦事業機關之主要負責人，呈請緩役一節，應遵照二十九年四月二十二日解釋「各地黨部所組織之社會服務處主任准予緩役，其餘人員不得緩役」辦理，准函前由，相應復請

查照轉知爲荷！此致

中國國民黨貴州省執行委員會

社會部公函　組三字第二一一二九號　三十一年二月二日

准函以據彭水縣黨部呈請核示戰時食鹽購銷處是否可以加入商會一案函復查照飭知由

貴會三十一年一月九日社明字第三十四號函，以據彭水縣黨部呈請核示戰時食鹽購銷處是否可以非公會會員資格加入商會等情，轉囑釋復，等由；准此，查各縣戰時食鹽購銷處，係鹽務機關之下層機構，非屬於公司行號範圍，不應加入商會，准函前由，相應函復

查照，并請飭知爲荷！此致

中國國民黨四川省執行委員會

社會部公函　組五字第二一三八三號　三十一年二月七日

准函詢族務委員會可否准予組織復請查照轉知由

貴會三十年十二月三日員社字第一八〇七號函，以據舒城縣黨部呈請核示族務委員會可否准予組織，囑核復等由；查以宗族組織團體，於法無據，未便許可設立，早經本部解釋有案。准函前由，相應復請

查照轉知爲荷！此致

中國國民黨安徽省執行委員會

社會部公函　組二字第二一五九〇號　三十一年二月十日

關於西昌縣總工會請示國營省營工廠工人應否加以組織及商營工廠不組織工會與工會會員不納會費應否予

以制裁一案復請查照轉知由

案准

貴會三十年十二月二十四日社字第五一四號公函，以據西昌縣黨部轉據該縣總工會呈請核示國營省營工廠工人應否加以組織，及商營工廠不組織工會與工會會員不納會費，應否予以制裁一案，轉請解釋等由；准此，查關於推進國營省營產業工人之組織應俟本部關於特種工人法規修訂後，會商有關機關辦理，目前可暫緩進行。又非常時期工會管制暫行辦法，業已公布施行，按該項辦法規定，凡各業工人如經當地主管官署指定實施管制，而尚未組織工會者，應限期組織工會，違者依法懲處，至於工會會員不繳納會費者，可由各該工會警告限繳，逾限仍不繳納時，即予以停權等制裁。准函前由，相應復請

查照轉知為荷！此致

中國國民黨西康省執行委員會

社會部公函　組一字第一二二四九號　三十一年二月二十五日

准電囑解釋僱用捕魚工人應否組織工會一案復請查照由

案准

貴會本年一月民字第九一三號篠代電，以僱用捕魚工人應否組織工會，前後解釋不同，囑核示等由；准此，查本案前中央社會部曾准廣東省黨部代電，以前中央民衆運動指導委員會令中華海員工會籌備委員會，「漁工應加入漁會，不得另組工會」，與司法院院字第九〇〇號解釋，「受僱於漁業人為之捕魚之工人，得依工會法組織工會而不得組織漁會」，前後解釋不同，請核示等由過部，當經函准司法院核復，以「漁業人所僱用之工人，自不得加入漁會，仍應依院字第九〇〇號解釋後段，許其依工會法組織工會」，是則前中央民衆運動指導委員會所為漁輪工人不得另組工會之解釋，已失效力。此項僱用捕魚工人依照司法院之解釋，應准其組織工會，准電前由，相應復請

查照！此致

中國國民黨浙江省執行委員會戰時推進民衆團體工作委員會

社會部公函 組五字第二二三六〇號 三十一年二月二十八日

奉 院令學生自治會劃歸教育部主管一案函請查照由

案奉

行政院三十一年二月十二日順六字第〇二四八五號訓令內開：「前據該部及教育部會呈，為學生自治會，向被視為人民團體，其指導監督之權，屬於主管人民團體之黨政機關，而不屬於教育行政機關與學校，惟學生自治會之宗旨及活動範圍，實與一般人民團體性質不同，經兩部會商，擬劃歸教育部主管，授權學校當局，直接督導，俾易貫徹教育方針一案，經函准中央執行委員會秘書處函復中國國民黨，呈奉中央第一九三次常會決議通過等由；除分令教育部外，合行令仰遵照，此令！」等因；奉此，除分別函咨外，相應函請

查照并轉飭所屬遵照為荷！此致

各省市黨部

社會部公函 組三字第二二三〇三號 三十一年二月二十七日

准函囑核釋組織汽車商業同業公會疑義函復查照由

案准

貴省政府三十一年一月二十六日建二字第四號函，以據省公路處呈，以依據法令及本省實施情況，組織汽車商業同業公會，尚有疑義，轉囑查核見復等由；准此，查非常時期人民團體組織法，已公布施行，關於團體設立之核准，與目的事業之主管官署無關。商業同業公會法施行細則第九條已不適用，至該業公司行號不滿三家之地方，依法應以行號資格加入當地商會為會員，其滿三家者，依法應組織公會，以公會資格加入當地商會，並加入重慶聯合辦事處，准函前由，相應復請

查照飭知為荷！此致

江西省政府

社會部公函 組三字第二二七六七號 三十一年三月九日

准函囑解釋市撥船同業公會委員可否兼任船員工會理事一案函復查照由

案准

貴會三十一年二月十三日先社字第三四五〇號函，以據重慶市撥船船員工會呈以撥船同業公會委員譚忠國被選爲本會理事，請准兼任一案，轉囑核復等由；准此，查譚忠國既係同業公會委員，依工會法第二條但書之規定，不得加入船員工會，至是否得被選爲工會理事，應依同法第十一條但書之規定，由主管官署認爲有無必要而定，准函前由，相應復請查照爲荷！此致

中國國民黨中央直屬重慶市執行委員會

社會部公函　組五字第二二七八二號　三十一年三月九日

准函據藍田區黨部報告以據周純熙等組織藍田中等學校教職員聯合會應否許可組織一案復請查照轉知由

案准

貴會三十一年元月二十二日(31)耒社字第三〇四號公函，略以據直屬藍田區黨部報告，據周純熙等呈請組織藍田中等學校教職員聯合會，請核發許可證等情，可否准許設立，囑核復等由；准此，查各地各學校教職員，如以研究教育方法，增進教學知識及興趣爲宗旨，與教育會法所規定之目的相同者，自毋庸在教育會外另組其他團體。准函前由，相應復請查照轉知爲荷！此致

中國國民黨湖南省執行委員會

社會部公函　組三字第二三〇九九號　三十一年三月十六日

准函以據渠縣商會呈請核示銀行業是否應組織公會及對商業同業公會法第十二條之疑義轉囑釋復等由函復查照飭知由

案准

貴會三十一年二月十日社明字第三九八號函，以據渠縣商會呈請核示銀行業是否應組織公會，及商業同業公會法第十二條關於國防公營事業國家專營事業之疑義一案，轉囑釋復等由；並附原呈一件，准此，查銀行業非國家之專營事業，依

法應組織（或加入）該業同業公會，合作金庫如係依法組織成立，則不屬於公司行號範圍，可不加入公會商會，至國防公營專業與法令規定之國家專營事業，前者如兵工廠鋼鐵廠等，後者如路電航郵等皆是，准函前由，相應復請

查照飭知爲荷！此致

中國國民黨四川省執行委員會

社會部咨　組六字第二〇一五二號　三十一年一月七日

爲頒佈非常時期人民團體訓練綱要咨請查照由

查人民團體會員訓練，至關重要，惟以往無統一規章可資依據，致尚少實效，玆本部爲加強人民團體之組織，使與軍事行動相配合，達成非常時期社會建設之使命起見，經擬訂「非常時期人民團體訓練綱要」，呈奉行政院三十年十二月十一日勇玖字第一九六九五號指令開：「呈件均悉，准予備案，仰即由該部公布施行，此令！」等因，自應遵辦，業於本年一月七日由部公布施行，除分別函咨外，相應檢附該綱要咨請

貴府查照幷轉飭遵照！此咨

各省政府
　市

附非常時期人民團體訓練綱要一份（見法規欄）

社會部咨　組二字第二〇六二二號　三十一年一月二十日

爲規定勞資仲裁委員會仲裁書應載明之事項及該會無須刊用圖記復請查照幷轉飭遵照由

案准

貴省政府三十年十一月二十九日未府民三字第一三三六三號咨，以據衡陽市政籌備處呈，爲勞資爭議處理法第三十四條第二項之仲裁書式樣係如何規定，其內容是否與普通司法判決書相同，又仲裁委員會能否刊用圖記，法無明文規定，呈請核示等情，咨囑查照核復等由；准此，查仲裁委員會之仲裁書式樣，法無明文規定，玆參照勞資爭議處理法，規定仲裁書應載明之事項如左：

一、當事人之姓名職業住址或商號廠號，如爲團體者，其名稱及事務所之所在地。

二、主文。

三、事實及理由，（應包括勞資爭議處理法第二十二條第二三兩項及第三十一條二三兩項所載之事項）

四、仲裁委員會主席及委員署名蓋章。

五、年月日。

又仲裁委員會仲裁爭議事件，係臨時召集，而非常設機關，自無須刊用圖記，准咨前由，相應咨復

查照并請轉飭遵照爲荷！此咨

湖南省政府

社會部咨　社組字第二一六三一號　三十一年二月十一日

准咨囑核復關於黨政機關辦理社會工作之權責問題一案覆請查照飭知由

准

貴省政府三十一年一月十九日建一字第五四一號咨，以據第五區行政督察專員公署轉據峨眉縣政府呈，以辦理社會工作事項，縣府與黨部權責未分，請核示一案，囑查核見復等由。黨政機關辦理社會工作之權責問題，依照中央常會第一六五次會議成案，在中央尚未明令各級黨部移交同級政府接管以前，仍照舊辦理，現各省社會行政機構，即將分別成立，關於黨政交接事項，本部已呈請　行政院核飭各省市政府，并轉呈中央通令各省市黨部限期辦理，應俟奉令後，再行商洽接收，准咨前由，相應復請

查照飭知爲荷！此咨

四川省政府

社會部咨　組三字第二三一一五號　三十一年三月十七日

准咨以河南軍管區司令部電請核示人民團體負責人緩役疑義轉囑核復一案咨復查照轉知由

案准

貴部三十一年二月十八日渝役務字第八一七號咨，以據河南軍管區司令部電請核示：（一）鄉農會幹事可否援例緩役，（

二）各地重要業公會有無額數之限制，（三）雜業是否屬於百貨業飯業是否屬於糧食業一案。轉囑核復等由；准此，查（一）依人民團體實際負責人緩役辦法第一條首段之規定，農會幹事長之升高等緩役待遇者，僅為縣市級，鄉農會職員自不得援例辦理；（二）依商業同業公會法第五條之規定，重要業公會在同一區域內以一會為限，至區鎮同業公會之主席或代理主席職務之常委，依人民團體實際負責人緩役辦法第一條中段之規定不得援例辦理；（三）雜業及飯業依照規定非屬百貨業及糧食業。准咨前由，相應復請
查照轉知為荷！此咨
軍政部

社會部咨 組三字第二三三三一號 三十一年三月二十日

准咨以據威遠縣政府呈請解釋四川省銀行辦事處是否應加入當地商會為會員一案轉囑核復等由咨復查照轉知由

案准
貴省政府三十一年二月六日建一字第一三七六號咨：以據威遠縣政府轉據該縣商會呈，以省銀行辦事處無故退會，不繳會費一案，轉囑解釋見復等由；准此，查銀行業並非國家之專營事業，依法如當地同業不滿三家，應以公司行號資格加入當地商會為會員，歷經前中央社會部及本部解釋在案，四川省銀行乃普通公營事業，其在威遠之辦事處如係設舖營業，自應依法辦理。准咨前由，相應復請
查照轉知為荷！此咨
四川省政府

社會部代電 社組字第二〇六二三號 三十一年一月二十日

准電以淪陷縣市之人民團體可否准予遷移別縣設立一案復請查照由

中國國民黨廣東省執行委員會：社工亥魚電奉悉。查人民團體以會員為其組成份子，地方淪陷會員或散或留，是已經淪陷縣市之人民團體實無遷移別縣之必要，惟有關抗戰經濟生產技術上之工人及其團體，為使免資敵用起見，後方黨部得會同政府設法招致，斟酌當實情況，分別指導加入相同之團體或承認其原有組織。准電前由，相應復請查照。社會部組

令印

社會部代電　組三字第二〇六三二號　三十一年一月二十日

准電以經營池塘養魚兼買賣魚業者應加入漁會抑組織公會囑核示一案電復查照由

中國國民黨福建省執行委員會公鑒：三十年十二月六日連呂社字第五八九號代電奉悉。查經營池塘養魚者應加入漁會，如在市場設肆出賣水產品，則應以公司行號名義加入商會或組織同業公會，特復查照。社會部子寄組三印

社會部代電　組七字第二〇六三九號　三十一年一月二十日

為釋明鐵路公路方面社會運動之主管官署電請查照由

中國國民黨各鐵路公路特別黨部公鑒：案查行政院於三十年九月二十一日公布之非常時期統一社會運動辦法，業經本部於三十年十月十四日以社總字第九零七九號公函分別抄發在案。茲准湘桂鐵路特別黨部籌備委員會公函，略以鐵路方面社會運動之主管官署尚無明文規定，囑查照迅賜明文規定見復等由；查鐵路或公路方面社會運動之主管官署，仍可適用非常時期統一社會運動辦法第三條之規定，視其發起社會運動所在地及推行計劃所定區域，在一縣（市）以內者，呈請縣（市）政府核准，在兩縣（市）及兩縣（市）以上者，呈請省主管官署核准，超過一省者則由本部主管，准函前由，除釋復外，相應電達查照並飭屬遵照為荷！社會部組七寄印

社會部代電　組七字第二一一一九號　三十一年一月三十日

為規定廢曆年關糾正舊習各項辦法電請查照辦理見復由

各省市政府抄送各省黨部：春節在邇，民間狃於舊習，仍不免多所消耗，商賈更乘時高抬糧物工價，影響社會生活。茲奉行政院令飭分別限制或禁止，特規定要點如下：（一）提倡正當娛樂，厲行戰時生活，嚴禁賭博并限制表現非分歡樂之舉動。（二）勸止春節送禮及宴會。（三）救濟傷病。（四）各平價機關及消費合作社應準備相當數量之日用必需品，供應市面及社員。（五）禁止各同業公會及各職業公會會員抬高糧物工價。（六）除春節一日外，商店工廠一律不得休假。特電達查照，即希轉飭所屬遵照，仍請將辦理情形見復為荷！社會部組七子世印

社會經濟部代電　組三字第二一三四四號　三十一年二月四日

爲戰地人民團體組訓工作請依照非常時期人民團體組織綱領辦理由

各省市黨部政府公鑒：案准中國國民黨浙江省黨部三十年十一月灰代電，以據浙江省政府浙西行署及本會浙西辦事處聯銜電，以關於戰地人民團體組訓事宜，似應適應環境，照常進行，轉請核示等由；准此，查關於戰地人民團體之組訓工作，非常時期人民團體組織綱領中規定綦詳，如戰區各省市果有照常推進之必要，可依該綱領第十二項之規定辦理，以赴事機，除電復浙江省黨部並分電外，特電請查照飭知爲荷！經濟部社會部丑支組商印

社會經濟部代電　組三字第二一三〇〇號　三十一年二月五日

檢送應飭實施非常時期工商業及團體管制辦法區域主管官署辦理事項電請轉飭切實協助辦理並見復由

中國國民黨各省市執行委員會公鑒：查非常時期工商業及團體管制辦法所稱之必需品業及實施區域，業經指定公布在案，茲擬就應飭實施區域主管官署辦理事項十一項，除分電外，相應電達察照卽希轉飭實施區域黨部切實協助辦理，並先見復爲荷！經濟部社會部丑歌組三印附件

應飭實施區域主管官署辦理事項

一　規定限期通告各必需品業（係經指定者後同）之公司行號工廠如限辦理登記期滿舉行普查對於未遵辦之公司行號工廠應即依法予以處分並勒令登記一面飭商會及必需品業同業公會督促未完成登記手續之會員迅速補辦

二　飭各必需品業同業公會舉辦小規模營業登記將開始日期報轉備查

三　擬具取締未設立公司行號者經營必需品之商行爲辦法報部核備

四　督導必需品業未成立同業公會者依法迅速組織成立

五　強制必需品業公司行號工廠加入同業公會及各該業同業公會加入商會

六　酌派商會及必需品業同業公會書記或就原有書記施行短期訓練

七　査察商會及必需品業同業公會辦公處所情形酌令聯合辦公

八　指導商會及必需品業同業公會依據「非常時期工商業及團體管制辦法」第十五條各項規定斟酌實際情形參照現行有關法令擬具實施辦法報轉核備

九　飭商會及必需品業同業公會以後將各種會議重要決議案於會畢後報轉察核

十　按期舉行工商團體會報召集商會及必需品業同業公會負責人報告會務并指示工作方針飭令報紀錄摘要報部備查

十一　相當時期依「非常時期工商業及團體管制辦法」第十七條規定派員檢察並對檢察人員嚴密監督防止擾害商民

社會部代電　組三字第二一四三一號　三十一年二月七日

准電以據曲江縣黨部呈以廣東企業公司加入商會發生疑義轉囑核奪一案電復查照由

中國國民黨廣東省執行委員會公鑒：社二三一六號商亥巧代電及附件均奉悉。廣東企業股份有限公司如已登記，事實上不能組織或加入同業公會，應依法選行加入當地商會為會員，其會員代表數非公會會員只限一人，至其代表之權數與會費之負担，法有明文規定，自應依照辦理，但如設有支店加入不同區域之商會時，應依修正商會法第三十條之規定，其資本額應分配減少，不能以本店之資本總額為準。准電前由，特復查照飭知為荷，社會部丑陽組三印

社會部電　社組字第二二六四四號　三十一年三月四日

准電以職業團體參加縣參議員選舉其會員人數單位名額如何支配一案復請查照由

浙江省黨部：丑篠永電奉悉。查職業團體參加縣參議員之選舉，依縣參議會組織暫行條例第四條之規定，自應以整個團體參加所在地縣份之選舉，而不問其會員籍貫；至其名額支配，自仍依縣參議員選舉條例第十條之規定，以各該團體會員多寡比照分配。相應電復查照！社會部寅支組印

社會部代電　組三字第二三一四二號　三十一年三月十七日

准電囑解釋負販小商可否組織或加入公會一案電復查照由

中國國民黨廣東省執行委員會公鑒：由社一九四號商丑佳代電奉悉。負販小商如無公司行號之設立，依法不能組織或加入同業公會，至非常時期工商業及團體管制辦法第五條規定，小規模營業應向公會或商會登記乃為實施管制，並非可以

加入或組織公會。特復查照！社會部有篠組二印

社會部代電 組二字第二三四七二號 三十一年三月二十一日

據呈轉常德縣請釋示民船船員工會組織隸屬疑義一案核飭遵照由

湖南省建設廳鑒：三十一年二月十一日未劍四字第四九九號呈悉。查（一）該民船船員工會如係以縣市為組織區域者，應准其加入所在地縣市總工會。（二）小組組織應依照「工會之分會支部小組組織簡則」之規定，整個劃編。以上兩項，仰即轉飭常德縣府遵照！社會部組二馬

社會部訓令 組七字第二一一八一號 三十一年二月三日

令本部各直屬人民團體

為頒發人民團體推進國民精神總動員及新生活運動工作實施綱要一種令仰遵照並飭屬遵照由

查國民精神總動員與新生活運動之推行，其主旨均在改造社會，復興民族。國民精神總動員之意義，係欲全國國民集中精神於純一共同之目標，對自身樹立同一之救國道德，對國家堅定同一之建國信仰，並根據此同一之救國道德與建國信仰，為爭取國家民族之自由及生存而奮鬥犧牲。新生活運動之意義，在革新國民生活，轉移社會風氣，使國民成為健全之國民，社會成為健全之社會，兩者相輔相成，其對於國家民族社會前途之關係，至深且鉅。抗戰迄今，瞬將五載，賴我 最高統帥之統籌決策，精誠感召，以及全國同胞團結之堅，將士犧牲之勇，卒能摧挫寇燄，伸張正義。惟檢討過去，深感動員工作尚不足以應抗戰需要，現代戰爭乃整個國力之總決賽，不僅動員國家一切之人力物力，尤須動員全國國民之精神，革新國民之生活，蓋國民精神之振奮，生活之嚴肅，實為決定戰爭勝利之主要因素。人民團體為社會之基層組織，所有職員會員，均為社會之中堅，尤應本此主旨，淬厲奮發，以堅貞不拔之精神，整齊嚴肅之步調，奉行國民精神總動員及新生活運動，為社會倡導，為國民表率，本部有鑒及此，特制定人民團體推進國民精神總動員及新生活運動工作實施綱要一種，各人民團體務宜深體斯旨，切實推行，除分令外，合行抄發該項綱要一份，令仰遵照，並轉飭所屬一體遵照！此令。

附抄發人民團體推進國民精神總動員及新生活運動工作實施綱要乙份（見法規欄）

社會部訓令　組七字第二一七三八號　三十一年二月十二日

令本部所屬各機關

奉　行政院訓令以准國民精神總動員會電嗣後各機關務必切實舉行國民月會並須按月彙報送會以憑考核轉令遵照由

案奉

行政院三十一年一月十九日順文字第九二三號訓令開：

「准國民精神總動員會三十一年一月六日總動字第二號代電開：「查國民月會爲精神總動員之具體表現，凡屬國民，均應踴躍參加，而公務人員尤應以身作則，以資倡導，據聞近來各機關舉行國民月會頗多怠忽，殊屬不當，嗣後各機關務必切實舉行國民月會，並須按月彙報送會，以憑考核，除分電外，特電達查照，並希轉飭所屬一體遵照。」等由；准此，除分行外，合行令仰遵照，並飭屬一體遵照。」

等因；奉此，除分行外，合行令仰遵照，並飭屬一體遵照！此令。

社會部訓令　總一字第二二六七四號　三十一年三月九日

令本部各附屬機關

奉　發非常時期人民團體組織法轉令知照由

案奉

行政院三十一年二月廿日順玖字第三〇四〇號訓令開：

「案奉　國民政府本年二月十日渝文字第一一五二號訓令開：「查非常時期人民團體組織法，業經制定，明令公布，應即通飭施行，除分行外，合行抄發該法，令仰知照，並轉飭所屬一體知照。」等因；奉此，除分行外，合行抄發原件，令仰知照，並轉飭所屬一體知照。」

等因；附抄發非常時期人民團體組織法一份，奉此，除分令外，合行抄發原件，令仰知照！此令。

附抄發非常時期人民團體組織法一份（見法規欄）

社會福利類

社會部咨　福二字第二〇八九三號　三十一年一月二十七日

為推進貴省箇舊礦區勞工福利事業檢附計劃綱要等件咨請查照辦理見復由

查箇舊礦區有勞工十餘萬人，關於工人之組織訓練及福利事業，亟應設法推進，爰經擬具推進雲南省箇舊縣礦區勞工福利委員會組織規則各一種，並經呈奉　行政院三十一年一月十三日順玖字第九九七號指令准予備案在案。現此項委員會急待組織，按照組織規則第二條之規定，應請
貴府指派代表一人充任委員。至該礦區民營礦資方代表、公營礦勞方代表、民營礦勞方代表、及箇舊耆紳各一人，併請分別指定，以便剋期組織。除分別咨函外，相應檢附上項計劃綱要及組織規則各一份咨請
查照辦理並希見復為荷！此咨
雲南省政府

附推進雲南省箇舊縣礦區勞工福利事業計劃綱要暨雲南省箇舊縣礦區勞工福利委員會組織規則各一份（見法規欄）

社會部代電　福三字第二〇七六八號　三十一年一月二十四日

准電囑核釋各縣社會服務處與社會科之關係電復查照由

中國國民黨浙江省執行委員會戰時推進民衆團體工作委員會公鑒：准貴會民字第八五三號代電，略以縣各級社會服務處向由縣黨部主辦，在縣政府社會科成立後，是否改隸？囑核釋等由；准此，查社會服務處為社會事業實施機構，而各縣政府社會科則為縣社會行政主管科，社會科設立後，對於縣內各級社會服務處，有監督指導之權。特電復查照為荷！社會部子敬印。

合作事業類

社會部咨　社合字第二〇二二一號　三十一年一月八日

咨送實施縣各級合作社組織大綱縣份原有各級合作社解散後債權債務及公積金公益金處理辦法請查照辦理並見復由

查縣各級合作社組織大綱，業經奉令公布施行。凡原有各級合作社依照大綱第二十七條第二項之規定解散後，關于債權債務及公積金公益金之處理事項，亟應制定辦法，以資劃一，爰經本部擬訂「實施縣各級合作社組織大綱縣份原有各級合作社解散後債權債務及公益金公積金處理辦法」呈奉

行政院三十年十一月二十六日勇玖字第一八八四六號指令開「呈件均悉，原辦法業經酌予修正，仰由該部公布施行。」等因；附抄發辦法修正一份。奉此，業由本部於三十年十二月二十六日公布施行各在案。除分行外，相應檢同上項辦法及附表格式各二份，咨請

查照，轉飭合作主管機關遵照，並飭屬知照。再本辦法自公布施行後，各省以前所訂關于類此之單行辦法，應即廢止適用，並希

查照辦理見復為荷！此咨

各省市政府

附送實施縣各級合作社組織大綱縣份原有各級合作社解散後債權債務及公積金公益金處理辦法及附表格式各二份（見本部公報四期法規欄）

社會部咨　合四字第二〇四三九號　三十一年一月十五日

為訂定合作社供銷糧食辦法咨請查照轉飭合作主管機關遵照辦理由

查本部為充實合作社業務，並調劑民食起見，經參照全國合作會議決議有關各案，擬定合作社供銷糧食辦法一種，並經會同糧食部核定施行在案。除咨請糧食部同意飭屬遵照外，相應檢同該項辦法，咨請

查照，並轉飭合作主管機關遵照辦理，至紉公誼！此咨

各省省政府
重慶市政府

附合作社供銷糧食辦法一份（見法規欄）

社會部咨　合四字第二〇六六三號　三十一年一月二十一日

咨送工業生產合作推進辦法請轉飭合作主管機關遵照由

查工業生產合作，自推行以來，頗收成效。本部爲充分發揮其機能起見，經參照全國合作會議決議，有關工業合作各案，擬訂工業生產合作推進辦法，咨准經濟部咨復贊同，並經於三十一年一月十三日公布施行在案。除分咨外，相應檢同該項辦法，咨請查照轉飭合作主管機關遵照爲荷！此咨

各省省
重慶市政府

附工業生產合作推進辦法一份（見法規欄）

社會部咨　合二字第二一三四四號　三十一年二月六日

准咨以據呈請示已領得採礦權之個人可否組織合作社及合作社可否向礦權人租借開採一案轉囑查核見復等由經咨准經濟部核復咨請查照轉知由

案查前准

貴省政府咨，以據呈請示已領得採礦權之個人可否組織合作社及合作社可否向礦權人租借開採一案，轉囑查核見復等由；准此，當以事關礦權，經轉咨經濟部核復去後；茲准三十一年一月二十四日（卅一）礦字第〇一四四五號咨復節開：「查礦業權者對於新領之鑛，於取得鑛業權後，如擬組織合作社開採經營，原無不可，惟該鑛權仍應屬於鑛業權者個人，並非屬於合作社全體，且并不能移轉於該合作社，所有一切權利義務（繳納礦稅使用土地等）仍須以原鑛業權者名義行之，至鑛業權者如以所領之鑛租賃於合作社開採，於法不合，惟合作社或一部份社員得受鑛業權者之委託，訂約包採。准咨前由，相應分別釋明，復請查照轉咨。」等由；相應復請查照轉知爲荷！此咨

河南省政府

社會部咨　合四字第二二一七五號　三十一年二月二十四日

爲咨送出征抗敵軍人對合作社借款展期償還辦法請轉飭知照由

案奉

行政院三十一年一月二十七日順玖字第一二九三號訓令開：
「奉　國民政府三十一年一月十五日渝文字第三三號訓令，以該部所擬出征抗敵軍人對合作社借款展期償還辦法，業經　國防最高委員會第七十五次常務會議決議「修正備案」，飭即通行知照，等因；奉此，除分行外，合亟抄發該項辦法，令仰知照，幷轉飭所屬一體知照！」
等因；並附抄發出征抗敵軍人對合作社借款展期償還辦法一份，奉此，相應抄同該項辦法，咨請查照轉飭知照爲荷！
此咨
各省市政府
附抄出征抗敵軍人對合作社借款展期償還辦法一份（見法規欄）

社會部咨　合二字第二二二八二號　三十一年二月二十六日

前准電請解釋土貨轉口免稅品目表疑義一案經咨准財政部咨復復請查照由

案查前准
貴省政府三十年十二月電字第一六七號廷合三篠代電，以土貨轉口免稅品目表尚有疑義，囑予解釋等由，附疑義一紙，准此，當抄附上項疑義，轉咨財政部核復，去後，茲准本年二月九日關渝字第一二〇七二號咨開：「准貴部合二字第二〇七三五號咨開，准河南省政府電請解釋土貨轉口免稅品目表疑義一案，轉請查核見復，等因；茲就河南省政府原送土貨轉口免稅品目表疑義清單逐項加具說明，另錄一紙，敬希貴部查照轉復。」等由；附關于疑義各點之說明一份，准此，相應抄附說明復請查照轉咨爲荷！此咨
河南省政府
抄附財政部原說明一件

關於河南省政府原送土貨轉口免稅品目表疑義各點之說明

一　豬鬃係列入轉口稅則第(2)號，牛皮係列入轉口稅則第(23)(24)兩號，羊毛係列入轉口稅則第(176)(188)(189)等號，羊皮係列入轉口稅則第(25)號內（乙）（戊）兩項，均不包括在土貨轉口免稅品目表所列第(22)號未列名動物產品之內

(二) 茶葉係列入轉口稅之茶類計自（122）號起至（130）號桐油係列入轉口稅則第（101）號山漆係列入轉口稅則第（248）號芝蔴油係列入轉口稅則第（99）號棉子油係列入轉口稅則第（93）號菜子油係列入轉口稅則第（98）號草紙棉紙皮紙係歸入轉口稅則第（166）號均不包括在土貨轉口免稅品目表所列第（145）號未列名植物產品之內

三 土布係歸入轉口稅則第（201）號毛巾係列入轉口稅則第（210）號辮帶襪子係歸入轉口稅第（212）號絲綢係分別列入轉口稅則第（180）[illegible]（182）（183）（184）及（204）（205）號均不包括在土貨轉口免稅品目表所列（213）未列名紡織品之內

四 磁器陶器係列入轉口稅則第（233）號砂壺係歸入轉口稅則第（270）號泥人石器係包括在土貨轉口免稅品目表所列第（235）號未列名泥土砂石及其製品之內

五 酒係列入轉口稅則第（217）（218）兩號醋及豆腐係歸入轉口稅則第（145）號（乙）項粉筆係歸入轉口稅則第（270）號肥皂係列入轉口稅則第（244）號均不包括在土貨轉口免稅品目表所列第（249）號未列名化學品之內

六 柿子、石榴、杏、桃、梨、葡萄、蘋果、山楂果等係包括在土貨轉口免稅品目表所列第（68）號未列名果品（乙）（丙）（丁）（戊）（己）等項之內棗係列入轉口稅則第（60）（61）兩號胡桃係列入轉口稅則第（67）號栗子係列入轉口稅則第（59）號

七 酒、爆竹、毛巾、襪帶等或征統稅或征土酒稅均係免征轉口稅

社會部咨 合二字第二三四九九號 三十一年三月二十三日

事由：准貴州省政府咨以合作社社員是否免納縣捐請解釋一案除咨復外咨達查照由

案准貴州省政府本年三月十三日財叁二字第十二號咨開：

「案據玉屏縣政府三十一年一月刪代電稱：『案據縣公秤捐承征員謝玉堂稱，略以竊員中標承征三十一年度本城公秤捐，迭經依照規定承征，惟以城內油商均藉縣聯合作社社員，拒絕納捐，懇即飭令縣合作社遵章納捐，而免捐稅虧空等情；據此，當經轉飭縣聯合作社詳查去後，茲據[illegible]府詢懇援照本轉去年七月未列日鈞府省合二指字第五六〇九號訓令，轉准社會部三十年六月十三日社合字第五六四三號咨解釋，消費合作社兼營業務繳納縣捐一案，對社員免征，對非社員應征納等語，核[illegible]但[illegible]惟以准[illegible]縣收入減少，而查縣地瘠民貧，私經濟[illegible]

拮据，值茲實行新縣制，一切機構充實，更形需籌財源應需之際，且本年度計劃積極推行合作事業，使全縣合作社普遍設立，則以後收入必愈減少，將成其他教育建設等項事業反受停頓之虞，查閱法令尚無合作社社員免納縣捐之明文規定，理合電請鈞座鑒核予以解釋，合作社社員是否免納縣捐，不勝迫切待命之至。」等情；據此，查地方各項捐稅爲地方自治財源，合作社社員經營商業，若免納地方捐稅，則縣之收入減少，勢必影響縣政推行，究竟合作社社員應否無條件免納縣捐，相應咨請查照，在兼顧自治財政之實際問題範圍內，予以合理解釋，以便有所遵循，實級公誼」。

等由；准此，查自治財源取給于間接稅捐，應係暫時不得已之辦法，除核定有案關于合作社得免繳之各種稅捐外，爲顧全地方自治之發展起見，其確定專爲自治財源之稅捐，合作社及其社員亦應照章繳納。准咨前由，除咨復并分咨外，相應咨達

查照轉飭知照爲荷！此咨

各省市政府

社會部代電　合三字第二三七五七號　三十一年三月二十八日

據呈請解釋合作社解散後債權債務處理辦法各項疑點電復知照由

湖南省銀行：本年二月二十五日業普字第八五號呈悉。查法人至清算終結時止，在清算之必要範圍內，視爲存續，民法第四十條第二項已有明文，準此規定，則已解散之舊社，如其清算并未終結，仍得于清算範圍內視爲存續，經收債權清償債務，均清算範圍以內之事項，清算終結，法人始眞正消滅，對金融機關之債權固有法律上之安全保障，但在其原來之目的已因解散而消滅，自不能繼續業務，故與新社并不立于并立地位，據呈前情，特電復知照！社會部合三寅儉印

社會部訓令　合二字第二一六八〇號　三十一年二月十二日

令各省市合作行政機關

准財政部函以合作社採購原料或成品涉及統稅範圍者仍應照納漏稅可酌情補繳請轉行知照一案令仰知照由

案准財政部本年一月十七日渝稅卯字第三六七二三號公函開：

「案據河南區稅務局三十年十一月二十六日豫二字第一五九號呈稱，案據本局駐關底鎮查驗所三十年九月二十一日關字第一六號呈，為查獲販商朱辛漏稅棉紗九捆送請法辦等情；到局，正核辦間，接准河南省合作事業管理處洛陽辦事處暨洛陽縣立民衆教育館先後來函，證明以朱辛所購棉紗係為金村合作社購買，金村合作社原係民教館組設，曾經合法登記，為加緊生產起見，囑准將棉紗先行領出備用，再候遵章辦理等由；前來當以棉紗統稅係屬國稅，除呈經財政部核准免稅，持有免稅證件者外，應一律徵收，該金村紡織產銷社，是否領有財政部免稅證明書，本局無案可查，姑准取具妥實聯環商保，先將棉紗領回，候呈奉部令再行遵辦，另函通知等語，函復去訖，查合作事業在各級政府提倡下，到處林立，合作社採購原料或成品，將日漸增多，其涉及統稅範圍者，是否一律徵稅，暨如有漏稅情事者，是否照章處罰，抑或僅予補稅，似應有統一規定，並明令各省合作事業管理處飭屬遵照，免生誤會，是否有當，理合呈請鈞部鑒核指遵。等情；據此，除指令『呈悉。查合作社採購原料或成品，其貨物屬於統稅範圍者，并無免稅之規定，自應一律照章征收統稅，如查覺有漏稅情事，可按情節輕重，酌定准予補稅，或照章處分，仍應專案呈部查核，除函請社會部令飭合作事業管理局轉行各合作社一體知照，并通令外，仰即遵照上項指示辦理具報為要！此令。』等語；印發并通令外，相應函請貴部查照，分飭合作事業管理局轉行各合作社知照，並希見復為荷！」

等由；過部，除分令併咨復外，合行令仰知照！此令。

社會部訓令

合二字第二三一六二號　三十一年三月十七日

令各省市合作主管機關

令頒合作社登記須知仰遵照并轉飭遵照由

茲遵照

行政院二十九年八月九日頒佈之縣各級合作社組織大綱，制定合作社登記須知，通令施行，所有前實業部頒行之各省縣市辦理合作社登記須知，應即停止適用，除分別電令外，合行附發合作社登記須知，令仰遵照，并轉飭所屬遵照！此令。

附發合作社登記須知一份（略）

社會部指令　合二字第二一四一二號　三十一年二月七日

令廣東省政府建設廳

三十一年一月十日第六一一號呈為合作社經營菸葉蔗糖花生油及其他各種業務，對於各種捐稅應否豁免請核示由

呈悉。查合作社得免征所得稅及營業稅，合作社法第七條已有規定，至其他不屬於所得稅營業稅範圍之各種貨物稅，自不在豁免之列。仰即知照！此令。

社會部指令　合二字第二一七九四號　三十一年二月十三日

令廣東省政府建設廳

三十年十二月十九日韶建計二字第六四三五號呈一件為合作社採辦運銷各物應否繳納各項什稅及不繳納手續如何呈祈核示由

呈悉。查合作社除依法得免征所得稅營業稅外，其他稅捐之免繳，於法無據。仰即知照！此令。

社會部指令　合二字第二三五四三號　三十一年三月二十四日

令廣東省政府建設廳

丑智五社代電一件為仁化縣東山洞紙業產銷合作社製紙過分利得稅可否免征請示遵由

呈悉。合作社免納過分利得稅，法無明文規定，自難豁免。仰即知照！此令。

社會部批　合五字第二一七九三號　三十一年六月三日

具呈人河南汝南縣商會

本年四月十日商字第十八號呈一件為各種合作社對外售貨應否以社員為限於普通商店有無分別呈請核示由

呈悉。合作社為發展國民經濟之基本機構，依法呈准登記之合作社，應享受法律上各種優待；但如未經登記，或不法冒為用合作社名稱，或已經登記而營業範圍超軼合作社法第三條各款規定者，則應予取締，如有此類不法組織，准向當地縣政府舉發究辦。仰即知照！此批。

附錄

一、社會部核准備案之農漁團體一覽表

三十一年一月至三月

1. 核准組織之農會

省市別	團體名稱	核准日期	主要負責人	會員數 團體	會員數 個人	備註
福建	福鼎縣農會	三十一年一月二十日	盧學育	二三		
	將樂縣古鏞鄉農會	三十一年一月十二日	余榮先		一三八	
	永南鄉農會	三十一年一月二十一日	蕭燕謀		一三〇	
	建寧縣[illegible]安鄉農會	三十一年一月五日	余有福		一〇三	
	寧德縣三都鄉農會	三十一年一月二十日	游克從		五二	
	南靖縣馬公鄉農會	三十一年一月二十日	吳茂東		五〇	
	將樂縣農會	三十年十二月八日	孫肇祿	七		
	永安縣大湖鄉農會	三十一年三月十一日	羅文祿		一七四	
	貢川鄉農會	同	張序璋		四〇〇	
	湖歷鄉農會	同	廖功焜		五五	
	坑尾鄉農會	同	曾懷韶		七〇	
	燕北鄉農會	同	黃啓炎		一五二	
	南靖縣圩苑鄉農會	同	吳啓章		一六〇	
	金門縣大登鄉農會	同	鄭光鑾		五五五	
	南安縣霞美鄉農會	同	陳紹修		二八二	
	閩清縣上牛山鄉農會	同	夏維純		五一〇	
	渡祥鄉農會	同	謝維邦		七一	
廣東	新豐縣農會	三十一年一月一六日	羅瀅疇	六	[illegible]	
	英德縣農會	同	成豐球	廿六	[illegible]	
	增城縣農會	同	湯自持	八	[illegible]	
	恩平縣農會	同	盧建民	十九	[illegible]	
	潮安縣農會	同	吳長坡	三	[illegible]	
	登瀛鄉農會	同	柯君遜		一七九	
	化縣農會	同	李鴻圖	十六		
	錦安鄉農會	同	林永鎮		三五一	

始興縣永安鄉農會	同	劉青亮		一五四
宏安鄉農會	同	朱光瑤		九[illegible]
新興縣農會	同	蘇裔架	十	
中和鄉農會	同	蘇錦波		七八
廉江縣廉西鄉農會	同	繆培森		一〇三
同保鄉農會	同	龍飛山		九四
安東鄉農會	同	李居端		一〇二
太西鄉農會	同	黃錫瑞		九四
廉西鄉農會	同	龐鐘藻		一〇一
高明縣合成鄉農會	同	嚴軍凱		一九〇
南雄縣南畝鄉農會	同	盧德蘭		一二六
曲江縣羅坑鄉農會	同	傅還勝		六七
開建縣農會	同	于敏杰	十	
西和鄉農會	同	蔡日經		一四〇
醴泉鄉農會	同	錢卓明		一〇〇
錦秀鄉農會	同	袁星南		一三一
鎮江鄉農會	同	姚錫年		九九
五華縣農會	同	梁嘉鑾	十	
黃坡鄉農會	同	錢伯濤		三五二
蕉坪鄉農會	同	黃文相		八五

高大鄉農會	同	黃蘊寰		三八六
開平縣杜澄鄉農會	同	譚啓寧		二七六
封川縣上總鄉農會	同	莫汝逸		二七八
中總鄉農會	同	莫鳳洲		二三〇
忠恕鄉農會	同	黃燦初		六〇
第二鄉農會	同	伍福民		一二六
禮義鄉農會	同	盧沮涯		九五
廉潔鄉農會	同	葉幹垚		三二七
中段鄉農會	同	黎超球		一一五
台山縣橫江鄉農會	同	黃新旺		一五〇
江頭鄉農會	同	馬存禮		一三〇
獨樹鄉農會	同	李自立		一二〇
[illegible]爐鄉農會	同	李[illegible]倫		一四九
山前鄉農會	同	馬叔明		一〇九
務德鄉農會	同	黃大明		九六
源和鄉農會	同	余共和		一五四
北[illegible]鄉農會	同	黃[illegible]岩		一一〇
中川鄉農會	同	方月如		二二五
上屯鄉農會	同	馬法聖		一五七
浮石鄉農會	同	趙[illegible]廷		二三三

廣西	宜山縣屯豪鄉農會	三十一年一月二十三日	伍子良		一六五
	龍茗縣榮華鄉農會	三十一年二月十二日	陸明鉅		二四四
	勝茗鄉農會	同	蘇寶巖		六九四
	全茗鄉農會	同	許紹康		七七八
	福隆鄉農會	三十一年二月二十六日	趙皓祥		二七八
	丞縣東蓿鄉農會	同	張瀾		七〇
	大良鄉農會	同	毛文秀		五〇
	都安縣安陽鎮鄉農會	同	盧海鴻		七九
	扶南縣農會	同	吳佑生	十	
	康良鄉農會	同	吳任佳		六六
	熙良鄉農會	同	甘耀芳		一一五
	復良鄉農會	同	劉建華		九五
	長和鄉農會	同	鍾[illegible]輝		八三
	貞和鄉農會	同	王爽明		七四
	全安鄉農會	同	何茂興		一三四
	安良鄉農會	同	程琪		五.
	綏靖鄉農會	同	凌燦文		七三
	砥柱鄉農會	同	黃[illegible]舫		一一〇
	親良鄉農會	同	黃正甯		五九
	鎮邊縣農會	三十一年二月二十八日	簡竹君	十二	

	城廂鄉農會	同	簡竹君		一六五
	平孟鄉農會	同	陳俠夫		二九二
	那桑鄉農會	同	黃安穗		五七
	三淺鄉農會	同	潘振文		五九
	龍合鄉農會	同	陸子鑑		六一
	十登鄉農會	同	潘顯揚		五六
	大蓬鄉農會	同	汪瀚		七二
	百南鄉農會	同	農萬[illegible]		五三
	台峒鄉農會	同	王先培		一一九
	果把鄉農會	同	趙輯北		六七
	德窩鄉農會	同	黃巨學		五九
	弄銀鄉農會	同	黃志明		六三
	融縣縣農會	三十一年三月廿四日	吳鑑三	二〇	
	龍茗縣龍英鄉農會	三十一年三月廿八日	鄒平		二一八
	融縣榮安鄉農會	同	李可仁		五四
貴州	長順縣光甯鄉農會	三十一年一月十五日	陳樹聲		八四
	普定縣聚著鄉農會	三十一年一月三日	梅正華		八二
	台江縣台灣鄉農會	三十一年二月二日	王幹臣		一五六
	貴筑縣青岩鎮鄉農會	三十一年二月八日	羅少舟		四一三
	望謨縣平寨鄉農會	三十一年二月十九日	黃如珍		九四

	邑[illegible]鄉農會	同	譚正嵩		八六
	丹寨縣北獨鄉農會	卅一年二月廿三日	楊玉春		一〇七
	錦屏縣邊沙鄉農會	卅一年二月廿六日	楊純鈔		八九
	岑鞏縣大有鄉農會	卅一年三月十日	吳德彬		四〇四
重慶	重慶市農會	卅一年一月五日	龍文治	八	
	第十七區農會	同	胡禹九		三九四五
	第十三區農會	同	馬壽徵		一〇八六九
陝西	洋縣縣城鎮鄉農會	卅一計一月二日	袁一尊		一二六
	石泉縣雲峯鎮鄉農會	同	劉士恕		五〇
	西鄉縣沙河鎮鄉農會	卅一年一月三日	陳[illegible]吾		二六二
	洋縣紙坊鄉農會	卅一年一月十二日	趙濟民		一八二
	洋縣江壩鄉農會	同	張鋭伯		五六二
	西鄉縣柳樹鄉農會	同	岳賓卿		三八五
	藍田縣焦岱鄉農會	卅一年一月十六日	焦潤生		一六三一
	華胥鄉農會	同	張西銘		一三七二
	孟村鄉農會	同	詹啓哲		一四二〇
	朝邑縣兩宜鄉農會	卅一年一月十九日	奚守山		一五〇〇
	藍田縣壩源鄉農會	卅一年一月廿日	王繩先		一六八五
	普化鄉農會	同	李春佰		一三二五
	沔[illegible]定軍鄉會	同	郭郁德		七五六
	茶店鄉農會	同	杜如桂		五二八
	米倉鄉農會	同	周錫禎		四七五
	武侯鄉農會	同	葉茂亭		五六四
	卓筆鄉農會	同	劉興邦		三二七
	石泉縣後池鄉農會	卅一年一月廿三日	易渝三		七四
	平利縣普濟鎮鄉農會	同	李澤生		三六七
	藍田縣藍橋鄉農會	同	薛遇周		一三二〇
	藍田縣走鹿鄉農會	同	韓傑三		一六四二
	鳳縣河口鄉農會	卅一年二月二十六日	薛德全		七五
	沔縣沮源鄉農會	卅一年二月十一日	曹備樑		四八六
	陳倉鄉農會	同	曹振基		四二二
	興平縣農會	卅一年二月十六日	晁庚丞	七	
	平利縣松垭鎮鄉農會	同	黃耀東		三九四
	城中鎮鄉農會	卅一年二月二十八日	陳惠卿		三二〇
	隴馬縣鹿鎮鄉農會	卅一年二月十六日	米滿倉		五八
	石泉縣後柳鎮鄉農會	卅一年二月八日	朱心田		八二
	鳳梅鄉農會	同	王益三		五六
	馬池鄉農會	卅一年二月二十六日	王超峯		四二七
	兩河鄉農會	同	何麟分		二五九
	藍田縣洩湖鄉農會	同	李運先		一二九二

	沔陽縣農會	卅一年二月二十八日	倪錦新	七		
	寧陝縣柴四鄉農會	同	鄭省欢		一五〇	
	平民縣明德鄉農會	卅一年三月六日	王福江		四三八	
	自新鄉農會	同	王廷傑		四一二	
	大慶鄉農會	同	韓榮義		三九九	
	博愛鄉農會	同	楊永寬		三八五	
	仁和鄉農會	同	馬新榮		四二〇	
	邠縣永樂鄉農會	卅一年三月八日	韓志鏡		一一五	
	新平鄉農會	同	張瑞中		四二一	
	義門鄉農會	同	竇穎伯		九〇	
	北極鄉農會	同	馬連環		一〇八	
	水簾鄉農會	同	韓明軒		二四〇	
	藍田縣玉川鄉農會	卅一年三月廿八日	周新孝		一〇二〇	
	治城鎮鄉農會	同	孟子靜		一三二七	
	洛川縣大同鄉農會	同	馮生蘊		三七二	
	安康縣黃龕鄉農會	同	楊尚華		五八二	
	洋縣萬槐鎮鄉農會	同	黃生祥		一七二	
	洋縣戚氏鄉農會	同	李毓賓		一六四	
	石泉縣迎幽鎮鄉農會	同	劉杏亭		八三	
	白河縣信用鄉農會	卅一年三月卅日	張則軒		五七八	

河南	閿鄉縣兜津鄉農會	卅一年一月三日	馬應麟		二三四	
	郟縣黃道鎮鄉農會	卅一年一月二十日	王宗祥		六九	
	塚王鎮鄉農會	同	王成三		七〇	
	傅村鄉農會	同	趙良举		七〇	
	薛店鄉農會	同	李萬年		七八	
	石橋鄉農會	同	常得臣		六五	
	李口鎮鄉農會	同	李中三		七八	
	侯店鎮鄉農會	同	郝瑞麟		五三	
	長橋鎮鄉農會	同	趙相林		一〇〇	
	堂街鎮鄉農會	同	韓金鐘		五五	
	茨堂鄉農會	同	高鳳樓		七八	
	圓頂鄉農會	同	葉森華		六三	
	渡口鄉農會	同	李冠儒		三〇〇	
	塚頭鎮鄉農會	同	曹慕甫		六一	
	黃廟鄉農會	同	朱香山		六〇	
	張村鄉農會	同	劉文獻		七六	
	十里鄉農會	同	朱進德		七七	
	史莊鄉農會	同	王殿森		六八	
	城裏鎮鄉農會	同	聶金壽		八二	
	洛寧縣鄉農會	卅一年一月二十三日	李晚軒	十五		

閿鄉縣會庄鄉農會	同	張愷		二二〇
古湖鎮鄉農會	同	劉舉伯		二六二
大字營鎮鄉農會	同	黃瑞雲		一九一
洛寧縣西山底鄉農會	卅一年一月二十一日	杜華堂		二八四
偃師縣景陽鄉農會	同	李文靖		三五二
淇縣西掌鄉農會	卅一年二月十六日	王晉雲		一三七
黃洞鄉農會	同	楊作舟		九七
古石瀧鄉農會	同	常修成		一四六
新野縣民生鄉農會	同	喬天一		九〇
唐凋鄉農會	同	劉成玉		七八
大同鄉鄉會	同	李輔岑		一七〇
永定鄉農會	同	鄭岐山		七七
橋樓鄉農會	同	孫朝海		二五〇
麟崗鄉農會	同	孫蘭亭		二五〇
博愛鄉農會	同	吳秀峯		二九〇
參秀鄉農會	同	黃德三		二四二
偃師縣牛庄鄉農會	同	宋瀛山		五一
杏園庄鄉農會	同	吉維翰		六六
西口孜鎮鄉農會	同	薛五魁		六五
劉陽鄉農會	卅一年二月廿三日	馮炳陽		四五七

嚜羊鎮鄉農會	同	常玉合		一〇八
明德鄉農會	同	趙信孚		一八〇
偃師縣農會	同	宗維和	一七	
共治鄉農會	同	王子樸		一一一
潁臨縣農會	卅一年二月十六日	安欽明	一二	
商城縣農會	卅一年二月廿三日	劉元旃	一四	
桐柏縣淮河鄉農會	同	王金鐘		五六
栗園鄉農會	同	李進臣		五〇
申甫鄉農會	同	趙琴閣		五〇
月林鄉農會	同	王漢三		五三
吳城鄉農會	同	徐星五		八九
光武鄉農會	同	王知軒		二〇〇
鼎陽鄉農會	同	王居仁		一八〇
內鄉縣城廂鎮鄉農會	同	崔功甫		七八
師崗鄉農會	同	王彬		五八
三官殿鄉農會	同	楊古峯		九八
西峽口鎮農會	同	于炳若		五六
赤眉鎮鄉農會	同	黃金如		六八
楊集鄉農會	同	楊石佛		六六
馬山口鄉農會	同	楊定九		一六一

[illegible]	米坪鄉農會	同	程家璐		五六	
	魯山縣農會	卅一年三月二日	王榮庭	一〇		
	桐柏縣農會	同	王漢卿	一二		
	經扶縣農會	卅一年三月八日	石子謙	一八		
	孟津縣農會	同	孫敬齋	一七		
	新野縣會農	同	董方齋	一二		
	登封縣農會	同	高心智	一六		
	汴園莊鄉農會	同	路　軍		五四	
	袁橋鄉農會	同	袁金萬		七二	
	景行鎮鄉農會	同	李宗濤		一八五	
	南店鄉農會	同	王作人		一七〇	
	東華鎮鄉農會	同	郭鑄堂		一二四	
	[illegible]鄉農會	同	梁　灝		一二五	
	沁水鄉農會	同	劉文鑄		二七〇	
	盧店鎮鄉農會	同	[illegible]榮爵		一九一	
	施村鄉農會	同	張瑞增		一五一	
甘肅	臨夏縣[illegible]泉鄉農會	卅一年一月十二日	馬[illegible]元		六四	
	仁壽鄉農會	卅一年二月三日	王殿炳		六九	
	尹集鄉農會	同	王玉[illegible]		六三	
	崇信縣農會	卅一年三月二日	岳士元	五		

[illegible]	錦屏鄉農會	同	李維華		四一	
	高座鄉農會	同	高[illegible]鏡		六四五	
	銅城鄉農會	同	朱學文		七二五	
	神峪鄉農會	同	劉海珪		七〇〇	
	赤城鄉農會	同	吳安泰		五一九	
	隴西縣高[illegible]鄉農會	卅一年三月十一日	[illegible]恩義		三一四	
	雲田鄉農會	同	李[illegible]		三一八	
	居義鄉農會	卅一年三月十七日	周耀祖		三二三	
四川	巴中縣元山鄉農會	卅一年一月五日	羅[illegible]崙		三〇三	
	崇寧縣桂花鄉農會	同	趙[illegible]成		二四九	
	[illegible]樂鄉農會	同	楊仲平		三六〇	
	劍閣縣[illegible]封鄉農會	同	黃潤之		三四六	
	香沉鄉農會	同	李榮超		五〇八	
	龍源鄉農會	同	潘　書		三〇八	
	[illegible]水縣石永鄉農會	同	[illegible]敬榮		二一八	
	四興鄉農會	同	文[illegible]之		一九六	
	[illegible]金鄉農會	同	[illegible]文[illegible]		三五	
	觀復鄉農會	同	呂宗睦		一八六	
	[illegible]同鄉農會	同	[illegible]		三七七	
	復耳鄉農會	同	甘國學		三六四	

	高興鄉農會	同	劉沛霖		三六六
	袁雙鄉農會	同	劉森		三四五
	御臨鄉農會	同	譚恩安		三八四
	梁板鄉農會	同	廖曉雲		三八六
	解幅鄉農會	三十一年一月十二日	楊純章		四八五
	菁屏鄉農會	同	張代發		四四五
	普新鄉農會	同	江紹文		三四一
	龍樹鄉農會	同	劉玉昆		三四五
	石柳鄉農會	同	潘榮華		四六四
	九龍鄉農會	同	譚亞侯		四一二
	挹爽鄉農會	同	袁克昌		三一四
	人大鄉農會	同	李繼剛		三九六
	雙荆鄉農會	同	汪樹清		四二八
	豐福鄉農會	同	甘禎		四四六
	半家鄉農會	同	鄧貫之		三一九
	丹稜縣城廂鄉農會	卅一年一月二十六日	熊正修		三〇三
	揚家鄉農會	同	黃仕康		三〇八
	璧山縣健龍鄉農會	卅一年一月二日	鍾純修		三五〇
	廣普鄉農會	卅一年一月五日	鄧裕如		三〇九
	劍閣縣普安鄉農會	卅一年三月十日	唐元昌		四五四

	謝庵鄉農會	同	唐直言		三一九
	三耶鄉農會	同	王居所		三九八
	北廟鄉農會	同	聶鴻章		三五三
	柘墻鄉農會	同	嘉榮三		四四三
湖南	桂東縣農會	卅一年一月十二日	胡鶴仙	五	
	中和鄉農會	同	黃常光		六三九
	清泉鄉農會	同	陳祖光		四九九
	西靖鄉農會	同	李家森		三九一
	宜城鄉農會	同	胡子言		七五三
	東平鄉農會	同	郭英汾		七二六
	石門縣太平鄉農會	卅一年二月八日	陳北岳		五四
	平江縣北郊鄉農會	卅一年三月二十日	曾憲成		八〇九
	華容縣城市鎮鄉農會	卅一年三月二日	[illegible]人鳳		二七〇
安徽	至德縣永豐鄉農會	卅一年三月十二日	黃公瑾		一五五
	黎痕鄉農會	同	葉椿壽		一八〇
	青山鄉農會	同	徐漢壽		一七九
	驪田鄉農會	同	陳宅南		一三九
	葛天鄉農會	同	汪致周		四三五
	堯峯鄉農會	同	施秉鈞		四二〇
	太平縣穰溪鄉農會	卅一年三月十一日	朱錫卿		一〇〇〇

浙江	上虞縣濱江鄉農會	卅一年一月二十日	王萬春		三六四
	仙居縣馬蹤鄉農會	卅一年二月十二日	張洪範		九二
	桐廬縣峯南鄉農會	卅一年二月二十八日	田樟贊		一一七
	奉化縣忠義一鄉農會	同	莊世彬		八五
	忠義二鄉農會	同	劉世芳		二一二
	松林三鄉農會	同	呂榮開		九〇
	松林四鄉農會	同	胡誤懋		八二
西康	蘆山縣農會	卅一年二月三日	陳嘉堂	八九	
青海	樂都縣共和鄉農會	卅一年三月八日	童發林		三一四
	壽樂鄉農會	同	阿維豐		三〇五
	引勝鄉農會	同	許玉堂		三一〇
	法護鄉農會	同	陳彬		三〇六
	雙樂鄉農會	同	嚴生彥		三〇四
	瞿治鄉農會	同	袁世昌		三〇八
	李家鄉農會	同	李臨濃		三一一
	馬營鄉農會	同	陳桂		三〇九
	化隆縣德加鄉農會	同	李鼎勳		三二三
	六合鄉農會	同	安且巴		三二五
	地白加鄉農會	同	楊希孔		三三〇
	龍崗鄉農會	同	馬忠禮		三二〇

	河東鄉農會	同	馬步倉		三三一
江西	餘干縣農會	卅一年三月二十八日	章饒	三二	
	鄱陽縣農會	同	程耀香	二六	
	贛縣大興鄉農會	同	李貴文		一五六
	西外鄉農會	同	朱發濟		一三九
	南外鄉農會	同	李叔洪		一〇五
	樂平縣菱田鄉農會	同	石道平		一八〇
	清江縣經樓鄉農會	同	吳知由		一〇五
	大有鄉農會	同	黃心誠		一六六
	上猶縣和平鄉農會	同	張端		五八
	興國縣黃田鄉農會	同	王正		一一二
	鍾田鄉農會	同	鍾文卿		五二
	古龍鄉農會	同	鍾祖性		五四
	崇義縣義部鄉農會	同	周厚忠		一三七
	勛田鄉農會	同	甘蘊仙		一二〇
	長龍鄉農會	同	郭欣彪		八〇
	寧都縣珍峯鄉農會	同	羅仕奇		五三
	山堂鄉農會	同	胡清		五七
	蔡江鄉農會	同	吳翠松		七四
	小浦鄉農會	同	李蔚榮		六五

2. 核准改選之農會

省市別	團體名稱	核准日期	主要負責人	會員數 團體	會員數 個人	備註
福建	永定縣東坡鄉農會	三十一年一月五日	鄭約魁		三二三	
	政和縣風汕鄉農會	三十一年一月五日	楊仕俊		二二一	
	寧德縣濂坑鄉農會	三十一年一月二十日	吳金豐		六十	
	南靖縣武山鄉農會	三十一年一月六日	高讚盛		一一〇	
	建甌縣?鄉農會	三十一年三月六日	李德滋		一五八	
	南靖縣雁竹鄉農會	三十一年三月八日	陳紅粟		一二八	
	船南鄉農會	同	李天德		七二	
	南陽鄉農會	同	黃茂秋		一一〇	
	屏南縣嶺下鄉農會	同	彭常欽		一二六	
	連城縣北團鄉農會	三十一年三月十二日	柯嘉德		一八九	
	寧德縣城鎮鄉農會	三十一年三月十七日	林印章		八八	
	龍岩縣農會	同	丘國珍	三三	九〇	
廣東	始興縣農會	三十一年一月十六日	譚業鴻	九	一一二	
	連平縣農會	同	江汝霖	一一	八五	
	曲江縣?市鄉農會	三十一年二月十八日	姚子延		一八〇	
	東?鄉農會	三十一年一月二日	楊聚光		二三二	
浙江	始興縣一約鄉農會	三十一年一月十日	陳美澤		七二四	
	四約鄉農會	同	劉昌生		七八	
	三約鄉農會	同	吳武英		一七七	
	八約鄉農會	同	陳澤梧		六四	
	太平鎮鄉農會	同	陳宏學		七二	
	南海縣俊雲溪鄉農會	同	馮荃棠		三二六	
貴州	盤縣沙院鄉農會	三十一年一月一日	牛煥章		一三八	
	石黯鄉農會	同	壽佐才		九四	
	松官鄉農會	同	陸承張		九六	
	錦屏縣新民鄉農會	三十一年一月卅一日	龍懷燮		八九	
	天柱縣伍家橋鄉農會	三十一年二月七日	伍華夏		二一八	
重慶	重慶市直屬石橋鎮鄉農會	三十一年一月十五日	王思齊		三〇〇	
	第八區農會	三十一年三月十一日	李玉詠		七九二	
	第十區農會	同	蘇亭三		二八四七	
	第十四區農會	同	吳紹堯		二六四〇	
	第十五區農會	同	陳圖林		一〇七八〇	
	第十六區農會	同	劉義儒		八二二六	
河南	郏縣農會	三十一年二月二十日	劉廣傑	一八		
浙江	桑寧縣沙溪鄉農會	三十一年一月卅一日	蔣嘉成		三五六	
江西	北源鄉農會	同	吳貴周		二七五	
	外舍鄉農會	同	石大祥		一六六	
	梧桐鄉農會	同	楊志南		六五九	

省別	團體名稱	核准日期	主要負責人	會員數（團體）	會員數（個人）	備註
	玉環縣農會	三十一年二月廿八日	王龍壽	二七		
	黃巖縣澗箭鎮鄉農會	同	潘洪義		三四一〇	
廣西	永福縣農會	三十一年三月廿四日	陽炳光	一二	[illegible]	
青海	循化縣農會	三十一年三月八日	馬興旺	六		
	湟源縣農會	[illegible]	劉玉璽	四九	[illegible]	
江西	寧都縣黃金鄉農會	三十一年三月廿八日	龍步雲		一〇七	
	高寨山鄉農會	同	蕭錫春		一四七	
	五瓜龍鄉農會	同	李祖貴		一一六	
	合溪鄉農會	同	朱英燦		一四九	
	桂源鄉農會	同	宣峯株		一四七	

3. 核准改組之農會

省別	團體名稱	核准日期	主要負責人	會員數（團體）	會員數（個人）	備註
福建	連城縣蕭峯鄉農會	三十一年一月廿一日	謝煥輝		五五八	
	三民鄉農會	三十一年一月廿一日	林善萍		二五五	
廣東	始興縣六約鄉農會	三十一年一月十六日	王□生		二四三	
貴州	修文縣三里鄉農會	三十一年一月九日	周□光		一四五	
	貴筑縣花溪鎮鄉農會	三十一年二月八日	周實珊		九六九	
	銅仁縣岑朵鄉農會	同	劉文標		六三	
	凱旋鄉農會	同	宋希玉		七四	
甘肅	古浪縣農會	三十一年一月五日	李鍾秀	四		
	慶陽縣六泰鄉農會	三十一年三月廿八日	田滋闓		三三七	
	[illegible]志鄉農會	同	宋恩祥		三七	
	皋蘭縣南園鄉農會	三十一年三月十一日	王瑞亭		一三一	
四川	閬中縣農會	三十一年一月二日	孫興先	三二		
	蓬溪縣農會	三十一年一月二日	陳道榮	七		
陝西	臨潼縣馬面鄉農會	三十一年三月十二日	黃光有		五八〇	
河南	舞陽縣農會	三十一年二月廿六日	張首善	二一		
	寶豐縣農會	三十一年三月六日	白崇德	一〇		
	商酒店鎮鄉農會	同	楊同勳		五一三	
	大營鎮鄉農會	同	潘燦章		五四	
	中山鎮鄉農會	同	姬學文		五〇	
	馬渡鎮鄉農會	同	司書三		五〇	
	新豐鎮鄉農會	同	范家□		五〇	
	石橋鎮鄉農會	同	賈慎行		五〇	
	韓店鎮鄉農會	同	余星堂		五〇	
	紙坊鄉農會	同	劉世楨		五三	
	曹鎮鄉農會	同	張廷正		五八	
	溫陽鎮鄉農會	同	劉謙益		五八	
	臨汝縣農會	三十一年三月廿八日	尚毓嶽	一三		
	汝耳鎮鄉農會	同	李吉亭		一五九	

	安[illegible]鄉農會	同	樊楨甫		五八	
	米廟鄉農會	同	馬恩齊		二九五	
	焦村鄉農會	同	焦瀛瀾		二九一	
	紙房鄉農會	同	姚金鑰		二七二	
	隆興鄉農會	同	王冠一		二一三	
	蟒川鄉農會	同	張德民		八〇	
	余堂鄉農會	同	胡克忠		八九	
	楊集鄉農會	同	郭士賢		一一五	
	汝鎮鄉農會	同	闞瑞麟		八八	
	廟下鄉農會	同	張同祥		八六	
	上營鄉農會	同	平子瑞		八四	
	馬廟鄉農會	同	鄧宗元		三六二	

4. 核准整理之農會

省市別	團體名稱	核准日期	主要負責人	會員數		備註
				團體	個人	
貴州	銅仁縣進化鄉農會	三十一年一月十二日	向廷燦		一四九	
	修文縣吉[illegible]鄉農會	三十一年二月廿三日	高文明		一五七	
四川	南部縣農會	三十一年一月二日	宋貫初	三四	一五六	
浙江	孝豐縣三安鄉農會	三十一年一月廿一日	王大寶		一六八	
	溫嶺縣淋川鎮鄉農會	三十一年十月十二日	胡[illegible]堂		二九四	
福建	福清縣融城鄉農會	三十一年三月八日	葉喬松		五二三	
	瑤峯鄉農會	同	王錫卿		二一九	
	利橋鄉農會	同	林國棟		六九六	
江西	靖安縣農會	三十一年三月廿八日	舒眞吾	十五		

5. 核准組織之漁會

省市別	團體名稱	核准日期	主要負責人	會員人數	備註
江西	贛縣縣漁會	三十一年二月七日	游嘉渭	一一六	
	鄱陽縣漁會	同	邱啓昌	一五五	

6. 核准改組之漁會

省市別	團體名稱	核准日期	主要負責人	會員人數	備註
廣東	合浦縣北海市漁會	三十一年一月廿一日	陳棠卿	四七六	

二、社會部核准備案之工人團體一覽表

三十一年一月至三月

1. 核准組織之工會

省市別	團體名稱	核准日期	主要負責人	會員數		備註
				團體	個人	
四川	安岳縣轉運業職業工會	三十一年一月九日	唐金谷		一一〇	
	樂山縣總工會	三十一年一月十二日	程波泉	二〇		
	樂山縣紙張印刷業職業工會	三十一年一月七日	李炯吉		五五	

省別	名稱	成立日期	負責人		會員數	備考
	樂山縣熟豬鬃業職業工會	三十一年一月七日	王樹臣		七六	
	樂山縣鋼墟製鹽業產業工會	三十一年一月十二日	古國治		一八三〇	
	樂山縣鹽場桶抬業職業工會	三十一年一月十三日	戴戶法		六七	
	樂山縣鹽運炭船業職業工會	同	許梁臣		九六	
	樂山縣繅絲業職業工會	同	陳祖貴			
	樂山縣槓輪人力車業職業工會	同	毛賜云		三五〇	
	樂山縣鹽場木業職業工會	同	周寧山		六七	
	樂山縣絲織業產業工會	同	李澤銘			
	樂山縣機器工業產業工會	同	胡紹文		一六二	
	夾江縣總工會	三十一年一月七日	郭子瑤	七		
	寶漢縣茶葉業職業工會	三十一年一月十三日	蕭德慶		五六	
	渠縣總工會	三十一年一月九日	丁際光	九		
	北川縣各業工人聯合會	三十一年一月二十日	吳景賢		一〇八	
	大邑縣絲煙業職業工會	三十一年一月十九日	黃興榮		五九	
	崇寧縣篾扣業職業工會	三十一年一月十二日	曾鴻全		五二	
	崇寧縣修蓄草房業職業工會	同	程紹卿		六八	
	[illegible]水縣泥工業職業工會	三十一年一月卅一日	包宗模		六七	
	篾工業職業工會	同	趙有倫		七二	
	木工業職業工會	同	周學銀		九一	
	石工業職業工會	同	劉仁合		七四	

省別	名稱	成立日期	負責人		會員數	備考
	成衣業職業工會	同	倪紹安		八四	
	金屬品冶製業職業工會	同	周世琳		七六	
	廚工業職業工會	同	劉曉雲		六五	
	理髮業職業工會	同	王萬富		六一	
	紡織業職業工會	同	張恒興		九六	
	秀山縣理髮業職業工會	同	楊守成		八〇	
	縫紉業職業工會	三十一年二月廿三日	嚴漢州		八九	
	木石泥業職業工會	三十一年二月三日	曾子貴		四一〇	
貴州	赤水縣赤合段民船船員工會	三十一年二月八日	蕭海清		一〇三	
	泥水業職業工會	同	趙炳冉		七二	
	篾業職業工會	同	劉金偉		六一	
	赤猿段民船船員工會	同	鄧銀安		四三八	
	糧食業職業工會	同	葉家珍		八五	
廣西	榮融縣總工會	三十一年二月十二日	羅建臣	七		
	平樂縣總工會	三十一年三月廿四日	張仁甫	七		
廣東	興寧縣酒樓茶室業職業工會	三十一年一月七日	蕭碧君		六六	
	蔴布業職業工會	同	羅保安		二二六	
	曲江縣總工會	三十一年二月十六日	蘇柳	一〇		
	遂溪縣起卸業職業工會	三十一年一月十六日	許益基		一九四三	
浙江	溫嶺縣鹽業產業工會	三十一年一月廿七日	曹合元		三〇三	

	手車業職業工會	三十一年十二月十六日	張洮		六〇
	龍游縣總工會	同	楊國華	八	[illegible]
	桐廬縣泝水業職業工會	三十一年一月廿一日	吳文[illegible]		七六
	篾匠業職業工會	同	吳金棟		八九
	木匠業職業工會	同	陳培根		九五
	遂昌縣理髮業職業工會	三十一年十二月廿六日	尹馬春		九五
	全省民船船員工會聯合會	同	鄭佐平	九	二
湖南	長沙縣染業職業工會	三十一年十二月十九日	林國民		三四七
	華容縣總工會	三十一年十二月十日	[illegible]龍	一〇	[illegible]
	龍山縣染織業職業工會	三十二年二月八日	張瑞[illegible]		五五
	衡山縣[illegible]業職業工會	三十一年十一月十一日	黃[illegible]		七〇
江西	[illegible]城縣[illegible]業職業工會	三十一年三月三十日	鄧[illegible]		五一
	[illegible]縣篾匠業職業工會	同	[illegible]金山		一〇八
	[illegible]畜業職業工會	三十一年三月十九日	盧國麟		六五
	造船業職業工會	同	龍榮綸		一三〇
	宜豐縣篾匠業職業工會	三十一年三月三十日	章珠元		三二五
	手車業職業工會	同	蔡應光		六八
	上饒縣民船船員工會	三十一年三月廿九日	徐啟南		五五〇
	[illegible]饒縣總工會	三十一年三月十一日	周金生	一三	[illegible]
	手車業職業工會	三十一年三月十九日	馮[illegible]南		一七一

	碼頭業職業工會	三十一年三月十九日	金伯[illegible]		一二〇
	五金業職業工會	同	夏[illegible]		七五
	膠皮車業職業工會	同	姜伯友		一八〇
	石匠業職業工會	同	[illegible]光[illegible]		一六〇
	木匠業職業工會	同	楊青[illegible]		一九〇
	茶房業職業工會	同	佘[illegible]		一二三
安徽	太平縣人力車伕業職業工會	三十一年十一月十三日	高慶源		七一
	臨泉縣總工會	三十一年十二月十六日	李新發	八	
河南	偃師縣民船船員工會	同	潘沛[illegible]		六六
	洛陽縣[illegible]業職業工會	三十一年三月十九日	丁[illegible]臣		四七八
	刻字業職業工會	同	李文甫		八〇
	陶業職業工會	同	馬名[illegible]		五〇
	製[illegible]業職業工會	同	陳[illegible]		一五五
	製衣業職業工會	同	孫庭之		二一五
	新蔡縣運輸業職業工會	三十一年三月三十日	周青山		二六六
	[illegible]山縣[illegible]業職業工會	同	孫[illegible]		五一八
陝西	安康縣洗衣業職業工會	三十一年十二月十六日	劉[illegible]		一八
	理髮業職業工會	同	栗[illegible]安		八八
	製[illegible]業職業工會	同	王[illegible]		五一
	縫紉業職業工會	三十一年十二月廿四日	李維[illegible]		六四

省市別	團體名稱	核准日期	主要負責人	會員數 團體	會員數 個人	備註
西京市	西京市[illegible]作業職業工會	三十一年十月三十日	陳術民		一〇一	
	[illegible]縣泥工業職業工會	三十二年一月廿四日	王[illegible]才		七〇	
	木工業職業工會	三十一年三月廿四日	曾[illegible]		八三	
甘肅	[illegible]縣[illegible]紡織業職業工會	三十一年[illegible]月[illegible]日	張富榮		六六	
	毛[illegible]業職業工會	三十一年十月十九日	鄒大福		一六八	
	西[illegible]縣[illegible]業職業工會	三十一年十二月[illegible]日	許新文		四五二	
	長[illegible]縣[illegible]工會	三十一年十二月十六日	蘇志濤	五	四〇	
重慶	重慶市[illegible]職業工會	三十一年十二月十九日	熊[illegible]洲		三二〇	
	重慶市[illegible]業職業工會	三十一年十二月十一日	何興隆		一二九	
浙贛	浙贛鐵路[illegible]公會	同	力[illegible]		三七五	
	2.[illegible]				[illegible]	

省市別	團體名稱	核准日期	主要負責人	會員數 團體	會員數 個人	備註
四川	[illegible]縣[illegible]水業職業工會	三十一年十二月十三日	江永清		五五	
	[illegible]業職業工會	同	符光臣		五八	
	[illegible]舟業職業工會	同	呂中山		七六	
	[illegible]業職業工會	同	賈[illegible]洲		五四	
	絲[illegible]業職業工會	同	張少白		五六	
	理髮業職業工會	同	李[illegible]廷		五五	
	泥水業職業工會	同	唐大順		五八	
	烹飪業職業工會	同	周[illegible]臣		六四	
	木工業職業工會	同	李靜如		一七八	
	榨酒油業職業工會	同	傅[illegible]疇		一五七	
	[illegible]扎業職業工會	同	何洪發		一五四	
	石工業職業工會	同	曹廷光		三五四	
	運輸業職業工會	同	符光燦		六四	
	縫紉業職業工會	同	徐少清		七三	
	印刷業職業工會	同	陳應云		一五五	
	藤竹業職業工會	同	張明德		五三	
	五金業職業工會	同	于海林		一六〇	
	宜[illegible]縣總工會	同	冉[illegible]雲	二〇	[illegible]八	
	樂山縣木船操舟業職業工會	三十一年十一月十二日	程[illegible]泉		二四二	
	絲[illegible]業職業工會	三十一年十二月三日	程[illegible]		四〇〇	
貴州	[illegible]水縣[illegible]業職業工會	三十二年一月十日	蕭俊卿		一七八	
廣西	[illegible]縣[illegible]業職業工會	三十一年十二月十四日	陳基甸			
	[illegible]縣總工會	三十二年一月六日	梁晉[illegible]	一五	[illegible]〇	
	[illegible]車[illegible]業職業工會	同	[illegible]克[illegible]		三三九	
	理髮業職業工會	同	胡[illegible]		一七九三	
	[illegible]料理[illegible]業職業工會	三十一年十二月廿四日	鍾耀堂		一六五〇	
	[illegible]織布業職業工會	三十二年二月廿四日	彭[illegible]昌		九四	
廣東	曲江縣印刷業職業工會	三十二年一月八日	何[illegible]		三六六六	

福建	晉江縣總工會	卅一年一月廿六日	黃妙基	四二	
	民船船員工會	同	蔡清文		一一一二
	瓦窯業產業工會	同	蔡天勝		三八二
	電氣業產業工會	同	陳賦麟		一〇五
	五金業職業工會	同	林何志		四八八
	絲竹業職業工會	同	陳蛋		九〇〇
	印務業職業工會	同	張一粟		一五〇
	建築業職業工會	同	周詠沂		九五一
	碼頭業職業工會	同	王文彪		八二〇
	成衣業職業工會	同	陳[illegible]福		一二五〇
	人力車業職業工會	同	張嫣才		六一一
	寧化縣木器業職業工會	卅一年一月十三日	黃金生		五四
	縫衣業職業工會	同	馬金福		五六
	永春縣[illegible]業職業工會	卅一年三月七日	林興文		五四〇
	民船船員工會	卅一年三月十一日	鄭詩泉		四六七
	順昌縣石溪造紙業職業工會	卅一年一月十三日	黃啓讚		一二九
	羅源縣碼頭業職業工會	卅一年一月七日	劉水仁		九六
	裁縫業職業工會	同	游炳鑑		六二
	南平縣肩運業職業工會	卅一年一月十三日	陳希平		六六
	長汀縣理髮業職業工會	卅一年一月七日	鍾香園		五三

	建甌縣泥匠業職業工會	卅一年一月廿七日	吳維榮		五八
	浦城縣碼頭業職業工會	卅一年一月二十日	楊正楷		五〇
	連城縣民船船員工會	卅一年三月十六日	李佛生		一六〇
	古田縣民船船員工會	卅一年三月十一日	程各綿		一〇〇
	閩清縣木匠業職業工會	卅一年三月十一日	陳桑妹		五六
	甲道業職業工會	卅一年三月十一日	侯振庚		五〇
浙江	溫嶺縣總工會	卅一年三月十九日	陳宗岳	一八	
	國藥業職業工會	卅一年二月三日	王中桂		一三〇
	挑伕業職業工會	卅一年三月十九日	戴瑶善		六二二
	泥水業職業工會	同	陳烈		五〇
	桶業職業工會	同	江恒源		八八
	木匠業職業工會	同	胡介卿		一八〇
	煙業職業工會	同	劉夏流		六五
	醬業職業工會	卅一年三月二十日	蔡佩虞		一四九
	糧穀業職業工會	同	沈明玉		五〇
	篾匠業職業工會	同	吳子才		一七四
	屠業職業工會	同	林芝培		三〇八
	成衣業職業工會	同	汪云昇		一一四
	石匠業職業工會	同	李明卿		一二四
	理髮業職業工會	同	周振貴		一〇二

	麵業職業工會	同	陳恆照		八七	
	漆匠業職業工會	同	黃明卿		九六	
	坊木業職業工會	卅一年三月三十日	陳泰源		一五〇	
	常山縣糕餅業職業工會	卅一年一月廿七日	徐金根		八二	
	煙作業職業工會	卅一年二月十六日	邱德水		五四	
	黃岩縣[illegible]業職業工會	同	盧昱浩		一一六	
	遂昌縣成業職業工會	同	俞顯炳		五七	
湖南	衡山縣總工會	卅一年三月廿六日	歐陽翠珍	一五		
	刨煙業職業工會	同	楊素六		一〇六	
	[illegible]業職業工會	同	羅先宗		五〇	
	縫紉業職業工會	同	劉唐立		九〇	
會市[illegible]	餅餌業職業工會	同	許利國		八三	
	篾業職業工會	卅一年三月廿八日	周泰生		二五一	
	三[illegible]業職業工會	同	許光本		一二四	
西	武岡縣[illegible]業職業工會	卅一年一月卅一日	李和圃		八四	
	刨煙業職業工會	同	許樹田		八八	
	織造業職業工會	同	[illegible]宏祥		一八一	
	木工業職業工會	同	羅文炳		一三五	
	篾業職業工會	同	羅傳賢		五六	
	理髮業職業工會	同	唐漢軒		六一	

	扛行業職業工會	同	右 周岳卿		六三	
	醴陵縣總工會	卅一年二月十六日	文松	卅七		
	湘潭縣[illegible]業職業工會	卅一年二月八日	李遠臨		一〇〇	
江西	寧都縣撥挑業職業工會	卅一年三月十九日	熊潤國		五一〇	
	南豐縣豆腐業職業工會	同	右 邱永仔		五〇	
	贛縣篾匠業職業工會	卅一年三月三十日	胡仁興		一四九	
甘肅	張掖縣總工會	卅一年二月廿八日	閻生貴		一一九	
	西和縣製鹽業職業工會	卅一年二月廿八日	孫萬昌		二二四	
青海	化隆縣[illegible]業工人聯合會	卅一年三月八日	牛漉		五六二	
重慶	重慶市四川絲業公司產業工會	卅一年一月三十日	胡俞		四一	
	理[illegible]業職業工會	同	右 劉文才		六〇〇	
	瓷器業職業工會	同	右 陳福禮		六〇	
	油漆業職業工會	卅一年二月十九日	曾國彬		九〇〇	
	自來水公司產業工會	卅一年二月十二日	紀宗倪		一六〇	
	運輸業職業工會	卅一年二月十九日	李炳奎		八〇〇〇	
	麵[illegible]製造業職業工會	卅一年二月十六日	張惠舟		二五〇	
	絲綫業職業工會	卅一年二月十六日	葉茂森		七七	
	[illegible]船員工會	卅一年二月[illegible]日	譚忠興		一三五〇	
	西服業職業工會	卅一年二月八日	曾明成			

3、核准改組之工會

省市別	團體名稱	核准日期	主要負責人	會員數 團體	會員數 個人	備註
四川	筠連縣總工會	卅一年一月十三日	陳子能	六		
	樂山縣絲棉業職業工會	卅一年一月十二日	彭子清		二五〇	
浙江	溫嶺縣製[illegible]器手工業職業工會	卅一年三月十九日	邵頌芬		九五	
	廚司業職業工會	卅一年三月二十日	王壽琳		九一	
江西	崇義縣竹器業職業工會	卅一年三月三十日	鄭炳坤		七二	
	餘干縣民船船員工會	卅一年三月三十日	王中傑		一〇四	

4. 核准登記[illegible]

省市別	團體名稱	核准日期	主要負責人	會員數 團體	會員數 個人	備註
廣東	海康縣挑運業職業工會	卅一年三月八日	游加成		二四六	
	潮安縣理髮業職業工會	卅一年三月八日	曾國聰		一二八	

三、社會部核准備案之商人團體一覽表 三十一年一月至三月

1. 核准組織之商人團體

省市別	團體名稱	核准日期	主要負責人	會員數	備註
四川	射洪縣青堤渡鎮飲食商業同業公會	卅一年一月十二日	彭體泉	一三	
	泖[illegible]鎮藥商業同業公會	同	張明初	一二	
	泖[illegible]鎮糧食商業同業公會	同	馬壽春	一二	
	巴縣龍隱鄉竹篾商業同業公會	同	陳萬全	六一	
	大邑縣旅店商業同業公會	同	謝文明	三五	
	華陽縣屠宰商業同業公會	同	陳[illegible]興	一六七	
	奉節縣木商業同業公會	同	譚讚廷	一四	
	奉節縣屠宰商業同業公會	同	尹尊五	三二	
	洪雅縣國藥商業同業公會	卅一年一月十六日	傅裕如	一四	
	釀酒商業同業公會	同	傅紹庸	一一	
	旅店商業同業公會	同	藍文禮	三一	
	油山貨商業同業公會	同	王明逵	四一	
	屠宰商業同業公會	同	饒春廷	三八	
	典當商業同業公會	同	李從周	一四	
	[illegible]商業同業公會	同	李恩治	一四	
	紙商業同業公會	同	陳永福	一四	
	綢呢絨布商業同業公會	同	陳鈔銓	二五	
	糧食商業同業公會	同	王芝春	一三	
	染房商業同業公會	同	費朝華	一三	
	百貨商業同業公會	同	王錫銓	二七	
	城口縣茶商業同業公會	同	彭萬鎰	六	
	國藥商業同業公會	同	朱鼎勛	一四	
	百貨商業同業公會	同	鄭子凡	二三	

	屠宰商業同業公會	同	武順成	二六
	旅店商業同業公會	同	王毓川	一九
	麵粉商業同業公會	同	周大用	四五
	絲綢呢絨布商業同業公會	同	鄭雲程	三三
	廣河縣南北貨商業同業公會	卅一年一月二十日	鍾肇洲	一四
	染織商業同業公會	同	周爵城	九六
	國藥商業同業公會	同	米玉如	五六
	木器商業同業公會	同	曾長安	二六
	山貨商業同業公會	同	李潤林	三四
	百貨商業同業公會	同	宋雨村	五四
	絲綢呢絨布商業同業公會	同	唐鏡秋	三二
	糖果商業同業公會	同	張兆祥	一二
	糧食商業同業公會	同	巫萬鐘	一八
	[illegible]店商業同業公會	同	鄒臣卿	六四
	木商業同業公會	同	楊同興	二〇
	醫[illegible]教育用品商業同業公會	同	裴燮懷	一五
	紙商業同業公會	同	鍾鳳翔	一九
	[illegible]綢業同業公會	同	陽春黎	二八
	[illegible]商業同業公會	同	劉炳乾	一〇
	[illegible]商業同業公會	同	胡純九	一三

	民船運輸商業同業公會	同	李壽山	五九
	漆商業同業公會	同	周聲律	一三
	錢商業同業公會	同	羅潤之	六一
	銀樓商業同業公會	同	黎厚成	一五
	捲煙工業同業公會	同	朱昌洪	五三
	菸草商業同業公會	同	羅楨臣	四七
	製帽工業同業公會	同	譚俊章	一三
	成衣商業同業公會	同	張烈光	五七
	酒商業同業公會	同	楊致祥	四四
	靴鞋商業同業公會	同	李子和	四〇
	餐館商業同業公會	同	黃華亭	一五
	屠宰商業同業公會	同	廖俊森	五二
	食店商業同業公會	同	余履昌	五七
	新藥商業同業公會	同	胡伯瑜	一六
	茶社商業同業公會	同	劉紀明	六二
	[illegible]商業同業公會	同	楊膺維	二二
	紗[illegible]業同業公會	同	張子松	二一
	[illegible]商業同業公會	同	劉通煜	五六
貴州	德江縣雜貨商業同業公會	卅一年一月七日	楊質夫	八三
	修文縣旅店商業同業公會	卅一年二月二十六日	林樹光	五二

	綏陽[illegible]商會	同	張[illegible]民	一〇
	清水縣[illegible]水鎮[illegible][illegible]業同業公會	卅一年三月三十日	何[illegible]光	五九
	[illegible]商業同業公會	同	蕭洪安	八七
	修文縣馱馬運商業同業公會	同	余向榮	一一三
	黃平縣[illegible]商會	卅一年二月十六日	劉沛[illegible]	一二
	榕江縣飲食商業同業公會	卅一年一月十三日	張龍高	三六
	民[illegible]商業同業公會	卅一年一月三日	石玉光	四七二
廣西	邕寧縣[illegible]商業同業公會	卅一年一月十五日	林[illegible]材	一一
	牙刷商業同業公會	同	李漢業	五七
	瓦[illegible]石[illegible]商業同業公會	同	周登	三[illegible]
	龍津縣旅店商業同業公會	同	覃務良	三二
	[illegible]縣食品商業同業公會	同	[illegible]天福	一二
	雜貨商業同業公會	同	周善文	三二
	國藥商業同業公會	同	容兆[illegible]	八
	布商業同業公會	同	梁紹英	一七
廣東	曲江縣[illegible]商業同業公會	卅一年一月十二日	黃敬宗	三三
	信宜縣[illegible]商業同業公會	同	梁軼曹	一二
	陽春縣[illegible]商業同業公會	同	羅日新	六四
	高要縣國藥商業同業公會	卅一年二月十六日	石伯洲	二〇
	[illegible]商業同業公會	同	李榮生	一四

	高要縣白土鎮旅店商業同業公會	同	李[illegible]	二〇
	[illegible]酒[illegible]業[illegible]商業同業公會	同	譚文甫	八
	第三[illegible]搬運送商業同業公會	同	冼冠球	三[illegible]
	[illegible]爆竹炮引商業同業公會	同	鄧講慶	二三
	火柴工業同業公會	同	翁海洲	一一
	承攬運[illegible]商業同業公會	同	何蘊睿	一六
	曲江縣新藥商業同業公會	同	杜[illegible]衡	二七
	火柴工業同業公會	同	劉伯楨	[illegible]五
	苧[illegible]商業同業公會	同	張聲彥	三二
	汽車商業同業公會	同	許沛民	七五
	[illegible]順縣湯坑布糖商業同業公會	同	張起[illegible]	一〇
	[illegible]縣[illegible]市布商業同業公會	同	林鶴秋	一二
	屠商業同業公會	同	朱少鈞	一五
	高明縣合水鎮商會	同	陳榕甫	一〇九
	信義縣鎮隆[illegible]紙油商業同業公會	同	李育翰	一八
福建	三元縣京菓商業同業公會	卅一年一月八日	葉馥香	七
	三元縣裁縫商業同業公會	同	張[illegible]	一〇
	南安縣洪瀨[illegible]教育用品商業同業公會	卅一年一月十三日	楊祖志	二六
	南靖縣旅棧商業同業公會	卅一年一月二十六日	黃[illegible]鐘	一七
	邵武縣傘商業同業公會	卅一年二月二十八日	薛[illegible]文	[illegible]七

	政和縣國藥商業同業公會	同	李有讀	一八
	霞浦縣油商業同業公會	卅一年三月八日	鄭□貴	四
	紙業商業同業公會	同	阮元亮	一九
	鞋商業同業公會	同	朱學恩	一一
	旅館商業同業公會	同	陳三妹	一九
	銅器錫箔商業同業公會	同	劉士錦	一七
	理髮商業同業公會	同	林仁官	一五
	成縫商業同業公會	同	邱長紹	一八
	永安縣汽車商業同業公會	卅一年三月二十四日	□安允	一一
浙江	武義縣木商業同業公會	卅一年一月二日	鍾殿禧	一八
	衢縣爆竹商業同業公會	同	黃兆元	一〇
	奉化縣溪口鎮商會	卅一年一月二十八日	江翔民	五二
	奉化縣溪口鎮運輸商業同業公會	同	江翔民	二五
	奉化縣蕭王廟鎮商會	同	孫□馨	八五
	奉化縣鹽商業同業公會	同	孫鴻銓	四〇
	奉化縣西塢鎮商會	同	鄔綬源	七五
	淳安縣茶坊商業同業公會	卅一年三月八日	王國禎	八
安徽	廬江縣旅館商業同業公會	卅一年二月十二日	李曰由	九〇
	理髮商業同業公會	同	李本立	二九
	雜貨商業同業公會	同	鄭敘五	二六

江西	永豐縣糧食商業同業公會	卅一年一月十五日	宋瑞三	一一
	萬載縣油傘商業同業公會	同	李盛山	一二
	浮梁縣綢布商業同業公會	卅一年二月七日	劉雨岑	六六
	贛縣錢商業同業公會	同	劉賢禮	一二
	新建縣糧食商業同業公會	同	毛瑞翼	四六
	都昌縣三叉港百貨商業同業公會	同	詹春山	六八
	寧都縣商會	卅一年三月十九日	賴國儒	一八
	進賢縣張公市商會	同	熊幼軒	三
	進賢縣張公市布商業同業公會	同	黃泉大	七
	雜貨商業同業公會	同	熊懷興	一〇
	國藥商業同業公會	同	楊淵深	六
	新喻縣民船商業同業公會	同	李發賢	六五
	宜豐縣民船商業同業公會	同	漆信之	一二〇
	上饒縣麵坊商業同業公會	同	周盛祖	二五
	苧麻商業同業公會	同	姜恩鑫	七
	煤炭商業同業公會	同	游有芳	三四
	醬商業同業公會	同	王漢峯	一八
	煙商業同業公會	同	劉顯高	二四
	□□縣印刷工業同業公會	卅一年二月七日	陸印生	一七
湖南	寧鄉縣魚菓雜貨商業同業公會	卅一年一月廿六日	賀鵬□	五五

	首飾商業同業公會	同	錢秋和	一〇
	漢壽縣旅館商業同業公會	同	曾贊斌	一二
	寧鄉縣木作商業同業公會	同	朱子道	二三
	嘉禾縣旅店商業同業公會	卅一年一月廿八日	王佐華	一三
河南	郾城縣五溝營鎮商會	卅一年一月十五日	曹子誠	八
	郾城縣五溝營鎮百貨商業同業公會	同	李秀亭	一三
	首飾工業同業公會	同	曹興周	七
	雜貨商業同業公會	同	柴子儀	三二
	綢布商業同業公會	同	郭繹之	一六
	旅館商業同業公會	同	曹佩仲	一五
	鐵器商業同業公會	同	石子明	九
	國藥商業同業公會	同	趙炳軒	八
	酒商業同業公會	同	陶文明	八
	孟津縣國藥商業同業公會	同	張少溪	七
	飯館商業同業公會	同	張鳳山	一七
	百貨商業同業公會	同	任鳳閣	九
	雜貨商業同業公會	同	吳子明	八
	內鄉縣雜貨商業同業公會	卅一年一月十九日	張英華	五七
	百貨商業同業公會	同	孫鼎岑	一八
	國藥商業同業公會	同	王金三	一一

	手工機[illegible]商業同業公會	同	王印堂	一七
	旅館商業同業公會	同	魏雲祥	二五
陝西	西鄉縣茶商業同業公會	卅一年一月十八日	羅延傑	二九
	嵐皋縣國藥商業同業公會	卅一年一月十五日	劉定三	六
	宜君縣國藥商業同業公會	同	柳述樞	七
	雜貨商業同業公會	同	張岐山	三〇
	洛川縣新藥商業同業公會	同	李維新	四
	縫紉工業同業公會	同	喬星五	一一
	國藥商業同業公會	同	王更吉	一一
	理髮商業同業公會	同	李濟成	七
	糧食商業同業公會	同	李秀元	五
	圖書教育用品商業同業公會	同	徐步禎	七
	旅店商業同業公會	同	屈志儒	一三
	飯館商業同業公會	同	王德泉	一二
	興平縣理髮商業同業公會	卅一年一月十七日	孟步明	九
	縫紉商業同業公會	同	王維新	四七
	朝邑縣趙渡鎮糧食商業同業公會	卅一年一月二十六日	申谷善	二一
	高陵縣絲綢呢絨布商業同業公會	卅一年一月十日	曹玉田	一四
	朝邑縣乘原鎮糧食商業同業公會	卅一年一月二十一日	張海軒	一三
	朝邑縣安仁鎮糧食商業同業公會	同	楊芝亭	一〇

	安康縣環棧商業同業公會	卅一年二月八日	余壽亭	三三	
	朝邑縣伯士鎮糧食製業同業公會	卅一年一月十二日	李之修	一四	
	盩厔縣國藥商業同業公會	卅一年三月十六日	胡岳岑	二六	
	平利縣百貨商業同業公會	同	宋小純	九三	
	漆商業同業公會	同	饒遜安	一七	
	油商業同業公會	同	武言如	五八	
	國藥業同業公會	同		四〇	
	鳳縣國藥商業同業公會	同	楊復元	一〇	
	雙有鎮旅館商業同業公會	卅一年二月廿一日	楊海舟	一九	
	絲綢呢絨布商業同業公會	同	張秉忠	八	
	國藥商業同業公會	同	馮兆瑞	六	
	雜貨商業同業公會	同	王勤齋	一三	
	華陰縣絲綢呢布商業同業公會	卅一年二月二十六日	王卓亭	三二	
	百貨商業同業公會	同	花萬枝	八八	
	運輸商業同業公會	同	張敬之	一八	
	華陰縣國藥商業同業公會	同	趙思誠	三〇	
	糧食商業同業公會	同	王子臣	三六	
	飯館商業同業公會	同	張永安	八〇	
	洋縣茶館商業同業公會	同	楊春生	一一	
	同官縣旅館商業同業公會	卅一年三月三日	李明臣	一七	
	煤礦業商業同業公會	卅一年三月四日	和文煊	三六	
	國藥商業同業公會	同	姚世宏	一七	
	糧食業同業公會	同	姬鎰新	一九	
	鳳皋縣雜貨商業同業公會	同	鄧[illegible]卿	四七	
	糧食商業同業公會	三十一年三月十七日	馬仲禮	四一	
	旅館商業同業公會	卅一年三月廿四日	楊永生	一二	
甘肅	崇信縣商會	卅一年一月二十八日	任廷璟	一四	
	崇信縣百貨商業同業公會	同	任廷璟	二一	
	國藥商業同業公會	同	關敬忠	一八	
	布商業同業公會	同	任廷璟	二二	
	化平縣商會	卅一年三月十一日	張金祥	四一	

2. 核准改選之商人團體

省市別	團體名稱	核准日期	主要負責人	會員數	備註
貴州	綏陽縣油商業同業公會	卅一年三月廿五日	戴晴山	八九	
廣西	貴縣商會	卅一年一月十五日	李耀初	一二	
	果德縣商會	卅一年三月十七日	莫興勛	一五	
	興安縣商會	同	曾哲夫	四二五	
	貴縣民船業同業公會	卅一年一月十五日	張狄克	一八	
	興安縣山貨商業同業公會	卅一年三月十七日	蔣國賓	二〇	
	織染工業同業公會	同	李明旦	一一	

	興安縣縫紉工業同業公會	同	石海祥	一七
	布商業同業公會	同	胡華廷	三九
	絲商業同業公會	同	劉根昌	二〇
	土酒商業同業公會	同	伍楨芝	二〇
	首飾工業同業公會	同	秦晶華	一七
廣東	連平縣隆興街鎮商會	卅一年二月十六日	葉潤楠	七五
	蕉嶺縣商會	同	林文傳	七
福建	順昌縣大幹區酒商業同業公會	卅一年一月二一日	黃元夙	九
	國藥商業同業公會	同	陳惠蓀	一一
	京果商業同業公會	同	林提官	一一
	絲綢呢絨布商業同業公會	同	饒周初	一〇
	屠宰商業同業公會	同	楊瑞梅	一八
	長汀縣糧食商業同業公會	卅一年一月八日	譚克俊	一五六
	紙爆商業同業公會	同	陳家盛	二二
	百貨商業同業公會	同	楊旭初	二五
	牲畜商業同業公會	卅一年一月十五日	王燮梅	
	龍岩縣紙商業同業公會	卅一年一月廿三日	邱長發	二六
	閩清縣商會	同	許應雲	二九
	順昌縣茶商業同業公會	同	盧壽祺	一〇
	糧食商業同業公會	同	張步雲	一〇

	屠宰商業同業公會	同	盧少忠	一四
	酒商業同業公會	同	吳鳳翔	一五
	絲綢呢絨布商業同業公會	同	康瑞麟	一〇
	京果商業同業公會	同	吳廷鐵	一三
	順昌縣商會	同	余春魁	三三
	連城縣姑田鎮理髮商業同業公會	同	黃大坤	一二
	國藥商業同業公會	同	蔣光賢	一[illegible]
	縫商業同業公會	同	藍傑華	二〇
	糧食商業同業公會	同	陳光胡	三八
	酒商業同業公會	同	羅繼昌	一五
	屠宰商業同業公會	同	陳儀來	一二
	武平縣商會	卅一年一月廿六日	曾上錦	一六
	武平縣裁縫商業同業公會	同	陳瑞庄	一七
	國藥商業同業公會	同	鍾國亭	一三
	紙商業同業公會	同	李陞華	一〇
	絲綢呢絨布商業同業公會	同	李鼎新	一八
	百貨商業同業公會	同	李鑑章	五九
	銀器商業同業公會	同	陳成基	一二
	長汀縣絲綢呢絨布商業同業公會	同	張學坡	四三
	尤溪縣紙商業同業公會	同	尤廷樑	四三

尤溪縣京果商業同業公會	同	盧莊堂	二六
百貨商業同業公會	同	黃和禮	三二
國藥商業同業公會	同	李桂森	二〇
尤溪縣商會	同	潘福徽	一七
南平縣峽陽鎮木商業同業公會	同	應玉墀	七七
糧食商業同業公會	同	張華興	一四
絲綢呢絨布商業同業公會	同	鄭熙林	七
酒商業同業公會	同	葉月清	二一
國藥商業同業公會	同	[illegible]之華	七
京菓商業同業公會	同	應錫伯	一一
將樂縣商會	卅一年一月廿七日	劉培松	三四
寧化縣絲綢呢絨布商業同業公會	同	羅翼周	四二
寧化縣商會	卅一年二月八日	魏古言	一〇
明溪縣商會	卅一年二月七日	李瑞璞	三五
明溪縣造紙工業同業公會	同	王廷善	五五
南靖縣新華商業同業公會	同	黃曙東	九
建甌縣旅社商業同業公會	同	吳榮錦	五九
明溪縣京果商業同業公會	同	賴梓培	二四
鐵鑄商業同業公會	同	劉志深	一九
糕餅商業同業公會	同	馮鑑輝	九

豆腐酒商業同業公會	同	覃積陞	二八
烟絲商業同業公會	同	張國星	一一
國藥商業同業公會	同	王子卿	八
屠宰商業同業公會	同	羅永根	三〇
百貨商業同業公會	同	羅惠先	一四
永安縣民船商業同業公會	同	蕭上慶	四八
長汀縣京果商業同業公會	同	康友琴	四七
龍岩縣京果商業同業公會	同	丘砥中	五二
國藥商業同業公會	同	張永湘	三〇
糧食商業同業公會	同	章金成	二九
永定縣煙商業同業公會	同	鄭國柱	五五
寧化縣國藥商業同業公會	卅一年二月八日	劉興漢	二六
菸商業同業公會	同	張流芳	一一
屠宰商業同業公會	同	陰常蓬	二一
酒商業同業公會	同	邱爵華	二四
糧食商業同業公會	同	江良興	八五
京果商業同業公會	同	黃鴻魁	五五
建甌縣京果商業同業公會	同	陳新勳	四一
國藥商業同業公會	同	章炎森	二四
連城縣餅商業同業公會	同	錢昌禮	一三

福建	龍岩縣百貨商業同業公會	卅一年二月廿八日	李子零	四四
	長汀縣商會	同	曾玉霖	二三
	閩清縣磁業同業公會	同	黃聲湛	五三
	浦城縣承攬運送商業同業公會	同	吳鳳翔	一一
	造紙[illegible]業同業公會	同	李涵	二六
	浦城縣百貨商業同業公會	同	卓培根	四八
	同[illegible]商業同業公會	同	曾定國	一七
	布商業同業公會	同	劉江濤	三三
	木商業同業公會	同	徐昌廷	一六
	茶館商業同業公會	同	羅家瑞	二〇
	糕餅商業同業公會	同	徐昌雲	九
	染坊商業同業公會	同	劉榮生	一九
	旅社商業同業公會	同	謝子培	九
	裁縫商業同業公會	同	李公勝	三四
	建寧縣茶商業同業公會	同	徐昌岐	一二
	浦城縣酒商業同業公會	同	曾其祖	二六
	京果商業同業公會	同	何舉孫	三九
	蠟燭商業同業公會	同	黃慶皋	一二
	彩結商業同業公會	同	徐小妹	一三
	順昌縣上洋鎮商會	同	吳榮漢	八五

	建寧縣布商業同業公會	同	曾達	二九
	京果商業同業公會	同	郭鳳鳴	三四
	[illegible]商業同業公會	同	王榮華	二八
	屠宰商業同業公會	同	顧大隆	一四
	紙商業同業公會	同	饒爵文	一七〇
	政和縣京果商業同業公會	卅一年三月八日	楊煥思	二一
	大田縣商會	同	潘世輝	四一
	大田縣國藥商業同業公會	同	林明清	一一
	糖商業同業公會	同	周宝華	一六
	京果商業同業公會	同	韋乘芳	一八
	布商業同業公會	同	蘇錫長	一二
	糧食商業同業公會	同	陳正鴻	二三
	南靖縣商會	同	鄧芳輝	二九
	明溪縣布商業同業公會	卅一年三月十七日	劉玉成	一八
	浦城縣印刷工業同業公會	同	祝多仲	七
	浦城縣商會	同	廖仰孟	四八
	永春縣商會	同	宋傳煌	一七
	連城縣商會	卅一年三月十九日	李宗椿	二六
	連城縣裁縫商業同業公會	同	賴新茂	二四
	永春縣木商業同業公會	同	陳雅民	三三

	永春縣京果商業同業公會	同	林禮忠	三六
	絲綢呢絨布商業同業公會	同	顏忠厚	三八
	香菰商業同業公會	同	孫詩藏	三五
	[illegible]酒商業同業公會	同	邱嘉翔	四三
	五金電料商業同業公會	同	譚家珊	三二
	磁器商業同業公會	同	林兆光	三四
	國藥商業同業公會	同	顏[illegible]祜	三七
	連城縣國藥商業同業公會	卅一年三月廿四日	鄧耀海	一七
	理髮商業同業公會	同	蔣仰禮	一五
	松溪縣京果商業同業公會	卅一年三月三十日	陳師舜	三八
	連城縣香商業同業公會	同	曾保鑾	一七
	南平縣京果商業同業公會	同	李國政	三一
	絲綢呢絨布商業同業公會	同	熊海清	二一
	百貨商業同業公會	同	周志元	二一
	南平縣柴商業同業公會	同	唐水生	一七
浙江	衢縣商會	卅一年二月廿八日	周鳳岐	五三
	常山縣酒[illegible]商業同業公會	卅一年三月廿四日	周伯平	三四
	煙商業同業公會	同	徐復初	一〇
	南北貨商業同業公會	同	林志崇	一三
	旅館商業同業公會	同	李春芳	一八

	肉商業同業公會	同	徐起佑	七
	國藥商業同業公會	同	洪燮陽	一九
	山貨商業同業公會	同	張日榮	一六
	油商業同業公會	同	徐雲松	一二
	百貨商業同業公會	同	傅庸	一五
	紙商業同業公會	同	葉子爽	八
	常山縣五金商業同業公會	同	王金壽	二一
	絲綢呢絨布商業同業公會	同	葉行	八
江西	[illegible]城縣[illegible]藥新藥商業同業公會	卅一年一月二十日	徐仁行	一五
	糧食商業同業公會	同	熊潤生	一〇三
	圖書教育用品商業同業公會	同	左潤生	一七
	棉花商業同業公會	同	徐承甫	一九
	尋鄔縣商會	卅一年二月七日	凌召澤	九
	都昌縣製革工業同業公會	同	吳先利	
	油榨工業同業公會	同	吳導初	
	國藥商業同業公會	同	何慰龍	
	絲綢呢絨布商業同業公會	同	彭松喬	
	虔南會	卅一年一月廿三日	陳炳發	七八
陝西	朝邑縣商會	卅一年一月廿六日	薛敬亭	四〇
	興平縣紙商業同業公會	卅一年一月十七日	張俊遠	三四

	興平縣油商業同業公會	同	吳慥正	八	
	國藥商業同業公會	同	高子偉	一九	
	棉花商業同業公會	同	王寶賢	二四	
	醋商業同業公會	同	趙炳文	九	
	鉄器商業同業公會	同	李青山	九	
	百貨商業同業公會	同	劉伯英	二三	
	糧食商業同業公會	同	晁廷傑	二四	
	安康縣百貨商業同業公會	卅一年一月廿三日	楊瑞周	四〇	
甘肅	榆中縣國藥商業同業公會	卅一年三月十七日	梁楨	一二	
	糧食商業同業公會	同	金彥清	二一	
	百貨商業同業公會	同	呂鈞純	一〇八	
青海	樂都縣商會	卅一年一月廿八日	胡履善	六〇	
	化隆縣商會	同	馬驊	七一	
	循化縣商會	同	彭煥成	五〇	

3. 核准改組之團體

省市別	團體名稱	核准日期	主要負責人	會員數	備註
四川	廣河縣商會	卅一年一月二十日	宋雨村	一一	
	富順縣商會	卅一年二月十二日	簡瑞緒	三	
貴州	修文縣扎佐鎮旅店商業同業公會	卅一年二月三日	蘇漢清	七三	
	雜貨商業同業公會	卅一年三月十七日	朱德孚	四四	
	絲綢呢絨商業同業公會	同	胡興昌	二五	
	油榨商業同業公會	同	包伯卿	五四	
	錦屏縣商會	卅一年二月廿六日	黃治平	六	
廣西	邕寧縣商會	卅一年二月廿一日	賴壽[illegible]	三五	
	邕寧縣菸商業同業公會	同	周陵階	三四	
	茶麵酒菜商業同業公會	同	鄭保之	五九	
	酒料雜貨商業同業公會	同	梁嘉廷	五一	
	衣帽皮革商業同業公會	同	曾文安	二六	
	紙商業同業公會	同	李守仁	五九	
	爆竹煙用商業同業公會	同	廖兆賢	三七	
	山貨商業同業公會	同	何光右	二一	
	瓷器商業同業公會	同	顏國華	四八	
	百貨商業同業公會	同	王振常	四八	
	屠宰商業同業公會	同	呂和發	一四〇	
	木商業同業公會	同	蘇孟雄	四五	
	國藥商業同業公會	同	陳澤蒼	四一	
廣東	高要縣祿步鎮故衣商業同業公會	三十一年二月十六日	陸瑞山	七	
	什貨商業同業公會	同	李杏春	五二	
	高要縣商會	同	羅復初	二〇三	
	高要縣白土鎮國藥商業同業公會	同	朱志強	九	

	布商業同業公會	同	梁錫疇	九
	木商業同業公會	同	譚德華	二二
	草席商業同業公會	同	梁業昌	一三
	高要縣白土鎮商會	同	梁廷波	八三
	蕉嶺縣新鋪鎮商會	同	陳文泉	四二
	曲江縣龍歸鎮商會	同	白星甫	八〇
	曲江縣龍歸鎮雜貨商業同業公會	同	廖伯諧	九
	糧食商業同業公會	同	廖希文	七
	曲江縣承攬運送商業同業公會	同	陳甫夫	三九
	木商業同業公會	同	張永來	二六
	建築商業同業公會	同	羅建新	一一二
	酒樓茶室飯店商業同業公會	同	李[illegible]華	六〇
	雜貨商業同業公會	同	崔偉	六九
	曲江縣旅店商業同業公會	同	劉民柏	九一
	屠宰業同業公會	同	張捷生	一三二
	烟絲商業同業公會	同	黃際南	四三
福建	南安縣洪瀨鎮絲綢呢絨布商業同業公會	同	李存初	一七
	銅器錫器商業同業公會	同	林天增	一四
	寧德縣京果商業同業公會	同	蔡仲潮	一五
	海澄縣絲綢呢絨布商業同業公會	同	劉炳戊	一一

	仙游縣楓亭鎮紙商業同業公會	三十一年一月廿七日	林景良	一二
	桂元商業同業公會	同	陳德星	二四
	京果商業同業公會	同	鄭明堂	一一
	百貨商業同業公會	同	林秀明	一二
	木商業同業公會	同	劉漢廷	二〇
	國藥商業同業公會	同	張渥文	一七
江西	宜春縣國藥商業同業公會	卅一年一月十三	張其德	三七
	永[illegible]縣銅器鐵器商業同業公會	卅一年一月廿三日	左有水	一七
	邊爆商業同業公會	同	金樂平	一六
	酒商業同業公會	同	陳雲珍	五六
	鞋商業同業公會	同	蕭祖臣	一六
	縫衣商業同業公會	同	徐仁道	二五
	豆腐商業同業公會	同	張官生	二〇
	銀器商業同業公會	同	龔海崖	一五
	屠宰商業同業公會	三十一年一月十五日	李友生	二九
	茶館商業同業公會	同	黃榮生	一八
	百貨商業同業公會	同	朱士杰	四〇
	紙商業同業公會	同	陳金善	二一
	理髮商業同業公會	同	楊日新	二四
	國藥商業同業公會	同	盧雲清	一六

	木商業同業公會	同	張梅清	三一	
	菸商業同業公會	同	劉勤學	一五	
	雜貨商業同業公會	同	鄒宴仙	七二	
	萬載縣油商業同業公會	同	宋錦鴻	一四	
	百貨商業同業公會	同	辛師昭	六八	
	浮梁縣瓷器工業同業公會	卅一年二月七日	劉[illegible]龍	五八	
	肥料商業同業公會	同	熊維森	四五	
	竹器工業同業公會	同	巢宗禮	二四	
	鞭爆商業同業公會	同	江安福	一五	
	四大器工業同業公會	同	[illegible]樞	一四	
	燒[illegible]商業同業公會	同	[illegible]同彬	四一	
	燒[illegible]商業同業公會	同	王純仁	一七	
	針織商業同業公會	同	余[illegible]	五〇	
	[illegible]商業同業公會	同	余式鐘	二七	
	二白油商業同業公會	同	姚定驥	一〇二	
	贛縣漆商業同業公會	同	[illegible]盛潮	二五	
	蓮花縣商會	同	李成[illegible]	一五	
	蓮花縣南貨商業同業公會	同	李澤寰	三四	
	絲綢呢絨布商業同業公會	同	何桂園	一六	
	國藥商業同業公會	同	李富有	一五	

	理髮商業同業公會	同	方金麒	一二	
	豆腐商業同業公會	同	賀宗瑞	九	
	屠宰商業同業公會	同	李茂發	二十	
	旅棧商業同業公會	同	龍三茂	二〇	
	銀樓商業同業公會	同	李尚	一〇	
	縫紉商業同業公會	同	顧明德	一四	
	酒館商業同業公會	同	李仁初	九	
	香燭商業同業公會	同	唐瓚春	九	
	雩都縣絲綢呢絨布商業同業公會	三十一年二月七日	陳錦彬	一七	
	旅店商業同業公會	同	古有瑞	二三	
	永豐縣商會	三十一年三月十九日	宋洛仁	二四	
湖南	湘潭縣商會	卅一年二月十二日	姜璧[illegible]	四二	
河南	新安縣商會	卅一年二月十五日	龐士英	五	
	郾城縣漯河鎮商會	同	王賛臣	一三	
	郾城縣商會	同	任惠[illegible]	七	
	孟津縣商會	同	陳煥堂	四	
	閿鄉縣商會	同	王[illegible]五	五	
	內鄉縣商會	三十一年一月十九日	王御綸	一三	
	新安縣雜貨商業同業公會	三十一年一月十五日	郭振文	五七	
	絲綢呢絨布商業同業公會	同	王宗仁	三八	

	新安縣煤炭商業同業公會	同	成法會	一〇	
	鹽商業同業公會	同	曹世卿	一七	
	糧食商業同業公會	同	王秉陽	四二	
	國藥商業同業公會	同	呂光先	四〇	
	[illegible]城縣[illegible]河鎮雜貨商業同業公會	同	陳名[illegible]	六〇	
	百貨商業同業公會	同	崔夢[illegible]	八五	
	五金商業同業公會	同	王子嘉	三一	
	國藥商業同業公會	同	劉[illegible]堂	三二	
	布商業同業公會	同	呂盟山	二八	
	煤炭商業同業公會	同	董竹坪	一六	
	牲畜商業同業公會	同	劉[illegible]堂	八九	
	酒商業同業公會	同	楊兆寅	一九	
	[illegible]河[illegible]油商業同業公會	同	李增閣	二二	
	[illegible][illegible]商業同業公會	同	左子成	八	
	[illegible][illegible]商業同業公會	同	李[illegible]岑	一三	
	[illegible][illegible]商業同業公會	同	張晉卿	二八	
	雜貨商業同業公會	同	劉[illegible]軒	一二	
	百貨商業同業公會	同	海廷輝	一三	
	[illegible][illegible]商業同業公會	同	趙如錦	一三	
	[illegible]糧食商業同業公會	同	王仁甫	一五	

	金[illegible]商業同業公會	同	尚俊周	八	
	酒商業同業公會	同	張俊臣	八	
	飯館商業同業公會	同	李燦然	一六	
	登封縣[illegible]器商業同業公會	同	李金貴	二四	
	油商業同業公會	同	張藩[illegible]	二五	
	糧食商業同業公會	同	張存善	二五	
	絲綢呢絨布商業同業公會	同	李[illegible]升	二五	
	百貨商業同業公會	同	翟子青	二七	
	國藥商業同業公會	同	張蘊[illegible]	二七	
	雜貨商業同業公會	同	范敬儒	二七	
	飯館商業同業公會	同	馮寬道	二八	
	登封[illegible]商會	卅一年三月十七日	程載萬	八	
	長葛縣百貨商業同業公會	同	王平甫	一〇	
	糧食商業同業公會	同	張[illegible]卿	九	
	國藥商業同業公會	同	韓濟中	九	
	油商業同業公會	同	高玉[illegible]	八	
	雜貨商業同業公會	同	許寶甫	八	
	鹽商業同業公會	同	李和齋	九	
	長葛縣商會	同	張華卿	六	
陝西	乾縣商會	卅一年一月十日	曾耀亭	八五	

	洛川縣商會	卅一年二月十八日	段何偉	一三	
	興平縣商會	卅一年二月十六日	申俊生	一六七	
	寶鷄縣菜館商業同業公會	同	陳耀林	五一	
	山貨商業同業公會	卅一年二月廿一日	賈性善	三五	
	國藥商業同業公會	同	楊功武	三四	
	百貨商業同業公會	同	張順清	二九	
	菸酒商業同業公會	同	侯[illegible]瑞	二三	
	糧食商業同業公會	同	張龍仙	二五	
	行棧業同業公會	同	張壽天	二五	
	食品商業同業公會	同	繆建章	三二	
	[illegible]商業同業公會	同	樊[illegible]林	三三	
	手工捲菸工業同業公會	同	[illegible]耀亭	二三	
	製革工業同業公會	同	白英	八	
	染工業同業公會	同	張春蓮	一二	
	屠宰商業同業公會	同	楊茂枝	一五	
	旅店商業同業公會	同	司馬俊	二五	
	圖書教育用品商業同業公會	卅一年三月廿八日	楊生銓	一三	
	鹽商業同業公會	同	張子孝	二二	
	縫紉工業同業公會	同	劉長貴	二四	
	理髮商業同業公會	同	劉正亞	二五	
	絲綢呢絨布商業同業公會	同	索德華	五六	
	新藥商業同業公會	同	李仲毅	一二	
甘肅	永靖縣商會	卅一年一月十二日	張居禮	六〇	
	慶陽縣西峯鎮大商業同業公會	卅一年一月十二日	趙國治	一三	

4. 核准登記之商人團體

省市別	團體名稱	核准日期	主要負責人	會員數	備註
四川	城口縣商會	卅一年二月十六日	何孟由	二	
貴州	修文縣商會	卅一年二月十二日	瞿金輝	一二〇	
福建	連城縣姑田鎮造紙工業同業公會	卅一年二月十五日	黃新湖	四八	
	連城縣糧食商業同業公會	卅一年二月八日	沈七生	二七	
	永安縣紙商業同業公會	卅一年二月十九日	鄭國楨	二一	
	京果商業同業公會	同	劉慶[illegible]	三六	
	承攬運送商業同業公會	同	陳長禧	七	
	屠宰商業同業公會	同	繆篤信	一六	
	福清縣絲綢呢絨布商業同業公會	卅一年二月廿八日	何希勇	九	
	油商業同業公會	同	夏長泰	三〇	
江西	奉新縣商會	卅一年二月七日	張蘊如	八一	

四、社會部核准備案之自由職業團體一覽表 三十一年一月至三月

貳、1. 核准組織之自由職業團體

省市別	團體名稱	核准日期	主要負責人	會員 團體	會員 個人	備註
四川	梓潼縣教育會	卅一年一月九日	陳定宇		三四〇九	
廣西	鍾溶縣教育會	卅一年一月廿八日	劉房敬	七	八九	
	[illegible]縣第一區教育會	同	朱飯鑫		八九	
桂林	桂林醫藥師公會	卅一年一月十二日	李顧蔚		八八	
廣東	曲江縣醫師公會	三十一年一月[illegible]日	盧仟游		三三	
	陽春縣中醫公會	三十一年一月八日	梁紹基		八八	
	恩平縣中醫公會	三十一年一月八日	馮天學		三六	
	曲江縣中醫公會	三十一年一月一日	李仁溥		一二〇	
	高要縣中醫公會	同	曹思繁		一七〇	
	南雄縣中醫公會	三十一年三月廿四日	張景濤		三六	
	始興縣第一區教育會	同	饒世廣		八十	
	始興縣第二區教育會	同	鄧獻謀		五九	
	始興縣第三區教育會	同	朱明遠		四一	
浙江	常山縣第一區教育會	三十一年三月廿日	胡雲松		七六	
	第三區教育會	同	徐文翳		三五	
	第四區教育會	同	徐承鑣		四二	
	遂昌縣第四區教育會	三十一年二月十一日	周曉		四二	
陝西	同官縣第一區教育會	三十一年一月三日	何紀雲		二四	
	第二區教育會	同	王佑民		二九	
	第三區教育會	同	白謂棟		二八	
	第四區教育會	同	左新直		二六	
	第五區教育會	同	何治棠		二六	
	第六區教育會	同	楊春榮		二六	
	藍田縣教育會	三十一年一月十三日	閻茂之	七		
	宜川縣第四區教育會	同	李天成		二四	
甘肅	岷縣中醫公會	三十一年一月三十日	梁成林		一七	

2. 核准改選之自由職業團體

省市別	團體名稱	核准日期	主要負責人	會員 團體	會員 個人	備註
廣東	始興縣教育會	三十一年三月廿四日	饒泰潤	三	一九二	
	遂溪縣教育會	同	盧[illegible]		三三八	
	[illegible]南縣第二區教育會	三十一年一月一日	陳法權		四二	
	[illegible]區教育會	同	丘乃儒		一八四	
福建	建陽縣中醫公會	三十一年一月十九日	葛宜森		四三	
	晉江縣中醫公會	三十一年二月四日	吳益棧		三〇六	
	永春縣教育會	三十一年一月廿二日	鄭文渠	三		
	臨安第[illegible]區教育會	同	王俊傑		六八六	
	連城縣教育會	三十一年一月十四日	羅洪功		七四	
	漳浦縣教育會	三十一年一月八日	洪善繼		四四	

省市別	團體名稱	核准日期	主要負責人	會員數 團體	會員數 個人	備註
	灌浦縣第一區教育會	三十一年三月廿日	陳則棻		一九三	
	永泰縣教育會	三十一年三月十七日	張建勳	四		
	寧化縣第二區教育會	三十一年三月八日	曹元助		三〇	
	第三區教育會	同	黃爵周		三三	
浙江	溫嶺縣中醫公會	三十一年三月十九日	趙立氏		三一	
	定海縣教育會	三十一年三月二日	黃炳麟		一二七	
甘肅	民勤縣教育會	三十一年一月九日	王日枋	三	一四九	
青海	化隆縣教育會	三十一年三月九日	牛……		三六四	
	循化縣教育會	同	馬少德		五一	
	鈞連縣教育會	三十一年一月三日	沈拜言		一六五	
廣東	潮安縣中醫公會	三十一年一月八日	李滑石		一六	
	潮陽縣第一區教育會	三十一年二月一日	張叅整		七二	
	豐順縣留隍區教育會	三十一年二月一日	林鎰智		六〇	
福建	南安縣律師公會	三十一年一月八日	黃光瀛		一三	
	長泰縣教育會	三十一年一月廿六日	楊玉銘		一三〇	

3. 核准組織之自由職業團[illegible]

省市別	團體名稱	核准日期	主要負責人	會員數 團體	會員數 個人	備註
四川	彭縣中醫公會	三十一年二月廿三日	蕭炳光		二八三	

4. 核准整理之自由職業團體

省市別	團體名稱	核准日期	主要負責人	會員數 團體	會員數 個人	備註
四川	南部縣教育會	三十一年一月三日	杜永煥		四一六	
廣東	潮安縣新聞紀者公會	三十一年三月廿四日	李長年		二一	
	連平縣教育會	三十一年二月十日	張景福		七二	

五、社會部核准備案之社會團體一覽表　三十一年一月至三月

1. 核准組織之社會團體

省市別	團體名稱	核准日期	主要負責人	會員人數	備註
四川	四川青年科學社	三十一年二月二日	薛秋農	六六	
	巫山縣婦女會	三十一年二月十六日	劉巧徵	四七	
	中江縣婦女會	三十一年二月十六日	歐陽輝	二四九	
貴州	中國佛教會貴州省貴定縣分會	三十一年三月十一日	釋廊蓮	五六	
	旅貴州江口縣江西同鄉會	三十一年二月八日	蔣德沛	一二七	
	兩廣旅貴州望謨縣同鄉會	三十一年二月十九日	麥實之	一六[illegible]	
	福建旅貴州榕江同鄉會	三十一年三月九日	練勳臣	八三	
	四川旅貴州榕江同鄉會	三十一年三月九日	荀琴緈	七三	
廣西	龍茗縣婦女會	三十一年二月十一日	許錦菊	四八	
	河池縣婦女會	三十一年二月	曾以瑛	五四	
	都安縣婦女會	三十一年二月	覃藝姬	八〇	

	鎮邊縣婦女會	三十一年二月廿八日	何敏枝	五四
	隆山縣金敍鄉婦女分會	三十一年三月三十日	蘇知根	一二四
	融縣旅桂林同鄉會	三十一年一月	胡禹平	一一三
	鎮邊縣孟鄉青年生活協進會	三十一年二月廿八日	梁仁	八八
廣東	廣東省公餘生活勵進會	三十一年二月一日	張更生	三六
	潮安縣城廂義民共濟會	三十一年一月八日	楊[illegible]立	三四七
	廣肇旅英德縣同鄉會	三十一年一月八日	廖洪芳	五一七
	南海縣旅韶同鄉會	同	黃俠生	一二七
福建	沙縣婦女會	三十一年一月廿三日	井海琴	一一二
	南平縣婦女會	三十三年一月廿六日	黃淑芳	一四二
	浙江旅永春縣同鄉會	三十一年一月八日	張倜	六五
	汀州旅永吉縣同鄉會	三十一年一月八日	鄒世灼	五一三
	連城縣旅明溪同鄉會	三十一年二月十九日	柯德楊	一〇九
	尤溪縣旅順昌同鄉會	三十一年三月十三日	池斌奇	一九五
	廣東旅龍岩縣同鄉會	三十一年三月廿四日	張慎徽	一三二
浙江	孝豐縣國抗同鄉會	三十一年一月廿三日	華聘玉	六五
湖南	鄧縣婦女會	三十一年一月卅一日	陳瓊珍	八二
	安鄉縣婦女會	三十一年二月十日	吳芷青	一二七
江西	江西省遊藝話劇團	三十一年三月十二日	[illegible]	一二二
河南	鎮平縣自治協會	三十一年三月十日	趙平甫	三七

陝西	漢陰縣業餘讀書會	三十一年一月十五日	王壽如	六〇
	乾縣中國佛教會分會	三十一年一月十八日	妙峯	九一
	中國回教救國協會陝省沔縣支會	三十一年二月十日	馬盡臣	三二
	中國回教救國協會陝西安康縣支會	三十一年二月十六日	劉少菁	一四二
	寧陝縣婦女會	三十一年二月十二日	張贊簡	九二
	山陽縣婦女會	三十一年二月十六日	薛振英	二一
	略陽縣婦女會	三十一年二月廿一日	張聰仙	一五七
	平民縣婦女會	三十一年二月廿四日	林桂芳	二〇
	平利縣婦女會	三十一年三月廿四日	周麗霞	二五〇
	國立西北農學院西安校友會	三十一年一月十八日	楊步蓉	三三
	私立實踐商業職業學校同學會	三十一年三月三十日	路志和	二九六
	寶雞縣旅省同鄉會	三十一年三月二日	王昌烈	五三
甘肅	甘肅蘭州市秦劇研究社	三十一年一月十一日	汪固亭	四七
	臨潭縣婦女會	三十一年二月廿三日	王淑和	五〇
	洮沙縣旅蘭同鄉會	三十一年二月十一日	鄭明軒	六八
西康	丹巴縣婦女會	三十一年一月廿三日	王月強	五〇
重慶	重慶市中國速記學會	三十一年三月十一日	熊曼	五四
	大時代劇社	三十一年三月廿四日	余師龍	二九
	服務外僑人員聯誼會	同	曹振起	一六二
	旅渝南洋歸國僑胞互助會	三十一年三月十六日	韓明理	三六

省市別	團體名稱	核准日期	主要負責人	會員人數	備註
	中央國醫館醫訓班旅渝同學會	三十一年一月十二日	沈康侯	一三八	
	[illegible]省漢屬五邑旅渝同鄉會	三十一年二月六日	楊[illegible]山	二一三	
	四川樂至縣旅渝同鄉會	三十一年二月八日	黄守仁	五二	
	資中縣旅渝同鄉會	三十一年二月十六日	甘[illegible]	一二八	

2. [illegible]

省市別	團體名稱	核准日期	主要負責人	會員人數	備註
四川	儀隴縣婦女會	三十一年二月十七日	羅春水	八六	
	永川縣婦女會	同	詹宜石	一八五	
	樂至縣婦女會	同	蔣朝政	八一	
貴州	四川[illegible]同學[illegible]研究會	同	劉民超	一三一	
	貴定縣婦女會	三十一年一月卅一日	何辨坤	一九三	
廣西	[illegible]賀縣婦女會	三十一年二月十二日	蔡端偉	一五〇	
	臨桂縣婦女會	三十一年三月一日	周淑馨	一〇四	
廣東	嶺南大學同學會曲江分會	三十一年一月十[illegible]日	楊仲瑶	二六〇	
	惠陽旅韶同鄉會	同	李熙寰	二四四	
福建	福建省婦女會	三十一年一月十三日	陳中英	九二	
	福安縣婦女會	三十一年一月十三日	楊堅	八〇	
	永春縣婦女會	三十一年一月廿六日	張佩華	一二六	
	屏南縣婦女會	同	黄鋼仙	五〇	
	長泰縣婦女會	同	鄭敬畏	四〇	
	[illegible]德縣婦女會	三十一年[illegible]月十[illegible]日	林淑爾	[illegible]六六	
	中國佛教會福建永泰縣分會	三十一年三月十七日	慶量	四四	
	中國佛教會福建浦城縣分會	三十一年三月十二日	曾瑞之	一六三	
	永春縣海外華僑公會	三十一年三月廿四日	鄭振耀	一四六	
	建陽縣兵役協會	三十一年一月廿三日	朱顯玄	四二	
	屏南縣惜字會	三十一年一月十八日	宋煥[illegible]	六〇	
	江西旅福建順昌縣同鄉會	三十一年三月九日	武維彬	一四三	
	江西旅福建永安縣同鄉會	同	鄧煒光	一二五	
	福州旅沙縣同鄉會	同	[illegible]雲藩	一二〇	
	江西旅建寧縣同鄉會	同	梅立彬	三三七	
	福州旅建寧縣同鄉會	同	喬[illegible]	一五三	
	永定縣旅南平同鄉會	三十一年三月十二日	張秀峯	七五	
浙江	中國地政學會浙江分會	三十一年一月八日	洪季川	四九	
	中國佛教會浙江泰順縣分會	三十一年一月卅[illegible]日	[illegible]相	一一〇	
河南	河南省自治協會	三十一年二月十六日	楊儀山	五七八	
陝西	福建旅陝同鄉會	三十一年三月二日	李[illegible]燕	一九二	
甘肅	通渭縣留隴學會	三十一年二月十[illegible]日	車遇幹	四二	
重慶	旅渝歸國華僑協會	三十一年一月八日	胡[illegible]	[illegible]二九	

3. 核准改組之社會團體

省市別	團體名稱	核准日期	主要負責人	會員人數	備註

四川	筠連縣婦女會	三十一年二月廿三日	何光玉	一三四	
	古藺縣婦女會	三十一年三月廿四日	李鎔經	一〇〇	
浙江	中國合作事業協會浙江分會	三十一年二月二日	陳仲明	三三〇	
陝西	醴泉縣婦女會	三十一年二月十二日	李毓華	一五	
	隴西旅白河同鄉會	三十一年三月二十日	王佩鳴	二四八	
甘肅	清水縣婦女會	三十一年三月十六日	李龍閣	四九	

4. 核准整理之社會團體

省市別	團體名稱	核准日期	主要負責人	會員數	備註
四川	丹稜縣婦女會	三十一年二月十二日	謝淑筠	一二五	
浙江	遂昌縣婦女會	三十一年二月十二日	黨舉任	一三五	
福建	晉江縣婦女會	三十一年一月十二日	檀雙昭	一八一	
	福清縣婦女會	三十一年三月十六日	陳旋珍	三〇	
陝西	佛坪縣抗戰建國劇團	三十一年二月十六日	李文度	三二	

六、訴願決定書

（一）吳岩林訴願決定書

三十一年一月十七日組二字第二〇五一六號

訴願人　浙江省永嘉縣碼頭小工業職業工會代表吳岩林年四十六歲住工會內

原處分官署　本部

右訴願人吳岩林對於本部劃分碼頭小工一部隸屬海員工會之處分不服，提起訴願到部，決定如左：

主文

訴願駁回

事實

緣中華海員工會溫州分會，以溫州碼頭裝卸工友曾於民國二十三年奉令加入該分會，接受領導，並聲請入會登記，經審核給證在案。詎近有包工頭吳岩林等，矇准永嘉縣黨部及縣政府組織永嘉縣碼頭小工業職業工會，引誘隸屬本分會之裝卸工友參加其組織，紊亂系統，呈請迅予糾正，以資解決而杜紛爭，等情；呈經本部依據接管卷內中華海員工會特派員楊虎呈復，以碼頭工人從事輪船起卸工作，仍應屬海員組織，將該會會員劃分隸屬，以息紛爭，該吳岩林不服處分，提起訴願到部。

理由

案查本部接管卷內，關於中華海員工會溫州分會與永嘉縣碼頭小工業職業工會爭執會員一案，據中華海員工會特派員楊虎二十九年十一月九日呈復，以碼頭「起卸工人，從事輪船起卸工作，應仍屬海員組織，等情，經本部詳加察核，將該碼頭小工業職業工會會員劃分隸屬，凡工人由輪船上起卸貨物至躉船駁船碼頭，以及輪船公司自有之堆棧，或由上列躉船駁船碼頭等搬運貨物至輪船裝載者，稱為輪船起卸工人，應加入海員工會為會員；如工人由碼頭沿岸至陸上任何地點往返運輸貨物者，稱為碼頭運輸工人，應加入當地運輸職業工會為會員。雖由本部分別函咨浙江省黨部省政府轉飭遵照辦理，茲旋奉到行政院交辦該吳岩林呈控溫州海員分會爭奪業務一案，業經以前定劃分辦法，實施困難，變更劃分規定：海員工會會員，以合於中華海員工會組織規則第三四條資格，服務于輪船上之海員為限，至碼頭起卸工人，另依照工會法組織職業工會，於三十年九月二十九日分電浙江省黨部省政府查照轉飭遵照在案。該訴願人自無提起訴願之必要！依照訴願法第七條之規定，故為決定如主文。

(二)周良桂再訴願決定書、三十一年一月十九日 福五字第二〇五九五號

再訴願人 陝西安康慈善會代表周良桂年五十九歲 住安康新城豐樂巷

劉兆蓉年五十七歲 住安康鼓樓西街

楊天民年三十九歲 住安康县西正街

原決定官署 陝西省政府

右再訴願人等因對安康縣政府將安康慈善會歸併救濟院一案，不服陝西省政府所為訴願決定提起再訴願，經本部決定如左：

主文

原決定撤銷，安康慈善會得恢復原狀。

事實

緣再訴願人等於民國三年在陝西安康縣由私人集資設立安康慈善會，辦理慈善事業有年，二十五年十一月安康縣政府以該會成立及會務經過情形，悉與監督慈善團體法及其施行規則暨各地方慈善團體立案辦法不合，將該會併入安康救

濟院，該會於同年十二月呈由安康縣政府轉呈民政廳提起訴願，原縣政府未予轉呈，并呈奉民政廳令飭辦理結束，該會不服，向陝西省政府提起訴願，奉批候令民政廳轉飭安康縣長詳查具復後再行核辦，等語；同年十二月陝西省政府以不合訴願法第四條之規定予以駁回，并指示向中央主管部提起再訴願。再訴願人檢送關係文件向振濟委員會提起再訴願，振濟委員會以關於各種人民團體指導監督事項以劃歸本部主管，將全案案宗移交到部。

理由

據再訴願人等訴稱，該安康慈善會純係私人捐資，於民國三年組織成立，每屆改選會長時期，均經呈報縣政府派員蒞會監視有案。證之民國二十四年九月魏兼縣長，以據該會呈報會內收支款目工作概況批示「該會同仁急公好義，頗堪嘉許！仰即熱心籌募，廣佈仁施，是所厚望！」等語；已足認該會為有歷史之慈善團體，似未能以尚未遵照原縣府同年九月十二日抄發監督慈善團體法及施行規則之規定而為撤銷之處分。至謂該會二十三年收支概況內，載慈善經費多屬濫支而鮮實惠，如果屬實，似應由主管機關加以糾正，未可遽行歸併。原處分稱該會前會長柳子毅汪更生將前項賑款由私人權衡子母六年之久無人過問，足證該會主持人員確有以會內金錢謀私人利益情事，擬將該會產業歸入救濟院，自屬可行等語，尤欠公允。既柳子毅汪更生以會內金錢謀私人利益主管機關應即依法追究，以儆效尤，方為正當！乃置不問，而根本予以裁併，未免便利柳子毅汪更生有巧脫卸之機會。況再訴願人等訴稱早以另案呈訴，由安康縣政府委派商會主席顧元伯等清算在案，更何能以張冠李戴據為歸併之理由？原主管官署所為之決定，以安康縣政府遽將該慈善會撤銷歸併救濟院，再訴願人當時如不服處分，應依法於限期內提起訴願，事經年餘，早逾訴願期間，核與規定不合，予以駁回。但據再訴願人等訴稱，以奉令將該慈善會歸併救濟院，當於二十五年十二月一日呈由安康縣政府提起訴願，被魏兼縣長匿未轉呈證之陝西省政府民國二十八年五月府秘二字零七八五號訓令節稱，經查民政廳轉據該縣卷確有該民等訴願在卷，魏前兼縣長僅批「傳該民等到府面為開導」等字，并未依法轉呈，該兼縣長辦事手續固有未合，是逾訴願期間并非再訴願人等之錯誤，乃安康縣政府不遵訴願程序之所致。已為原決定官署（陝西省府）所自認。

總上論結，再訴願人等所訴各節，不無理由，特依照各地方救濟院規則第十二條，及訴願法第九條第十一條之規定，更為決定如主文。

[illegible]

社會部公報 第五期

中華民國三十一年四月出版

編輯兼發行者　社會部總務司

訂購辦法

期限	册數	價目	郵費
三月	一	五角	八分
半年	二	一元	一角六分
全年	四	二元	三角二分

附註：本報掛號及寄往國外郵費照加

社會部設立

社會服務處

重慶 貴陽 桂林 衡陽

現有業務

宗旨：發揚服務精神 促進社會事業 改善社會生活 溝通社會文化

生活服務：社會食堂 社會公寓 理髮室 淋浴室 旅居嚮導 代運行李

人事服務：升學輔導 職業介紹 法律顧問 衛生顧問 人事諮詢 零物存放 信件留轉 代售郵票 代收電報 讀寫書信 公用電話

文化服務：圖書館 社交會堂 學術講演會 座談會 民衆學校 書報供應 娛樂室 兒童樂園 體育場

經濟服務：小本貸款

處址：

重慶社會服務處 重慶兩路口都郵街（分處）

貴陽社會服務處 貴陽大西門

桂林社會服務處 桂林依仁路

衡陽社會服務處 衡陽道前街

社會部總務司 編

社會部公報

第六期

重慶：中華民國社會部總務司，民國三十一年（1942）鉛印本

中華郵政登記認為第一類新聞紙類

中華民國三十一年四月至六月

第六期

社會部公報

社會部總務司編印

國父遺像

國父遺囑

余致力國民革命，凡四十年，其目的在求中國之自由平等，積四十年之經驗，深知欲達到此目的，必須喚起民衆，及聯合世界上以平等待我之民族，共同奮鬥！現在革命尚未成功，凡我同志，務須依照余所著：建國方略、建國大綱、三民主義、及第一次全國代表大會宣言，繼續努力，以求貫澈！最近主張開國民會議，及廢除不平等條約，尤須於最短期間，促其實現！是所至囑。

法規（附方案）

公牘

命令

查由各該省社會或教育行政機關辦理應准照辦一案特電知照由

總五字第三六六五二號　代電各省市社會處民政廳社會局　爲本部三十二年度中心工作業經規定電飭知照由

社會部訓令十三件

總二字第二四三五二號　令本部附屬各機關　准中央設計局函國家機關每年陽曆一七兩月份職員月報時仍應填送卸職報告表并嗣後各機關主管人事員司應嚴密查明各職員是否黨員通知主辦會計人員一一扣繳會仰遵照由

會內字第二四三五三號　令本部所屬各機關　奉院令爲知規定各機關會計報告限期逾審辦法兩項飭遵照等因合行轉飭切實遵照由

總二字第二四六七〇號　令各省社會處　爲派本部視導卞宗孟專員薛先挻前往甘陝川區、視導組長羅易希文等前往滇黔湘桂粵區、視導陳言專員王仙舟前往浙贛閩區視導社會工作實施概況令仰遵照由

總一字第二四七〇一號　令本部直屬各機關　奉令轉發國家總動員法仰知照由

總三字第二五三〇七號　令本部所屬各機關　爲奉行政院轉發公庫支票流通辦法轉令遵照由

總三字第二五四一〇號　令本部所屬各機關　奉行政院令轉奉蔣委員長手令轉飭嗣後中央與地方各機關預算經費之收支應一律依照公庫法之規定由代理公庫之銀行或郵政機關辦理不得由各機關經領全部經費自辦出納事項仰遵照由

總五字第三五六二六號　令各省社會處　印發每月份工作進度檢討報告表令仰遵照辦理由

總三字第二五七三三號　令本部附屬各機關　爲奉行政院令限制各機關現職人員不得自由去就一案轉飭遵照并飭屬遵照由

總二字第三六三九四號　令本部所屬各機關　奉院令改善公文缺點四項轉令遵照由

總一字第二六六七七號　令本部附屬各機關　奉院令轉奉國防最高委員會代電各機關制定法規須將立法意義印發研究一案令仰遵照由

總一字第二七一〇二號　令本部附屬各機關　奉院令抄發各機關講習法規辦法令仰遵照並飭屬遵照由

總五字第二七二八一號　令本部附屬各機關　奉院令頒發研究國家總動員法實施程序轉令遵照辦理由

總五字第二七六六八號　令本部附屬各機關　爲製發每月工作進度檢討報告表令仰遵照辦理由

組織訓練類

社會部呈一件

社組字第三六六九〇號　呈行政院　奉令飭辦九中全會通過戰時人民團體指導方針三項一案謹將遵辦情形呈報鈞鑒由

社會部公函三件

組三字第三五三七七號　函中國國民黨江西省執行委員會　准函囑解釋吉安縣已有碾米工業同業公會之組織可否另組木業碾米工業同業公會一案

函復查照飭知由

組三字第二五七三二號　函中國國民黨貴州省執行委員會　准函囑解釋銀行之分支行辦事處及書店之支店資本額應如何申報一案函復查照飭知由

組四字第二六八三九號　函中國國民黨江西省執行委員會　准函請解釋直轄縣府之鄉鎮應如何組織婦女會教育會一案函復查照辦理由

社會部咨四件

組二字第二四三〇五號　咨湖南省政府　准咨轉攸縣請示礦業工人可否組織工會一案復請查照轉知由

社組字第二四□□號　咨各省政府　為舉辦人民團體總登記期間逾有依法應改選改組或整理之團體其辦理時所應依據之辦法請查照并飭屬遵辦由

組五字第二五〇四三號　咨廣東省政府　准咨為同鄉會組織應以何種法規為依據及是否為法人其區域有無規定各節復請照查辦理由

組三字第二五三六〇號　咨貴州省政府　准咨以綏屏縣民船商業同業公會會員入會疑義一案囑核復等由復請查照轉知由

社會部電十三件

組二字第二五〇三九號　電各省市政府黨部各特別黨部　本年五一勞動節不放假亦不加發工資希即飭遵由

組七字第二五三〇九號　電各省政府　為國家總動員法業奉　國民政府公佈並定期舉行擴大宣傳電請會商當地黨部辦理見復由

組二字第二五七五〇號　代電各省社會處河南省民政廳重慶市社會局　本部擬發區地示範農會工會輔助費係屬暫時獎助倡導性質仍應督導各該會整理本身財務各項事業費用力求自給電仰遵照由

組七字第二六四九七號　代電各省市黨部政府　為電知令後各級黨政機關對於各種社會運動之指導方式希查照并飭屬遵照由

組三字第二六九七一號　代電各省市政府黨部民政廳建設廳　為依非常時期工商業及團體管制辦法之規定手續指定新聞業等五業為必需品業檢附補單電請查照仰知照由

社組字第二七一〇八號　代電廣東省社會處　據呈請解釋非常時期人民團體組織法第十六條疑義電復查照由

組一字第二七三三〇號　代電浙江省社會處　據轉呈在鄉縣漁會四十里以外不足分會法定人數之零星漁區鄉鎮可否設立漁會分辦事處請核示一案電復准予設立由

社組字第二七三二〇號　代電甘肅省社會處　據電請釋示人民團體之許可督導解散是否須經黨部列席會議之決定一案電復遵照由

組二字第二七四二七號　代電浙江省社會處　據呈請示浙江省各民船船員工會之分會可否對外行文一案電復知照由

組七字第二七五八六號　代電各省政府　為抄送提倡自動與積極工作之精神宣傳辦法一份電請查照由

社組字第二七九五一號　代電中國國民黨甘肅省執行委員會　准電囑解釋社會工作疑義電復查照由

社組字第二七九三五號　代電甘肅省社會處　電復解釋職業團體會員人數疑義等項仰即遵照由

組二字第二七九三五號　代電甘肅省社會處　據電請解釋人民團體所冠地域名稱含義電仰遵辦由

社會部訓令十六件

社組字第二四二七四號 令各省社會處 奉令確定社會部組織法所載目的事業及目的事業外一般活動之涵義令仰知照并飭屬知照由

社組字第二四五五七號 令各省社會處 訂定職業團體中心工作要點一種令仰遵照并飭屬一體遵照由

社組字第二四七五二號 令各省社會處 奉行政院令轉發戰時人民團體指導方針案令仰遵照辦理具報由

組四字第二五三四九號 令各省社會處 令遵照本部三十一年度工作計劃切實完成發展教育會婦女會組織仰遵照辦理具報由

組五字第二五五一〇號 令各省社會處 爲規定非常時期人民團體組織法第十六條應注意事項令仰遵照並轉飭所屬知照由

組五字第二五八九一號 令各省社會處 令知規定直轄團體組織標準三項仰知照並轉飭知照由

社組字第二五九八一號 令各省社會處 奉令核示鄉鎮公所對於境內人民團體行文程式令仰知照并轉飭知照由

組二字第二六二五八號 令各省社會處 爲該省本年第一期所報職業團體數字與原定進度相差甚遠須於第二期內會從補辦繪製比較表仰遵照辦理由

組七字第二六九三五號 令各省社會處 爲令仰按期舉行社會運動工作會談隨時具報由

社組字第二六九四三號 令重慶市社會局 准重慶市黨部函請通飭各種人民團體一律依照新法改理監事制一案令仰遵照由

組五字第二七〇六八號 令各省社會處 爲核定同鄉會同學會校友會等聯誼社組織應以所在地縣市爲單位不得逕以旅居之省爲範圍並不准有系統之組織令仰遵照並轉飭遵照由

組三字第二七〇七二號 令中國國際學會等四團體 爲撤銷該會社組織令仰遵照由

組五字第二七〇七三號 令科學教育社等十四團體 爲撤銷該社會組織令仰遵照由

組五字第二七〇七四號 令華僑建設學會等三團體 爲撤銷該會許可令仰遵照由

組五字第二七四九八號 令各省市社會處局長及本部各直轄社會團體 爲規定本部各直轄社會團體各地分(支)會(號)圖記刊發手續令仰遵照并轉飭遵照由

組五字第二七六六六號 令本部各直轄社會團體 令發三十二年度業務計劃簡報表仰於九月底前擬定填報以憑核奪由

社會部指令五件

社組字第二六〇一七號 令貴州省社會處 據呈請示黨部職員能否兼任工人團體書記等情令仰遵照由

組四字第二六二四五號 令四川省社會處 爲轉請核釋縣教育會是否應隨區署之裁撤而有所變更等情令仰遵照由

組三字第二六八二九號 令重慶市社會局 據呈以據該市糖商公會請示食糖實行專賣後該會會員資格發生變動會籍如何推進請核示一案指復飭遵

照由

組五字第二七〇五七號 令四川省社會處 據代電呈璧山縣佛釋道三教聯合會可否組織經核法無依據應不准組織仰轉飭遵照由

組一字第二七八六三號 令重慶市社會局 據呈請示工會之分會支部組織疑義一案指復遵照由

社會部批一件

組三字第二六二三五號 批原具呈人重慶市煤炭商業同業公會 據呈請解釋離廠營業之礦商是否應加入商業公會為會員一案批仰知照由

社會福利類

社會部呈四件

福五字第二三九五七號 呈行政院 關於救濟歸國僑胞一案奉令先由各主管部會依扶助生產之原則分別擬具詳細辦法呈核等因擬具社會部救濟歸國僑胞計劃綱要草案呈請鑒核示遵由

福二字第二四七七〇號 簽呈行政院 奉交中央執行委員會秘書處函渝市各紗廠員工年終分紅標準相差懸殊經中央常會決議應予糾正請飭主管機關妥訂合理辦法一案飭即核復等因謹將辦理情形簽請鑒核由

福六字第二七〇四四號 呈行政院 呈報本部重慶第二育幼院成立經過並擬具該院組織規程暨組織系統表祈鑒核備案由

福六字第二七二〇四號 呈行政院 遵令擬具本部增擴收養棄嬰遺孤計劃暨概算呈請鑒核迅賜撥款以利進行由

社會部咨一件

福六字第二七七七四號 咨陝西省政府 准咨以各地方因救濟難童所設之兒童教養院所歸屬由救濟會監督指導囑查核見復等由復請查照並轉飭遵照由

社會部代電二件

福三字第二四四九〇號 代電中國國民黨浙江省執行委員會 准電請核復社會服務處舉辦各種生產事業可否豁免營業稅及其他捐稅電復查照由

福三字第二六九七五號 代電中國國民黨山西省黨部 准電轉據呂梁山社會服務處呈請核示武裝抽水機員工緩役一案電復查照由

社會部訓令一件

福二字第三七一一一號 令各省社會處 檢發平定工資實施辦法及各市縣工資評議會議通則令仰查照辦理具報由

合作事業類

經濟部呈一件

社合字第二四九九二號
卅一管字第〇六九七〇號 呈行政院 遵令擬定中央黨政機關公務員工生活必需品定量分售實施辦法草案會同呈請 鑒核由

社會部簽呈一件

合三字第二五七三八號 簽呈行政院 奉交核復浙江省政府呈請核示市地方自治實施方案關於作合部份疑義一案簽復 鑒核由

社會部公函一件

合二字第二六三二二號 函中國國民黨中央執行委員會秘書處 准函囑解釋各級黨部設立消費合作社應否向同級政府呈請立案并受其指導監督一案復請查照由

社會部咨三件

合四字第二四〇五三號 咨四川省政府 准四聯總處函復解釋貴省政府關於推進新縣制各級合作社農貸施行辦法疑義一案咨請查照由

合二字第二四四九九號 咨各省市政府 咨爲屠宰稅改爲課征消費性質奉 行政院指令合作社兼營屠宰仍應一體課征等因咨請查照并轉飭知照由

合四字第二五八六四號 咨貴州省政府 准函囑核復合作主管機關接管舊社對出征社員債權之方式與手續一案咨復查照由

社會部代電三件

合二字第二三八六〇號 代電中國國民黨甘肅省執行委員會 准代電爲信用合作社社員可否加入農會消費合作社請核示一案復請查照由

合四字第二六八九四號 代電軍事委員會辦公廳 電復關於禁止合作社運輸貨物意見請查核辦理見復由

合二字第二六六九七號 代電湖南省銀行 據呈以合作社股金公積金存行利息可否免征所得稅請核示一案電復知照由

社會部訓令七件

合三字第二五五七一號 令各省市合作主管機關 奉 行政院頒佈縣合作指導室組織暫行辦法令仰知照并飭屬知照由

合三字第二五五七二號 令各省市合作主管機關 奉 行政院頒佈市政府掌管社會行政暫行辦法令仰知照并飭屬知照由

社會部指令　三件

附錄

法規

統一捐募運動辦法

三十一年五月二日國民政府公布

第一條　凡為提倡國防建設慰勞國軍舉辦公益慈善及文化教育事業均得依本辦法之規定捐募財物

第二條　凡捐募用途屬於全國性者得向國內外募集之屬於地方性者祇許在各該地區內募集之但慈善事業中之災難急振不在此限

第三條　凡發起各種募捐運動應先將計劃用途及募集方式報告該管社會行政機關會商各該事業主管機關核准但向國外舉行捐募時須呈經行政院核准

第四條　捐募方式應遵守左列各項

一　應尊重應募人量力捐輸之自由不得以任何方式攤派並不得以認募人之身份捐募之比例

二　不得攔阻交通或利用其他機會強迫捐募

三　以遊藝或義賣等名義發售捐券應當場或利用其他場合公開競賣不得派送

四　凡關於捐募財物勸募時所發之臨時收據券票概應由經募機關團體蓋印編號額面有價格者不得折扣

五　捐募開支應力求節省在實募十萬元以內者以百分之五為限超過十萬元者其超過數額以百分之三為限並不得支經募報酬

第五條　經募人應受左列限制

一　長官不得向僚屬勸募

二　管理人不得向被管理人勸募

第六條　三　學校當局不得向學生勸募
應募人除民營事業經理人外概不得以非個人所有之財物認捐

第七條　凡捐募財物有由公庫負担一部份以資提倡者應由各級政府以命令一次捐助之各機關概不得以機關名義認捐

第八條　各種捐募運動之實施及其收據券票辦理情形該管社會行政機關得隨時派員考查如有違背法令行爲應制止之

第九條　捐募之財物收支應依公庫法及統一捐款獻金收支處理辦法之規定辦理其屬於地方性者應由各級政府主管公庫機關與各該事業主管機關商定之

第十條　本辦法自公布之日施行

妨害國家總動員懲罰暫行條例

三十一年六月二十九日國民政府公布

第一條　凡違反或妨害國家總動員之法令或業務者依本條例懲罰之

第二條　本條例公布前已經頒行之經濟管制法令有處罰較重之規定者依其規定

第三條　犯本條例之罪者由有軍法審判權之機關審判呈由中央最高軍事機關核准後執行

第四條　關於管制動員物資及業務其他法令已規定審判機關及程序者仍依其規定但情節重大有特殊必要者得由國家總動員會議決定改由有軍法審判權之機關審判

第五條　有左列情事之一者處七年以下有期徒刑得併科十萬元以下罰金

一　違反或妨害依國家總動員法第五條第十七條或第十八條規定所發之命令者

二　違反或妨害依國家總動員法第七條第一項規定所發管理節制或禁止之命令者

三　違反或妨害依國家總動員法第八條規定所發管制之命令者

四　違反或妨害依國家總動員法第十四條規定所發禁止之命令者

五　違反或妨害依國家總動員法第十九條規定所發限制或禁止之命令者

犯前項第五款之罪其進出口之貨物不問屬於犯人與否沒收之

第六條　有左列情事之一者處三年以下有期徒刑得併科五萬元以下罰金

一　違反或妨害依國家總動員法第六條第二十條第二十四條或第二十六條後半段規定所發之命令者

二　違反依國家總動員法第七條第二項規定所發管理節制或禁止之命令者

三　違反或妨害依國家總動員法第二十七條第一項規定所發之命令者

第七條　犯前二條之罪有妨害軍事或治安或因而擾亂金融其情節重大者處死刑或無期徒刑得沒收其財產

第八條　有左列情事之一者處一年以下有期徒刑拘役或三萬元以下罰金

一　拒絕或妨害依國家總動員法第十三條規定之檢查者

二　違反依國家總動員法第二十一條第一項規定所發之命令而拒絕使用者

三　違反或妨害依國家總動員法第九條第十一條第十二條或第二十三條規定所發之命令者

第九條　有左列情事之一者處六月以下有期徒刑拘役或一萬元以下罰金

一　違反國家總動員法第十三條之規定而怠於報告或虛僞之報告者

二　違反依國家總動員法第十六條規定所發之命令者

三　違反總動員法第二十一條第一項規定而不爲報告或試驗者或違反同條第二項規定不爲訓練技術員工之給者

四　違反妨害依國家總動員法第二十五條或第二十六條所定手段規定所發之命令者

第十條　違反依家總動員法第二十二條規定所發之命令者其處罰依出版法之規定必要時並得加重其刑至二分之一

第十一條　洩漏或盜用有關國家總動員業務之秘密者處三年以下有期徒刑

公務員從事國家總動員業務犯前項之罪者處六月以上五年以下有期徒刑

第十二條　受政府委託執行國家總動員業務之人犯本條例之罪者視同公務員

第十三條　公務員假借職權利用國家總動員之機會發布命令致人受損害者處三年以上十年以下有期徒刑犯前項之罪其情節重大者處死刑或無期徒刑

第十四條　公務員包庇他人犯本條例之罪者依各該條規定處斷加重其刑至二分之一

第十五條　本條例之公布實施與停止由國民政府以命令行之

縣合作指導室組織暫行辦法

（三十一年四月九日院令公布）

第一條　縣政府爲管理並推行合作事業設置合作指導室(以下簡稱合作室)

第二條　合作室之職掌如左

一　關於縣合作事業之計劃推行事項

二　關於縣合作組織之登記監督事項

三　關於縣合作社社務業務之指導考核事項

四　關於縣合作社職員社員之訓練事項

五　關於縣合作事業之調查統計事項

六　關於縣合作金融之籌劃及指導監督事項

七　關於有關合作機關團體之聯繫事項

八　其他有關合作事項

第三條　縣政府設合作指導員其名額由縣政府就實際需要呈請省政府核定之其官等俸給及主辦事規則應比照縣督學之規定前項指導員在三人以上時得指定其中一人爲合作室主任

第四條　合作室主任及指導員之任用在合作人員任用法規未頒行前由縣長參照縣行政人員任用條例第三條第四條所列各款資格之一並曾受合作訓練合格者呈請省政府委任之如各該縣曾由省合作主管機關派有合作指導人員應就原任人員儘先任用之

第五條　合作室主任得出席縣政會議

第六條　設治局得適用本辦法之規定

第七條　本辦法自公布日施行

市政府掌管社會行政暫行辦法

三十一年四月九日院令公佈

第一條　市政府(包括行政院直轄市)掌管社會行政事項暫依本辦法之規定

第二條　市政府之社會行政事項由社會局主管未設社會局之市由社會科主管

第三條　市政府應掌管之社會行政事項如左

一　人民團體之組織訓練調整及相互聯繫事項
二　社會運動及人民團體目的事業外一般活動指導監督事項
三　勞資爭議之處理事項
四　社會福利社會服務及職業介紹之指導實施事項
五　貧苦老弱殘廢之收容教養及其他有關社會救濟事項
六　合作事業之管理及指導事項

第四條　市政府為辦理前條第六項事項得設合作指導室在設有社會局之市合作指導室隸屬於社會局其組織與職掌比照縣合作指導室組織暫行辦法之規定

第五條　本辦法自公布日施行

修正取締黨政軍機關人員宴會辦法

三十一年四月十日院令頒發

一　抗戰期間黨政軍各機關人員除招待外賓及因公宴會外通常應酬性質之宴會一律禁止

二　黨政軍機關人員喜慶歎客以茶點為限

三　因公宴會西餐每人不得超過三菜一湯中餐每棹人數須在十人以上菜數不得超過七菜一湯並不得在餐館旅店飲酒但招待外賓不在此限

四　黨政軍機關人員確有因公宴會之必要時應由該管機關填具證明書載明招待機關名稱或主人姓名職業住址宴會事由人數時間地點菜數承辦餐館交由承辦餐館存櫃備查其係外賣者以一聯交送菜人攜帶以備查詢（證明書式附）

五　重慶衛戍總司令部及警察局應隨時派員赴餐館稽查並得於途中查詢

六　餐館帳單不得有一席數單虛報人數匿報菜數取巧舞弊情事

七　如在私宅或非餐館之公共場所宴客其所用之菜品適用本辦法之規定

八　黨政軍機關人員違反以上各條規定者經查實後將其姓名專由通知該管直屬長官予以懲處餐館違反規定由主管機關處罰

九　各機關長官應隨時語誡所屬並由小組會議切實糾正即以此為考核公私生活行為之一要項

（附註）第四條所列證明書式略

修正非常時期重慶市取締宴會及限制酒食消費暫行辦法

三十一年四月十日院令轉發

第一條　非常時期重慶市取締宴會及限制酒食消費除法令別有規定外依本辦法之規定

第二條　重慶市禁止宴會其因特殊事故必須舉行宴會者應由承辦餐館向市警察局登記

第三條　前條所稱特殊事故以招待外賓因公集會及婚喪慶典為限

第四條　承辦筵席之餐館應將宴會人之姓名職業住址宴會緣由宴會日期地點及宴請人數於期前一日向市警察局登記

警察局應據前項登記按時前往考查

第五條　重慶市各中西餐食店及供給飲食之旅館（以下簡稱餐食店）每日須將實購肉類（包括魚類）分別品名數量單價等列表分別呈報社會局及警察局備查（表式由社會局另定之）

第六條　各餐食店每日所需肉量社會局應隨時派員考查是否實在並得視市場供需情形予以核減并隨時通知警察局依照核減額嚴密監查

第七條　各中餐店出售便餐須按顧客比例依左列標準限定其消費量

甲　一人至三人不得超過兩菜一湯

乙　四人至六人不得超過四菜一湯

丙　七人以上不得超過六菜一湯

各西餐店出售便餐每客不得超過兩菜一湯

第八條　凡在餐食店宴會中餐每棹以七菜一湯西餐每客以三菜一湯為限

第九條　各餐食店出售之菜限用國貨並不得燒烤乳猪

第十條　各餐食店不得出售或代購酒類顧客並不得飲酒

第十一條　各餐食店所開賬單及堂牌須將出售菜名數量價格及顧客人數分別填註以備查核

第十二條　顧客如違本辦法之規定由警察局處以每人二十元以上或二百元以下之罰鍰並得斟酌情節予以拘役如係公務人員通知該管直屬長官依法懲處

第十三條　各餐食店如違本辦法之規定由警察局處該店以一百元以上一千元以下之罰鍰累犯者除從重議罰外並得視其情節勒令停業或歇業

警察局爲前項停業歇業之處分時須即錄案通知社會局査照

第十四條　關於餐食店及公共食堂之設立應分別加以限制或獎勵其辦法另定之

第十五條　各餐食店須將本辦法懸掛於店內顯明處所并將所需張數列表呈由市政府印發備用如違不張貼或故意毀損者照第十三條之規定罰辦

第十六條　本辦法自三十一年一月一日施行

各省縣(市)鄉(鎮)兵役協會組織通則

三十一年四月三日軍政部社會部會同核定並呈奉行政院三十一年四月十四日軍委會三十一年六月廿一日核准備案

第一條　爲協助當地兵役機關推行并監察役政實施及撫慰抗敵軍人家屬各省縣(市)鄉(鎮)得組織兵役協會(以下簡稱協會)協會受社會行政機關之監督其目的事業受兵役行政機關之指導考核

第二條　協會設於省縣(市)政府及鄉(鎮)公所所在地各冠以省縣(市)鄉(鎮)之名稱但無隸屬關係

院轄市適用省協會之規定

第三條　協會以左列人員爲會員

一　當地法團學校負責人

二　在鄉軍官

三　備役幹部

四　出徵抗敵軍人家長年齡在三十六歲以上者

五　出徵抗敵軍人遺族

具有前項各欵資格之一而現在實際負責辦理役政者不得爲協會會員

第四條　協會任務如左

一　協助辦理出徵軍人及其家屬之撫慰與優待事項

二　協助監察及檢舉兵役實施之違法舞弊事項

三　接受委託辦理抗敵軍人遺族撫卹事項
四　協助兵役之宣傳事項
五　協助兵役之調查事項
六　監視壯丁之抽籤事項

第五條　協會由會員大會選舉理事五人至十五人組織理事會並互推一人至五人爲常務理事
理事任期一年期滿由會員大會改選連選得連任

第六條　理事會之下設撫慰宣傳調查總務四組每組設組長一人由理事互推分任並分設組員若干人就會員中聘任之鄉(鎮)協會得不分組省縣(市)協會得增設監察組及研究組
理事組長組員均爲義務職

第七條　協會之經費由會員自行籌集并得呈請政府補助

第八條　協會組織應依一般人民團體組織程序之規定呈准當地主管機關立案層轉彙報社會部並分報當地兵役管區層轉上級備查

第九條　協會每季舉行會員大會一次每半月舉行理事會一次必要時得由常務理事召集臨時理事會

第十條　協會會員如有妨礙役政之行爲應依法制裁

第十一條　本通則公布後所有各地協助兵役之各種人民團體一律合併於協會

第十二條　本通則自公布之日施行

社會部重慶實驗救濟院組織規程

三十一年五月八日院令准予備案

第一條　社會部爲實驗社會救濟事業設立重慶實驗救濟院(以下簡稱本院)

第二條　本院設院長一人總攬院務由社會部派任之

第三條　本院暫設下列各室所
一　辦公室　二　安老所　三　育幼所　四　習藝所　五　殘疾所　六　醫療所

第四條　本院各室所分掌左列各事項

一 辦公室 掌理文書人事事務出納產銷及不屬其他各所事項
二 安老所 掌理鰥獨衰老養恤事項
三 育幼所 掌理孤貧兒童教養事項
四 習藝所 掌理流浪無業人習業項
五 殘疾所 掌理殘疾人教養事項
六 醫療所 掌理貧病醫療及衞生事項

第五條 本院辦公室設總幹事一人各所設主任一人秉承院長之命辦理其職掌內之事務並視事務之繁簡設幹事及助理幹事若干人

第六條 本院視收容人數之多寡分設管理員看護教師保姆醫師護士長護士助理護士技師技士各若干人其名額呈請社會部核定之

第七條 本院總幹事及各所主任由院長提請社會部核派其他人員由院長遴選派充並呈報社會部備案

第八條 本院會計室設會計主任一人依法辦理會計歲計事項並直接對社會部會計室負責所需佐理人員就院內人員派充之

第九條 本院設院務會議由各室所主管人員組織之以院長爲主席其議事細則另定之

第十條 本院得設各種委員會其組織另定之

第十一條 本院生產事業部門之內部組織隨時依其業務發展情形及實際需要另定之

第十二條 本院辦事細則及編制薪給表另定之

第十三條 本規程如有未盡事宜由社會部修正之

第十四條 本規程自呈奉社會部核准之日施行

社會部重慶實驗救濟院組織系統表

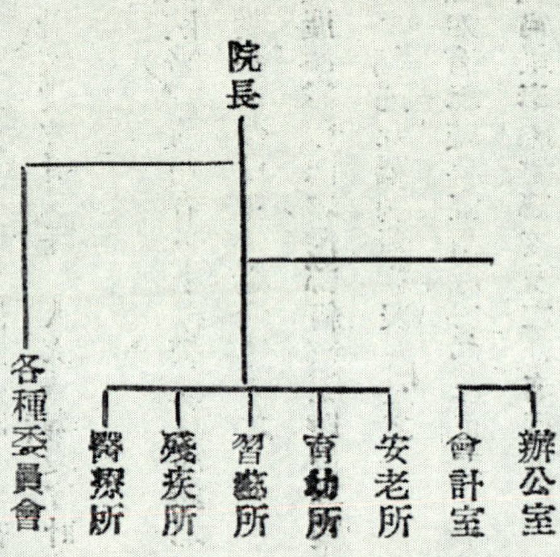

各機關講習法規辦法

三十一年五月二十九日院令轉頒

一　中央及地方各機關對於公佈或頒行之法令規章與本機關業務直接有關者及本機關自行制定者應先印發全體職員研習

二　凡上星期公布或頒行之法令規章與本機關業務直接有關者必須於下星期舉行紀念週時由本機關長官或主管官擇其要點提出講解

三　凡與本機關業務直接有關之法令規章暨其他重要法規除在紀念週提出講解外並須於舉行學術會議時詳細研究

四　各機關職員對於法令規章經講解研究後如有不明瞭處得向主管官請求解釋如對於施行利弊有意見時得在學術會議提出討論並陳述於主管官

五　各機關辦理考績時對於職員能否深切了解與本職有關之法令規章應視為重要項目之一於評定學識分數時酌量加減之

社會部派代人員考核辦法

三十一年四月八日部長核准

一　本部擬任人員除須依照法定送審期間送審外其在派代期內之考核依本辦法行之

二　派代人員在未經依法任用前有左列情事之一者停止其派代并撤回其任用審查

一　才能短絀不勝派代職務者
二　承辦案件屢生重大錯誤者
三　因循玩忽不守辦公時間者

三　前項考核由該管長官切實簽具意見逐級轉呈部長核定

四　本辦法經核定後并報銓敘部備案

社會部各附屬機關經常費及事業費發領程序（三十一年四月十六日部令發佈）

一　各附屬機關請領經常費須按規定時期填具領據收據由會計室核其所填數額與所核定預算分配數額相符後會主管司總務司簽請核發如某附屬機關業務減少或暫停一部份工作時該附屬機關應隨時報部由主管司登記後轉會計室登記撥款時由司室就其實際狀況會商核減其原經核定額支之經費簽請　部長核減發給

二　各附屬機關請領事業費時應先填具領款書送由主管司詳核其動支計劃是否核定有案其已奉核定繼續請領者其工作進度請款時間與數額是否相符如無錯誤即簽註蓋章送經會計室核與預算分配數額相符後會主管司總務司簽請　部長批定發給其有工作進度提前完成經核實者應領款項得呈准設法先付其有不能如期完成而必須完成者所需款項除有特殊情形外應按實際進度核發

附屬機關不按期呈送工作報告致主管司無從考核其進度者得簽准緩發事業費之全部或一部並同時錄批通知會計室登記

三　所有本部每月收支經臨費及事業費數目由會計室按月分別編製各該累計表呈閱俾詳知各項收付情形

四　所有本部經常費事業費現金結存數目由總三科按日列表呈司會計室蓋章後呈閱

五　關於事業費內發給各社團之補助費用無論經常補助或一次補助概由主管司根據核准之案列冊分送總務司會計室備核或隨時用通知單由主管司簽准分送總務司暨會計室登記至其領款時之手續由會計室核對所核定數目無訛後會總務司簽請核發

各社團未經依照規定手續呈送各項書表者應由主管司簽准緩發或停發其補助費並同時錄批通知會計室登記

六　本程序如有未盡事宜得隨時修正之

七　本程序自公布之日施行

社會部所屬事業機關會計部份組織暫行辦法

三十一年四月十六日部長核准試行

一　在社會事業機關人事管理制度未確定以前所有社會部（以下簡稱本部）所屬事業機關會計部份組織依本辦法之所定

二　各事業機關會計部份員額由本部會計主任與各該機關主辦人員會商擬定呈部核置之

三　各事業機關會計人員待遇由本部會計主任視其事務之繁簡酌擬等級呈部核定之

四　各事業機關會計人員在主計處未選派以前暫由各該機關主辦人員商承本部總務司長遴選合格人員檢同履歷送經本部會計室審核同意報請主計處暫行派代

五　各事業機關會計程序由本部會計室參照中央各部會所屬事業機關、計則例擬訂呈由部核定之并函報主計處備案

六　本辦法自部長核定之日施行

外派訓練督導員工作須知

三十一年四月十六日部長核

甲　一般應行注意事項

一　黨政機關主辦各級社會行政工作人員社會事業工作人員及人民團體幹部訓練應依照社會工作人員訓練暫行辦法及社會工作人員訓練綱要辦理之

二　各級人民團體主辦會員或幹部訓練不論採何方式均應依照非常時期人民團體訓練綱要辦理之

三　對於各省市主辦幹部訓練當取視察態度如有意見應逕與主管機關磋商改進必要時得呈報本部核辦

四　對於人民團體主辦會員或幹部訓練應取督導方式如有意見可逕囑改進遇有與當地社會行政主管機關意見抵觸時先呈部核奪

五　訓練督導員出勤期間應於每一地方督導完畢後填具工作報告郵呈到部期滿時仍應彙編總報告呈核

乙　視察幹部訓練應行注意事項

一　調查之標準

1. 訓練機關之名稱組織經費期別負責人員之姓名資歷及其工作精神

2. 受訓人員之數目品質姓名年齡經歷待遇及選調之標準

3. 實施訓練之期間課程教材訓育及原訂訓練計劃
4. 實施訓練之進度及學員成績
5. 受訓學員之分佈狀況及工作情形

二 指導之要點

1. 督促呈報有關訓練文件如訓練計劃學員成績名冊等項
2. 查核訓練計劃與部頒訓練綱要所規定有無不符及實施訓練進度能否與原訂計劃相合
3. 查核訓練人員是否適合標準
4. 考核關於訓育上之一般設施
5. 協助解除事實上之困難
6. 舉行精神講話并視察小組會議授課上操管理及其他活動狀況
7. 出席有關訓練之會議

（四）督導會員訓練應行注意事項

一 調查之標準

1. 團體之名稱組織經費負責人員及過去訓練工作之實況
2. 會員之數目品質分佈狀況及工作生活情形
3. 訓練工作人員之姓名資歷及其工作精神
4. 訓練計劃之內容
5. 實施訓練之方式及效果

二 指導之要點

1. 考核訓練方針是否確合非常時期人民團體訓練綱要之規定
2. 考核訓練教材是否適合本身任務之需要
3. 考察訓練方法是否充分利用適當之時機
4. 協助解除訓練上之困難

5.出席不問訓練之會議

6.舉行精神講話或個別訪問

社會部補助各大學社會行政研究訓練暫行辦法

三十一年四月十七日部令公佈

第一條　本部為補助國內各大學或獨立學院訓練社會行政人才舉辦社會調查研究起見特設補助金並制定本辦法辦理之

第二條　申請領受本部補助金之各院校暫以原設有社會行政學科且聘有該學科專任教授及有相當設備者為限

第三條　申請領受本部補助金之各院校應於學歷年度前三個月備具正式公函連同課程表教學方法教授簡歷工作計劃或研究計劃及預算書送請本部核辦

第四條　凡領受本部補助金之各院校除別有規定者外應將所領補助金充作聘請社會行政講座薪津獎助成績優良學生及舉辦調查研究之用

第五條　本部得商請領受補助金之各院校代辦社會調查及研究設計事項按期製成報告送部

第六條　本部得與領受補助金之各院校互借有關圖書及資料並得商請各院校在不妨礙教學原則下選派教授協助本部辦理社會工作人員訓練事宜

第七條　凡領受補助金之各院校於每學期終了應將工作報告及畢業生名冊成績表及論文送部查核

第八條　本辦法自公布日施行

修正社會部工作成績考核委員會組織規程

三十一年四月二十日部令公佈

第一條　本會依照黨政工作考核辦法第十一條之規定組織之

第二條　本會設主任委員一人由常務次長兼任委員九人至十一人除各司局長為當然委員外由部長就本部高級職員中指派之

第三條　本會之職掌如左

一　關於工作計劃與工作進度實施情形之考核事項

二　關於經費支配與動用情形之考核事項

三　關於人事配合情形之考核事項
四　關於各種會議決議案執行情形之考核事項
五　關於文書處理情形之考核事項
六　部長飭交考核事項

第四條　本會每月舉行會議一次由主任委員召集之必要時並得召集臨時會議

第五條　本會會議以主任委員爲主席主任委員因故不能出席時由主任委員指定委員一人代理之

第六條　本會設秘書一人承主任委員之命掌理會議材料之徵集整理及其他有關會議事項必要時得酌用助理秘書

秘書及助理秘書均由主任委員呈請部長就本部職員中指派兼任之

第七條　各廳司局室遇有工作進展不能與原定計劃及其進度表相符時應向本會敍述其困難原因及其改進之積極意見

第八條　本會開會時遇有考核事項關係委員本身者應行廻避

第九條　本會決定事項應以會議方式行之但未提交會議前得由主任委員指定委員一人至三人先行審查

第十條　本部各附屬機關之成績考核應由主管司局先行分別考查對其成績加以切實批評呈送部長提交本會覆核

第十一條　本會每月考核結果應製成工作進度檢討報告表每年度終了後製成年度政績比較表並於一定時期製成某種事業進度表均依照黨政工作考核辦法及中央黨政軍機關工作進度檢討報告辦法之規定由本部呈送行政院核轉黨政工作考核委員會

第十二條　本規程自公布之日施行

社會部社會工作人員訓練班組織大綱

三十一年四月二十二日部令公佈

第一條　本部爲訓練社會工作人員起見舉辦社會工作人員訓練班（以下簡稱本班）

第二條　本班設主任一人由部長兼任綜理班務副主任一人由政務次長兼任襄助主任處理班務

第三條　本班設教育長一人承主任副主任之命處理日常事務秘書一人辦事員二人承教育長之命辦理事務

第四條　本班設教務訓育總務三處各置主任一人商承教育長分掌各該處事務

教務處設教務員二人訓育處設訓育員二人總務處設事務員八人至十八人秉承各該處主任辦理各該管事務

第五條　本班設教官十八人至二十人分別擔任課務

第六條　本班設訓育幹事五人至十人分任訓導

第七條　本班設大隊部置大隊長大隊附各一人隊長三人管理軍事訓練

第八條　本班設會計員一人助理會計員一人辦理會計事務由本部會計室派充之

第九條　本班設班務會議以主任副主任教育長教務主任訓育主任總務主任秘書及大隊長組織之開會時以主任為主席主任缺席時由副主任代理之

第十條　本班設訓導會議以訓育主任大隊長及全體訓育幹事組織之開會時以訓育主任為主席每週舉行一次

第十一條　本班編制表及辦事細則另定之

第十二條　本大綱自呈奉核准後施行

重慶市紗廠工人職務分類及薪津標準

三十一年四月二十二日社會經濟部會公布

第一條　重慶市紗廠工人職務分類及薪津依本標準定之

第二條　紗廠工人分左列各類

一　領工　指原動（指動力間各種工作）保全（指紡紗間機器之保全工作）及修機（指機器修理間各種修配工作）等部份之領工

二　機工　指原動保全及修機等部份之機工

三　幫工　指平車揩車生線（或生帶）等幫助機工工作之工人

四　小工　指輸送清潔及其他雜務工人

五　組長　指紡紗工場各部份之領班女工

六　副組長　指協助組長工作之女工

七　論件工　指紡紗工場論件給資之工人

八　論日工　指一至六以外論日給資之工人

九　養成工　指在訓練尚未成熟之工人

第三條 各類工人除論件工及養成工外其最高薪津總和不得超過最低薪津總和百分之五十

第四條 前條之最低薪津總和及論件工養成工之最低薪津由重慶市社會局按實際情形隨時召集有關機關及廠家商定

第五條 本標準自公布日施行

社會部合作事業管理局合作工作輔導團組織規程

三十一年四月二十三日部令准予備案

第一條 社會部合作事業管理局（以下簡稱合作局）為輔導地方合作事業之健全發展特設置合作工作輔導團（以下簡稱輔導團）依本規程之規定組織之

第二條 輔導團之任務如左

一 輔導地方合作宣傳及計劃之推進事項

二 輔導地方合作主管機關辦理合作社務業務之指導事項

三 輔導地方合作主管機關辦理合作社社職員之訓練事項

四 協助地方合作主管機關加強有關工作之配合連繫事項

五 協助地方合作主管機關推行合作競賽事項

第三條 輔導團總團部附設於合作局

第四條 輔導團依其工作區域分為三團至六團分掌各區合作輔導事宜

第五條 輔導團設總團長一人由合作局局長兼任綜理團務並指揮監督所屬職員

第六條 輔導團總團部設總幹事一人幹事二人至四人助理幹事四人至六人由總團長派充之

總幹事秉承總團長之命處理團務幹事助理幹事襄助總幹事辦理各項事務

第七條 輔導團各團設團長副團長各一人團長商承總團長綜理各該團團務副團長襄助團長處理團務

各團團長由所在區域內之合作主管長官輪流兼任之副團長由總團長遴員呈准社會部派充之

第八條 輔導團各團設團員十人至十五人由總團長遴員呈准社會部派充之並得向有關機關商調兼充團員受團長之指揮監督分組辦理合作輔導事項

第九條 輔導團各團設幹事一人至二人助理幹事二人至三人由團長遴員請准總團長派充之並得向有關機關商調兼充

幹事助理幹事受團長之指揮監督辦理各項事務

第十條　輔導團總團部及各團得酌用傭員

第十一條　輔導團得設置合作工作輔導委員會辦理合作輔導工作之設計事宜置委員九人至二十一人由合作局聘任之

合作工作輔導委員會之章則另訂之

第十二條　輔導團總團部對外行文重要者以合作局名義行之普通事項由團行之

第十三條　輔導團辦事細則由總團部擬訂呈請合作局核定之

第十四條　本規程自呈准社會部備案後施行

社會部圖書館借書暫行規則

三十一年四月二十七日部長核准

第一條　凡本部職員向本館借閱圖書應依照本規則之規定辦理

第二條　借閱圖書以尋常版本為限其貴重圖書及字典辭書年鑑報章雜誌等概不借出

第三條　本部職員借閱圖書均以本館所發借書證為憑

第四條　圖書出借每人每次至多以三種或十二冊為限但負研究工作並經主管單位證明者不在此限

第五條　圖書出借期間以十日為限逾期如無他人借閱得申請續借十日但以一次為限

第六條　本館借出圖書如因特殊需要得在借閱期間內隨時通知收回

第七條　借閱圖書如逾期經催而延不繳還者除限期繳還外並得酌停其借書權利

第八條　圖書借出如有污損或遺失書借書人應負責照市價賠償

第九條　本規則如有未盡事宜得呈請部長核准修改之

第十條　本規則自部長核准後施行

社會部圖書館閱覽室閱覽規則

三十一年四月二十七日部長核准

第一條　本館圖書報章雜誌等除供本部職員閱覽外其他機關團體學校人員備有介紹函件或經本部職員介紹者亦得閱

覽

第二條　閱覽室開放時間除依本部規定辦公時間外定於每晚六時至八時三十分開放例假及星期日開放時間爲下午一時至五時

第三條　閱覽室陳列各種圖書報章雜誌須加意愛護閱覽後仍須放置原處不得攜出

第四條　閱覽時不得吸食紙烟及隨意吐痰

第五條　閱覽時不得高聲朗誦及喧嘩

第六條　凡雨具及其他有礙公共衛生之物不得攜入閱覽室

第七條　本規則如有未盡事宜得呈請部長核准修改之

第八條　本規則自部長核准後施行

修正合作事業工作人員攷成辦法第一條第二條第九條條文

三十一年五月六日部令公布

第一條　合作事業工作人員之攷成除依非常時期公務員攷績暫行條例辦理者外悉依本辦法之規定

第二條　合作事業工作人員成績之攷核及其獎懲於每年度終了時由各省市縣合作主管機關行之

第九條　每屆攷成各省市縣合作主管機關應塡具合作事業工作人員攷成表依照第三條規定程序詳加攷核并由主管長官分別獎懲逐級彙報社會部核轉銓敘部核定備案

合作事業工作人員攷成表另定之

修正全國人民團體總登記辦法第八條第十條條文

三十一年五月七日部令公布

第八條　凡登記之人民團體經審核後除第九條情形外應即由主管官署換發立案證書但依法應改選整理或改組者應令依法辦理完竣後再補發立案證書

第十條　凡逾期不履行登記之人民團體得展期補行登記如於限期內仍不履行登記者除有特殊原因外得由主管機關酌量整理或解散之

人民團體集會須知

三十一年五月三十日部令公布

一　爲節省人民團體集會時間增進集會效能起見特訂定本須知

二　人民團體集會除應遵照民權初步及法令之規定外悉照本須知辦理

三 本須知所稱集會係指人民團體成立大會常年大會及其他全體會員或代表大會

四 人民團體集會應于會期一星期以前通知各會員

五 人民團體集會應于會期一星期前呈報社會行政主管官署及目的事業主管官署并請派員出席指導

六 人民團體集會應着重於會務之討論與進行其浪費時間之節目應儘量減少

七 人民團體集會應事前擬定秩序單佈置會場及準備其他必要之事項

八 人民團體集會應決對遵守時間每次集會不超過三小時為原則其經休會後繼續開會者亦同

九 人民團體集會得柬請當地有關機關及團體派代表參加必要時得請其致詞但以三人為限每人致詞時間不得逾十分鐘

十 人民團體集會應製成會議紀錄并於會後呈送主管官署備核

十一 本須知自公佈之日起施行

合作事業工作競賽辦法大綱

三十一年六月十二日部令公布

第一條 合作事業工作競賽依本大綱之規定辦理之

第二條 合作事業工作競賽以縣(市)為單位由省合作主管機關辦理之但邊遠及接近戰區各縣(市)情形特殊者得由省合作主管機關陳述理由呈准中央合作主管機關暫免加入競賽

第三條 工作競賽以半年為一期於每年一月及七月開始舉行依每年六月底及十二月底之各項數字評判之暫以六期為限

第四條 工作競賽之項目及每期競賽之標準暫定如左

一 組社競賽 依合作社社員數佔當地人口總額之百分數比較之每期以增加百分之三為標準

二 加股競賽 依合作社社員平均每人實繳股金數比較之每期以增加五元為標準

三 訓練競賽 依合作社社員職員平均每人參加合作訓練時數比較之每期以增加五小時為標準

四 節儲競賽 依合作社社員平均每人節儲之金額比較之每期以增加五元為標準

五 增產競賽 依合作社社員共同或分別生產而由合作社集中運銷各農工產品之總值比較之每期以增加十萬元為標準但以其產品之全部或一部經由聯合社加工運銷者僅計算其聯合社所銷售之總值

六 平價競賽 依消費合作社或經營消費業務之合作社交易總額比較之每期以增加十萬元為標準

第五條　各縣(市)因應特殊自然環境或其他特殊助力或阻力等情形適用前項標準顯有差別者得由省合作主管機關呈准變通之

第六條　自第二期起每期之競賽標準得以實期之競賽結果修訂之

第七條　各省合作主管機關應於每期實行競賽前將各縣(市)原有之人口數合作社社員數股金數社職員受訓時數產銷合作社之產銷總值及消費合作社交易總額等項依照前條之規定分別列表作為評定競賽成績之依據

第八條　各縣(市)競賽成績應按月報告其逐月之進度并列為評定成績標準之一

第九條　各縣(市)競賽成績以省合作主管機關為初核機關以中央合作主管機關為復核機關各縣(市)政府限于每期競賽後半個月內將競賽結果報省初核各省限于兩個月內呈送復核其報告日期以郵戳為憑逾限報告者以競賽不及格論

第十條　中央及各省縣(市)合作主管機關為推行競賽及評定競賽成績得組合作事業工作競賽委員會

第十一條　合作事業工作競賽成績評定後其超過競賽標準者依左列之規定獎勵之

一　各縣(市)得有一項之優勝者由合作主管機關發給獎狀并對縣(市)合作工作人員予以獎勵得有二至四項競賽之優勝者由省合作主管機關報告省政府發給獎狀并對該縣(市)長及合作工作人員予以獎勵得有五項以上競賽之優勝者由省合作主管機關報由中央合作主管機關發給獎旗并對該縣(市)長及合作工作人員予以褒獎

上項合作工作人員得包括合作金融人員在內獎勵之

二　各省有過半數項目得獎之縣(市)份佔參加競賽縣(市)份過半數者由中央合社主管機關分別情形對省合作主管機關予以褒獎

第十二條　合作事業工作競賽成績評定後其名次及競賽標準未及之數應于下期競賽補足之至競賽總結束時仍未及各期競賽標準之總數者由各省合作主管機關轉報中央合作主管機關酌予處

第十三條　本項競賽以三十一年七月至十二月為宣傳準備及籌備時期於三十二年一月一日起開始實行

第十四條　工作競賽之應用報表格式另定之

第十五條　社會部為策進工作競賽之進行應由合作事業管理局派員督導之，各省應派員分赴各縣督導

第十六條　各省合作工作競賽之施行細則由各省擬具後呈送社會部核定之

第十七條　直屬行政院市合作事業工作競賽之辦法另定之

第十八條　本大綱由社會部公佈施行

人民團體職員選舉通則

三十一年六月十三日部令公布

第一條　人民團體職員之選舉依本通則之規定行之

第二條　人民團體職員之選舉須由當地主管官署派員出席監選及指導

第三條　人民團體職員應由會員或會員代表以記名連記法選出之

第四條　人民團體職員之選舉應於會員大會或會員代表大會時舉行之但區域超過縣市以上之團體因特殊情形不能集會時得事先呈准主管官署以通訊方式舉行

第五條　人民團體職員之選舉須用各該團體製定之選舉票

第六條　人民團體職員之選舉其選舉權及被選舉權以曾經登記取得會員資格者爲限

第七條　人民團體職員之選舉須於十日前由各該團體通知全體會員或會員代表並呈報當地主管官署前項人民團體如爲省或超過省以上之範圍者其通知期間得由各該團體酌量延長之

第八條　人民團體職員之選舉以得票較多者爲當選次多者爲候補當選票數相同時用抽籤法決定之

第九條　候補當選人之名次以得票多寡爲序票數相同時用抽籤法決定之

第十條　人民團體職員之選舉須由主席就出席選舉人中指定發票員收票員記票員唱票員及監票員等各若干人當場開票如監選員發現各該團體有選舉舞弊情事或違背法令者須於投票完畢報告主管官署核辦後方得開票

第十一條　選舉人有不守會場規則者由主席加以警告不服警告者由主席按情節輕重徵得監選員同意宣布取消其選舉及被選舉資格

第十二條　選舉票遇有左列情事之一者由監票員報告主席徵得監選員之同意宣布一部或全部無效

甲　一部無效

一　被選舉人姓名與會員名冊不符者

二　被選舉人不屬於各該團體者
三　被選舉人姓名模糊不能辨識者
四　選舉人自選者

乙　全部無效

一　選舉票非各該團體製定者
二　被選舉人全部姓名或選舉人姓名字跡模糊不能辨識者
三　填寫均不依定式或夾寫其他文字者
四　選舉人未簽名或其簽名與會員名冊不符者

第十三條　人民團體職員之選舉須於辦理完畢後三日內由各該團體通知各當選人並將其姓名籍貫年齡略歷及通訊地址呈報當地主管官署備案

第十四條　本通則自公布日施行

指導人民團體改選總報告表 （式樣）

團體名稱											
團體所在地											
過去會務概況	沿革	成立日期	年 月 日								
		立案日期及機關	年 月 日 立案								
		曾否經過改組或整理									
		上屆改選日期及次數	年 月 日第 次改選								
	過去重要工作概況										
	上屆負責人姓名及職別										
	職別	姓名	職別	姓名	職別	姓名	職別	姓名			
改選經過	改選日期	年 月 日									
	改選時大會出席人數		監選人姓名								
改選後會務概況	本屆當選之負責人姓名及略歷										
	職別	姓名	略歷	職別	姓名	略歷					
	會員數	個人	男 人 女 人 共計 人								
		團體	團體數		會員代表數 人						
			公司行號或工廠數		會員代表數 人						
	經費概況										
	本屆重要工作計劃										
備註											

中華民國 年 月 日 指導員 填報

社會部各直屬社會服務處附設職業介紹組暫行組織通則

三十一年六月二十二日部令公佈

第一條　社會部爲實施職業介紹調劑人事供求起見於各直屬社會服務處內設職業介紹組(以下簡稱本組)

第二條　本組暫設介紹推廣總務三股其任務如左

一　接受求職或求人者之請求介紹並爲登記

二　調劑人才需要及供給

三　調查人才之供求狀況

四　指導職業訓練及就業服務

五　其他有關職業介紹事項

第三條　本組設總幹事一人主持該組事務幹事三人辦事員三人至七人承總幹事之命辦理各該管事務

第四條　本組總幹事由社會部指派幹事及辦事員由總幹事遴選適當人員報部核准後聘用之

第五條　本組職員除遵守社會服務處各項規則外其工作受該省社會處之指導並直接受社會部指揮監督

第六條　本組辦事細則另定之

第七條　本通則自社會部部令公布之日施行

社會部社會服務處附設職業介紹組辦事細則

三十一年六月二十二日部長核准

一　本細則依社會部各直屬社會服務處附設職業介紹組暫行組織通則第六條之規定訂定之

二　介紹職業依下列之程序辦理

1. 填表登記
2. 初步面洽
3. 考試或測驗
4. 調查登記人狀況
5. 介紹接洽

三

6.接洽後面洽

7.實施服務指導

前列各項必要時得減少或變更之

三 接受委託代求人才應依下列之程序辦理

1.填表登記

2.調查委託人或機關之狀況

二 3.檢查求職表選取資歷適當之人才

一 4.約求職人面洽

5.開送履歷或介紹接洽

6.依照委託人之決定處理

前列各款必要時得減少或變更之

四 凡業務上應用之表格簿冊由社會部制定頒發之

五 求人卡片應按日期先後及職業種類分類存查

六 求職登記暫以三個月為有效期間

七 委託徵求人才有效期限由委託人決定之

八 凡有關職業介紹之對外接洽通知等事宜得以社會服務處職業介紹組總幹事名義行之

九 凡登記之求職人暫無機會介紹時得商由其他職業介紹機關或團體轉為介紹

十 對於求職之申請認為礙難辦理時應婉辭以告

十一 凡因介紹而收存之證明書工作證或其他有關係文件不得違反所有人之意思留置之

十二 凡聲請求介紹職業人對於職業選擇雇傭條件及其他有關事項有所詢問時應詳細答復

十三 凡經介紹就業者必須覓具殷實保人

十四 對於求職人或委託人不得以任何名義索取報酬

十五 對於因介紹職業所知他人之秘密不得洩漏

十六 登記介紹情形應逐日統計編[illegible]按月彙呈省社會處並逕呈社會部備查

十七 社會服務處其他有關辦事之一般規定仍適用之

十八 本細則如有未盡事宜得隨時修正之

十九 本細則自核准之日施行

合作社經營糧食業務登記辦法

三十一年六月二十七日部令頒發

第一條 本辦法依糧食商登記規則第一條之規定制定之

第二條 凡依合作社供銷糧食辦法之規定經營糧食供銷業務之合作社應向糧政機關申請登記領取營業執照

第三條 合作社向糧政機關申請登記依糧商登記規則第五條行之

第四條 合作社辦理登記時其書證免貼印花但須繳營業執照費五元

第五條 經營糧食業務之合作社免予加入所在地糧食業同業公會

第六條 凡經營糧食業務之合作社應置備簿冊逐日詳載營業項款以備糧政機關隨時查閱並按月將業務報告表送由聯合社轉送縣(市)糧政局(縣市)政府查核無聯合社時直接呈送之縣(市)政府於查核後彙報省糧政局備核省市糧政局應按月將經營糧食業務之合作社營業狀況列表彙報糧食部

第七條 糧商登記規則第六、七、八、十、十一、十五、十七、十八、二十、二十一、二十二、二十三、二十四、各條之規定經營糧食業務之合作社準用之

但對合作社之罰鍰以一百元以下為準

第八條 本辦法規定各項書表格式另訂之

第九條 本辦法經糧食部社會部會同核定施行修改時亦同

命令

府令

國民政府令　三十一年四月二十四日

行政院院長蔣中正呈據社會部部長谷正綱呈請任命閔劍梅為社會部視導應照准此令

國民政府令　三十一年四月二十四日

行政院院長蔣中正呈據社會部部長谷正綱呈請任命楊敬修署社會部合作事業管理局視察應照准此令

國民政府令　三十一年六月九日

行政院院長蔣中正呈據社會部部長谷正綱呈請任命汪[illegible]磊為社會部科長應照准此令

國民政府令　三十一年六月十一日

行政院院長蔣中正呈據社會部部長谷正綱呈請任命金成鼎為社會部科長應照准此令

部令

社會部令　社法字第二四四九七號　三十一年四月十七日

茲制定社會部各附屬機關經常費及事業費發領程序公佈之此令

社會部令　社法字第二四五〇七號　三十一年四月十七日

茲制定社會部補助各大學社會行政研究訓練暫行辦法公佈之此令

社會部令 社法字第二四六一九號 三十一年四月二十日
茲修正社會部工作成績考核委員會組織規則公佈之此令
社會部令 社法字第二四七〇三號 三十一年四月二十二日
茲制定社會部社會工作人員訓練班組織大綱公佈之此令
社會部 經濟部令 社法字第二五〇六二號 (卅一)參字第四二〇五號 三十一年四月二十八日
茲制定重慶市紗廠工人職務分類及薪津標準公佈之此令
社會部令 總一字第二五三一〇號 三十一年五月四日
茲修正合作事業工作人員考成辦法第一條第二條第九條條文公佈之此令
社會部令 社法字第二八四九四號 三十一年五月六日
茲修正全國人民團體總登記辦法第八條第十條條文公佈之此令
社會部令 總二字第二五九八八號 三十一年五月十九日
本部職員三十年度年終考績考成獎懲業經銓敘部核定應予公佈此令
社會部令 社法字第二六四八二號 三十一年五月三十日
茲制定人民團體集會須知公佈之此令
社會部令 社法字第二七一〇五號 三十一年六月十一日
茲制定合作事業工作競賽辦法大綱公佈之此令
社會部令 社法字第二七一四九號 三十一年六月十一日
茲制定人民團體職員選舉通則公佈之此令
社會部令 社法字第二七四六〇號 三十一年六月二十日
茲制定社會部各直屬社會服務處附設職業介紹組暫行組織通則公佈之此令
社會部令 總二字第二三八七七號 三十一年四月一日
本部統計處調查督導員周仲琴呈請辭職應照准此令

[illegible]三八十七號　三十一年四月一日

派施丁凡為本部督導員此令　總二字第二三八八八號　三十一年四月二日

本部統計處家計調查員胡[illegible]霖呈請辭職應照准此令　總二字第二三九〇四號　三十一年四月二日

代理本部科員馮蓉萍應予免職此令　總二字第二三九三四號　三十一年四月二日

委任陳光國為本部合作事業管理局科員此令　總二字第二四〇二一號　三十一年四月四日

派陳兆平朱克明為本部社會工作人員訓練班事務員此令　總二字第二四〇三五號　三十一年四月四日

派賀仁懷為本部統計處調查輔導員此令　總二字第二四一四七號　三十一年四月八日

派洪　流為本部調查員此令　總二字第二四一六四號　三十一年四月九日

派楊明清曾偉民為本部工運督導員此令　總二字第二四二六五號　三十一年四月九日

本部調查員楊明清曾偉民另有任用應予免職此令　總二字第二四二六六號　三十一年四月九日

派萬華棠為本部調查員此令　（卅二）總二字第二四三〇六號　三十一年四月十日

派王希祥代理本部科員此令　總二字第二四三四三號　三十一年四月十一日

本部工運督導員劉瑞隆西運督[illegible]應予免職此令　總二字第二四三四四號　三十一年四月十一日

委任斯　道試署本部科員此令　三十一年四月[illegible]

總二字第二四三六一號 三十一年四月十三日

委任唐盛琛試[illegible]本[illegible]此令 [illegible]三號 三十一年五月五日

本部督導員[illegible] 總二字第二四三六[illegible]號令 三十一年四月十三日

委任陳逸生為本部科員此令 [illegible]三三號 三十一年五月四日

本部科員王金[illegible] 總二字第[illegible]二三六四號令 三十一年四月十三日

派毛振炎為本部調查員此令 [illegible]二八八號 三十一年五月二日

派[illegible]中華[illegible] 總二字第二四三九[illegible]號令 三十一年四月十四日

試署本部科員温[illegible]另有任用應免本職此令 [illegible] 三十一年五月二日

中華[illegible]員工會[illegible] 總二字第二四四五二號[illegible] 三十一年四月十五日

派王涵夫代理本部科員此令 [illegible]二八[illegible]號 三十一年五月二日

派中華[illegible]員工會[illegible] 總二字第二四四九六號 三十一年四月十六日[illegible]書此令

本部編審牟乃紘另有任用應免本職此令 [illegible] 三十一年五月二日

中華[illegible]員工[illegible] 總二字第二四七四一號 三十一年四月二十三日[illegible]書此令

本部科員虞清楠呈請辭職應照准此令 三十一年五月二日

派[illegible]為本部[illegible] 總二字第二四八四八號令 三十一年四月二十五日

本部調查審導員[illegible]呈請辭職應照准此令 [illegible] 三十一年五月二日

本部[illegible] 總二字第二四九六七號令 三十一年四月二十七日

派陳　耀為本部調查員此令 [illegible]三五[illegible]號 三十一年五月二日

本部[illegible] 總二字第二五〇八二號令 三十一年四月二十七日

委任熊　英張正梓為本部科員此令 [illegible]號 三十一年五月二日

派金[illegible] 總二字第二五〇九八號令 三十一年四月二十八日

本部商運督導員胡[illegible]農運督導[illegible]熊[illegible]另有任務應予免職此令

派黃[illegible] 總二字第二五一一五號令 三十一年四月二十九日

派高振[illegible]為本部督導員此令 [illegible] 三十一年五月一日

本部[illegible] 總二字第二五一三二號令 三十一年四月二十九日

派阮幼蓀代理本部科員此令 [illegible] 三十一年四月二十六日

總二字第二五一三三號　三十一年四月二十九日

本部重慶殘廢教養所所長曹文濬呈請辭職應照准此令

總二字第二五二二九號　三十一年五月一日

派黃鎮嶽為重慶殘廢教養所所長此令

總二字第二五二三〇號　三十一年五月一日

派金顯誠代理本部合作事業管理局科員此令

總二字第二五二五二號　三十一年五月二日

本部統計處調查員胡邦偉久不到差應予免職此令

總二字第二五二五七號　三十一年五月二日

本部統計處計算員陳維呈請辭職應照准此令

總二字第二五二六五號　三十一年五月二日

派蒲祖虞代理本部合作事業管理局科員此令

總二字第二五二八二號　三十一年五月二日

中華海員工會設計委員會委員王寄一着毋庸兼任該會中文祕書此令

總二字第二五二八四號　三十一年五月二日

派中華海員工會設計委員會委員程壯兼任該會中文祕書此令

總二字第二五二八五號　三十一年五月二日

中華海員工會設計委員何鎮環另有任用應予免職此令

總二字第二五二八七號　三十一年五月二日

派鄒希榮為中華海員工會設計委員此令

總二字第二五二八八號　三十一年五月二日

本部科員王金標另有任用應免本職此令

總二字第二五三三三號　三十一年五月四日

本部督導員張燐呈請辭職應照准此令

總二字第二五三八三號　三十一年五月五日

委任薛觀瀾為本部科員此令 總二字第二五三九三號 三十一年五月五日

代理本部科員蔡克燕假期逾限應予免職此令 總二字第二五四七〇號 三十一年五月六日

派高　睿為本部統計處計算員此令 總二字第二五五三三號 三十一年五月七日

派賀明韺為本部督導員此令 總二字第二五五三四號 三十一年五月七日

本部代理科員盛乾章呈請辭職應照准此令 總二字第二五五四八號 三十一年五月七日

派沈寶環代理本部科員此令 總二字第二五五四九號 三十一年五月七日

本部科員趙少華呈請辭職應照准此令 總二字第二五六九一號 三十一年五月十一日

本部視導翟鯨身另有任用應免本職此令 總二字第二五六九五號 三十一年五月十一日

派翟鯨身代理本部科長除呈請外此令 總二字第二五六九六號 三十一年五月十一日

代理本部科員李公馥呈請辭職應照准此令 總二字第二五七五七號 三十一年五月十三日

代理本部科員陳則釗另有任務應予免職此令 總二字第二五七五九號 三十一年五月十三日

本部商運督導員方懋齡另有任務應予免職此令 總二字第二六〇七〇號 三十一年五月二十日

本部科員熊　羙呈請辭職應照准此令 總二字第二六〇七四號 三十一年五月二十日

委任孟爾藏爲本部科員此令　總二字第二六〇七五號　三十一年五月二十日

委任章楚翹爲本部科員此令　總二字第二六〇七七號　三十一年五月二十日

委任郭詩暢試署本部科員此令　總二字第二六〇七九號　三十一年五月二十日

代理本部合作事業管理局科員曾□柏另有任用應予免職此令　總二字第二六一〇二號　三十一年五月二十日

本部科員于文菁呈請辭職應照准此令　總二字第二六五四〇號　三十一年五月三十日

本部統計處家計調查員王啟光呈請辭職應照准此令　總二字第二六五六八號　三十一年六月一日

本部工運督導員王振歐另有任務應予免職此令　總二字第二六五六九號　三十一年六月一日

本部工運督導員楊□群另有任務應予免職此令　總二字第二六五七七號　三十一年六月一日

本部農運督導員鍾緯鏻另有任務應予免職此令　總二字第二六五七九號　三十一年六月一日

派徐□銓代理本部視導除工主任此令　總二字第二六五八一號　三十一年六月一日

代理本部合作事業管理局科員陳三平沈桂群另有任用應予免職此令　總二字第二六五八二號　三十一年六月一日

委任張翼鴻爲本部科員此令　總二字第二六五八四號　三十一年六月一日

派徐芝萬代理本部合作事業管理局科員此令　總二字第二六五八六號　三十一年六月一日

兼重慶市工人服務總隊部督導員譚文節請辭兼職應照准此令

總二字第二六五九〇號 三十一年六月一日

派周石泉兼任重慶市工人服務總隊部督導員此令

總二字第二六五九一號 三十一年六月一日

委任傅希瑗為本部合作事業管理局科員此令

總二字第二六五九六號 三十一年六月一日

本部科員平澤蔭另有任用應免本職此令

總二字第二六六〇〇號 三十一年六月一日

委任蕭淑懿為本部科員此令

總二字第二六六〇二號 三十一年六月一日

代理本部社會福利司第五科科長徐幼川另有任用應予免職此令

總二字第二六六一六號 三十一年六月一日

派徐幼川代理本部組織訓練司第四科科長此令

總二字第二六六一七號 三十一年六月一日

本部科員王惜凡呈請辭職應照准此令

總二字第二六六一九號 三十一年六月一日

本部調查員王醒魂呈請辭職應照准此令

總二字第二六六二〇號 三十一年六月二日

代理本部科員孫庭瑞另有任務應予免職此令

總二字第二六六六〇號 三十一年六月二日

本部商運督導員孫廷棨另有任務應予免職此令

總二字第二六六八四號 三十一年六月二日

本部科員康國瑞另有任務應予免職此令

總二字第二六七九五號 三十一年六月四日

派康國瑞為本部社會工作人員訓練班訓育幹事此令

總二字第二六七九六號　三十一年六月四日

本部代理科員鄭良桐應予免職此令

總二字第二六八四六號　三十一年六月五日

派田久安代理本部科員此令

總二字第二六八五九號　三十一年六月五日

派周宏濤代理本部科員此令

總二字第二六八六〇號　三十一年六月五日

派倪覺吾代理本部科員此令

總二字第二六八六一號　三十一年六月五日

派陳　鐵代理本部科員此令

總二字第二六八六二號　三十一年六月五日

派張玉麟代理本部科員此令

總二字第二六八六三號　三十一年六月五日

本部統計處計算員王莉芬呈請辭職應照准此令

總二字第二六八九六號　三十一年六月六日

派彭振武代理本部科員此令

二字第二六八九七號　三十一年六月六日

本部工運督導員馬　浩另有任務應予免職此令

二字第二六九〇九號　三十一年六月六日

本部統計處家計調查員曾　璞着即免職此令

總二字第二六九一一號　三十一年六月六日

派余惠貞爲本部調查員此令

總二字第二七〇三〇號　三十一年六月十日

本部科員章楚翹着即免職此令

總二字第二七〇六三號　三十一年六月十日

本部社運督導員施[illegible]着即撤職此令　總二字第二七〇六四號　三十一年六月十日

派鄧曙輝代理本部合作事業管理局科員此令　總二字第二七〇八二號　三十一年六月十日

本部科員張民權呈請辭職應照准此令　總二字第二七〇八三號　三十一年六月十日

派陳必覝代理本部視導除呈薦外此令　總二字第二七一七三號　三十一年六月十三日

派吳自立爲本部社會工作人員訓練班事務員此令　總二字第二七一七六號　三十一年六月十三日

派周治民爲本部社會工作人員訓練班事務員此令　總二字第二七一七七號　三十一年六月十三日

本部視導兼貴陽社會服務處籌備主任項學儒另有任用應免本兼各職此令　總二字第二七二七七號　三十一年六月十六日

派項學儒爲本部貴陽社會服務處主任此令　總二字第二七二七八號　三十一年六月十六日

委任葉　烈試署本部合作事業管理局科員此令　總二字第二七三二六號　三十一年六月十七日

委任宋賓君爲本部科員此令　總二字第二七四〇〇號　三十一年六月十九日

委任盛克猷爲本部科員此令　總二字第二七四〇二號　三十一年六月十九日

委任李　劭爲本部科員此令　總二字第二七四三〇號　三十一年六月二十日

委任黃環雲試署本部科員此令

本部商運督導員鄭協邦呈請辭職應照准此令
總二字第二七四三一號　三十一年六月二十日

派李宏綱為本部統計處調查督導員此令
總二字第二七五八〇號　三十一年六月二十三日

派高　勤為本部統計處計算員此令
總二字第二七六三三號　三十一年六月二十四日

本部統計處家計調查員喻斯駿工作不力着即免職此令
總二字第二七六三四號　三十一年六月二十日

試署本部合作事業管理局荐任視察楊敬修另候任用應予免職此令
總二字第二七六七六號　三十一年六月二十五日

派陳嵩宸代理本部合作事業管理局科員此令
總二字第二七七四七號　三十一年六月二十六日

派徐鼎銘為本部重慶實驗救濟院殘疾所主任此令
總二字第二七七六三號　三十一年六月二十六日

總二字第二七六九〇號　三十一年六月三十日

第一次全國社會行政會議籌備委員會委員姓名一覽

主任委員洪蘭友　副主任委員黃伯度

委員黃友郢　黃夢飛　陳　烈　陸京士　謝徵孚　壽勉成　汪　龍　張鴻鈞　鄭若谷

社會部新派副科長姓名一覽

本部專員程家豫兼任總務司第五科副科長

本部專員彭湛園兼任組織訓練司第三科副科長

本部專員劉國澤兼任組織訓練司第六科副科長

本部專員李禹九兼任組織訓練司第七科副科長

本部專員武夢佐兼任社會福利司第三科副科長

本部專員王金標兼任社會福利司第二科副科長

二十一年五月二十七日

★　★　★　★

本部專員陳冠英毋庸兼任組織訓練司第三科副科長

本部專員林榮癸毋庸兼任組織訓練司第七科副科長

社會部新聘社會行政計劃委員會委員姓名一覽

李吉辰（改兼任）張天開（專任）吳　歧（專任）沈仲九

社會部新聘勞工政策研究委員會委員姓名一覽

蔡詰生　盛振海　吳至信

社會部新聘兒童福利研究委員會委員姓名一覽

十一年五月六日

陳慧君　朱哲夫　朱章賡　陳翠貞

社會部新聘人口政策研究委員會委員姓名一覽

趙晚屏

社會部新聘社會工作業務人員管理制度專題研究委員會委員姓名一覽

于佑虞　陳曇蓍　謝徵孚

公牘

總務類

社會部咨

社五字第五三四八號　三十一年五月六日

為本部前請轉飭塡送勞資爭議案件調查表一案無論轄境內有無勞資爭議案件發生均須按月塡報一次其自三十年一月份起至最近塡止之未報各月份並祈飭即補報彙轉過部咨請查照辦理見復由

案查本部前經製定勞資爭議案件調查表式一種，於三十年四月二十二日以社統字第四二〇六號咨請

查照轉飭所屬各縣市政府（社會局）按月查塡於次月三日以前呈送貴省（市）政府彙轉過部，並將三十年一月起至開始按月塡報之月止之各月份勞資爭議案件查明補報在案。惟查該項調查表迄尚未准檢送齊全。本部現以亟待彙編統計，特再煩請

貴省（市）政府通飭所屬各縣市政府（社會局），嗣後對轄境內無論有無勞資爭議案件發生，均須按月塡報一次。其自三十年一月至最近期止未報之各月份，併煩飭即補塡齊全呈轉過部，以憑辦理。相應咨請

查照辦理見復為荷！此咨

各省市政府

☆

☆

社會部代電

社五字第二六二三五號　三十一年五月二十七日

奉行政院令據中央圖書雜誌審查委員會呈請咨飭各省政府在各該省未設圖書審查處前劇本審查由各該

省社會或教育行政機關辦理應准照辦一案特電知照由

甘肅省社會處

鄂、魯、皖、康、豫、寧、青、晉民政廳：案奉　行政院本年五月八日順陸字第八六〇一號訓令開：「中央圖書雜誌審查委員會呈請通飭各省政府在各該地未設審查處前，劇本審查事宜由各該地社會或教育行政機關辦理，並就各審查處因技辦劇本審查所必須酌增經費一案。關於各省未設審查處前，劇本審查由各該地社會或教育行政機關辦理一節，應准照辦。至各省審查處因技辦劇本審查所必需酌增經費一節，應由各省政府查酌實情辦理。除指令並令知內政部及教育部暨通令各省政府遵照外。合行抄發原件，令仰知照！此令。」等因；除分電外，特電知照，附抄原呈一件。社會部總五辰感

社會部代電　總五字第二六六五二號　三十一年六月三日

為本部三十二年度中心工作業經規定電飭知照由

各省社會處

各省民政廳

重慶市社會局：本部三十二年度中心工作業經規定：(一)訓練各級社會工作人員。(二)發展及健全職業團體之組織，并加緊實施管制。(三)實施人民團體職員及會員訓練。(四)加強戰地人民組訓工作，配合軍事動員。(五)改進并擴充社會救濟事業。(六)倡導并推展兒童福利事業。(七)促進勞工福利事業。(八)完成全國農民家計調查。(九)編制生活費與工資指數等項。特電仰參照擬訂該處廳局三十二年度中心工作呈部核定。社會部總五巳江

社會部訓令　總二字第二四三五二號　三十一年四月十五日

令本部附屬各機關

准中央祕書處函各機關每年解繳一七兩月份黨員月捐時仍應填送扣繳報告表嗣後各機關主管人事員司并應嚴密查明各職員是否黨員通知主辦會計人員一一扣繳令仰遵照由

案准中國國民黨中央執行委員會祕書處本年三月公函開：「案查黨員月捐暫行條例施行細則第五條規定『……每半年舉辦總調查一次……』故各機關於每年解繳一七兩月份黨員月捐時，仍應填送扣繳報告表，將所有納捐黨員姓名全

部列入，以便稽核。至由各局於到差時自行填報，嗣後應請各該機關主管人事人員嚴為查明，通知主辦會計人員一一扣繳，以期無漏。上述兩點，關係黨員月捐之稽征甚大，相應函請查照辦理，並轉飭所屬遵辦為荷！」等由；准此，自應照辦。除分令外，合行令仰遵照！此令。

社會部訓令　會四字第二四三五三號　三十一年四月十五日

令本部所屬各機關

奉　院令飭知規定各機關會計報告限期送審辦法兩項飭遵照等因合行轉飭切實遵照由

案奉

行政院本年四月七日順會字第六一八七號訓令開：「案奉　國民政府訓令開：『案據監察院呈稱：「案據審計部呈稱，查各機關會計報告送審期限，審計法第三十六條及同法施行細則第二十五條規定綦嚴，各機關歷年多未能遵守法定期限辦理，雖經本部一再催促，其能如期送審者自屬少數。本部以監督預算之執行為主要職責，而以審定總決算完成其任務。決算法已於去年明令實施，總決算之審定自應依法辦理。惟總決算係以單位決算為基礎，單位決算又以各月份收入計算為依據，各機關報告倘不嚴守期限送審，不特影響總決算之審查，抑且有失監督預算執行之意義。為使各機關主辦會計人員不得忽其職責以利計政推行起見，擬具限期送審辦法兩項：(一)各機關三十年度及以前年度未送審之會計報告，限至本年六月底清送，如再延遲即查明呈報；(二)嗣後不依法定期限送審者，每半年清查一次，呈報轉呈　國防最高委員會以為考核各機關工作之參考。擬請鈞院轉呈國民政府，通令依限辦理。是否有當？理合備文呈請鑒核！」等情前來，理合據情轉呈鈞府，伏乞俯予核辦指令祗遵」等情；據此，經即飭處函送　國防最高委員會秘書廳轉呈去後，茲據本府文官處簽呈，以此案業奉　國防最高委員會准予備案，請分令飭遵前來，應准照辦。除分行外，合行令仰遵照，並轉飭遵照！』等因；奉此，合行令仰遵照，並轉飭遵照！」等因；奉此，自應遵照。除分行外，合行令仰切實遵照，為要！此令。

社會部訓令　總二字第二四六七〇號　三十一年四月二十二日

令各省社會處

爲派本部視導卞宗孟專員薛先挺
視導鈕長耀易希文等前往滇黔湘桂粵區甘陝川區浙贛閩區視導社會工作實施狀況令仰知照由
視導隊言專員王仙舟

本部爲實施普遍視導考核各級社會行政機構之施政成績及明瞭各地社團狀況起見，茲派本部簡任視導卞宗孟專員
視導鈕長耀存任
視導隊言專員
薛先挺
視導易希文等兩員於本月下旬出發前往滇黔湘桂粵區甘陝川區浙贛閩區視導。除分令外，合行令仰知照！此令。
王仙舟

社會部訓令 總一字第二四七〇二號 三十一年四月二十五日

令本部直屬各機關

奉令轉發國家總動員法仰知照由

案奉

行政院三十一年四月七日順貳字第六〇九〇號訓令內開：「奉國民政府三十一年三月二十九日渝文字第三七三號訓令開：『查國家總動員法業經制定明令公布，應即通令飭知。除分行外，合行抄同該法令仰知照，並轉飭所屬一體知照！此令。』等因；奉此，除分令外，合亟抄發原法令仰知照並轉飭所屬一體知照！此令。」

等因；計抄發國家總動員法一份，奉此，除分行外，合行抄同原件令仰知照！此令。

計抄發國家總動員法一份(見本部五期公報法規欄)

社會部訓令 總三字第二五三〇七號 三十一年五月四日

令本部所屬各機關

爲奉　行政院令轉發公庫支票流通辦法轉令遵照由

案奉

行政院本年四月十六日順伍字第六八二七號訓令開：

「前據財政部呈送公庫支票流通辦法草案，經提出本院第五五六次會議決議：「通過」，並報請　國防最高委員會核定在卷。茲奉　國民政府三十一年四月九日渝文字第四一七號訓令飭知，案經國防最高委員會第八十一次常務會議決議修正通過，等因；奉此，應即通飭施行。除分令外，合行抄發該項辦法，令仰遵照，並轉飭所屬一體遵照！」

等因；計抄發公庫支票流通辦法一份，奉此，除分令外，合行抄發原辦法令仰遵照！此令。

計抄發公庫支票流通辦法一份（略）

社會部訓令　總三字第二五四一〇號　三十一年五月六日

令本部所屬各機關

奉　行政院令轉奉　蔣委員長手令轉飭嗣後中央與地方各機關預算經費之收支應一律依照公庫法之規定由代理公庫之銀行或郵政機關辦理不得由各機關經領全部經費自辦出納事項仰遵照由

案奉

行政院本年四月二十一日順伍字第七一六八號訓令開：

「奉

蔣委員長卅一年四月十四日機祕（甲）第六三二〇號手令開：『以後中央與地方各機關其預算經費之收支，應一律依照公庫法之規定，由代理公庫之銀行或郵政機關辦理之，不得由各機關逕領全部經費，自辦出納事項，希通令全國各機關切實遵行爲要！』等因；奉此，除分令外，合行令仰遵照！」

等因；奉此，除分令外，合行令仰遵照。此令。

社會部訓令　總五字第二五六二六號　三十一年五月十一日

令各省社會處

印發每月份工作進度檢討報告表令仰遵照辦理由

查各省市社會行政機構業已次第成立，關於本年度各項工作之進行，在本部前頒各省卅一年度社會建設計劃及本部卅一年度社會行政計劃草案內，均有明白規定。嗣後依據本部計劃，摘要編訂各省市應辦事項，分別令飭遵辦在案。茲為明瞭按月工作狀況起見，爰訂定每月份工作進度檢討報告表一種，除分令外，合亟印發該項檢討報告表式，令仰該處自本年五月起遵照前頒本部卅一年度社會建設計劃暨省市應辦事項所定項目，按月填報備核為要！此令。

附發每月份工作進度檢討報告表一份(略)

社會部訓令 總二字第二五七二三號 三十一年五月十三日

令本部附屬各機關

為奉 行政院令限制各機關現職人員不得自由去就一案轉飭遵照并飭屬遵照由

案奉

行政院本年五月五日順八字第八三六四號訓令內開：

「查關于限制各機關現職人員自由去就辦法，前奉 國民政府三十年五月二十八日渝文字第四九七號訓令當經由院通令遵照在案。現查各機關任用人員，仍多未照規定辦理，自由去就之風依然甚盛。茲特重申前令，嗣後各部會及其附屬機關暨中央中國交通農民四銀行及其附屬事業機關，均應恪遵前令，忽稍怠忽。各該機關任用人員，如係他機關之現任人員，必須先得原服務機關之同意。其未經徵得同意而任用之人員，一經查出應立予免職，以杜取巧而重職守。除將原訓令函達四聯總處查照，并分令外，合行令仰遵照，并轉行所屬一體遵照！此令。」

等因；除分令外，合亟令仰遵照！此令。

社會部訓令 總一字第二六三九四號 三十一年五月二十九日

令本部所屬各機關

奉 院令改善公文缺點四項轉令遵照由

案奉

行政院本年五月十五日順文字第九一六七號訓令開：

「准國防最高委員會祕書廳三十一年五月十一日國綱字第二六三二五號公函開，近查各機關公文常有下列各項情形：(一)文內不敘本案緣起及經過之概要，復文不註來文字號，致辦理時查卷困難，且易發生錯誤及漏略。(二)一文內併列數案，致歸檔時不能分開。(三)公文及附件，用複寫紙繕寫，字跡闇淡不易辨認，日久更有漫漶澌滅之虞。(四)附件須分送者，往往僅具一份，不敷存轉，必須另爲鈔寫，致稽時日。上述情形均有注意之必要，關於一二兩項，應請各機關轉飭所屬主管人員，於擬稿時注意外，關於重要公文及有重要性之附件，擬在可能範圍內避免用複寫紙繕寫，關於提會各案之文件，至少請繕送三份，俾便以原件分轉，藉期迅速。除分函外，相應函達貴院，請煩查照辦理爲荷！等由；准此，除分令外，合行令仰遵照，並轉飭所屬一體遵照！此令。」

等因；奉此，除分令外，合行令仰遵照！此令。

社會部訓令 總一字第二六六七七號 三十一年六月五日

令本部各附屬機關

奉 院令轉奉 國防最高委員會代電各機關制定法規須將立法意義印發研究一案令仰遵照由

案奉

行政院三十一年五月二十一日順捌字第九六九三號訓令開：

「案奉 國防最高委員會本年四月二十九日國綱字第二五九七四號代電開：『查建國根本，首在勵行法治。而所以樹法治之精神，資人民之表率者，又必自各機關職員始，如何使各機關職員皆能知法明法，俾其守法而莫敢或違，行法而靡不悉當，實爲當務之急！除已制定各機關講習法規辦法另案通飭施行外，茲特規定嗣後各機關製定法令規章，必須將立法意義編纂註釋，印發所屬人員研討，其關係重大者，並應詳加說明，宣示民衆，以期共曉，各地訓練機關尤須注重法令規章之講習，以培養其守法行法之知能。希即查照辦理并飭屬遵照』等因；奉此，除分行外，合行令仰遵照并轉飭所屬一體遵照！」

等因；奉此，除分行外，合行令仰遵照！此令。

社會部訓令 總一字第二七一〇二號 三十一年六月十五日

令本部附屬各機關

奉　院令抄發各機關講習法規辦法令仰遵照並飭屬遵照由

案奉

行政院本年五月二十九日順捌字第一〇二二九號訓令開：

「案奉　國防最高委員會本年三月十一日國綱字第二六三三〇號代電，制發各機關講習法規辦法，希查照辦理並飭屬遵照，等因；奉此，除分令外，合行抄發原辦法，令仰遵照並轉飭所屬遵照！」

等因；附抄發各機關講習法規辦法一份，奉此，除分令外，合行抄發該項辦法，令仰遵照此令。

附抄發各機關講習法規辦法一份（見法規欄）

社會部訓令　總五字第二七二八一號　三十一年七月二日

令本部附屬各機關

奉　院令頒發研究國家總動員法實施程序轉令遵照辦理由

案奉

行政院本年五月廿九日動御字第一十九號訓令開：

「查國家總動員法業奉　國民政府三十一年三月廿九日制定公佈，並奉　明令五月五日開始實施，本院當經先後轉飭遵照在案。該法內關於總動員之物資，總動員之業務，以及　國人力財力應在軍事第一勝利第一最高原則下，授權政府善為統籌，均有周至之規定，斯誠吾國家民族求生存之根本大法也。惟是今後在人的方面，應如何量才授任，量力授務，物的方面，如何增加生產，合理使用，財的方面如何開闢來源，堵塞漏卮，俾能達到前方之供應充裕，後方之生活安定，以貫澈本法之主旨，爭取最後的勝利，自應由主管機關把握抗戰之時機，體察情勢之需要，通盤籌劃，周詳設計，陸續頒訂各種單行法規，擬定各種實施計劃，期能推行盡利。按該法第二十五條規定「本法實施後，政府於必要時得對經營國家總動員物資或從事國家總動員業務者，命其擬訂關於本業內之總動員計劃，並舉行必要之演習。」茲值本法明令實施伊始，凡我國人，對於總動員法自應悉心研究，其合於第二十五條之規定者，應即各就研究所得，提供意見，或擬具體計劃逐級遞呈，俾供採擇。茲經本院規定研究國家總動員法實施程序一種，除分令外，合將程序檢發，令仰該部遵照辦理，並轉飭所屬一體遵照辦理為要！」

等因；附研究國家總動員法實施程序一份，奉此，除遵照辦理並分行外，合亟抄發上項程序，令仰遵照辦理，並轉飭所屬遵照辦理爲要！此令。

附抄發研究國家總動員法實施程序一份（見附錄）

社會部訓令　總五字第二七六六八號　三十一年六月二十六日

令本部所屬各機關

爲製發每月工作進度檢討報告表令仰遵照辦理由

查本部各附屬機關每月工作報告現多未能按月呈報來部。玆爲增強考核效率起見，特依照國防最高委員會所頒中央黨政軍機關工作進度檢討報告辦法，製發每月工作進度檢討報告表一種，凡本部所屬機關均應按照核定年度工作計劃及分月進度，將每月工作實施狀況及檢討結果，依上項表式於次月十日以前填送備核。至原有各項報告，除例送特種表報外，無庸再行編造，惟每屆年度終了時，仍應彙編工作總報告呈部考核。其尚未訂定年度工作計劃及分月進度者，應限令到五日內，補編呈核。除分令外，合行抄發每月工作進度檢討報告表式，令仰遵照。自本年一月份起逐月填報，六月以後務須恪遵規定，按月依限填送，不得延誤！如有故違即行停發經費，並予懲處。此令。

計發每月工作進度檢討報告表式一份（略）

組織訓練類

社會部呈　社組字第二六六九〇號　三十一年六月三日

奉　令飭辦九中全會通過戰時人民團體指導方針三項一案謹將遵辦情形呈擬　鈞核由

案奉

鈞院三十一年三月二十四日順玖字第五二五二號訓令，略以准國防最高委員會秘書廳函轉中央執行委員會秘書處函送九中全會通過戰時人民團體指導方針三項，合行抄發原案仰遵辦具報；奉此，遵查本案除已分行遵辦外，謹將遵辦情形臚陳如次：

一、協助政府經濟政策社會政策之推行，適應戰時動員之需要，以完成地方自治與社會建設爲中心目標。

本部對於人民團體之指導方針，除遵照中央歷次指示及決議外，悉以達成抗戰動員之任務為最高原則。在職業團體方面則注意實施工商團體之管制，期以透過人民團體組織，協助政府經濟政策之推行。曾於三十年度擬訂「非常時期工商業及團體管制辦法」及「非常時期工會管制暫行辦法」。該項辦法之立法要旨，在於確定與民生必需有關之工商團體，為實施管制之對象，加強其組織機能，充實其活動力量，並課以戰時必需履行之義務，藉使各業組織確能管制本業從業人員，以收層層節制之效。同時加重政府責任，提高政府權力，使指揮運用並臻靈活，並由本部指定實施地區，派員督導施行以來，對於調節物價工價，穩定社會秩序，尚收成效。至於其他一般人民團體，除配合推行各項政令外，尤注重於新生活運動國民精神總動員運動工作競賽節約儲蓄徵募慰勞與各項社會運動之倡導，藉以適應戰時需要，促進社會建設。此外關於人民團體幹部及會員訓練，曾於三十年度普遍推行，並訂有「社會工作人員訓練暫行辦法」「社會工作人員訓練綱要」及「非常時期人民團體訓練綱要」。其要旨一面增加人民智識，充實業務技能，一面則灌輸正確思想，增進政治常識，以謀普及民權運用，樹立地方自治基礎。以上各項設施與全會指示適相吻合，此後自當本此目標繼續推進。

二、扶植職業團體之發展，加強組織與活動力量，切實施行中央頒佈之「非常時期職業團體會員強制入會與限制退會辦法」，並對職業團體之活動及其會員之工作加以管制，使團體活動與政令推行相輔而行。

上所指示，殆即為本部調整職業團體之方針。本部對於各種重要職業團體，其已有組織者，則督促其嚴密基層組織，其未組織者，則通飭地方主管機關派員指導協助限期成立。同時普遍實施強制入會限制退會辦法，由政府按各種團體實際需要，派遣曾經訓練合格人員，充任書記，協助工作。並訂定人民團體獎助辦法，凡組織健全著有成績之團體，均由政府酌予經濟上之獎助。此外頒行示範農會及工會實施辦法，選定重要縣市之若干農會工會，實施示範制度，由部補助經費派員督導辦理。至於職業團體之活動及會員工作之管制，在前述各項管制辦法中，均有詳密規定，如商人團體之中心工作，為協助評價，調節供需，檢舉囤積等。工會則以增進生產效率，協助平定工資為中心工作。法令規定適符全會指示要旨，此後督促執行，不難益宏成效。

三、力求福利事業救濟事業合作事業與職業團體之組訓相互適應，以福利事業救濟事業合作事業之推行，加強職業團體之組訓，運用職業團體之組訓，推進福利事業救濟事業合作事業之設施。

三十年度本部訂定「合作組織與農工團體配合推進辦法」頒行。凡各地有農工團體而無合作社之區域，應由農工團體應會員之需要，領導組設，或加入各種合作社。合作社社員具有法定農工團體會員資格者，由合作社領導其加入或組織農工團體，使雙方各依其法定組織系統外，力求相互關係之協調與配合發展。此外「示範縣農會實施辦法」「示範工會實施辦法，均有舉辦合作社及教育救濟等福利事業之規定；三十一年度本部規定職業團體中心工作，農會方面為籌辦農民農貸推進農村合作等，漁會方面為舉辦漁業合作及辦理漁民救濟等，工會方面為辦理合作衛生教育等福利事業，均與全會所指示組訓工作與福利事業相互適應之旨吻合，並經通飭各級社會行政機關，寬籌經費，切實辦理。奉令前因，理合將遵辦情形，備文呈報敬祈鈞核！謹呈

行政院

社會部公函　組三字第二五三七七號　三十一年五月五日

准函囑解釋吉安縣已有礱米工業同業公會之組織可否另組木礱礱米工業同業公會一案函復查照飭知由

案准

貴會三十一年三月二十六日社字第二六〇六號函，以據吉安縣黨部江代電，請示木礱礱米業可否組織礱米工業同業公會一案。經已轉飭加入該縣礱米工業同業公會，不必另行組會，函囑釋復等由；准此，查該縣既有礱米工業同業公會之組織，所有同一區域內之同業，自應依法加入為會員，毋庸另行組會。准函前由，相應復請查照轉知為荷！此致

中國國民黨江西省執行委員會

社會部公函　組三字第二五七三二號　三十一年五月十二日

准函囑解釋銀行之分支行辦事處及書店之支店資本額應如何申報一案函復查照飭知由

案准

貴會本年四月二十日行社字第一二三零號函，以據貴陽市黨部呈轉據市銀行商業同業公會，呈請釋示銀行之分支行及辦事處以及書局之分店，運用資金均無定額，其資本額應如何申報等情，轉囑解釋等由；准此，查公會會員會費依商業同業公會法第三十一條之規定，應比例其資本額辦理，其資本額之登記，應依同法第三十三條之規定辦理。至各銀行之分支行辦事處及書局之分店，其運用金雖不固定，但資本金必有一定之數額，自應依照上法之規定辦理。准函前由，相應復請

查照飭知爲荷！此致

中國國民黨貴州省執行委員會

社會部公函 組四字第三六八三九號 三十一年六月五日

准函請解釋直轄縣府之鄉鎮應如何組織婦女會教育會一案核復查照辦理由

准

貴會三十一年二月二十二日卅一社字第二四七七號公函，略以本省實施新縣制後，各縣區署均先後酌予裁撤，惟附近縣城直轄縣府之鄉鎮組織婦女會教育會究應如何辦理？囑解釋見復，等由；准此，查縣各級組織綱要規定，縣爲法人，鄉鎮爲法人，區署爲縣政府輔助機關，是縣與鄉鎮各爲一級，而區僅爲縣政府設分署之所，與舊制縣下分區之體制迥然不同。現

貴省既已實施新縣制，其附近縣城直轄縣府之鄉鎮，如有法定合格人員，自可依法分別組織婦女會鄉鎮分會及鄉鎮教育會。至於未經裁撤之區，其原有之婦女會區分會及區教育會，亦應一律分別改組爲婦女會鄉鎮分會及鄉鎮教育會，以免紛歧。准函前由，相應復請

查照辦理爲荷！此致

中國國民黨江西省執行委員會

社會部咨 組二字第二四三〇五號 三十一年四月十日

准咨轉攸縣請示硝業工人可否組織工會一案復請查照轉知由

案准

貴省政府三十一年三月十一日未建創四字第六五四號咨，以據攸縣縣政府請示硝業工人可否組織工會？轉賜核復等由；查土硝雖爲軍用物資，此項產業工人如非爲軍事工業機關所雇用，自不在工會法第三條但書限制之列，應准組織工會，以利管制。准咨前由，相應復請

查照轉飭查酌辦理爲荷！此咨

湖南省政府

社會部咨 社組字第二四二七一號 三十一年四月十一日

為舉辦人民團體總登記期間遇有依法應改選改組或整理之團體其辦理時所應依據之辦法請查照并飭屬遵辦由

查舉辦人民團體總登記，為本年度社會行政之中心工作，前經制定「全國人民團體總登記辦法」公布施行，并經規定登記期限咨請查照轉飭辦理在案。凡在辦理登記期間遇有申請登記之團體已屆改選時期或與新法不合及組織尚欠健全而應依據非常時期人民團體組織法改選改組或整理者，除應依照上項登記辦法第七條之規定，限期令飭辦理外，其改組整理並應依照指導人民團體改組及整理辦法辦理。又此後凡調整及發展各種人民團體之組織，在各該團體單行法規未一一修訂頒佈前，應一律依據非常時期人民團體組織法規定辦理。除分行外，相應咨請

查照並轉飭遵辦為荷！此咨

各省政府

社會部咨 組五字第二五〇四三號 三十一年四月二十八日

准咨為同鄉會組織應以何種法規為依據及是否為法人其區域有無規定各節復請查照辦理由

案准

貴府三十一年三月二十六日調社二組字第八二〇五七號咨，以同鄉會組織應以何種法規為依據？及是否為法人？其區域有無規定各節，囑查照見復等由；准此，茲分別釋復如左：

一 中央對於同鄉會之組織，向採不提倡亦不禁止之原則，亦無單行法規，過去辦理均以修正人民團體組織方案為依據。茲非常時期人民團體組織法業經公布施行，凡屬人民團體自應適用後法各項之規定；

二 同鄉會係人民團體之一種，其依法成立者自應認為法人。

三 同鄉會之組織區域依據民二十五年六月二十二日中央民眾訓練部通函各省市黨部第二八六二號函：「查同鄉會之組織應以所在地之縣市為單位，不得逕以旅居之省為範圍……」辦理。准咨前由，相應復請

查照辦理為荷！

此咨

廣東省政府

社會部咨 組三字第二五三六〇號 三十一年五月五日

准咨以錦屏縣民船商業同業公會會員入會疑義一案囑核復等由復請查照轉知由

案准

貴省政府三十一年四月三日省建三字第四五號咨，以據錦屏縣政府呈及准省黨部函，爲停泊錦屏縣境內之民船，應否加入該縣民船商業同業公會囑查核見復，等由。准此，查關於航商組織公會，除應依照商業同業公會法辦理外，并應遵照二十三年三月二十一日國府公佈之航商組織補充辦法各項之規定，其未設立公司行號者，應加入航線所經任何一縣市之公會，但行經實施管制之縣市，應受非常時期工商業及團體管制辦法之檢察與處分。准咨前由，相應復請查照轉知爲荷！此咨

貴州省政府

社會部電 組二字第二五〇三九號 三十一年四月二十九日

本年五一勞動節不放假亦不加發工資希即飭遵由

各省市政府黨部各特別黨部：本年五一勞動節經本部呈奉 行政院召集有關各部審查，決定不放假亦不加發工資，希即分別飭遵！社會部組二卯梗印

社會部電 組七字第一五三〇九號 三十一年五月二日

爲國家總動員法業奉 國民政府公佈並定期舉行擴大宣傳電請會商當地黨部辦理見復由

各省政府：查國家總動員法業奉 國民政府公佈，並經中央規定於五月四日至十日舉行國家總動員宣傳週，除已由中央宣傳部制定國家總動員宣傳綱要印發各省市黨部遵照辦理外，希即會商當地黨部辦理見復爲荷！社會部辰多組七印

社會部代電 組二字第二五七五〇號 三十一年五月十三日

本部撥發該地示範農會工會補助費係屬暫時獎助倡導性質仍應督導各該會整理本身財務各項事業費用力求自給電仰遵辦由

河南省民政廳
各省社會處：查各地農會示範工作自本年五月份起應由該處接管，業經本部通令飭遵在案。此項工作關係健全農工組
重慶市社會局
織及增進農工福利至為重要，務須切實督導。至本部所撥示範補助費，係屬暫時獎助倡導性質，將來示範制度普遍推行，此項補助費即須統籌運用，隨時移撥。各該示範農會工會本身財務仍應切實整理，各項事業費用須力求自給，俾易繼續發展，維持久遠。除分電外，特電仰遵照辦理為要！社會部組二辰元印

中央組織部代電　組七字第二六四九七號　三十一年五月三十日
社會

為電知今後各級黨政機關對於各種社會運動之指導方式希查照並飭屬遵照由

各省市黨部
政府公鑒：查各級社會行政機關，業經先後成立，黨政機關對於社會運動之指導方式，自應重新規定，以利實施。茲經本部等會商決定，今後各級黨部對於各種社會運動隨時策動黨員分別「爭取領導」或「注意監視」，如有意見可在省縣特別小組省黨部聯席會議縣黨政秘密會議或社會工作會報中提出，透過政府，見諸實施。其應由黨部發動之社會運動，仍比照非常時期統一社會運動辦法第四條第二項之規定辦理。除分電外，相應電達查照，並飭屬一體遵照為荷！

中央組織部社會部組七辰陷

社會部代電　組三字第二六九七一號　三十一年六月十七日
經濟　(卅一)商〇九九九八號

為依非常時期工商業及團體管制辦法之規定續指定新藥業等五業為必需品業檢附清單電請查照由
仰知照由

各省市政府黨部
各省民政廳建設廳：查「非常時期工商業及團體管制辦法」所稱之必需品業，業經先後指定糧食業、汽車業等十四種公

布並電知在案。茲為適應需要，復經指定新藥業、五金電料業、倉庫業、電工器材業、製藥工業等五種為必需品業。除已由經濟部公布並分令外，相應（合行）檢同清表一份，電請查照並轉飭知照為荷（電仰知照為要）！社會部經濟部巳巧商印 附清表一份

依非常時期工商業及團體管制辦法指定之必需品業 第三次三十一年五月二日公布

新藥業　經營新藥之業屬之

五金電料業　經營五金材料及供給電氣器具之業屬之

倉庫業　經營倉庫之業屬之

電工器材業　指製造各種電氣機器用具材料配件之工業

製藥工業　指製造新藥之工業

社會部代電 社組字第二七二〇八號 三十一年六月十二日

據呈請解釋非常時期人民團體組織法第十六條疑義電復遵照由

廣東省社會處：本年五月八日調留社二組字第五五三一號呈悉。查非常時期人民團體組織法第十六條應行注意事項，曾經本部詳予規定，於本年五月九日以組五字第二五五一〇號訓令通飭遵照在案。省社會處造具簡表，可逕送同級之目的事業主管官署，毋庸呈部核轉，併仰遵照。社會部組巳文印

社會部代電 組一字二七二三〇號 三十一年六月十五日

據轉呈在距縣漁會四十里以外不足分會法定人數之重要漁區鄉鎮可否設立漁會分辦事處請核示一案電復准予設立由

浙江省社會處：三十一年四月篠三六六號儉代電悉。距縣漁會四十里以外尚不足法定人數而不能組織漁會分會之重要漁區鄉鎮，准予設立辦事處；但其主要任務，僅為與會員取得聯繫，不得對外。特電復知照！社會部組一巳咸

社會部代電　社組字第二七三二〇號　三十一年六月十七日

據電請釋示人民團體之許可督導解散是否須經黨政聯席會議之決定一案電復遵照由

甘肅省社會處：辰銑代電悉。查人民團體總登記辦法第八九兩條，關於立案或解散事項自應由主管官署辦理，惟仍須依照非常時期黨政機關督導人民團體辦法之規定，提經會議決定或提報會議追認。仰即遵照！社會部組巧

社會部代電　組二字第二七四二七號　三十一年六月二十日

據呈請示浙江省各民船船員工會之分會可否對外行文一案電復知照由

浙江省社會處：三十一年四月六日　字第一二五號呈悉。查工會之分會支部小組組織簡則，係根據修正人民團體組織方案第二節第八項對於縣市區域以內工會之分會爲不得單獨對外之規定。今浙江省各民船船員工會既多以河流爲其組織區域，並以縣爲單位設立分會，自不受上項規定之限制，在其組織區域內，可以對外行文。仰即知照，並轉飭知照！社會部組二巳哿

社會部代電　組七字第二七五八六號　三十一年六月二十五日

爲抄送提倡自動與積極工作之精神宣傳辦法一份電請查照由

各省政府：案准中央宣傳部國民精神總動員會辰豔代電開，案奉　總裁蔣寅儉侍秘代電內開，凡精神總動員會各學校各部隊以及各機關，尤其各地之訓練機關等，皆應設法對一般國民及其工作人員，提倡一種自動工作與積極工作之精神，運用各種之宣傳方法，使人民及職員對於建國前途能有普遍之信仰，以鼓勵其刻苦耐勞積極奮鬥之精神，不因目前待遇之菲薄與其生活之艱苦而有所消積與灰心。希照此研究具體宣傳辦法，並訓練人民學生與部隊爲要，等因；奉此，本部會遵即會同研究商定宣傳辦法計十六項，並經簽奉核准各在案。茲除積極付諸實施外，用特抄同原辦法電請查照辦理，并轉飭所屬一體知照，切實執行，盼電復爲荷！等由；准此，除電復並分行外，相應抄同原辦法一份，電請查照並飭屬遵照爲荷！附提倡自動與積極之工作精神宣傳辦法一份，社會部組七有印

（提倡自動與積極之工作精神宣傳辦法略）

社會部代電　社組字第二七九二一號　三十一年六月三十日

准電囑解釋社會工作疑義電復查照由

中國國民黨甘肅省執行委員會：社巳齊電敬悉。查人民團體各種集會，業經制定集會須知通飭施行在案。此項集會須知第九條有「得柬請當地有關機關及團體派代表參加」之規定，是當地黨部自屬在內。至於團體工作應否同時呈報同級黨部，法令未便規定。又農工商會法在未明令修正或廢止前，仍屬有效，惟其中與非常時期人民團體組織法相抵觸者，暫不適用。再農會幹事商會執監委員制，應俟各該團體會員大會改選職員時，依照非常時期人民團體組織法之規定辦理。特復查照為荷！社會部陷

社會部代電 社組字第二七九二五號 三十一年六月三十日

電復解釋職業團體發起人數等項疑義仰即遵照由

甘肅省社會處：社二巳支電悉。查非常時期人民團體組織法第十一條規定「人民團體發起人數除法令另有規定外，應依左列之規定」。關於農工商會團體之發起人數法令均已另有規定，自應從其規定。又直轄團體各地方分支會應向所在地主管官署申請登記，業經另令各直轄團體分飭遵照在案。仰即遵照！社會部組印

社會部代電 組五字第二七九三五號 三十一年六月三十日

據電請解釋人民團體所冠地域名稱含義電仰遵照由

甘肅省社會處：社二巳佳代電悉。查人民團體中之同鄉會同學會校友會聯誼社等組織，業經本部規定一律依照同鄉會組織之釋例，應以所在地之縣市為單位，不得選以旅居之省為範圍，並不得作有系統之組織，於本年六月十二日以組五字第二七〇六八號通令飭遵在案。茲為更求明白起見，茲再舉例：如蘭州可有某省旅蘭同鄉會暨其省某縣旅蘭同鄉會或甘肅某縣旅蘭同鄉會之組織，但不得有某省或某省某縣旅「甘」同鄉會暨甘肅省某縣旅「省」同鄉會之組織。至其主管官署當為蘭州市社會局，其圖記尺度應由該局依法發刊。據電前情，仰即參照比例辦理。社會部組五字陷印

社會部訓令 社組字第二四二七四號 三十一年四月十一日

奉令確定社會部組織法所載目的事業及目的事業外一般活動之涵義合行令仰知照并飭屬知照由

案奉

行政院本年四月一日順玖字第五七三五號訓令開：

「查社會部組織法所載『目的事業』及『目的事業外一般活動』之涵義，亟宜有明白之解釋。茲經□院確定其行政院核議如次：「稱目的事業，係指團體組成分子業務本身目的所在預定所欲完成之事業，稱目的事業外一般活動者，係指不屬於目的事業範圍以內而爲通常所爲之活動。舉例言之，遵照中華民國教育宗旨及其實施方針以研究教育事業，發展地方教育，即爲教育會之目的事業，如關於教育會進行組織程序辦理選舉等宜，以及舉行或參加各項社會運動協助一般政令之推行等等，則視爲目的事業外一般活動。」除分行外，合亟令仰知照并轉飭所屬一體知照！」等因；奉此，除分行外，合亟令仰知照，并轉飭所屬一體知照！此令

社會部訓令

社組字第二四五五七號　三十一年四月二十日

令各省社會處

訂定職業團體中心工作要點一種隨令頒發仰即遵照并飭屬一體遵照由

茲爲策進職業團體工作，期能協助經濟政策社會政策之推行，達到戰時動員之目的起見，經依照中央戰時人民團體指導方針暨本部三十一年度社會行政工作計劃之規定，訂定職業團體中心工作要點，隨令頒發，仰即切實督促實施，並作爲團體年終考核之依據。除分令外，合亟令仰遵照，并轉飭所屬一體遵照爲要！此令

附發「職業團體中心工作要點」一種（略）

社會部訓令

社組字第二四七五二號　三十一年四月二十八日

令各省社會處

奉行政院令轉發戰時人民團體指導方針案令仰遵照辦理具報由

案奉

行政院三十一年三月二十四日順玖字第六二五二號訓令內開：「准國防最高委員會秘書廳三十一年三月廿七日國紀字第二三九〇〇號公函開：『准中央執行委員會秘書處渝世機字第二一六號函，以第五屆中央執行委員會第九次全體會議通過戰時人民團體指導方針三項，經陳奉中央第一九四次常會決定函「國防最高委員會轉行政院遵照」，檢同原案請轉陳飭辦見復等由；經陳奉批「交行政院辦理。」相應抄同原案函達，即希查照辦理。』等由；准此，合行抄發原件，令仰遵照辦理具報！此令。」等因；附抄發原案一件，奉此，除分行外，合行抄發原件，令仰遵照辦理具報！此令。

附戰時人民團體指導方針案一件

一　協助政府經濟動員之政策社會政策之推行，適應戰時動員需要，以完成地方自治與社會建設爲中心目標。

二　扶植職業團體之發展，加強其組織與活動力量，切實施行中央頒佈之非常時期職業團體會員強制入會與限制退會辦法」并對職業團體之活動及其會員之工作加以管制，使團體活動與政令推行相輔而行。

三　力求社會福利事業救濟事業合作事業之推行，加強職業團體之組訓，運用職業團體之組訓，推進福利事業救濟事業合作事業之設施。

社會部訓令　組四字第二五三四九號　三十一年五月七日

令各省社會處

令遵照本部三十一年度工作計劃切實完成發展教育會婦女會組織仰遵照辦理具報由

查本部三十一年度工作計劃，發展縣市教育會二〇〇個縣婦女會五二七個一項，前經訂定社會建設計劃轉飭遵辦在案。茲特參酌各省過去組織狀況及地方實際情形，制定縣市教育會縣婦女會分佈區域表各一種，着由該處遵照表列數字，切實分期完全組織，以利進行。除分別電令外，合行檢發該表，令仰遵照辦理具報爲要！此令

計印發三十一年及應發展縣市教育會及婦女會數目分佈區域表各一份(略)

社會部訓令　組五字第二五五一〇號　三十一年五月九日

令各省社會處

爲規定非常時期人民團體組織法第十六條應注意事項令仰遵照並轉飭所屬知照由

查非常時期人民團體組織法第十六條規定人民團體組織完成時，應即造具會員名冊職員略歷冊連同章程呈報主管官署立案，並由主管官署造具簡表轉送目的事業主管官署備查。茲爲更求詳密起見，特再規定嗣後各主管官署造具簡表，轉送目的事業主管官署時，應將人民團體之名稱設立地點主要負責人姓名會員人數立案備案年月日立案證書字號等項列入，毋須附送章程名冊。但縣各級人民團體之主管官署及目的事業主管官署爲同一縣政府，上項簡表自可毋庸造送省社會處，造送簡表以業經立案之各級人民團體爲限，人民團體之由市社會局主管或由民政廳主管以及由各黨部代管者，各

該機關之造送備表手續，可比照社會處辦理。至於本條所稱人民團體會員名冊職員略歷冊之式樣，除單行法已有規定外，其餘可由各該主管官署斟酌辦理。除分行外，令仰遵照，並轉飭所屬遵照為要！此令。

社會部訓令 組五字第二五八九一號 三十一年五月十五日

令各省社會處

令知規定直轄團體組織標準三項仰知照並轉飭知照由

查非常時期人民團體組織法經奉
國民政府本年二月十日明令公布，並經本部本年三月二十日以總一字第二三二二〇號公告各在案。茲查原法第九條關於中央直轄人民團體之組織，除職業團體無依各該單行法規之規定辦理外，其他團體之組織標準，尚無明文足資依據，現為便利處理案件起見，經規定直轄團體組織標準三項：一、業務範圍及於全國者。二、組織區域超出省（市）行政區域者。三、情形特殊經本部認為有直接指導監督之必要者。除分別函令外，合行令仰知照，並轉飭一體知照！此令。

社會部訓令 社組第二五九八一號 三十一年五月二十一日

令各省社會處

奉令核示鄉鎮公所對於轄境內人民團體行文程式令仰知照并轉飭知照由

查鄉鎮公所對於轄內人民團體行文程式，前經 行政院三十年十二月二十三日勇壹字第二零二四二號訓令規定，分行飭知在案。旋准四川省政府本年二月二十七日民三字六二四六號咨，以據銅梁縣政府呈報鄉鎮公所對於當地人民團體行文程式發生疑義轉請核復等由；經以社組字第二三三五零號呈奉 行政院本年四月三十日順壹字七九八六號指令開：「呈悉。茲核示如次：（一）鄉鎮區域所組織之人民團體，應以鄉鎮公所為主管機關，不得同時隸屬於縣政府。（二）鄉鎮公所負轄境內管教養衛之全責，所有鄉鎮內農商及教育等人民團體自應直接受鄉鎮之指揮監督。（三）鄉鎮公所對鄉鎮轄境內人民行文，應比照縣政府對縣境內人民行文之程式，以令呈行之。仰即知照！此令。」等因。奉此，除咨復四川省政府并分行外，合行令仰知照，并轉飭一體知照為要！此令。

社會部訓令 組二字第二六二五八號 三十一年五月廿七日

令各省社會處

為該省本年度第一期所報職業團體數字與原定進度相差甚遠須於第二期內督促補辦檢發比較表仰遵照辦理由

查調整幷發展職業團體之組織，關係各業人員管制之實施及協助政府戰時經濟政策之推行至為重要，業經本部列為本年度社會行政中心工作之一，幷於本部三十一年度社會建設計劃組織訓練工作進度表內，規定各省（市）應發展農漁工商職業團體各期進度數字，通飭遵行在案。茲查該省（市）本年度第一期（一月至四月）報部備案之農漁工商職業團體組織數字，與預定進度相差甚遠，務須於第二期內（五月至八月）賡續督促補辦，以符規定，合行檢發三十一年度各省（市）發展農漁工商職業團體第一期進度檢查比較表一份，仰即遵照切實督促辦理，仍將辦理情形隨時報部備核為要！此令。

附發三十一年度該省（市）發展農漁工商職業團體第一期進度比較表一份（略）

社會部訓令 組七字第二六九三五號 三十一年六月八日

令各省社會處

為令仰按期舉行社會運動工作會談隨時具報由

查社會運動之主要任務，在改良風俗，增進社會福利，協助政府推行政令，意義重大，亟應加緊督導推行。各省市社會行政機關，尤應與當地黨部團部切取聯絡，按期舉行社會運動工作會談。此項會談，可每兩星期舉行一次，由社會行政機關召集之，並擔任主席。除函請當地黨部團部指派主管人員出席外，必要時得邀請其他有關機關派員參加，其決定事項，由主管機關核辦，或由參加機關會商辦理之。各參加機關對於社會運動工作之規劃，及進行事項，應於舉行會談時提出報告，或交換意見。除分行外，合亟令仰遵照會商辦法，隨時具報為要。此令。

社會部訓令 組社字第二六九四三號 三十一年六月八日

令重慶市社會局

准重慶市黨部函請通飭各種人民團體一律依照新法改理監事制一案令仰遵照由

案准 中國國民黨中央直屬重慶市執行委員會本年五月二十六日公社字第五三二號公函，以非常時期人民團體組織法第九條規定，人民團體均應置理事監事，各農商團體，仍多沿用舊法，設執監委員或幹事，請賢核通飭一律依照新法改制，以資統一等由；查各種人民團體之組織，在各該團體單行法規未修訂頒布前，應一律依據非常時期人民團體組織法規定辦理。前經本部于本年四月十一日，以社組字第二四二七〇號訓令飭遵在案。現有農商團體職員名稱，于舉辦人民團體登記期間，改組整理時，自應依照前項組織法第九條之規定辦理。除函復外，合行令仰遵照！此令。

社會部訓令　組五字第二七〇六八號　三十一年六月十二日

令各省社會處

為核定同鄉會同學會校友會聯誼社組織應以所在地縣市為單位不得逕以旅居之省為範圍並不准有系統之組織令仰遵照並轉飭遵照由

查同鄉會同學會校友會及各種聯誼社等類團體之組織，應均屬公益團體。依照人民團體法規釋例之解釋，同鄉會向不准為有系統之組織，且應以所在地之縣市為單位，不得逕以旅居之省為範圍，此項規定對於非常時期人民團體之組織自仍適用。至同學會校友會聯誼社等類團體，揆其宗旨，大半為砥礪學行敦睦情誼而組織，依其業務範圍，應各就所在地為活動區域，殊無組織中央直屬或省級團體之必要，尤不應准其設立分支會及為有系統之組織。茲為便利各級主管機關處理案件起見，經核定除同鄉會之組織仍應遵照歷次釋例規定辦理，所有同學會校友會聯誼社等類團體之組織，一律規定以所在地之縣市為單位，不得逕以旅居之省為範圍，並不准作有系統之組織，及於各地設立分支會社或相當於分支會社而有隸屬性質之附屬單位。倘有不合以上規定者，應於本年度辦理總登記時遵照調整。至國外留學生同學會之組織，以情形特殊，當屬例外。惟各地遇有此項留學生同學會之組織，仍應事先呈准本部核定。除分別函令外，合行令仰遵照並轉飭遵照！此令。

社會部訓令　組五字第二七〇七二號　三十一年六月十二日

令中國國際學會　中國勞動學社
　中國墾殖建設學會　國際學會

為撤銷該會社組織令仰遵照由

案查前以該會組織尚欠健全，經令飭依法限期改選具報在案。該會迄未遵辦，自應依法撤銷組織。仰即遵照！此令

社會部訓令 組五字第二七〇七三號 三十一年六月十一日

令
科學教育社 中華尚武體育研究會
新中國農學會 中華公共衛生護士學會
婦女文化社 中華錢幣革命協進會
中國翻譯學會 全國國語教育促進會
全國前鋒劇社 中國靈理學研究會
中華鄉村教育社 中俄工業大學中國同學會
中華教育行政學會 天主教戰時服務會
中國社會改進研究會

為撤銷該社組織令仰遵照由

案查前以該社工作停頓，地址不明，久未呈報會務，經登報公告限期呈報會務在案。該社迄未遵辦，自應依法撤銷組織。仰即遵照！此令。

社會部訓令 組五字第二七〇七四號 三十一年六月十一日

令
華僑建設學會
中國海外文化事業協進會 岷江文會

為撤銷該會許可令仰遵照由

案查前以該會籌備已久，迭經令催迅期成立具報在案。該會迄未遵辦，自應依法撤銷許可。仰即遵照！此令。

社會部訓令 組五字第二七四八九號 三十一年七月二日

令各省市社會處局民政廳各直轄社會團體

為規定本部各直轄社會團體各地分(支)會(社)圖記刊發手續令仰遵照并轉飭遵照由

查本部直轄社會團體所有各地分(支)會(社),為數甚多,上年度曾經通飭調整,并飭一律遵照組織程序,逕向各所在地主管官署補具立案手續,以資聯繫。本年度舉辦全國人民團體總登記時,亦經通飭轉知逕向各所在地主管官署申請辦理各在案。茲查本部各直轄社會團體各地分(支)會(社)圖記之刊發,前頒之人民團體圖記刊發規則,雖未明白規定,惟以各地分(支)會(社)業務範圍,活動區域,均視同為地方性團體,且其組織,均經交由各地方主管官署指導監督,所有本部各直轄社會團體各地分(支)會(社)之圖記,自應由各級主管官署遵照人民團體圖記刊發規則辦理。其須發手續,亦應於各地分(支)會(社)呈請組織或申請登記轉奉本部令准備案後,始准刊發。除分別函令外,合行令仰遵照辦理,并轉飭遵照。此令。

社會部訓令　組五字第二七六六號　三十一年七月十五日

令本部各直轄社會團體

令發三十二年度業務計劃簡報表仰於九月底前擬定塡報以憑核奪由

本部為督導考核各直轄社會團體工作,使其益臻周密發揮重大效能起見,茲規定各團體每年工作計劃應先呈部核定。現製定各團體三十二年度業務計劃簡報表式樣一份,隨令附發,仰於本年九月底前將明年度工作計劃,妥為擬訂,依式塡報以憑核奪!此令。

附發各團體三十二年度業務計劃簡報表式一份(略)

社會部指令　社組字第二六〇一七號　三十一年五月十九日

令貴州省社會處

三十一年五月一日社二組字第一〇一號呈一件:為黨部職員能否兼任工商團體書記呈請鑒核示遵由

呈悉。查黨部職員,兼任任何公私職務,並無限制,除確屬職務繁重,事實上不能兼任者外,仍得派兼,惟須注意職業團體書記派遣辦法第五條之規定辦理。仰即遵照為要。此令。

社會部指令　組四字第二六二四五號　三十一年五月二十三日

令四川省社會處

三十一年五月一日社一字第一四六號代電一件：爲轉請核解區教育會是否應隨區署之裁撤而有所變更由

代電及附件均悉。查教育會法第六條規定教育會之區域，依現有之行政區域，行政院前有未分區之縣應進授照區教育會規定組織鄉（鎮）教育會之解釋，則各該教育會之組織區域，當隨同行政區域而存廢，凡實行新縣制而區署裁撤之縣份，其區教育會之組織區域既已廢除，原有組織之區教育會自不能單獨存在。再就實際情形而言，凡裁區撤署之縣，其性質顯與未分區之縣相同，自應遵照　行政院之解釋，分別組織鄉（鎮）教育會。據電前情，仰即令飭該縣迅將原有區教育會一律改組爲鄉（鎮）教育會，以省手續而免脫節。此令。

社會部指令　組三字第二六八二九號　三十一年六月五日

令重慶市社會局

三十一年五月一日社元二字第二五九二一號呈一件：據本市糖商公會呈以食糖專賣後該會會員資格發生變動會務應如何推進請予核示等情呈請核示由

呈悉。查公司行號既已廢業，自即喪失同業公會會員資格。職員如因以解任無人負責推行會務時，應從新登記會員依法改組。至其會員資格自應以申請登記合格之承銷食糖公司行號爲限。仰即轉飭知照！此令。

社會部指令　組五字第二七〇五七號　三十一年六月十日

令四川省社會處

三十一年五月十五日社一字第二四一號代電一件：爲據璧山縣政府呈詢儒釋道三教聯合會應否准予組織祈核示由

辰删代電悉。查儒釋兩教名稱舌無依據，該璧山縣儒釋道三教聯合會應不准組織。仰即轉飭遵照！此令。

社會部指令　組二字第二七八六二號　三十一年六月二十九日

令重慶市社會局

三十一年四月九日呈一件：爲關於擾船船員工會等會銜呈請解釋分會支部組織疑義一案奉令指示各點銜有應請致慮之處呈請鑒核示遵由

呈悉。所請以地區命名分會，業務命名支部一層，核尚可行，惟分會支部小組，依法不得單獨對外，至其組織情形，仍責令工會報轉可也。此令。

社會部批　組三字第二六二三五號　三十一年五月二十二日

原具呈人重慶市煤炭商業同業公會

三十一年五月一日呈一件：爲呈請解釋煤廠營業是否應入商業公會及無形退會之會員其前當選委員是否仍舊存在由

呈悉。查關於煤礦廠商之在渝市設有售賣場所者，應依法加入該會爲會員，經濟部及重慶市社會局均已先後分別令飭嘉陵江區煤鑛業同業公會及該會知照，並據嘉陵江區煤鑛業同業公會呈報到部，經令准備查在案。據呈前情，仰即遵照經濟部本年三月三十一日商字第五三七四號批嘉陵江煤鑛業同業公會及重慶市社會局社元二字第一六四四六號指令，會商嘉陵江煤鑛業同業公會分別辦理可也。此批。

社會福利類

社會部呈　福五字第二三九五七號　三十一年四月三日

關於救濟歸國僑胞一案奉令先由各主管部會依扶助生產之原則分別擬具詳細辦法呈核等因擬具社會部救濟歸國僑胞計劃綱要草案呈請鑒核示遵由

案奉

鈞院上年十二月二十日尊柒字第二〇五八號訓令，飭會同僑務委員會辦理歸國難僑經常救濟事務，嗣奉

鈞院本年一月八日順柒字第二八一號訓令，嗣奉

國民政府上年十二月三十一日令，爲敵閥南侵，僑民同遭禍變，飭迅速妥籌救濟等因；正遵辦間，又奉
鈞院本年三月二十七日順渠字第五四二五號訓令，以戰時僑胞救濟及僑胞國內眷屬貸款案審查結果，先由各主管部會就各省實際情形，并依上述扶助生產之原則，分別擬具詳細辦法呈院核定，飭即依照審查意見辦理等因；抄發審查會記錄乙份，奉此，竊以我國外僑胞茹苦含辛，既爲神明華胄立不朽之基業，而納粟輸金尤予革命大業以莫大之支援。此次敵閥南侵，我僑胞室家破毀，紛紛來歸，其救濟事宜，似與平時難民救濟及普通經常救濟均應有別。緣僑胞居留國外，多有固定事業可資經營，或挾一技之長藉以謀生，故其救濟方式，自應注重歸僑之就業轉業營業，並積極扶助其事業之創立與發展，庶能切合需要而利事功。茲謹遵照
鈞院指示各節，並就當前實際需要，擬具社會部救濟歸國僑胞計劃綱要草案呈報
鑒核敬祈指令示遵！謹呈
行政院

附呈社會部救濟歸國僑胞計劃綱要草案一份（略）

社會部簽呈　福二字第二四七七〇號　三十一年四月二十三日

奉交中央執行委員會秘書處函爲渝市各紗廠員工年終分紅標準相差懸殊經中央常會決定應予糾正請飭主管機關妥訂合理辦法一案飭即核查等因謹將辦理情形簽請鑒核由

本案遵查本部前爲防範渝市勞資糾紛，曾於本年二月二十日邀請有關機關會商辦法，經決定各業年終分配紅利標準，其不合理而有問題者，由經濟部社會局注意調整，並將會議紀錄分別函送各有關機關查照辦理各在案。嗣經濟部工礦調整處復於本年三月四日及十三日先後邀集各有關機關商討渝市各業年終分紅標準辦法，本部亦均派員參加，會中決定工人分紅不再增加，而由各廠在三十年度盈餘項下提出專款，充實勞工福利事業，並爲免使員工分紅懸差過鉅起見，此後紗廠職員生活津貼，應酌予增加，年終分紅，須力予減少，並先由各紗廠會商妥擬職員待遇調整辦法，呈送工礦調整處核定，奉交前因，除咨經濟部召集會議速謀解決外，理合先將過去辦理情形，簽請
鑒核！謹呈
行政院

社會部呈 福六字第二七〇四四號　三十一年六月十日

呈報本部重慶第二育幼院成立經過並擬具該院組織規程暨組織系統表請鑒核備案由

查陪都空襲救護委員會去年八月間以空襲頻仍，災難兒童浪跡街衢，亟待救濟，爰決定由本部前重慶市空襲服務臨時保健院設法收容教養，時以情勢急切，經飭由該院先後收容市上孤苦無依流浪兒童計二百一十二名，因該院附屬托兒所名額已滿，乃寄養於北碚重慶慈幼院，爲一時權宜之計，關於此項兒童善後辦法，經呈奉鈞院本年二月十九日順公字第二九七一號指令飭與振濟委員會及重慶市政府會商，遵經會商決定，由本部就已有法案籌措的款，在渝成立一新機構，收容保健院所收上項兒童及托兒所逾齡兒童，其名額暫定爲三百名，並於五月二十八日與振濟委員會會銜呈報鈞院在案。本年二月五日本部爲調整機構節省經費，經將該保健院裁撤，並依照會商決定辦法暫購定本市馬家寺三民主義青年團重慶青年勞動服務營房屋爲院址，成立重慶第二育幼院，將寄養重慶慈幼院兒童悉數接回實施教養，理合擬具該院組織規程暨組織系統表，備文呈請鑒核備案。至該院經常費已列入本部三十一年度事業費歲出預算分配表，合併陳明。謹呈

行政院

附呈送本部重慶第二育幼院組織規程暨組織系統表各乙份（略）

社會部呈 福六字第二七二〇四號　三十一年五月十五日

遵令擬具本部增擴收養棄嬰遺孤名額及補助各地救濟棄嬰遺孤計劃暨概算呈請鑒核迅賜撥款以利進行由

案查關於本部呈請特撥專款，增擴本部收養棄嬰遺孤名額，並改進各省市地方育嬰育幼機構一案，業奉鈞院三十一年五月五日順政字八三五〇號指令，飭擬具辦法呈核等因；奉此，遵經將此項計劃，草擬就緒。依目前急切需要，共擬增收棄嬰遺孤二千名，爲求節省經費計，首就本部原有機構予以擴充，惟以此項童嬰之教養設施必須視年齡之高下而有所區別，并爲便利收容，不宜集中一處，故除擴充原有機構外，不得不增設機構，分別辦理，擬增育幼院所

所，專收六歲至十二歲之兒童，關於特殊兒童之教養，又未可與普通兒童合併實施，擬另設兒童營一所，專收此項兒童，施以特殊教養，又以我國兒童福利事業，尚屬創始，關於兒童保育之技能及一切福利設施，亟應指導改進，期臻完善，擬設兒童福利指導所，俾與育嬰育幼機構相輔而行，以宏實效。

依上述計劃，自本年七月起至十二月止預計增收童嬰之經常費用需二百一十五萬元，因增收童嬰而必需之設備及籌備等費用需四百五十一萬元，兒童福利指導所經常及開辦各費需三十三萬元，至各省地方育嬰育幼機構，設施多未盡善，數量亦嫌不足，本部迭准軍委會政治部軍委會辦公廳及各省市來函，以各地乞兒衆多，浪迹街頭，及一般貧民時有虐殺嬰兒與遺棄等，囑予設法收容，此種情形，自係地方財力不裕，未能儘量收容所致，亟應迅謀有效之救濟，擬由部斟酌情形，分飭設置機構，積極辦理，或就原有設施，促其擴充收養，其所需經費，由部明定標準，分別補助，以期共赴事功，此項費用，本年內暫定三百萬元綜計共需一千萬元。

際此抗建時期，明知政府財政困難，自不敢獨對此項工作，妄議擴展，致增國庫負担；惟念棄嬰遺孤，關係民族生命，現人民既因戰爭影響顛沛流離，無力撫育其子女，此收養教養之責，自非政府莫屬，而本部職司社會福利，尤未忍恝置，謹就撙節原則，權衡輕重緩急，切實計劃，所列費用，亦屬最低需要，於國庫負担，雖不無增加，而其有裨於國家民族前途，實屬至鉅，奉令前因，理合將所擬社會部增擴收養棄嬰遺孤名額及補助各地方救濟棄嬰遺孤計劃草案暨概算書，呈請

鈞院鑒核迅賜撥款，以利進行。

再上項計劃，係爲適應當前急切需要之救濟設施，關於全國童嬰保護教養之根本辦法，似亦應同時注意，以保障民族之復興，擬請

鈞院轉呈

國民政府，明令保障童嬰，嚴禁墮胎殺嬰及遺棄等違法行爲，並飭衛生署嚴禁醫師藥劑師代人墮胎或介紹墮胎方法，通令各省市政府迅將原有地方育嬰育幼機構，加以改進擴充，必要時即予增設，以應需要。如原有經費不敷，得在各省市預備金項下儘先提用，至國外捐助之救濟款項，其未經指明用途者，擬請提撥百分之五十作童嬰救濟經費，由本部統籌支配。除擬由本部通行各級社會行政機關會同當地有關機關團體普遍發動救濟兒嬰運動，以資策進，并擬訂捐資興辦社會福利事業褒獎條例草案，另案呈請核轉頒行，藉資激勵外，謹一併附陳，仰祈

鈞院核奪施行，實爲公便。謹呈

行政院

附呈社會部增擴收養棄嬰遺孤名額及補助各地方救濟棄嬰遺孤計劃概算簡表各一份(略)

社會部咨 福六字第二七七七四號 三十一年六月二十六日

准咨以各地方因救養難童所設之兒童教養院所應否由振濟會監督指導嘱查核見復等由復請查照並轉飭遵照由

案准

貴省政府本年五月十九日府社三數字第九六號咨，以准振濟委員會皓代電爲凡遵照規定因救養難童所設之兒童教養院所，應自本年度起直接由該主管振濟會監督指導。不再隸屬救濟院等語；核與行政院令頒各省市社會行政機關應行接管事項清單乙項第二條規定不符。今後各地方因救養難童所設之兒童教養院所，應否由主管振濟會監督指導嘱查核見復等由；准此，查關於兒童教養及其他兒童福利設施事項，既奉院令規定由各省社會處接管，自應由各該處指導監督。且本年五月二十六日 行政院第五六五次會議所通過之調整省行政機構辦法，其第四條復規定自本辦法公佈之後，各省振濟會應歸併社會處(未設立社會處省份歸併民政廳)，第十三條規定本辦法公佈後，應行裁併改組之機構限於二個月內辦理等語；上項辦法已由院送請國防最高委員會核定即可公佈施行，准咨前由，相應復請查照，並轉飭所屬遵照爲荷！此咨

陝西省政府

社會部代電 福三字第二四四九〇號 三十一年四月十六日

准電請核復社會服務處舉辦各種生產事業可否豁免營業稅及其他捐稅電復查照由

中國國民黨浙江省執行委員會：社字第二七一九號代電奉悉。查各地社會服務處舉辦各種公營事業應否免征營業稅一案，前經本部函准財政部渝賦字第二七七三〇號函復，當以社會服務處所辦各項公營事業，如完全爲當地政府所辦，確非以營利爲目的者，依法自可免征營業稅，惟該處所辦事業，如係招商合辦或集資舉辦，即具有官商合辦之性質，依照營業稅法第六條後段之規定，仍應照徵營業稅，以杜取巧等由；並經以社福字第三八四九號通函各級黨部轉知在卷。該處

義縣社會服務處籌辦中國國民黨黨員武義招待所，中國文化服務社武義縣支社，國藥供應所，農具供應所，與燃料供銷處等各種生產事業，既係以集資方式舉辦，除中國文化服務社武義支社可否免征各項捐稅應與該社總社一律辦理外，其餘四項依法自應繳納各項捐稅。特電復查照轉知為荷！社會部卯銑福三印

社會部代電 福三字第二六九七五號 三十一年六月九日

准電轉據呈梁山社會服務處呈請核示試製抽水機等員工緩役一案電復查照由

中國國民黨山西省黨部：社總代字第四六九號代電敬悉。查本部前准三十年神巳真電請核示社會服務處建設產銷鑄鐵鋁廠職工入營服兵役應如何處理一案。曾經轉准軍政部兵役署渝仁役務字第七三一五號代電，以該廠如合於戰時國防工礦工業員工暫行緩役辦法第二條具有機械動力及三十名以上之工人呈准經濟部發給憑證者，其工人自可依法申請緩役，否則不能援用等由；並於三十年八月二十六日社福字第七四二六號代電復請查照在案。茲准前由，事同一例，並請查照前案辦理！社會部巳佳印

社會部訓令 福二字第二七二一一號 三十一年六月十七日

檢發平定工　實施辦法及各市縣工資評議會議通則令仰參照辦理具報由

令各省社會處

查近年各地因糧物價格之波動及勞力供需關係之不均衡，致令工人工資日趨高漲，而工資之高漲，又足以刺激糧物價格之續增。本部為實施平抑工資穩定社會經濟起見，經於三十年一月呈奉行政院令發平定工資實施辦法，並由本部訂定各市縣工資評議會議通則，經先後咨請重慶市及四川省政府查照辦理。本年以各省重要地區亦有實施平定工資之必要，爰將是項工作，列入本部三十一年度社會建設計劃，為各省市應辦事項之一，並於本年五月二十三日以總五字第二五九八二號，訓令該處遵照各在案。茲查各省辦理是項工作，行將開始，為期循序漸進日趨有功，應先擇定重要市縣籌劃實施，並首以勞役工人為平定工資之對象，次及於工廠工人，俟獲成效再行普遍推行。除咨各省政府並分令外，合行檢發平定工資實施辦法及各市縣工資評議會議通則各一份，令仰參照辦理並將辦理情形隨時具報為要！此令。

附發平定工資實施辦法及各市縣工資評議會議通則各一份（略）

合作事業類

社會部
經濟部呈（卅一）社 合管字第 二四九九二號 ○六九七○號 三十一年四月二十七日

遵令擬定中央黨政機關公務員工生活必需品定量分售實施辦法草案會同呈請鑒核由

案奉

鈞院三十一年四月十三日順公字第六五六〇號訓令關於公務員日用必需品定量分配辦法飭由本經濟部轉飭物資局會商本社會部擬訂呈核一案。正遵辦間，復准鈞院祕書處四月十八日順公字第六九七八號公函，以奉委座手令，以中央公務員生活待遇改善辦法，希於本月內決定發表實施爲要！各等因；遵經本經濟部飭由物資局函邀同本社會部暨務總局　鈞院祕書處及該局所屬各業務機關等開會審查，擬訂中央黨政機關公務員工生活必要品定量分售實施辦法草案計十六條，理合繕具原辦法草案，會同呈請鈞院鑒核示遵！謹呈

行政院

附呈辦法草案一份（略）

社會部簽呈 合二字第二五七三八號 三十一年五月十二日

奉　交核復浙江省政府呈請核示地方自治實施方案關于合作部份疑義一案簽復鑒核由

本案遵查地方自治實施方案與縣各級合作社組織大綱不無出入，依大綱規定，保合作社應加入鄉鎮合作社爲社員，但不妨分別緩急逐步加入，至鄉鎮合作社之設保分社，大綱內既無規定，自僅能作爲一時權宜之計，須先經呈准中央合作主管機關，方得變通辦理，并應以不設保分社爲原則，編製統計時，保分社應以保合作社計算。奉交前因，理合簽復鑒核示遵！

謹呈

行政院

社會部公函 合二字第二六三一二號 三十一年五月廿六日

准函囑解釋各級黨部設立消費合作社應否向同級政府呈請立案幷受其指導監督一案復請查照由

案准

貴處本年五月十五日渝(31)文字第七六六五號公函，以據浙江省黨部電請解釋各級黨部設立消費合作社應否向同級政府呈請立案，幷受其指導監督一案。轉囑核復，等由；准此，查各級黨部員工所組織之消費合作社，仍應向社址所在地之縣市合作主管機關依法呈請登記，幷受其指導監督，相應復請

查照轉知爲荷！此致

中國國民黨中央執行委員會祕書處

社會部咨 合四字第二四三五三號 三十一年四月六日

准四聯總處函復解釋貴省政府關於推進新縣制各級合作社農貸暫行辦法疑義一案咨請查照由

案准

貴省政府本年一月廿七日省建〔？〕字第一〇五號咨，以准四聯總處函送推進新縣制各級合作社農貸暫行辦法，尚有疑義數點，囑查照轉函四聯總處核復等由，經轉函四聯總處並咨復在案。茲准四聯總處本年三月廿一日函復到部，相應抄附原函咨請

查照！此咨

四川省政府

附抄四聯總處函一件

中中交農四行聯合辦事總處函 合農字第二二三二二號 三十一年三月二十一日

案准

貴部本年二月十三日合四字第二一七九九號函，以准四川省政府咨，對於本總處推進新縣制各級合作社農貸暫行辦法，除已通飭各縣市及三峽區署一體知照外，尚有疑義數點，轉囑核復等由；茲將川省府對推進新縣制各級合作社農貸暫行辦法所列疑義各點逐項解答如次。

一 川省府原咨：「各級合作社農貸」是否專指農村或農民組織之合作社而言？抑兼括市區組織之鎮保合作社？

(解釋)原辦法標題爲「農貸暫行辦法」，所稱各級合作社自係專指農村或農民組織之合作社而言，市區非農民組織之鎮保合作社，不包括在內。

二、川省府原咨：詢問合作社組織健全之具體標準如何？

(解釋)關於「合作社組織是否健全」一節，各方觀點雖不一致，然按諸普遍原則而言，下列條件應爲健全與否之一般標準。

1.社務方面，社員必須合格，社區必須適當，職員必須確能負責，組織必須依法登記。

2.業務方面，計劃必求妥實，經營必求合理，會計必求明確，簿冊必求齊備。

三、川省府原咨：對辦法第八條「社員社各自經營業務所需之資金，仍由各社直接申請」之規定，認爲束縛過嚴，有失合作社分工聯繫之效，且以運銷合作社社員社，因此拒繳產品爲慮。

(解釋)原辦法第八條，末段規定「社員社各自經營業務所需之資金，仍由各該社直接申請」，原係根據本總處各行局辦理農貸手續暫行辦法第一條第六項之規定辦理，在新縣制合作社組織之初，上級社本身力量或尚未充實，社員社各自經營業務所需之資金，自以直接申請爲宜，由上級社輾轉借貸，徒增手續，並誤時間，且各縣多已設有合作金庫，各單位可逕向金庫申借，當較便捷，迨合作基礎鞏固，業務開展之後，其業務種類性質相同，而有分工聯繫之必要時，各社申請借款，可由其上級合作社先行審核，加註意見，然後轉承貸機關核放。如鄉鎮社資金充裕，能對社員社放款，則社員社可不必向外借款，其申請自然集中於上級合作社，至於在運銷業務上，上級社向社員社收集產品，此可視爲上級社直接經營之業務，承貸行局申請借款，即以所借款項依抵押性質，作爲向社員社預付貨價之用，上級社及社員社收集產品所需之資金均有着落，當不致藉口資金困難，拒繳產品。

四、四川省府原咨：以合作社各部盈虧得失，彼此息息相關，對於所借款項，應依據事實需要，相互挹注，對原辦法第十一條「所借款項應完全用於申請貸款時所指定之各該業務，除事前商得承貸行局同意外，不得互爲移用」之規定，認爲將陷合作社於經常違犯信約，或減低其經營效力，至須商得貸款行局同意後始得流用，亦恐業務時效早失，毫無裨補。

(解釋)查合作社對外借款，必負整個償還責任，故原辦法第十條有「不以一部業務之虧損而影響債權」之規定，合作社各部業務之盈虧得失，彼此固息息相關，但各部業務之借款，按照預定之計劃，各有其一定之用途，自應以借款時所指定之用途爲限，不得互爲移用，此所以防止業務不按計劃進行而易於虧損，亦所以防止因一部業務之虧損，牽動全部之事業而喪失其對外之信用。故業務計劃，必於事前作切實之規定，並加以嚴格之審核。合作社本身尤宜隨時注意其業務，如有調整各部業務資金之必要，當及早從容與承貸行局洽商。因各種業務貸款，彼此移用，究係不得已時之通融救濟辦法，在各種業務經營合理之正常狀態下，不應有此情形。故貸款如須移用，必先商得貸款行局之同意。此不獨爲債權之保障設想，亦所以維護合作社整個事業之安全也。

以上各節，相應函請

查照轉咨爲荷！此致

社會部

社會部咨　合二字第二四四九九號　三十二年四月十七日

事由：咨爲屠宰稅改爲課征消費性質奉　行政院指令合作社兼營屠宰仍應一體課徵等因咨請　查照并轉飭知照由

查合作社兼營屠宰應否免納屠宰稅一案，本部前據廣東省建設廳轉請解釋，經咨准財政部咨復，并以社合字第五六四三號咨分行各省市政府查照在卷。近准行政院祕書處通知，以浙江省政府電爲合作社應否照章繳納屠宰稅一案，奉院長諭：交財政社會兩部核復通知查照辦理等由；當經簽請維持原案。茲奉　行政院本年三月二十七日順伍字第五四六〇號指令開：呈悉。查此案業經飭據財政部復稱：『查屠宰稅之征收，根據上年三全財會決議，應改營業課征制爲對消費課征制，俾資擴大稅源，增裕稅收，以充實縣之財政收入。本部據此項原則，擬訂屠宰稅征收通則草案，呈經　鈞院核准公布施行在案。其第二條規定爲「凡屠宰牲畜均應課徵屠宰稅」，即指課徵消費性質，依此規定屠宰稅即已由營業稅劃出，另行徵收，合作社法免徵營業稅之規定，自不能再適用之于屠宰稅，是以合作社之屠宰無論其爲營業抑供社員食用，要皆消費性質，自應一體課徵，用符稅制。浙江省政府電呈各節，尚無不合。奉交前因，理合將核議意見呈請鑒核令遵』等語；應准如所請辦理，除指令并電復浙江省政府外，仰即知照。此令」等因；自應遵辦，除分行外相應咨請

查照并轉飭知照爲荷！

此咨

各省市政府

社會部咨　合四字第二五八六三號　三十一年五月十四日

准函囑核復合作主管機關接管舊社對出征社員債權之方式與手續一案咨復查照由

貴省政府本年四月十日省合一金字第三〇六號咨，以准中國農民銀行貴陽分行函詢舊社對出征社員之債權，經請准貸款機關展期者，於解散時移歸合作主管機關代為接管，其接管方式與手續有無劃一規定？轉囑核復等由。查合作主管機關接管舊社對出征社員債權之方式與手續，應由各省合作主管機關與合作貸款機關依據各省實際情形洽定。准咨前由，相應復請

查照！此咨

貴州省政府

社會部代電　合二字第二三八八〇號　三十一年四月一日

准代電為信用合作社社員可否加入農會消費合作社請核示一案復請查照由

中國國民黨甘肅省執行委員會：社蘭字第一八〇〇號社丑魚代電悉。查農會會員如已參加縣各級合作社者，為避免重複起見，無庸再以農會為業務區域，另組農會合作社，祇須由農會與當地合作社取得密切聯繫，并勸導未入社之農會會員參加為社員。特復。社會部社合卯東印

社會部代電　合四字第二六八九四號　三十一年六月六日

電復關於禁止合作社運輸貨物意見請查核辦理見覆由

軍事委員會辦公廳勛鑒：本年五月辦一通字第二一二四號寒代電敬悉。茲奉復如下：（一）各省合作社物品供銷機構設置情形：除本部合作事業管理局設有全國合作社物品供銷處外，浙江、江西、福建、雲南、陝西、河南、廣東、西康等八省為合作社物品供銷處，貴州綏遠二省為合作業務代營局，其他中國工業合作協會設有合作社物品供銷代營總處，各區設有合作社物品供銷處。至合作社聯合社，全國共有區聯社一一三九社縣聯一三〇社。計安徽省區聯社二一三社、縣聯社十社，江西省區聯社三五五社、縣聯社六三社，湖北省區聯社六五社、縣聯社一社，湖南省區聯社二五社、縣聯社二社，四川省區聯社一七八社，西康省區縣聯社各一，河南省區聯社三一社，縣聯社一社，陝西省區聯社七社、縣聯社六社，福建省區聯社一七一社、縣聯社一社，廣東省區縣聯社各一社，廣西省縣聯社二社，貴州省區聯社二七社縣聯社

一五社，浙江省區聯社六四社，縣聯社一九社暨重慶市聯合社二社、區聯社一社。（二）關於推進及健全各省合作社物品供銷處之組織，本部近經訂定合作社物品供銷處暫行辦法，通咨各省市政府轉飭遵辦在案。茲准電囑，已再飭各省合作主管機關分別積極籌設或改進。（三）本部合作事業管理局全國合作社物品供銷處及各省合作社物品供銷機構負有平價供應及推銷合作社物品發展合作事業之責，前奉 行政院三十年四月廿三日令奉 國府令轉 國防最高委員會核定之獎勵民間運輸及協助合作事業辦法雖規定「對於合作社物品供銷處物產運輸，儘量予以提前運送之便利」惟事實上仍不免感受困難，故自購車輛，運輸貨物，實有迫切之需要。擬請轉呈仍准行駛，以便運輸（四）農工業生產合作社及運銷合作社運輸產品出售應不在禁運之列，經奉 行政院三十年四月廿三日令奉 國府令轉之運銷合作事業推進辦法第八條「全國運輸機關對運銷合作社及供銷處物品之運輸，除緊急及軍用物資外應予以優先起運之便利，以資獎勵」規定有案，請轉呈仍准照此項辦法之規定通飭全國運輸有關機關，對於合作社物品供銷機構及農工業生產運銷合作社之物品，充分予以運輸之便利。准電前由，相應復請查核辦理見復為荷！社會部魚合四印 附獎勵民間運輸及協助合作事業辦法暨運銷合作事業推進辦法各一份

獎勵民間運輸及協助合作事業辦法

三十年四月二十三日 院令奉 國府令轉

屬於驛運方面

甲、便利合作運輸部份

一 在交通部驛運總管理處或各省驛運管理處辦有運輸幹支各線由驛運總管理處或省驛運管理處所屬各驛運機關擔任該項合作運輸其在驛運幹支線所不及之鄉鎮得由各級合作社物品供銷處及運銷合作社自行設立合作運輸組織

二 為便利鄉鎮與驛運幹支線間運輸起見得舉辦貨物聯運其辦法由運銷合作社與各驛運機關商訂之

三 驛運機關對於合作社物品除軍用物資外得優先予以起運并酌予以運銷之優待

四 各驛運機關之倉庫或貨棧得予合作社以儲存之便利儲存費按照規定率減半收費

五 各驛運機關所設電台或電報房遇合作社有緊急事項得予以通訊之便利其限制辦法另訂之

乙、獎勵民間運輸部份

一 關於民有之板車木船馱馬等工具之數量及其行駛情形由各驛運機關調查登記並酌予協助保護以不妨礙其原行路線不變更其既有習慣為原則

二　人民遇製造板車木船或增殖牲畜得向驛運機關申請貸款其詳細辦法另訂之

三　民有運輸工具倘遇裝載不足或放空行駛得請求附近驛運機關代為招攬貨物其運價照驛運運價之規定由貨主逕自付與民夫驛運機關不向雙方收取任何費用

四　驛運機關之食宿醫藥等設備得酌量供給民夫使用

五　民有驛運工具如有損壞可請驛運機關附設之修理廠所代為修理應從廉收費

屬於公路方面

甲、便利合作運輸部份

一　各公路運輸機關與各驛運機關密取聯繫應與各地物品供銷處切實合作並儘量舉辦聯運

二　對各地合作社物品供銷處物產運輸儘量予以提前運送之便利

乙、獎勵民間運輸部份

一　對於民營汽車組織予以扶植指導舉凡購置車輛油料五金配件在運輸上儘量予以便利

二　鼓勵人民研究創製汽車配件及燃料代用品必要時撥款補助

三　公路沿線行車設備如車站車廠電訊倉庫油橋渡等儘量予民營汽車使用之便利（酌量收費或免費）

四　公路沿線修車廠所對民營汽車予以代修車輛之便利

五　凡民用運輸車輛非依法令不得任意徵召留難

運銷合作事業推進辦法

三十年四月二十三日　院令奉　國府令轉

一　運銷合作事業以流暢貨運調劑民生增加輸出為目標

二　各級合作主管機關應積極進行關於運銷合作之研究訓練宣傳與指導迅謀此項事業之推進與普遍

三　為求運銷合作事業之發展中央合作主管機關應即設置全國合作社物品供銷處各省應即分別組織省合作社物品供銷處並在各縣設縣供銷分處以與經營運銷業務之各合作社相聯繫俟各級合作社聯合社能自營供銷業務時此項供銷處及分處應即逐級將其業務移轉與聯合社

四　運銷合作事業之經營應以各鄉鎮為據點設置運銷合作社必要時得由經營他種業務之合作社兼營之

五　戰區及接近戰區運銷合作事業之指導方法及組織方式必須富於機動性以期達到協助搶救物資防止資敵之任務由戰區經濟委員會會同當地合作主管機關辦理之

六　運銷合作社對各社員產品之搜集暫採收買制

七　運銷合作社及各級合作社物品供銷處得附設倉庫及加工設備

八　全國運輸機關對運銷合作社及供銷處物品之運輸除緊急及軍用物資外應予以優先起運之便利以資獎勵

九　運銷合作社應防止中間人之利用操縱使其確實爲生產者之聯合組織

十　運銷合作事業所需資金得向中中交農四行申請貸款

社會部代電　合二字第二六九九七號　三十一年六月九日

據呈以合作社股金公積金存行利息可否免征所得稅請核示一案電復知照由

湖南省銀行：本年五月十五日業晉字第二四號呈悉。查合作社股金存儲於銀行所生之利息，屬于第三類所得，并非合作社本業務所得，不能免稅，早經經濟部咨准財政部二十七年五月四日第一二二一號咨復解釋有案。至公積金存行生息，所得性質與此相同，自應比照辦理。特復知照。并轉飭知照！社會部社合二佳印

社會部訓令　合三字第二五五七一號　三十一年五月八日

令各省市合作主管機關

奉　行政院頒布縣合作指導室組織暫行辦法令仰知照并飭屬知照由

案奉

行政院三十一年四月九日順玖字第六三四三號訓令內開：

「縣合作指導室組織暫行辦法，業經本院制定公布，應即通飭施行，除分行外，合行抄發原件，令仰知照，并轉飭所屬一體知照。」

等因；附抄發縣合作指導室組織暫行辦法一份，奉此，除分行外，合行抄發原件，令仰知照，並轉飭所屬一體知照！

此令。

附抄發縣合作指導室組織暫行辦法一份（見法規欄）

社會部訓令　合三字第二五五七二號　三十一年五月八日

令各省市合作主管機關

行政院頒布市政府掌管社會行政暫行辦法令仰知照並飭屬知照由

案奉

行政院三十一年四月九日順玖字第六三四八號訓令內開：「市政府掌管社會行政暫行辦法，業經本院制定公布，應即通飭施行，除分行外，合行抄發原件，令仰知照，并轉飭所屬一體知照。」等因；附抄發市政府掌管社會行政暫行辦法一份，奉此，除分行外，合行抄發原件，令仰知照，并轉飭所屬一體知照。此令。

附抄發市政府掌管社會行政暫行辦法一份（見法規欄）

社會部訓令　合四字第二五七四三號　三十一年五月十二日

令各省市合作主管機關

准四聯總處函復關於四川省政府咨轉瀘縣縣長縷陳合作金庫失去自主自動之原因及金庫與提倡股機關間暨與主管機關間之協調辦法一案令仰知照由

案准四川省政府三十年十二月二十三日省建合字第二六三四號咨，轉據瀘縣縣長袁守成縷陳合作金庫失去自主自動之原因及金庫與提倡股機關間暨與主管機關間之協調辦法，請轉函四聯總處採擇改善等由；經函轉四聯總處去後，茲准本年四月十三日合農字第二二九二八號函復到部，案關各省合作行政與合作金庫間關係之調整，除咨復四川省政府外，合行抄發四聯總處原函，令仰知照！此令

附抄原函一件

抄中中交農四行聯合辦事總處原函

准貴部函囑辦理川省瀘縣縣府縷陳合作金庫未能自主自動之原因及改善辦法一案函復查照轉咨由

案准

貴部本年一月二十日合四字第二零九八一號函，以准四川省政府咨為據瀘縣縣長縷陳合作金庫失去自主自動之原因及改善辦法，請核辦一案，抄附原呈轉囑查照辦理等由；准此，查四行局輔設各縣合作金庫，原為協助合作事業之發展，一切辦法均係依照政府所頒有關合作金庫法令辦理，惟各行局對各該輔設合庫所認提倡股額既佔絕大多數又復訂有透支契約，因資金關係，自不能不隨時予以注意。而目前各縣政府對於合庫之認識尚未一致，其對於合庫之監督指導，容或未盡適當，在輔設行與縣府合庫三方面彼此常感未能協調，殊為遺憾！本總處前以合字一五六一一號函請貴部轉飭各省縣重視合庫主動精神，不得擅行干涉合庫業務。嗣又劃分合庫業務管理權責，列舉辦法三項，函請財政部轉咨[illegible]分貴部通飭遵辦各在案。皆為使彼此權責分明，以期各省縣合庫均在合理監督管理之下，得以健全發展，克盡任務。該縣府原呈所稱各節，對於事實情形，頗多誤解，茲分復如次：

(一)關於輔設行指定理監事及理監事主席者。查合庫理監事之產生，係由於代表大會之推選，而出席代表之名額，又係以認購合庫股本之多寡為準（合作金庫規程第十二條及章程準則第二十六條經濟部修正條文規定）各行局輔設之合庫，按諸目前事實社員社認購之股本，大部僅佔全部股額十分之一。或尚不足，其餘均為輔設行之提倡股，因之輔設機關所得推派代表名額，自佔絕對多數，且依章程準則第三十條規定，認購提倡股機關選派之代表，得按每十股一表決權之規定額共同行使，是事先遴選理監事候選人，請由大會決定與合庫章程及準則並無不合。

(二)關於輔設行干涉合庫用人行政者。按諸合庫規程第十六條經理須由理事會聘任，其他職員應由經理商請理事會任用，現各庫之用人行政均係如此辦理，倘合庫經理或其他職員對於庫務業務之措施有違犯規章時，各該庫理事會儘可根據法令規定予以適當之處理。

(三)關於合庫對外名義蔑視理事會者。查各庫對外簽訂合約及重大事項，均係以理事會名義行使，惟日常營業事務之處理，自無須均用理事會名義，且目前各庫業務簡單，均無理事常川駐庫，為求對外接洽便捷起見，即以經理名義出面，此正足以證明經理對理事會負責，似不能視為蔑視理事會。

(四)關於輔設行縱使所派庫員不依法辦理登記者。查合庫應履行登記手續，法有明文，各庫自須照辦，各行局對合庫登記事宜，未能密切注意容或有之。若謂有意縱使庫員不辦登記，未免過甚其詞，自應再行函飭各行局，如有尚未登記之庫，催促從速辦理登記手續。

(五)關於輔設行限制各庫放款並收攬核放權者。查合庫核放貸款，自應有其自主之權，過去除信用貸款外，所以須先報

（五）由輔設行審核者，因信貸以外對各種貸款，不在合庫貸放範圍以內，係由合庫代輔設行貸放，故有須先送行審核之規定。嗣經經濟部規定各庫貸款不以信社為限，自無先行送核之必要，間或有之，亦係特殊情形，對于該項貸款為特別審慎起見，先報由輔設行審核，輔設行並於輔導地位加以指示，一方面係行使債權人之債權，使債務人對於資金為最妥善之運用，一方面亦正所以維護合庫業務之安全發展。

（六）關於輔設行對合庫所訂透支借款，本於據足者，各庫透支借款，係備其自有資金不敷時之用，自須視實際需要情形，隨時撥付，免致庫方負擔空息，加多虧損。

（七）關於合庫不依法召開各種會議者。合庫各種會議自應責成庫務主持人，如期召開，據各地報告，現在會議未能按期舉行之原因，多由於當地代表社方理監事之缺席或不熱心所致，並非由於認購提倡股機關代表理監事遠道不能出席之故，蓋提倡股機關理監事即使本人不能出席時，均可委託庫內職員就近代表，至理監事之住址，章程準則中並未規定非在當地不可。

（八）關於合庫不能接受主管機關之查核者。合庫對當地縣府除須照章程規定，應於年度開始時編具營業計劃，並於年終造具各項規定書表呈報備案外，為維持其自主自動之機能，平時其他機關前往查賬可不接受。

（九）關於合庫開支費用不造具預算呈報主管機關察核者。查庫開支預算經理事會通過後，即為合法，章程中並無陳由縣府核准之規定，至合庫對合作社貸款所收利息，均照農貸準則規定辦理。

（十）關於合庫拒絕主管機關之指導者。主管機關之指導如不妨礙合庫之自主及自動精神，自應儘量接受。至合庫從業人員尤宜審慎任用，甄拔賢能，書謂現在合庫人員皆金融機關之私人，少有合作學識，未受合作教育，實免過於主觀。

（十一）關於合庫妄干合作行政者。查合庫具有聯合社性質，對其社員社應有指導監督之權，且貸款前後之調查與稽核，為不可或少之重要手續，不得謂為苛擾。至造送報告表及變更登記表等有關合庫運用頭寸，及貸款安全，尤屬必要。

（十二）原建議第一點，關於合庫理監事之產生從業人員之任用及加強理事會職權等等，過去均係依照規定辦理。第二點關於生產機關查帳一節，未便照辦，因合庫帳務如有錯誤，或不合法之處，理事會及代表大會均可隨時監督糾正，至放款還款表報可由各庫按期造送主管機關查考，第三點關於合庫不應干涉合作行政及合作社之社務業務，自屬正當，惟合庫對於貸款各社之復查稽核及對於貸款用途之糾正，不能視為干涉。

以上各點，除分函各行局外，相應函請

查照轉咨爲荷此致

中央
中國
交通
農民
銀行聯合辦事總處

社會部訓令　合三字第二六〇四五號　三十一年五月二十日

令各省市合作主管機關

令催速辦三十年度合作事業之考核獎勵一案具報由

案查三十年度合作事業之考核獎勵事項，本部曾于三十年十二月十九日以社合字第一一三九七號訓令該廳會局依照規定切實辦理具報在卷。按獎勵規則第十二條規定「省或縣市合作主管機關依本規則之規定獎勵後，應由各該主管機關逐級彙報社會部備案。」又第八條規定「合作社或各級合作社聯合社核定成績等級列入優等者，應由省合作主管機關檢同原成績調查評定表，並抄附各該社之業務報告書，於次年度開始，二個月內賚呈本部核辦。」現已逾期數月，尚未據該廳會局彙報到部，亦未據呈明延緩原因，殊有未合！事關合作事業之獎勵考核督導策進，自應依法切實執行。合行令仰遵照，迅速辦理具報，勿延爲要！此令。

社會部訓令　合二字第二六五三六號　三十一年五月三十日

令各省市合作主管機關

爲訂定本年國際合作節紀念辦法并檢發宣傳大綱令仰遵照由

查本年七月四日爲二十屆國際合作節。茲經規定紀念辦法如下：（一）召集當地民衆及合作社社職員集會紀念，并指示今後工作方針；（二）普遍推行工作競賽以提高工作效能；（三）發動合作動員，以具體事例如勸募公債，認購儲券，及勞動服務等，以表現合作事業之集體力量；（四）發行合作專刊，利用文字或圖畫闡述合作運動之理論及實際；（五）廣播講演，張貼標語，或舉行游藝以喚起民衆對合作之認識；（六）舉行合作成績展覽會，以激勵合作興趣，藉收觀摩之效。以上各項務須洽商同級黨部，針對各地實際情形斟酌辦理。除分函各省市黨部協助辦理并分令各省市合作主管機關遵辦外，合行檢發第二十屆國際合作節宣傳大綱，令仰遵照辦理，并轉飭所屬遵照爲要！此令。

附發第二十屆國際合作宣傳大綱一份（略）

社會部訓令　合四字第二六八九五號　三十一年六月六日

令各省市合作主管機關

令尅期籌設合作社物品供銷處或推進聯合社由

查合作社所需物品之購運及產品之運銷，嗣後應以由合作社物品供銷處或合作社聯合社統籌辦理爲原則。應即根據本部公佈之合作社物品供銷處暫行辦法尅期籌設合作社物品供銷處或推進合作社聯合社之成立。仰即遵照辦理并具報爲爲要！此令。

社會部訓令　合四字第二七八一一號　三十一年六月二十七日

令各省市合作主管機關

令發合作社經營糧食業務登記辦法由

查合作社供銷糧食辦法，業經會同糧食部核定施行，並咨各省市政府轉飭遵照在案。茲復會同糧食部訂定合作社經營糧食業務登記辦法一種，以爲辦理之依據。除分行外，合行檢發該項辦法，令仰知照并轉飭遵照辦理爲要！此令。

附發合作社經營糧食業務登記辦法一份（詳法規欄）

社會部指令　合二字第二三八七九號　三十一年四月一日

令浙江省政府建設廳

三十一年二月二十一日建壬合字第四八二號呈一件：爲轉據麗水縣政府呈爲合作社理監事主席可否爲出席社員代表大會之當然代表請示遵由

呈悉。合作社因社員增多改開代表大會時，其原有之理監事并未被選爲代表者，自無取得當然代表之根据，祇能列席代表大會，但無表決權。仰即知照并轉飭知照！此令。

社會部指令 合二字第二四三四八號 三十一年四月十三日

令湖北省合作事業管理處

三十一年三月十一日指字第○八三九號呈一件：爲合作社免征營業稅暨屠宰稅一案呈請核示由

呈悉。查本部近奉 行政院指令，屠宰稅改爲消費稅制征收，合作社不得免征，經通咨各省市政府查照在卷。至合作社免納營業稅原案，本部正咨商財政部修訂中。仰即知照！此令。

社會部指令 合二字第二五八六二號 三十一年一月十四日

令浙江省政府建設廳

三十一年四月九日建壬合字第一一六三號呈一件：爲跨兼兩縣合作金庫之理事監事究與合作社法施行細則第二十六條有無抵觸請釋示由

呈悉。應准用合作社法施行細則第二十六條規定，其已被選爲甲縣合作金庫理監事者即不得兼任乙縣合作金庫理監事。仰即知照！此令。

附錄

國家總動員法實施綱要

三十一年六月二十二日院令轉發

第一 實施國家總動員法之使命與要領

國家總動員法之使命在於集中全國人力物力達成軍事第一勝利第一之目標其方法為增加生產限制消費集中日用因而管制物資之生產分配交易儲存乃至徵購徵用實屬必要之圖

國家總動員法之實施必須努力使各部份齊頭並進蓋任何部份之動員均與其他部份有密切之連帶關係故應就人力物力各項動員擬定整個計劃使人民之業務勞動與物資之生產交易消費以及財政金融運輸等各部份在共同目標之下聯繫合作完成使命

國家總動員法之實施必須努力使在全國任何地區普遍推進惟以我國幅員廣大社會情形物資分布生產條件經濟組織乃自政治設施均受地區之自然限制而有發達不均之態勢為期推動之便利計凡屬國家總動員物資及業務之有全國性者應於全國各地同時普遍實施其有特殊性者則應擇時擇地分別推進以期兼顧而省紛擾

第二 實施國家總動員法之機構與業務分配

甲、中央主管國家總動員業務之機關與其分掌

國家總動員業務應由主管部會署局分掌必要時得酌指人員其無主管機關者由行政院斟酌指定之並得於必要時增設專管機關事涉兩個機關以上者應由關係機關會商分掌範圍並由院長指定其中一個機關負綜合聯繫之責至於各部門總動員業務之綜理推動聯繫配合審議與考核則由國家總動員會議總攬之茲依國家總動員法所定業務就主要有關機關按照下列規定分配掌理行政院認爲必要時得指定其他有關機關加入

1. 第五條「國家總動員物資之徵購徵用」由經濟部糧食部軍政部財政部交通部運輸統制局衛生署等掌理之

2. 第六條「對國家總動員物資之生產販賣或輸入者命其儲存該項物資之一定數量在一定期間非呈准主管機關不得自由處分」由經濟部糧食部軍政部財政部交通部運輸統制局衛生署等掌理之

3. 第七條第一項「對國家總動員物資之生產販賣使用修理儲藏消費遷移或轉讓加以指導管理節制或禁止」由經濟部農林部糧食部軍政部財政部交通部運輸統制局衛生署掌理之

4. 第七條第二項「對國家總動員物資以外之民生日用品之生產販賣使用修理儲藏消費遷移或轉讓加以指導管理節制或禁止」糧食由糧食部掌理鹽糖火柴等專賣品由財政部掌理其餘民生日用品由經濟部掌理

5. 第八條「對國家總動員物資之交易價格數量加以管制」由經濟部糧食部軍政部財政部交通部運輸統制局衛生署等掌理之

第八條「對民生日用品之交易價格數量加以管制」糧食由糧食部掌理鹽糖火柴等專賣品由財政部掌理其餘民生日用品由經濟部掌理

6. 第九條「在不妨礙兵役法之範圍內得使人民及其他團體從事於協助政府或公共團體所辦理之國家總動員業務」及第十條「徵用人民從事於國家總動員業務時應按其年齡性別體質學識技能經驗及其應有之職業等於適當之支配」由社會部經濟部軍政部農林部糧食部財政部交通部運輸統制局教育部衛生署等掌理之

7. 第十一條「對從業者之就職退職受僱解僱及薪俸工資加以限制或調整」由社會部經濟部財政部農林部軍政部交通部運輸統制局等掌理之

8. 第十二條「對機關團體公司行號使用員工之數額加以限制」由社會部經濟部財政部交通部等掌理之

第十三條「對私人僱用工役之數額加以限制」由社會部掌理之

9. 第十三條「命人民對其營業關係者其所僱用或使用之人之職務與能力並得施以檢查」由社會部掌理之

10. 第十四條「預命各行防或解決勞工糾紛並得對於封鎖工廠怠工及其他足以妨礙生產之行為嚴行禁止」國營事業之屬於軍政部及其他軍事機關主管者由軍政部掌理之國營事業及私人企業之屬於其他各部會署局主管者由社會部掌理各主管機關協助之

11. 第十五條「對耕地之分配耕作力之支配及地主與佃農之關係加以釐定並限期墾殖荒地」由地政署農林部財政部糧食部社會部掌理之

12. 第十八條「對投資證券之應募發行之監督加以限制」由財政部四聯總處掌理之

13. 第十九條「對人民債權之行使債務之履行加以限制」由財政部掌理之

13 第十七條「對銀行信託公司保險公司及其他行號資金之運用加以管制」由財政部經濟部四聯總處掌理之

14 第十八條「對銀行公司工廠及其他團體行號之設立合併增加資本變更目的募集債款分配紅利履行債務及其資金運用加以限制」由財政部經濟部四聯總處掌理之

15 第十九條「獎勵限制或禁止某種貨物之出口或進口並得增徵減免進出口稅」由經濟部財政部掌理之

16 第二十條「對國家總動員物資之運費保管費保險費修理費或租費加以限制」由交通部運輸統制局軍政部經濟部財政部糧食部等掌理之

17 第二十一條第一項「對人民之新發明專利品或其事業所獨有之方法圖案模型設備命其報告試驗並使用之」及第二項「關於前項之使用并得命原事業主供給熟練技術之員工」由經濟部軍政部教育部交通部運輸統制局農林部衛生署水利委員會社會部等掌理之

18 第二十二條「對報館及通訊社之設立報紙通訊稿及其他印刷物之記載加以限制停止或命其為一定之記載」由內政部軍事委員會戰時新聞檢查局及行政院中央圖書雜誌審查委員會掌理之

19 第二十三條「對人民之言論出版著作通訊加以限制」由內政部軍事委員會戰時新聞檢查局行政院中央圖書雜誌審查委員會軍事委員會郵電檢查處掌理之

第二十三條「對人民集會結社加以限制」由社會部內政部掌理之

20 第二十四條「對人民之土地住宅或其他建築物徵用或改造之」由地政署內政部軍政部掌理之

21 第二十五條「對經營國家總動員物資或從事國家總動員業務者命其擬定關於本業內之總動員計劃並舉行必要之演習」由各主管部會署局分掌之

22 第二十六條「對從事國家總動員物資之生產或修理者命其舉行必要之試驗與研究或停止改變原有企業從事指定物資之生產或修理」由經濟部軍政部交通部運輸統制局等掌理之

23 第二十七條第一項「對經營同類之國家總動員物資或從事同類之國家總動員業務者命其組織同業公會或其他職業團體或命其加入固有之同業公會或其他職業團體」及同條第二項「前項同業公會或職業團體主管機關應隨時監督并得加以整理改善」由社會部經濟部財政部交通部農林部糧食部運輸統制局衛生署等掌理之

24 第二十八條第一項「對於人民因國家總動員所受之損失得予以相當之賠償或救濟並得設置賠償委員會」由行政院於必

要時設置委員會掌理之

第二十八條第二項「本法實施停止時原有業主或權利人及其繼承人對於原有權利有收回之權」其決定由原徵購徵用機關行之

25 第四、第五款中之一般衞生業務由衞生署掌理傷兵救護業務由軍政部掌理難民救護業務由振濟委員會掌理

26 第七款關於婦孺老弱及有必要者之遷移業務由地方政府掌理其救濟業務由社會部振濟委員會掌理

27 關於協助各主管機關推行動員法令檢舉違反動員法令案件并執行各種動員業務之檢察事項由國家總動員會議檢察機構掌理之

28 關於國家總動員物資之緝私特種貨運之稽查及保護由財政部掌理之

關於國家總動員法中所定業務之分掌大體如右倘有第四條中所定業務其主管機關至為明顯無須另為指明者不另列舉而右訂業務分掌於必要時得由國家總動員會議依國家總動員法第三十條之規定建議行政院加以變更或調整各主管部會署局亦得提出變更或調整之意見呈請行政院交國家總動員會議核定後行之

乙、省市主管國家總動員業務之機關與其權責

一 省市縣政府為地方主管國家總動員業務之機關應依照中央主管機關所訂各項動員計劃與中央政府頒行法令切實辦理各項動員業務并監督所屬各機關努力執行各省市縣政府暨所屬機關為辦理動員業務必須增加人員時應於報經行政院核准後行之但不得另設機關中央直屬機關在各省市者對於各該省市政府主管範圍內之動員業務應受各該省市政府之督導并與各級地方機關密切聯繫各省市縣動員會議任推動聯繫審議考核之責省及直轄市政府為奉行中央所頒國家總動員方案計劃與法令必要時得制訂單行法令規章或實施辦法其制訂與施行應經省市動員會議之審議并依一般法令所定或慣行之手續分別報請行政院或主管部會核定

二 縣市政府應切實奉行中央頒佈之方案計劃或命令內所訂事項暨省政府頒布之省單行法令規章或實施辦法內所訂事項不得自行制訂縣市單行法規

第三 國家總動員計劃之要則

一 各主管部會署局對於人力物力財力應綜合過去各方面之調查與統計加以整理估計以為策定計劃之根據同時迅即施行必要之調查

二 關於軍事需要應由軍事機關依照作戰要求及建軍需要參酌以往調辦情形分別軍需成品之征購及軍需之生產擬具供應計劃生產計劃與夫軍事所需成品原料生產工具等之軍需總預計表及勞工預計表

三 一般需用物資之機關應就所管範圍最小限度之需要物資提出需要物資預計表及勞工預計表

四 關於勞力及技術人員之供需應在不妨礙兵役範圍內由主管機關擬定運用計劃

五 主管物資之機關應就所管物資之生產儲藏及供需情形并就軍需總預計表及一般需要機關需要物資預計表與各有關機關協定初步供應計劃其不敷分配之物資未能協定者提出於國家總動員會議解決之

六 關於財力應就增加收入節約不必要之支出管制金融等必要之措施擬定計劃并對於物資供需費用應顧慮物價之波動予以合理之規定

七 主管運輸機關應按事實需要努力增進運輸效能有效利用水陸聯運妥爲計劃

八 總動員物資應按物品種類生產情形以分區就近平均供應爲原則其需運濟者應妥籌運輸方策

九 精神總動員應本意志集中力量集中之最高原則以文化力量增強民族力量妥定計劃

十 各主管機關應依照限期將所擬各項計劃提出於國家總動員會議

十一 國家總動員會議就軍需民用及資源供應情形詳加審議作成綜合國力之總動員計劃由行政院呈經國防最高委員會核定施行

十二 在總動員計劃未策定前其應迅即提前辦理之重要措施由各主管機關先提出於國家總動員會議核定施行

第四 從事國家總動員業務之經濟組織

一 公營或民營之公司工廠行號等應遵照非常時期工商業及團體管制辦法限期爲公司登記或商業登記並限期組織同業公會強制加入

二 法令許可不爲公司登記或商業登記之小規模營業凡營公用或生活必需之物品者無論臨時或永久設立均應向各該同業公會登記并受其約束履行非常時期工商業及團體管制辦法之任務

三 各級政府爲管理動員上之必要得指定不同種類或不同地點之同業公會組織聯合機構各同業公會亦得自動聲請組織其辦法由主管及關係機關商訂之

四 各縣市政府除依照縣各級合作社組織大綱之規定完成各節合作社之組織外尤應注重消費合作社及產銷合作各級合作主管機關並應次第限期組織縣省中央聯合社

五　各級政府對上列各種經濟組織得命令其從事動員業務或予權辦理指定之動員管理工作并直接向政府檢舉違反動員法令規定之經濟行爲

六　各級政府主管機關對上述各種經濟組織應隨時督導考核並得調訓其工作幹部或輔導自行訓練其會員

七　制國家總動員法之意義在加強國力對於一切生產力謀增殖實施該法第三條之規定時征用民營工廠當以違背動員法令及私人能力確難經營者爲原則其業有成效者應予以指導扶殖

第五　有關國家總動員業務之人民團體

一　各級主管社會行政機關應限期完成各種職業團體自由職業團體及其他與國家總動員業務有關之人民團體之組織並分別強制或勸導各個人民必須加入一種團體爲會員

二　各種與國家總動員業務有關之人民團體法律已有上級聯合會之規定者主管機關須限期強制其組織或參加

三　各級主管社會行政機關得依據動員法或管理動員機關之合法委託隨時分配人民團體以動員業務并得授權辦理指定之動員管理工作

四　各級主管社會行政機關對各種人民團體應隨時派員督導考核並指導演習動員計劃或調訓其幹部及輔導自行訓練其會員對職業團體並得派遣書記或補助經費

五　自由職業團體之工程師醫師會計師藥劑師新聞記者等團體關係動員業務甚大應特別注重其登記調查及培養調節以便隨時征調使用

研究國家總動員法實施程序

三十一年五月二十九日院令轉發

一　各機關首長各界領袖人士各鄉鎮保甲戶長應利用國民月會及一切集會機會向同胞部屬子弟解釋國家總動員法條文

二　各行號應就經營本業與國家總動員法有關事項提供意見於同業公會各同業公會應將各行號意見加以審查彙呈縣政府（或市社會局）採擇

三　各工廠應就經營本業與國家總動員法有關事項提供意見呈送經濟部工礦調整處（國防工業呈兵工署）採擇

四　各甲長保長鄉鎮長應就本身職務與國家總動員法有關事項提供意見逐級遞呈縣（市）長採擇

五　各級學校校長應就教育行政或學術上之發明與國家總動員法有關事項邀集全校教職員會同研究具體意見分別提呈縣（市）政府或省（市）教育廳（局）或教育部以備採擇

六　各團體應就本業範圍與國家總動員法有關事項提供意見分別呈送縣（市）政府或社會部採擇

七　各縣（市）長應將本縣（市）人事業務經費之配置及現在業務進行狀況及依國家總動員法應行準備事項綜合縣屬各方面以及本府內各級職員所提意見分別取舍斟酌損益精其節略呈送省府核辦

八　各省（市）政府參酌各縣（市）政府及府內各廳處所提意見依總動員法應行準備事項將原訂工作計劃再加檢討重訂具體計劃呈請本院核奪

九　各機關及其各機關內之每一單位應各就主管範圍依國家總動員法應行準備事項擬具計劃層層審核逐級彙訂分別呈送主管部會署局綜核再由各主管部會署局就本機關業務範圍依國家總動員法應行準備事項將原有工作計劃再加檢討重訂具體計劃呈候本院核奪　法行實施程序

三十一年五月二十六日訓令頒發

國家總動員宣傳綱要

三十一年四月二十五日訓令頒發

我國抗戰已歷五載近自太平洋戰事爆發而抗戰形勢復有重大之發展現我正與盟邦並肩作戰所負之使命至為艱巨為把握戰機增強戰力以爭取最後勝利起見尤有加強動員全國人力物力之必要去歲九中全會即已通過「加強國家總動員實施綱領」最近國民政府根據全會決議業經制定國家總動員法於革命先烈紀念日正式公布並定於五月五日命令實施亟應擴大宣傳喚起全國國民一致之認識與擁護茲揭示宣傳之要點與辦法如下

第一　宣傳要點

一　說明國家總動員之意義在集中運用全國之人力物力加強國防力量貫澈抗戰目的以確保我國家民族之獨立生存並獲與各反侵略盟邦共同肩負維護全世界人類正義文明之責任

二　講解國家總動員法之具體內容與立法意旨凡關于國家總動員物資之合理管制與運用國家總動員業務之積極倡導與推行務須條分縷析多方解釋使國民於該法實施之際即有澈底之認識與理解

三　引用世界各國施行國家總動員之實例說明國家總動員為現代戰時國家所必須實施之政策且必須如此抗戰乃能確有最後勝利之把握

四　注重說明國家總動員法實施後一般國民之權利與自由雖受若干之限制但此種一時的或局部的限制實為達到抗戰勝利的神聖目的不得不有之措施直接保衛國家民族之生存間接亦即係保衛每一國民自己之生存以期達到國家至上與勝利第一之目標

五　說明國家總動員法爲國家在抗戰時期最重要之法律一般國民人人均應絕對遵守如有違反者必受國家法律之制裁

六　應鼓勵一般公共機關學校部隊及社團中之一切工作人員本自動自發之精神首先倡導切實遵行以樹立一般人民之表率

第二　宣傳辦法

甲　臨時宣傳

一　全國各地屆時舉行國家總動員宣傳週日期定爲五月四日至十日在宣傳週間舉行左列各項節目

一　宣傳大會五月四日舉行五月份國民月會同時即舉行國家總動員宣傳大會

二　由各地黨部會同政府召集當地鄉鎮保長及各種人民團體代表解釋國家總動員法並命令各保長及人民團體負責人分別召集保民大會及團體會員大會分別講解

三　民衆作遵守國家總動員法之表示——以保長或各種團體負責人代表其方式由各地斟酌當地情形訂定之

四　在宣傳週期間舉行與國防及生產有關之各種展覽會（各地得酌量情形舉辦）

五　在宣傳週內舉行國家總動員廣播講演由中央廣播事業管理處主持辦理並通令各地電台同時舉辦

六　在宣傳週內各地普遍印發「國家總動員法」及有關之宣傳小冊或傳單

七　國內在宣傳週內各報紙雜誌一律編印國家總動員特刊

八　各地文化團體及學校分別舉行座談會或講演會講解國家總動員法並以國家總動員法爲本週作文題材

九　在宣傳週內各縣市黨部宣傳隊及社會教育機關之工作人員應出發作口頭宣傳化裝表演

乙　經常宣傳

一　國內各地各界應切實舉行國民月會每次開會時應將國家總動員法條文詳細講解之解釋以兩個月爲期[illegible]

二　各省市黨部及政府應通飭各縣市發動縣市宣傳隊凡黨員及教育人員應利用保甲組織經常分別講解其講解材料由中央儘速編訂頒發一律翻印應用

三　中央宣傳部編印國家總動員法白話淺釋國家總動員歌詞國家總動員畫片及有關之宣傳書刊若干種頒發各省市翻
全國于國民月會中或以其他方法徵發民衆[illegible]之論文

四　各級政府機關以布告形式用白話宣佈國家總動員法大意或繪製國家總動員法圖說張貼各城市鄉鎮

五　各學校各民衆教育機關各茶館戲院娛樂場以及其他公共場所均應設法酌量用顯着形式張貼或繕製國家總動員法全文或其重要條款[illegible]

六　各級政府應通令各印刷書店在通俗書籍或其他銷路較廣之任何書籍內設法附印國家總動員法全文或其重要條款或繪製國家總動員法圖說

七　全國各定期刊物應隨時發表闡揚國家總動員法之論文

八　各地報紙應長期不斷用顯着地位將國家總動員標語登載並隨時撰著社論或專論闡揚國家總動員法

九　徵求宣傳國家總動員之電影劇本及戲劇攝製影片或經常公演

十　國家總動員法實施後如遇政府頒佈適用該法之命令時各級黨部及政府應隨即發動宣傳機構普通宣傳務期國民能徹底瞭解政府之命令並擁護實行

第三　宣傳標語

一　國家利益高於個人利益

二　集中人力物力加強國防建設

三　提高工作效能

四　統一政令軍令

五　加強物資統制

六　勵行節約

七　嚴禁居奇

八　增加生產

社會部核准備案之農漁團體一覽表

三十一年四月至六月

1. 核准組織之農會

省市別	團體名稱	核准日期	主要負責人	會員數 團體	會員數 個人	備註
福建	寧洋縣農會	四月十四日	羅占開	六		
	永安縣吉山鄉農會	四月二十日	劉若堯		五七	
	上杭縣平一鄉農會	四月十四日	王仁行		六二	
	上杭縣還賢鄉農會	同	李新禮		五三	
	永春縣桃安鄉農會	同	劉如山		四八五	
	逸東鄉農會	同	姚羲涉		三二一	
	壺東鄉農會	同	蘇省		一七五	
	蓬峯鄉農會	五月廿三日	施文德		五三二	
	玉坑鄉農會	同	康進平		四五八	
	西安鎮鄉農會	同	林揚秀		一七六	
	福德鄉農會	六月三日	郭文章		二九五	
	安溪縣清溪鎮鄉農會	四月十四日	李延愽		七三九	
	長泰鄉農會	五月四日	李永珪		四五二	
	六社鄉農會	五月廿三日	蘇捷步		七一三	
	莆田縣埭頭鄉農會	五月廿八日	卓瑞立		二一六	
	明溪縣蓉孤鄉農會	五月廿三日	曾景春		六九	
	寧德縣七都鄉農會	六月一日	黃維綸		一九八	
	泰寧縣龍峯鎮鄉農會	六月廿六日	歐陽文		一七八	
	永泰縣泉山鄉農會	同	張務國		六一	
	丹洋鄉農會	同	蔣崇敬		七二	
	晉江縣永寧鄉農會	同	施維緩		一〇四	
	中山鄉農會	同	吳身金		一三三	
廣西	臨桂縣鄉農會	四月廿日	秦國銘	二〇		
	左縣南同鄉農會	同	莫獻宣		一九六	
	欽盧鎮鄉農會	同	韋華裝		一八六	
	融縣浸保鄉農會	四月十八日	覃百義		一〇一	
	安隆鄉農會	同	鄧宏興		五〇	
	四安鄉農會	四月四日	李文周		一三八	
	臨桂縣靈源鄉農會	同	唐建候		二六〇	
	廟頭鄉農會	四月十八日	張民生		一六八	
	大中鄉農會	同	秦慶之		二〇一	
廣東	信宜縣農會	四月三十日	羅柏榮	一四		
	和平縣農會	五月二日	賴政綺	一〇		
	高要縣農會	同	陳厚昌	七		
	小湘鄉農會	同	莫尚德		二二九	

	[illegible]大演鄉農會	六月一日	賴[illegible]		六〇六
	[illegible]三部鄉農會	同	呂漢本		一〇二
	桂[illegible]鄉農會	同	劉[illegible]		七九四
	入[illegible]鄉農會	同	龍紹銘		一〇五
	台山縣西海鄉農會	同	陳國榮		四七四
	桂水鄉農會	同	李伯[illegible]		三一〇
	深井鄉農會	同	陳[illegible]典		一九六
	佛岡縣水頭鄉農會	同	黃森桂		二八〇
	高明縣崇[illegible]鄉農會	同	許瑞祥		一〇六
	花縣農會	同	林[illegible]	一七	
	國泰鄉農會	同	羅文晃		二四七
	合石鄉農會	同	畢兆漢		二〇九
	白珠鄉農會	同	高[illegible]能		五八二
	烏石鄉農會	同	黃煥儒		二二四
	龍潭鄉農會	同	陳永漢		一三九
	上古鄉農會	同	倪[illegible]聰		二四五
	梯面鄉農會	同	蘇正廉		四六七
	象山鄉農會	同	汪廣鑾		六五三
	水口鄉農會	同	任克强		二三六
	瑪村鄉農會	同	林文晨		一五七

	平[illegible]鄉農會	同	宋[illegible]		一八九
	盤古鄉農會	同	王業生		二〇七
	龍門縣龍湖鄉農會	同	李道[illegible]		五五
	雲來鎮東南[illegible]鄉農會	同	方長[illegible]		一五六
	[illegible]定縣城西鄉農會	同	吳其仁		一〇六
	瀝石鄉農會	同	陳[illegible]亭		二二二
	南海縣溪洲鄉農會	同	[illegible]		一〇九
	[illegible]德鄉農會	同	陳少陶		一二三
	民樂鄉農會	同	潘[illegible]		一三二
	鼎[illegible]鄉農會	同	葉莊伯		一一四
	太同鄉農會	同	陳競生		一四二
	西岸鄉農會	同	黃[illegible]如		一〇一
	簡村鄉農會	同	梁民立		一一八
	沙頭鄉農會	同	關其任		一三〇
	吉利鄉農會	同	[illegible]		一二七
	始興縣[illegible]鄉農會	同	曾[illegible]棠		九二
	[illegible]縣五美鄉農會	六月[illegible]日	李子[illegible]		七一
貴州	修文縣農會	五月廿五日	任子[illegible]	二三	
	綏陽縣[illegible]子鄉農會	四月二日	李啟智		一〇八
	后[illegible]鄉農會	同	秦炳銓		七六

	岑鞏縣龍鰲鄉農會	四月七日	黃萬銘		二七八
	興仁縣高武鄉農會	四月廿二日	羅有華		二四六
	安化鄉農會	四月廿四日	藥萬通		一九五
浙江	江山縣金龍鄉農會	四月十日	黃懷有		一一九
	永康縣芮川鄉農會	同	金兆闢		八二
	遂安縣寰沂鄉農會	四月廿八日	汪士田		七九
	坑口鄉農會	同	王羲法		六三
	涞水鄉農會	同	吳適莇		六〇
	盧家鄉農會	同	余燊桐		一一七
	南塘下鄉農會	同	毛以恭		六九
	彭家庄鄉農會	同	方訓欽		一三一
	上吳坵章鎮鄉農會	六月一日	丁守棠		一〇九
	三門縣珠溪鄉農會	六月十二日	陳宏武		七二
	任部鄉農會	同	邵圭璋		一一八
	高楔鄉農會	同	鄭保臣		八〇
	石崁鄉農會	同	李[illegible]		一一四
安徽	懷寧縣清河鄉農會	三十七年四月十八日	鍾泉濤		三〇〇
	郎溪縣謝塝鄉農會	同	趙瀛洲		一九二
	飛橋鄉農會	五月十七日	高芸麈		二二七
	姚村鄉農會	同	魏助成		二一〇

	桐城縣會灃鄉農會	四月十八日	張覺非		八八
	岳西縣西美鄉農會	五月十六日	鄭文楷		三三六
	銀河鄉農會	同	汪之塽		一四八
	楊幹鄉農會	同	殷屏甫		一二三
	黃羊鄉農會	同	胡頴亭		一八〇
	迴水鄉農會	同	朱可欽		一九〇
	南庄鄉農會	同	余鍾岸		一三六
	深古鄉農會	同	汪徐庶		一五二
	石梯鄉農會	同	范玉生		九〇
	冶溪鄉農會	同	胡冠軍		一七四
	清心鄉農會	同	王玉衡		二〇九
湖南	衡山縣安鎮鄉農會	四月八日	陽蔚庭		三〇八
	楊橋鄉農會	五月廿三日	劉啓鏈		二一八
	桃源縣萃崇鄉農會	六月十三日	李炳耀		四九七
江西	上饒縣農會	四月十八日	姜履雲	四〇	
	都昌縣農會	同	張之翰	二九	
	雩都縣農會	六月五日	蕭泰良	三五	
	雩都縣岡埝鄉農會	四月十八日	蕭靜瑚		五九
	馬頭鄉農會	同	蕭覺羣		五八
	洛口鎮鄉農會	同	賴貫東		七三

東山鎮鄉農會	同	嚴闡吉		五八
珠岡鄉農會	同	賴榮德		五六
南園鄉農會	同	曾冠英		五八
漳濱鄉農會	同	楊斌雲		五八
籬田鄉農會	同	蕭經福		七一
城頭鄉農會	同	李岷		五七
宜黃縣外陸鄉農會	同	孫義和		一五〇
梨溪鎮鄉農會	同	余大經		一三八
梅坊鎮鄉農會	同	許仁貴		一七三
潭坊鎮鄉農會	同	鄒英朋		一五六
鹿岡鎮鄉農會	同	曹伯[illegible]		一五八
修水縣義寧鎮鄉農會	同	梁秉彬		六三七
崇義縣上猶鄉農會	四月廿五日	唐英寶		五八
杰壩鄉農會	四月十八日	邱光禮		二〇五
長潭鄉農會	四月廿五日	劉能紹		八六
文英鄉農會	同	郭向榮		七〇
橫水鄉農會	同	樂世楨		二七五
贛縣水東鄉農會	六月五日	劉家瑞		二二七
水西鄉農會	同	魏萬貴		一二四
七里鄉農會	同	賴從熾		一二三

關南鄉農會	六月廿七日	劉厚遺		一七八
城南鎮鄉農會	同	譚先第		一二四
新圩鄉農會	同	范玉振		一四二
大庾縣內良鄉農會	六月五日	魏家翰		五六
浮江鄉農會	同	呂世璁		一二二
梅嶺鄉農會	同	吳舜瑞		六三
酉和鄉農會	同	蔡士綬		五五
河南 閿鄉縣農會	四月八日	劉德潤	一〇	
許昌縣農會	四月十八日	吳瑞運	二一	
南召縣鐵牛鄉農會	同	鄭作楨		六七
維新鎮鄉農會	同	吉德華		一三一
丹霞鄉農會	同	李蔭卿		七二
太同鄉農會	同	張俊超		六三
馬橋鄉農會	同	張功臣		九〇
栗岡鄉農會	同	馬名奇		六六
李青店鄉農會	同	靳立賢		五三
白土崗鄉農會	同	王立憲		五七
臨潁縣張橋鄉農會	五月四日	孟發周		三七二
石橋鄉農會	同	張獻玉		三五七
巨陵鄉農會	同	王惠宇		三二八

	王閣鄉農會	同	滕照遠		三〇五
	朝陽鄉農會	同	宋清潔		三九五
	瓦店鄉農會	同	康殿魁		三二五
	陳莊鄉農會	同	張離江		二九五
	穎川鄉農會	同	胡銘唐		三二〇
	西郭鄉農會	同	畢彥甫		三五〇
	南橋鄉農會	同	田鴻基		三五〇
	東郭鄉農會	同	李明鑑		三〇〇
	紂成鄉農會	同	吳敬一		二九〇
陝西	朝邑縣農會	四月十三日	嚴伯滄	一〇	
	安康縣香獐鄉農會	四月四日	李文華		八六
	[illegible]嶺鄉農會	同	彭瑞青		五六三
	張灘鄉農會	同	張原昆		二〇〇八
	恆口鄉農會	同	郭純如		七二五
	三原縣陂西鄉農會	四月廿一日	張勉之		二一二
	文峯鄉農會	同	田稱祺		二三七
	長孫鄉農會	同	吳見齊		二七八
	大程鄉農會	同	李士聖		二八〇
	池湯鎮鄉農會	同	王培元		一九七
	樹橋鎮鄉農會	同	賈文浩		二七五

平利縣三陽鄉農會	同	蕭佛臣		三七〇
八仙鄉農會	同	賀勳		二五〇
西鄉縣白河鄉農會	五月四日	孫維新		二八〇
茶漁鄉農會	同	韓次峯		三八二
楊河鄉農會	同	楊耀堂		三八二
桑元鄉農會	五月廿三日	彭岳三		二八〇
東渡鄉農會	同	楊晉華		三二六
略陽縣青白鄉農會	五月四日	崔孝崙		三〇〇
郃閣鄉農會	同	劉基宣		八七〇
沮水鄉農會	同	曹德銘		三〇二
武興鎮鄉農會	同	王忠岱		四九七
白河縣和濟鄉農會	同	呂耀庭		五二一
和協鄉農會	五月廿三日	王大祥		四九六
麟游縣招賢鄉農會	五月四日	蔣伯陶		三〇〇
兩亭鄉農會	同	王紹亭		三一〇
崔木鄉農會	同	魏期軒		三一〇
興國鄉農會	五月六日	呂子文		三〇〇
洵陽縣文治鄉農會	同	陳明德		九三一
渭南縣賢孝鄉農會	五月十四日	李之瑛		一七二六
信義鄉農會	五月廿三日	李毓賓		六六五

	渭安鄉農會	同	沙瑞座		九六八
	金坡鄉農會	同	孫儀容		二一〇〇
	武安鄉農會	同	王少雄		一二三七
	留壩縣城鎮鄉農會	同	何平階		二一五
	留侯鎮鄉農會	同	閻海波		三一五
	江口鎮鄉農會	同	任元成		二二一
	崇仁鄉農會	同	蔡興國		一八二
	崇禮鄉農會	同	劉家富		二五一
	崇務鄉農會	同	郭振江		一七〇
	高陵縣鹿苑鄉農會	五月廿八日	[illegible]		一四〇
	張橋鄉農會	同	劉樹勳		一三五
甘肅	康縣縣農會	四月十八日	張守敬	一二	
	周家溝鄉農會	同	王　義		五
	窯坪鄉農會	同	何守棠		五八
	楊家溝鄉農會	同	楊守彪		五六
	鄭子壩鄉農會	同	楊在樹		五二
	蔡家溝鄉農會	同	陳志勳		六九
	花廟子鄉農會	同	胡榮富		五三
	魏家梁鄉農會	同	魏顯廷		八四
	榆樹溝鄉農會	同	曾祿川		五二

	馬家溝鄉農會	同	王克勤		八四
	羅家河鄉農會	同	鄧彥邦		六三
	隴西縣[illegible]崇鄉農會	四月十四日	王　鏡		三二一
	仁壽鄉農會	同	馬玉五		三〇九
	長安鄉農會	五月十一日	趙　興		三二三
	首陽鄉農會	六月十二日	李　斌		三二三
	保昌鄉農會	同	許竹貝		三五六
	翠屏鄉農會	同	潘錦文		三二三
	復興鄉農會	六月十五日	朱岐鎰		三〇九
	臨夏縣鎮南鄉農會	五月十一日	馬國漢		五〇
	武都縣農會	同	石建民	九	
	洮沙縣桑家溝鄉農會	同	桑海柏		八三
	白崖鄉農會	同	崔效武		七五
青海	省農會	五月十九日	孟士傑	一〇	
四川	南江縣農會	五月廿五日	陳學林	一三	
	鄰水縣農會	六月十三日	姜相堯	二四	
	洪雅縣洪川鎮鄉農會	五月廿五日	李光樞		九五三
	青神縣東附鄉農會	同	段玉章		二五〇
	滎經縣常樂鄉農會	六月十三日	鄧　傑		二八五
湖北	來鳳縣信茂鄉農會	六月十二日	向華軒		八三

省市別	團體名稱	核准日期	主要負責人	會員數 團體	個人	備註
	建始縣中山鄉農會	六月廿六日	張幼植		三一六	
	羅家鄉農會	同	劉洪章		二一二	
	中正鄉農會	同	周翊臣		一八四	
	嘗陽鄉農會	同	郁仲如		二九八	
	茅田鄉農會	同	吳紹章		二五一	
	銅鼓鄉農會	同	余鶴階		二六六	
	石垭鄉農會	同	盧國安		二四三	
	高店鄉農會	同	姜霽山		二七五	
	紅岩鄉農會	同	姚紹軒		二七八	
	河坪鄉農會	同	崔星伯		二六六	
重慶	重慶市第十一區農會	四月八日	樊子良		六二五	
	第九區農會	五月四日	王炎甫		一九七	

2. 核准改選之農會

省市別	團體名稱	核准日期	主要負責人	會員數 團體	個人	備註
福建	政和縣農會	四月十四日	秦光灼	十		
	建陽縣農會	五月四日	王汝明	一七		
	永春縣蓬壺鄉農會	四月二十日	蘇省		一九二	
	桃安鄉農會	六月三日	劉熹欣		四九八	
	永泰縣月洲鄉農會	四月十四日	張森德		五五	
	上蓮鄉農會	同	魏榭瓊		八〇	
	屏南縣熙嶺鄉農會	同	張輔福		一七〇	
	屏南縣農會	四月七日	黃德銘	一二		
	屏南縣甘棠鄉農會	五月廿三日	張長治		一〇四	
	路下鄉農會	五月廿五日	林光明		七七	
	上杭縣信義鄉農會	四月十四日	黃識文		五一三	
	上都鄉農會	同	高軍儒		一九〇	
	中都鄉農會	同	丘若泉		八七六	
	蘆溪鄉農會	同	廖燒勳		一五三三	
	城西鄉農會	同	林毓奎		三五〇	
	城東鄉農會	同	廖揚清		五六八	
	寧德縣洋中鄉農會	五月十九日	周歸瑞		一六〇	
	南靖縣山城鎮鄉農會	五月廿三日	卓大溜		一五一	
	金水鄉農會	五月廿五日	吳臘冬		一一六	
	華安縣大雲鄉農會	六月一日	湯毛紅		一一八	
	建甌縣房村鄉農會	同	陳茂晋		九五	
廣西	左縣中東鄉農會	四月四日	張永平		一〇二	
	西安鄉農會	同	方萬濱		六八	
貴州	黔西縣林泉鎮鄉農會	四月十七日	黃紹華		一六五	
浙江	孝豐縣農會	六月一日	夏霖	一四		
	常山縣數鄉農會	四月十日	鄭光宗		二〇三	

省市別	團體名稱	核准日期	主要負責人	會員數 團體	個人	備註
	南靖鎮鄉農會	四月廿八日	王光		一〇二	
	衛縣衛花鎮鄉農會	同	孫啓文		五〇五	
	寧海縣砂坪鄉農會	五月廿三日	駱均平		一七九	
	竹紡鄉農會	同	楊明理		一二七	
甘肅	寧定縣農會	四月廿八日	馬步雲	三		
廣東	曲江縣農會	五月二日	何宗義	一二		
安徽	太和縣洪溝鄉農會	六月廿七日	段學孟		三六〇	
	龍泉鄉農會	同	范榮宗		二四〇	
	界首鎮鄉農會	同	魏介仁		一九八	
	稅鎮鎮鄉農會	同	張愼之		三六四	
	黑虎鄉農會	同	張雲祥		二八〇	
	齊楊鄉農會	同	李效晉		三五四	
	關集鄉農會	同	胡純一		四二〇	
	清懋鄉農會	同	孫昌勳		二六〇	
	高廟鄉農會	同	李銓慈		二六二	
	李興鎮鄉農會	同	謝佩之		二九二	
	黃門鄉農會	同	王燦周		二六〇	
	淝河鎮鄉農會	同	鄭洲亭		三二〇	
	桑家鄉農會	同	關心剛		三八〇	
	黃廟鄉農會	同	李國銓		二八〇	
	磚橋鎮鄉農會	同	[illegible]玉璿		二四〇	
	倪邱鎮鄉農會	同	劉靜齋		七六〇	
	竹園湖鄉農會	同	鍾德裕		七二〇	
	蔣廟鄉農會	同	段希賢		三二〇	
	三塔集鄉農會	同	孫懷璧		二二〇	
	望高塚鄉農會	同	汪廷賢		九二〇	
	光武鎮鄉農會	同	王啓龍		二四〇	
	茨河鎮鄉農會	同	史德瑞		三六〇	
	原牆鎮鄉農會	同	吳繼華		五三二	
	亮集鄉農會	同	范濟世		二二〇	
	司嘴鄉農會	同	雲金華		二五四	
	胡集鄉農會	同	范獻雲		二八〇	

3. 核准改組之農會

省市別	團體名稱	核准日期	主要負責人	會員數 團體	個人	備註
福建	漳浦縣前江鄉農會	四月十四日	陳泰榮		九五	
	松莊鄉農會	四月十日	林水源		二六九	
	寧洋縣小溪鄉農會	同	蔡隆興		七八	
	莆田縣東滄鄉農會	五月廿八日	陳降棠		一〇〇	
	岳東鄉農會	同	謝進棠		一六二	
	井溪鄉農會	同	陳祖勳		一〇九	

	雙東鄉農會	同	祁[illegible]思		一六二	
	長柳鄉農會	同	劉世坤		三九八	
	瑞東鄉農會	同	葉平遠		一七〇	
	鳳山鄉農會	同	劉仁遠		一八二	
	長樂縣泮龍鄉農會	同	林毓奇		一九三	
	屏南縣壽山鄉農會	五月廿三日	蘇壽松		八〇	
	晉江縣許西坑鄉農會	六月廿六日	許源頭		八五	
	桂林鄉農會	同	許派坑		六五	
廣西	天峨縣城廂鄉農會	四月十八日	梁水華		八〇	
	老[illegible]鄉農會	同	劉藩墇		五八	
	橋頭鄉農會	同	蘇必思		一六〇	
貴州	施秉縣雙井鄉農會	四月廿二日	傅有德		一三二	
河南	南召縣農會	五月四日	王立滋	八		
	商水縣農會	六月十二日	王志德	一〇		
	魯山縣中正鄉農會	五月十六日	劉振華		九八	
四川	大竹縣農會	五月廿五日	陳聯陞	三三		
甘肅	清水縣上邽鄉農會	五月廿八日	劉萬芳		二九二	
	同陽鄉農會	同	馬振武		一二〇	
	白窯鄉農會	同	毛秉政		二三三	
	[illegible]門鄉農會	同	崔嶽		二二〇	
	白沙鄉農會	同	程榮甲		一五〇	
	清水縣農會	同	[illegible]又泉	五		
安徽	和縣金楊鄉農會	六月廿一日	許漢臣		二一七	
	張家鄉農會	同	楊福光		三八〇	
	烏江鄉農會	同	范[illegible]城		三三八	
	濮[illegible]鄉農會	同	戴德仁		三二五	
	香泉鄉農會	同	楊毓衡		三七〇	
	河七劉鄉農會	同	王仁榮		二一四	
	歷陽鄉農會	同	高學文		二〇〇	
	孫元堡鄉農會	同	陳安豐		一一〇	
	南義鄉農會	同	史開運		二〇〇	

4. 核准整理之農會

省市別	團體名稱	核准日期	主要負責人	會員數 團體	會員數 個人	備註
甘肅	華亭縣高山鄉農會	四月廿五日	李世德		六七七	
	城關鎮鄉農會	同	王錫恩		二九六	
	龍[illegible]鄉農會	同	[illegible]功業		九五四	
	馬峽鎮鄉農會	同	張守業		九三三	
	山寨鎮鄉農會	同	楊正榮		六二一	
	安口鎮鄉農會	同	李鳳鳴		七〇四	
浙江	安吉縣東山鄉農會	六月一日	吳[illegible]		五六九	

安徽	和縣緯廟集鄉農會	六月廿二日	徐世寅		一七五	

5. 核准組織之漁會

省市別	團體名稱	核准日期	主要負責人	會員數 團體	會員數 個人	備註
福建	漁會聯合會	五月十九日	麥訓忠	二三		

6. 核准改選之漁會

省市別	團體名稱	核准日期	主要負責人	會員數 團體	會員數 個人	備註
福建	霞浦縣漁會	四月十一日	朱武成		二〇〇五	
	霞浦縣漁會松山鎮分會	同	林光雲		二一五	

社會部核准備案之工人團體一覽表

三十一年四月至六月

1. 核准組織之工會

省市別	團體名稱	核准日期	主要負責人	會員數 團體	會員數 個人	備註
廣西	中華海員工會廣西南甯分會	四月十七日	黃占梅		五五〇	
	玉林縣搬運業職業工會	四月十八日	劉晉仁		六九	
浙江	桐廬縣烟傘業職業工會	四月七日	朱廷澎		六四	
	淳縣造船業職業工會	四月廿七日	余思啓		五〇	
	江山縣總工會	四月三十日	周德治	七		
江西	龍南縣烟絲業職業工會	同	盧光鑑		七五	
	泥水業職業工會	同	廖海明		三八〇	
	宜黃縣造紙業生產工會	六月四日	徐嘉[illegible]		一〇七	
	新喻縣總工會	六月十二日	萬人仰	四		
	木匠業職業工會	同	黃洪茂		七一	
	縫紉業職業工會	同	敖才發		六五	
	[illegible]匠業職業工會	同	朱生元		五〇	
	理髮業職業工會	同	徐才林		五二	
貴州	黔西縣理髮業職業工會	四月十三日	夏樹云		七二	
	沿河縣碼頭業職業工會	四月廿八日	[illegible]龍光		一〇五	
陝西	西京市印刷業職業工會	四月七日	楊貴榮		一〇七	
	漢陰縣各業工人聯合會	四月三十日	劉洪亮		一二〇	
	涇陽縣毛紡織業職業工會	五月十九日	薛瀾信		一二〇	
福建	屏南縣土木業職業工會	五月十九日	胡良幹		六八	
	浦城縣碼頭業職業工會	五月廿五日	劉坤山		五五	
	上杭縣建築業職業工會	同	沈志[illegible]		一二九	
	搬運業職業工會	同	張寶善		一四四	
	縫衣業職業工會	同	吳思奎		九六	
江西	萬安縣贛河領江業職業工會	五月廿六日	李[illegible]榮		七四	

	贛縣印刷業職業工會	四月二日	羅伯誠		四一八
	縫紉業職業工會	四月三日	陳伯雄		三六〇
	泥水業職業工會	同	蕭隆培		三二〇
	泥水業職業工會	同	鄒心慈		一三五
貴州	[illegible]水縣理髮業職業工會	同	周仲[illegible]		六五
	力行業職業工會	五月廿九日	潘金廷		四四三
廣東	雲浮縣理髮業職業工會	五月二日	曾煒南		五四
	梅菉市竹木業職業工會	日	麥培連		一四九
	[illegible]縣理髮業職業工會	同	陳志孝		一一二
	曲江縣鐵板業職業工會	同	雷[illegible]南		二一〇
	台山縣酒樓茶室業職業工會	同	譚振鴻		一三四〇
甘肅	寧定縣各業工人聯合會	四月廿八日	馬進寶		六七
	清水縣各業工人聯合會	六月十一日	王纘緒		六三
	隴西縣總工會	同	張登科	八	
	隴西縣製造肉業職業工會	五月二十六日	張志義		六六
	蘭州市麻繩業職業工會	五月十九日	焦志春		五二
安徽	太湖縣磨業職業工會	七月八日	曹興和		七五
	太湖縣搖縫業職業工會	同	張紹良		一一五
	岳西縣筏業職業工會	五月十二日	張　飛		二二六
	岳西縣木瓦業職業工會	五月二十六日	胡發義		七七

福建	南安縣民船船員工會	四月十三日	吳　暉		三七五
	同安縣騾馬業職業工會	四月七日	劉文[illegible]		七七四
	建甌縣篾業職業工會	四月十三日	萬仰欽		一六〇
	將樂縣造紙業職業工會	四月廿三日	黃福照		一二一
	寧德縣[illegible]業職業工會	七月六日	戴曉村		三八〇
	建甌縣燒炭業職業工會	四月十九日	陳偕書		一九一
	永春縣絲竹業職業工會	五月廿五日	[illegible]志慶		一〇七
廣東	遂溪縣運輸業職業工會	五月十九日	陳安惠		一四五五
	梅菉市理髮業職業工會	同	勞　傑		一〇八〇
湖南	益陽縣民船船員工會	五月七日	曾震寰		一五七八
	[illegible]煤硝業職業工會	五月八日	楊生初		三二〇七
	衡陽市烟作業職業工會	四月七日	李　鵠		一二七
	華容縣烟業職業工會	同	沈中民		八七
	耒陽縣煤硝業職業工會	四月二十日	彭大謙		三二五
	衡山縣漆業職業工會	四月七日	陳國元		五一
	衡山縣五金業職業工會	同	王[illegible]茂		一〇〇
	衡山縣民船船員工會	四月廿四日	羅[illegible]南		一一七
河南	新野縣音樂業職業工會	六月三十日	楊炳芳		五八
重慶市	裕華紗廠產業工會	六月廿七日	吳志恆		一〇[illegible]五六
	石灰業職業工會	六月二十四日	劉炳發		二三二

社會部核准備案之商人團體一覽表

三十一年四月至六月

2. 核准改選之工會

省市別	團體名稱	核准日期	主要負責人	會員數 團體(個)	會員數 人	備註
福建	龍溪縣總工會	四月十三日	鄭[illegible]	二四		
	邵武縣總工會	四月十六日	萬啓仁	七		
	木匠業職業工會	四月十三日	黃金堂		五〇	
	木製業職業工會	同	黃協和		五〇	
	碼頭業職業工會	同	沙祥照		五四	
	理髮業職業工會	同	陳金榮		五〇	
	五金業職業工會	同	陳璣民		五〇	
	古田縣木業職業工會	同	丁雙喜		一六六	
	永定縣民船船員工會	四月廿四日	盧美榮		一八六	
湖南	衡山縣泥木業職業工會	四月七日	向品朝		二三五二	
河南	沈邱縣皂廟鎮起卸業職業工會	六月廿三日	馬治君		四〇〇	
重慶市	皮箱業職業工會	四月廿日	劉白忠		六〇	
	麵食業職業工會	四月卅日	王銀山		一〇〇〇	

3. 核准改組之工會

省市別	團體名稱	核准日期	主要負責人	會員數 團體(個)	會員數 人	備註
福建	長樂縣挑運業職業工會	五月二五日	邱兆連		六〇	
河南	密縣總工會	六月三日	馬本立	九		

4. 核准整理之工會

省市別	團體名稱	核准日期	主要負責人	會員數 團體(個)	會員數 人	備註
陝西	寶雞縣小車運輸業職業工會	四月卅日	劉漢光		三二〇	
廣東	梅菉市民船船員工會	五月卅日	馮果夫		一〇八〇	
	德慶縣民船船員工會	同	林國華		一〇五	
	澄海縣理髮業職業工會	同	丘崇正		一四七	

1. 核准組織之商人團體

省市別	團體名稱	核准日期	主要負責人	會員數 團體(個)	會員數 人	備註
福建	同安縣馬巷區屠宰商業同業公會	四月四日	王坤六		六	
	建陽縣糖食商業同業公會	四月十四日	徐建勳		二二	
	[illegible]關商業同業公會	同	陳景雄		八	
	棉花商業同業公會	同	陳如北		廿	
	霞浦縣民船商業同業公會	同	黃壽昌		二四	
	糖餅商業同業公會	同	卓兆光		二四	
	[illegible]商業同業公會	同	徐水生		一八	
	仙遊縣圖書教育用品商業同業公會	同	陳嘉薇		六	

湖南	衡山縣大堡鎮糖貨商業同業公會	四月四日	賀時盛		一六八
	瀏陽縣絲綢呢絨布商業同業公會	四月七日	湯良誠		二一
	國藥商業同業公會	同	祝義奎		二〇
	圖書教育用品商業同業公會	同	唐楚成		二三
	耒陽縣煤炭商業同業公會	同	資朝和		一〇
	棉花紗商業同業公會	同	張潤民		一五
	才商業同業公會	六月八日	賀悠甫		四七
	安化縣藍田鎮綢緞呢絨布商業同業公會	六月三日	許承爵		
	醬席商業同業公會	同	胡煥南		二
	通道縣屠宰商業同業公會	五月十九日	王隆恒		一三
	漢壽縣旅館商業同業公會	同	劉贊斌		一二
	鐵器商業同業公會	四月八日	祁佩芳		三〇
	松門區百貨商業同業公會	同	葛臥南		一〇
	黃酒商業同業公會	同	葛鮮元		一八
	糕餅商業同業公會	同	朱充仁		二三
浙江	金華縣醬園商業同業公會	五月十三日	丁白成		二二
江西	龍南縣京菓商業同業公會	四月十日	熊智廉		二五
	屠宰商業同業公會	同	沈大治		三七
	百貨商業同業公會	同	蕭梓一		一八
	布商業同業公會	同	王卓如		一八

	國藥商業同業公會	同	歐光榮		三五
	上饒縣菜館商業同業公會	同	林光照		二四
	染坊商業同業公會	同	支煥如		一四
	雜貨商業同業公會	同	李立定		四九
	棉花商業同業公會	同	連志發		一八
	虔南縣商會	同	陳炳發		七八
	安福縣第一區江通商會	六月八日	劉文興		六四
	贛縣油商業同業公會	同	萬光祥		一三
	豐田鎮國藥商業同業公會	同	曹竹菴		七
	百貨商業同業公會	同	尹林泰		二七
	屠宰商業同業公會	同	陳潤章		七
	澧田鎮酒商業同業公會	同	段秉乾		一四
	糕餅商業同業公會	同	劉晉亭		一三
	綢緞呢絨布商業同業公會	同	賀勛爾		八
	雜貨商業同業公會	同	周勉吾		一三
	銀器商業同業公會	同	龍祿元		七
	豆腐商業同業公會	同	劉旦友		一八
	茶樓旅棧商業同業公會	同	劉鏡白		二〇
	理髮商業同業公會	同	吳燊美		七
	木器商業同業公會	同	譚桂三		一一

	織器商業同業公會	同	劉家龍		一七
貴州	鰼水縣溫水鎮雜貨商業同業公會	四月三日	熊金廷		八三
	山貨商業同業公會	同	翁漢清		一九一
	施秉縣[illegible]商業同業公會	六月十一日	殷友文		二五
廣西	蒼梧縣西江瓦[illegible]商業同業公會	四月十日	蔣華		八六
	皮革商業同業公會	同	關弈民		一一
	藤城縣[illegible]商業同業公會	同	黃德民		一〇
	五金電料商業同業公會	同	陳正利		一三
	[illegible]商業同業公會	同	劉敬循		六二
	雜貨商業同業公會	同	傅維武		六二
	車衣商業同業公會	同	羅永全		一四三
	布商業同業公會	同	羅善慶		二八
	糧食商業同業公會	同	沈耀亨		五六
廣東	紫金縣第二區古竹市京菓商業同業公會	四月三十日	溫紹琦		一二
	博羅縣蘇服鎮商會	五月十九日	李仲儀		五八
	上饒墟商會	五月九日	唐玉碧	三	
	台山縣大鄉圩商會	五月十九日	蔡熾修		一一〇
	信宜縣北石鎮商會	同	林沾業		一六
	懷鄉紙商業同業公會	同	張倩豪		二九
	懷鄉[illegible]商業同業公會	同	李可桂		二七

	布商業同業公會	同	林廸鎮		二九
	羅定縣民船商業同業公會	同	朱旅		一五
	火柴商業同業公會	同	陳傳侶		三八
	曲江縣軍服商業同業公會	同	梁超凡		三〇
河南	上蔡縣銀樓商業同業公會	同	朱景珊		一三
	菸葉商業同業公會	同	吳應科		八
	牲畜行商業同業公會	同	劉玉振		一〇
	糧食商業同業公會	同	聶捷臣		二八
	雜貨商業同業公會	同	孫永貞		五五
	承攬運輸商業同業公會	同			二五
	酒商業同業公會	同	張子青		一六
	鹽業商業同業公會	同	樊希桐		一八
	百貨商業同業公會	同	吳子衡		二三
	油商業同業公會	同	韓維中		二一
	洛陽縣民船商業同業公會	六月十五日	杜建朋		三三一
陝西	柞水縣商會	四月八日	朱才輔		三三
	山陽縣商會	同	段秉均		一六四
	宜川縣理髮商業同業公會	同	牛賓全		九
	嵐皋縣藥材商業同業公會	同	婁佐卿		七
	朝邑縣民船商業同業公會	同	閆進材		八

省市別	團體名稱	核准日期	主要負責人	會員數（團體）	會員數（個人）	備註
	朝邑縣章林鎮糧食商業同業公會	同	王岐德		二一	
	金城鎮棉花商業同業公會	五月四日	溫茂三		六	
	酒商業同業公會	同	王信亭		一四	
	五金商業同業公會	同	韋茂齊		五	
	國藥商業同業公會	同	郝子爾		八	
	紙衣商業同業公會	同	喬明山		一六	
甘肅	隴西縣圖書教育用品商業同業公會	五月八日	任光先		四	
重慶	銀行商業同業公會	六月十九日	康心如		三五	

2. 核准改選之商人團體

省市別	團體名稱	核准日期	主要負責人	會員數（團體）	會員數（個人）	備註
福建	將樂縣香菰業同業公會	四月二日	陳明信		一六	
	南靖縣絲綢呢絨布商業同業公會	同	謝海瀾		一六	
	永定縣商會	四月四日	熊耀祥	四		
	上杭縣商會	四月十四日	黃憲民	二三		
	上杭縣綢呢絨布商業同業公會	同	丘仁恭		五七	
	承攬運送商業同業公會	同	丘燮臣		二三	
	糧食業同業公會	同	藍文卿		一九二	
	新藥商業同業公會	同	陳樹芳		九	
	國藥商業同業公會	同	南冬生		二七	

省市別	團體名稱	核准日期	主要負責人	會員數（團體）	會員數（個人）	備註
	京果商業同業公會	同	朱夢發		三七	
	紙商業同業公會	同	黃憲民		二二	
	煙商業同業公會	同	李仲鏞		一五	
	酒商業同業公會	同	郭墨誠		一二	
	金銀器商業同業公會	同	郭輩元		二二	
	香煙商業同業公會	同	盧揚清		六八	
	水果商業同業公會	同	廖福蒞		二五	
	屠宰商業同業公會	同	李傑林		八六	
	順昌縣上洋鎮糧食商業同業公會	同	吳三慶		二四	
	屠宰商業同業公會	同	曾[illegible]欽		二八	
	菸商業同業公會	同	吳步仁		三〇	
	政和縣絲綢呢絨布商業同業公會	同	熊夢飛		二〇	
	連城縣旅社商業同業公會	同	吳克迪		一一	
	建甌縣商會	同	方仁山	三六		
	永春縣紙商業同業公會	同	陳漢明		三四	
	屠宰商業同業公會	同	顏啓仲		四四	
	油礱商業同業公會	同	孫春書		三六	
	漳浦縣礱米工業同業公會	四月十四日	陳昭輝		一〇	
	順昌縣大幹區商會	五月八日	林廷慶	一七		
	永泰縣商會	五月廿三日	鄭恩魁	七		

永泰縣國藥商業同業公會	同	張以章		八
木商業同業公會	同	鄭仕倫		一三
酒商業同業公會	同	楊朝賢		一四
京果商業同業公會	同	范作忠		一〇
百貨商業同業公會	同	莊仕珍		九
建甌縣木匠商業同業公會	同	黃桂生		一六
政和縣菜商業同業公會	同	黃振昌		四二
浦城縣旅商業同業公會	同	吳鑑卿		一五
寧洋縣商會	同	鄧哲民	六	
泰寧縣國藥商業同業公會	同	陳祖榮		一〇
百貨商業同業公會	同	王仁恒		二二
紙商業同業公會	同	梁鼎榮		一二
京果商業同業公會	同	黃德浩		二五
寧洋縣布商業同業公會	同	鄧松柏		一二
木商業同業公會	同	蔡垂富		七
筍商業同業公會	同	鄧哲民		七
京果商業同業公會	同	鄧錫恩		一五
國藥商業同業公會	同	林榮光		七
永安縣糕餅商業同業公會	同	楊慶祿		一一
理髮商業同業公會	同	郭健飛		一五

旅商業同業公會	同	林翔雲	一六
木商業同業公會	同	鄧偉光	三四
國藥商業同業公會	同	余欽民	二四
筍商業同業公會	同	賴德偉	二四
印刷商業同業公會	同	陳維欽	一三
德化縣商會	同	曾雄才	三〇
德化縣木商業同業公會	同	曾金東	三〇
裁縫商業同業公會	同	曾文瑞	九
糧食商業同業公會	同	蘇玉貴	一二
紙商業同業公會	同	鄭友金	一一
國藥商業同業公會	同	顏鴻基	一二
廚商業同業公會	同	張財良	一五
瓷商業同業公會	同	顏義欣	一八
京菓商業同業公會	同	甘文成	四二
絲綢疋織布商業同業公會	同	鄭順祖	九
南靖縣菸商業同業公會	同	馮若輝	一八
鞋商業同業公會	同	黃韶桐	二〇
藥品商業同業公會	同	吳卒	七
屠宰商業同業公會	同	陳炳旺	二四
什品商業同業公會	同	沈憲波	一八

	津陽縣京果商業同業公會	同	王[illegible]華		一八	
	國藥商業同業公會	同	李華富		一六	
	百貨商業同業公會	同	張隹士		一〇	
	紙燭什貨商業同業公會	同	吳繪庭		一七	
	旅社商業同業公會	同	黃志謙		二三	
	[illegible]茶商業同業公會	同	黃桂實		二〇	
	綢緞商業同業公會	同	鄒澍生		三二	
	理[illegible]商業同業公會	同	林天賢		二〇	
	[illegible]城縣餅商業同業公會	六月十五日	錢昌禮		一四	
湖南	石門縣商會	五月四日	伍藻元	一六		
浙江	溫嶺縣雜貨商業同業公會	同	劉繡侶		二三	
	[illegible]商業同業公會	同	陳訓臣		六	
	桶商業同業公會	同	盛國美		三六	
	香商業同業公會	同	葉啓云		一四	
	絲綢呢絨布商業同業公會	同	邵師儒		二〇	
	竹桶商業同業公會	同	王萬增		一九	
	百貨商業同業公會	同	李占卿		一五	
	溫嶺縣菸商業同業公會	四月八日	周仁民		一七	
	[illegible]商業同業公會	同	蔡文良		二一	
	碾米工業同業公會	同	王化中		一三	

	[illegible]酒商業同業公會	同	林子在		五三	
	國藥商業同業公會	同	王啟士		四〇	
	常山縣麵粉商業同業公會	四月三日	江夢濂		四一	
	鹽商業同業公會	四月八日	李紹[illegible]		九	
	常山縣商會	四月八日	徐輝華	一三		
	菜館商業同業公會	同	黃尙志		一三	
	木商業同業公會	四月廿二日	何純仁		八	
	承攬運送商業同業公會	同	徐思良		一一	
	金華縣國藥業商業同業公會	四月三日	諸[illegible]		一八	
	絲綢絨呢布商業同業公會	五月廿[illegible]日	許明達		六五	
	棉織百貨商業同業公會	五月六日	倪錫康		五九	
江西	永新縣商會	四月四日	李揄奎	一七		
	豐城縣油商業同業公會	四月三日	任樂一		一二	
廣東	雲浮縣商會	五月廿五日	陳少遷		一〇一	
	興寧縣龍田區絲綢呢絨布商業同業公會	五月廿三日	羅文彬		二六	
	京果商業同業公會	同	陳聯金		二〇	
	屠商業同業公會	同	陳順安		一〇	
	國藥商業同業公會	同	黃省三		一〇	
	紫金縣古竹市商會	同	廖子彬	一〇		
	鐵器商業同業公會	六月三日	萬慶康		七	

區域	團體名稱	核准日期	主要負責人	會員數 團體	會員數 個人	備註
	國藥商業同業公會	同	吳子芳		七	
	糧食商業同業公會	同	許梅貴		五三	
	古竹市布商業同業公會	六月三日	廖子彬		一五	
	平遠石正市絹呢絨布商業同業公會	同	王瑞階		一八	
	糧食商業同業公會	同	淩瑞元		三	
	國藥商業同業公會	同	黎財[illegible]		七	
	南雄縣糧食商業同業公會	同	邱杏如		六七	
陝西	西京市銅器商業同業公會	同	劉瑞齋		三四	
	安康縣商會	五月四日	聶允文	一六		
甘肅	臨潭縣雜貨商業同業公會	五月八日	郭生瑞		五五	
	和政縣商會	同	馬紹祥	七		
	武山縣商會	六月十九日	王天[illegible]	四		

3. 核准改組之商人團體

區域	團體名稱	核准日期	主要負責人	會員數 團體	會員數 個人	備註
福建	福安縣商會	四月二日	陳大均	一八		
	霞浦縣商會	五月廿三日	陳克佳	五一		
	南安縣洪瀨鎮商會	同	林華山	二二		
	建陽縣絲綢呢絨布商業同業公會	同	周映輝		一四	
	惠安縣糧食商業同業公會	六月三日	王瑞堂		五二	
	紙商業同業公會	同	王宗興		六七	
	糖餅商業同業公會	同	許麗水		二七	
	藥房商業同業公會	同	林豐泰		二三	
	竹篾商業同業公會	同	歐錦田		二〇	
	裁縫商業同業公會	同	連漢卿		三四	
	[illegible]商業同業公會	同	曾青才		一四	
	百貨商業同業公會	同	王逸民		二〇	
	木商業同業公會	同	許徒木		一四	
	豆腐商業同業公會	同	陳[illegible]福		五三	
	京果商業同業公會	同	林賽		二二	
	魚商業同業公會	同	王奎生		二九	
	屠宰商業同業公會	同	周庵九		一六	
	福安縣糖商業同業公會	同	劉宗樂		四九	
湖南	武岡縣高沙鎮商會	五月四日	吳正	七五		
	武岡縣高沙鎮糧食商業同業公會	同	龔甫仙		一三四	
	油鹽南花紗商業同業公會	同	劉鎮全		二五	
	圖書教育用品商業同業公會	同	劉棠之		二八	
	國藥商業同業公會	同	葉丕文		二六	
	百貨布商業同業公會	同	王濟明德		五〇	
	旅館商業同業公會	同	劉[illegible]榮		三四	

	[illegible]紀商業同業公會	同	曾紀東		一〇[illegible]	
	[illegible]商業同業公會	同	李德芳		一九	
	帽履商業同業公會	同	劉光榮		三八	
	京果商業同業公會	同	[illegible]長清		[illegible]二	
浙江	[illegible]縣[illegible]門區絲綢呢絨布商業同業公會	四月三日	施[illegible]軒		二八	
	[illegible]縣[illegible]門區糧食商業同業公會	四月八日	胡[illegible]堂		三七	
	南貨商業同業公會	同	陳仲秀		三三	
	國藥商業同業公會	同	陳仲士		四〇	
	雜貨商業同業公會	同	江伯方		七〇	
	[illegible]商業同業公會	同	陳仲秀		二九	
	常山縣水果商業同業公會	同	張文[illegible]		一[illegible]	
江西	[illegible]豐縣絲綢呢絨布商業同業公會	六月八日	[illegible]祥興		三〇	
	國藥商業同業公會	同	南[illegible]		一三	
	[illegible]食商業同業公會	同	熊[illegible]光		五二	
貴州	[illegible]市汽車商業同業公會	四月八日	[illegible]澤溥		一五八	
廣西	桂林縣國藥商業同業公會	四月一日	陳光[illegible]		一七	
	[illegible]梧縣承攬運送商業同業公會	同	李啓裕		一三	
河南	上蔡縣商會	五月八日	張子重		二二八	
	南召縣商會	五月七日	劉俊傑	三六		
	南召縣李青店商會	同	馬德祥	四〇		

	南召縣國藥商業同業公會	同	郭文光		一八	
	[illegible]商業同業公會	同	趙清來		九	
	糧食商業同業公會	同	李[illegible]		九	
	[illegible]宰商業同業公會	同	張蘭臣		八	
	百貨商業同業公會	同	王道炳		一一	
	雜貨商業同業公會	同	朱顯照		二八	
	理髮商業同業公會	五月七日	樊天興		八	
	飯館商業同業公會	同	武文彬		二二	
	染坊商業同業公會	同	楊文甫		五	
	[illegible]樓商業同業公會	同	黃居中		四	
	南召縣李青店油商業同業公會	同	王[illegible]齋		一四	
	[illegible]綢呢絨布商業同業公會	同	徐盛甫		一五	
	雜貨商業同業公會	同	于振卿		一三	
	糧食商業同業公會	同	李克己		九	
	國藥商業同業公會	同	李昇甫		一〇	
	百貨商業同業公會	同	王德齋		六	
	[illegible]城縣[illegible]河鎮皮革商業同業公會	同	熊[illegible]庭		七	
陝西	西京市[illegible]肉[illegible]業同業公會	四月八日	程風亭		八五	
	酒商業同業公會	同	馮子明		一九	
	磁器商業同業公會	六月三日	周[illegible]堂		一六	

4. 核准整理之商人團體

省市別	團體名稱	核准日期	主要負責人	會員數 團體	會員數 個人	備註
福建	永安縣菜館商業同業公會	五月廿三日	劉海香		二三	
	—旅社商業同業公會	同	韜易夫		二一	
浙江	安吉縣遞補鎮國藥商業同業公會	同	沈樂棋		一〇	

社會部核准備案之自由職業團體一覽表

三十一年四月至六月

1. 核准組織之自由職業團體

省市別	團體名稱	核准日期	主要負責人	會員數 團體	會員數 個人	備註
福建	永安縣中醫公會	四月二十日	葉永雲		一四	
	安溪縣中醫公會	五月二日	陳琦生		一二	
	水吉縣教育會	六月三日	陳春芳		一一八	
浙江	蘭谿縣中醫公會	四月十七日	吳錦靈		二四	
	蘭谿縣新聞記者公會	四月二日	鄭許歸		三〇	
	常山縣教育會	四月八日	李春芳	四		
廣東	寶安縣中醫公會	五月四日	黃民傑		二三	
	蕉嶺縣中醫公會	五月四日	劉孔材		七三	
	梅菉市中醫公會	五月四日	鄧景龍		九五	
	曲江縣教育會	五月四日	吳劍仙		一二三	
江西	新喻縣中醫公會	六月卅日	趙畛		四三	
	宜黃縣第一區教育會	五月八日	吳貞偉		五[illegible]	
	宜黃縣第二區教育會	五月八日	余瑞環		四七	
	第四區教育會	五月八日	應時薙		三八	
	第五區教育會	五月八日	羅少甫		五八	
	第六區教育會	五月四日	鄒定		四九	
	浮梁縣第五區教育會	五五八日	朱燮理		五〇	
	湖口縣教育會	五月八日	劉廷漢		六一	
	吉安縣教育會	五月四日	彭鶴		一八八	
河南	襄城縣中醫公會	六月卅日	孟斌亭		三五	
	襄城縣潁河鎮西醫公會	六月卅日	梁好溫		三一	
	臨汝縣第一區教育會	四月十七日	王召棠		三八	
	第二區教育會	四月十七日	焦金庚		三六	
	第三區教育會	四月十七日	魏崇勤		三五	
	第四區教育會	四月十七日	張永濱		四二	
	第五區教育會	四月十七日	張友規		三三	
	臨汝縣教育會	四月十七日	張鳳閣	五		
陝西	朝邑縣教育會	五月十二日	馬直	四		

	洛川縣教育會	四廿八日	洪禮[illegible]	四	
	潞城縣教育會	四月廿八日	馬超群		一九六
青海	省教育會	五月十八日	馬樹武	一一	
	貴德縣教育會	六月廿七日	王生榮	三	
貴州	錦屏縣教育會	四月二日	文起陸		一五二

2. 核准改選之自由職業團體

省市別	團體名稱	核准日期	主要負責人	會員數 團體	會員數 個人	備註
福建	南安縣中醫公會	四月十七日	戴天惜		三七〇	
	永春縣醫師公會	四月廿八日	陳志烈		二八	
	仙遊縣中醫公會	四二十一日	李世燮		一八	
	仙遊縣醫師公會	五月廿九日	鄭旭		三一	
	崇安縣教育會	五月廿二日	吳子旅	四		
	屏南縣教育會	四月卅日	薛雲鈞	三		
	屏南縣第一區教育會	四月十一日	李昌[illegible]		四五	
	第二區教育會	四月十日	胡棣章		二七	
	第三區教育會	四月十一日	吳一[illegible]		三三	
	寧德縣第二區教育會	同	黃寶清		二九	
	將樂縣教育會	四月卅日	[illegible]功煐		五二	
浙江	江山縣律師公會	六月卅日	汪[illegible]潘		一四	
	黃岩縣記者公會	[illegible]月廿三日	鄭[illegible]三		三六	
	金華縣教育會	四月七日	曹景泰		二四六	
廣東	台山縣律師公會	五月四日	譚化雨		一一二	
廣西	[illegible]容縣教育會	六月十日	[illegible]		一七四	
	崇善縣教育會	四月四日	馮[illegible]崇		九五	
	臨桂縣教育會	四月十八日	李儀如		六七八	
江西	贛縣醫師公會	六月卅日	洪澤		二三	
	贛縣教育會	五月四日	陳慕忠		二四	
	臨川縣律師公會	六月卅日	何鳴鶴		二六	
甘肅	康縣教育會	四月十八日	王金榮		五三	
	寧定縣教育會	四月廿八日	馬永榮		四二	

3. 核准改組之自由職業團體

省市別	團體名稱	核准日期	主要負責人	會員數 團體	會員數 個人	備註
浙江	淳安縣中醫公會	五月十九日	汪國標		一五	
江西	浮梁縣中醫公會	六月卅日	劉之幹		三九	
	[illegible]縣第一區教育會	五月四日	尹賢賓		一八四	
	第二區教育會	同	楊國元		五八	
	第三區教育會	同	陳英才		六四	
	第四區教育會	同	羅恩		六一	
	第五區教育會	同	陳一縣		一二一	
	第六區教育會	同	楊漢傑		四〇〇	

4. 核准整理之自由職業團體

省市別	團體名稱	核准日期	主要負責人	會員數 團體	會員數 個人	備註
福建	永春縣中醫公會	四月廿一日	盛瑞生		一〇二	
	詔安縣第一區教育會	五月十九日	黃纂周		一四九	
江西	奉新縣教育會	六月廿七日	張玉常		一九二	
湖南	會同縣教育會	四月十七日	王道由		三二九	

社會部核准備案之社會團體一覽表

三十一年四月至六月

1. 核准組織之社會團體

省市別	團體名稱	核准日期	主要負責人	會員數 團體	會員數 個人	備註
福建	詔安縣婦女會	五月廿三日	沈闓貞		一〇四	
	安溪縣海外華僑公會	四月十四日	楊文容		一〇四	
	長汀縣旅上杭縣同鄉公會	四月十七日	黃德生		八二	
	福州旅永春同鄉會	四月十七日	林鏊		一一〇	
	福州旅浦城縣同鄉會	五月廿五日	潘歷壁		二〇〇	
	中國佛教會福建省泰寧縣分會	四月廿四日	僧悟化		一三六	
	中國佛教會福建省寧德縣分會	六月一日	僧轉聖		一〇〇	
	福建省力行藝術研究社	四月四日	李雲霄		四五	
	福建省社會學社	四月七日	林葆忠		一一三	
廣東	潮州旅南雄同鄉會	五月四日	劉宗棍		六二	
	福建旅南雄縣同鄉會	五月廿八日	江在友		三二七	
	江西省旅梅縣同鄉會	五月廿八日	謝仕良		五〇	
	三水縣旅韶同鄉會	同	徐化龍		二五八	
	梅縣第九區區立余田初級中學校友會	同	龔志剛		七九	
	中國佛教會廣東省蕉嶺縣分會	卅一年五月四日	釋能倍		八一	
廣西	蒙山縣婦女會	六月十日	黃澄		一〇三	
	容縣公餘同樂會	同	黎植松		七〇	
浙江	台屬旅省同鄉會	四月一日	許蟠雲		五七	
	杭州市旅金華縣同鄉會	四月八日	李楚狂		二〇五	
	中國佛教會浙江省餘杭縣分會	四月四日	文杓		七二	
	中國佛教會浙江省孝豐縣分會	五月十九日	安足		一二七	
湖南	武岡縣婦女會	四月三十日	鄧文錦		九六	
	中華醫藥學術研究社湖南省分社	六月卅一日	譚映波		九七	
河南	四川省旅豫同鄉會	四月十七日	李宗謙		一八九	
	寶豐縣自治協會	四月廿八日	羅廣德		九〇	
陝西	洛川縣婦女會民治鄉分會	四月廿八日	楊秀珍		一六七	
	洛川縣婦女會民有鄉分會	四月廿八日	郭雲英		二七二	

省市別	團體名稱	核准日期	主管負責人	會員數 團體	會員數 個人	備註
	邠縣婦女會	五月十六日	武[illegible]新		一五二	
	第二區人民互助會	四月八日	王子崇		一一六	
	河南大學旅陝西校友會	四月十三日	聶喬松		五〇	
	中國國民外交協會陝西分會	五月十六日	王陸一		四二七	
安徽	渦亳蒙三縣旅省同鄉會	五月十六日	鄭恩		六一	
甘肅	義登旅甘肅省張掖縣同鄉會	五月十一日	李平民		一五三	
	[illegible]旅甘肅省[illegible]縣同鄉會[illegible]分會	六月廿一日	趙國瑞		一五二	
	甘肅省[illegible]玉門縣旅外[illegible]	五月十一日	王德		四八	
	甘肅省西和縣旅[illegible]	六月廿七日	楊樹堂		九二	
	甘肅省永靖縣旅[illegible]同學會	五月十一日	蒲彥芬		一六四	
雲南	雲南省婦女會	四月七日	[illegible]		一〇二	
重慶	重慶市[illegible]建設研究會	五月四日	鄧[illegible]剛		二九八	
	合江縣旅渝同鄉會	五月四日	陳李明		五七	
	浙江省立醫藥專科學校旅渝畢業同學會	五月十八日	徐世綸		五八	
中央直轄	中國憲政協進會	四月廿日	張知本		一六七	
	中國英語學會	五月廿六日	楊友[illegible]		二四二	
	中國外交學會	五月廿六日	林東海		二八六	
	新中國劇社	五月十七日	吳祖光		三三二	
	大同慈善社	五月廿日	[illegible]仲儒		一〇七	
	中國音樂學會	五月廿五日	[illegible]	五	一四九	

2．核准改選之社會團體

省市別	團體名稱	核准日期	主管負責人	會員數 團體	會員數 個人	備註
福建	龍岩縣婦女會	四月一日	張梅英		一五〇	
	海澄縣婦女會	同	楊碧英		九一	
	閩清縣婦女會	四月十四日	黃璧芳		一〇六	
	泰寧縣婦女會	同	陳宗娥		一〇六	
	邵武縣婦女會	同	[illegible]英		八〇	
	建陽縣婦女會	同	劉[illegible]影		八〇	
	上杭縣婦女會	同	羅梅英		一六二	
	[illegible]城縣婦女會	同	蔡[illegible]英		二四四	
	永春縣婦女會	[illegible]	陳玉媛		一八六	
	崇安縣婦女會	五月廿九日	林琇[illegible]		一〇二	
	連城縣婦女會	五月廿九日	[illegible]曼英		二四四	
	南靖縣兵役協會	四月一日	張棠任		二四	
	江西旅泰寧縣同鄉會	同	彭炳榮		九〇	
	江西旅建甌縣同鄉會	同	[illegible]斌榮		二九八	
	江西旅邵武縣同鄉會	四月十三日	黃錦章		二三五	
	德化縣旅大田縣同鄉會	四月十七日	蘇龍仲		六四	
	連城縣旅上杭縣同鄉會	四月十七日	童[illegible]勛		七二	
	永定縣旅上杭縣同鄉會	同	鄭[illegible]仁		一一八	

	龍岩旅上杭縣同鄉會	同	蔣壽延		一六三	
	廣東旅上杭縣同鄉會	同	羅集璽		一〇〇	
	永春縣海外華僑公會	四月廿八日	鄭振穆		一六三	
	仙遊縣海外華僑公會	五月廿五日	劉鍾年		二三一	
	中國佛教會福鼎縣分會	四月一日	僧立祥		一四一	
	中國回教救國協會福建省邵武縣支會	四月十三日	沙明		一九〇	
	中國佛教會仙遊縣分會	五月十九日	僧恕心		七一	
	龍岩縣復興國醫學社	四月二日	謝澄瀛		三〇	
	閩清縣私立梅溪小學校友會	六月一日	劉保基		三〇三	
廣東	廣東旅峯市同鄉會	四月十七日	陳子華		一〇三	
	高涼文化促進會	五月四日	周斯銘		六四二	
	南江體育會	五月廿八日	陳泳沂		二六	
廣西	廣西省貴縣婦女會	六月十日	李喬仙		二一二	
	中華民國紅十字會廣西省邕寧縣分會	同	李鐵新		五一五	
甘肅	[illegible]會	五月十一日	李[illegible]民		一一三	
寧夏	[illegible]同鄉會	五月十六日	[illegible]		六一	
	中國[illegible]外交協會[illegible]分會	五月十六日	王[illegible]一		四二	
	河南大學[illegible]同學會	四月十三日	[illegible]		五〇	
	[illegible]同人互助會	四月八日	王十[illegible]		一一六	

貴州	黔西縣清虛道教會	同	王理玄		一八九	
湖南	石門縣澧潮學社	同	丁麗霞		六八	
陝西	[illegible]南縣婦女會	五月十六日	武陳文		四五	
重慶	寧波旅渝同鄉會	四月七日	虞洽卿		三五三四	

3. 核准改組之社會團體

省市別	團體名稱	核准日期	主要負責人	會員數 團體	會員數 個人	備註
陝西	陝西邠縣婦女會	五月十六日	陳玉珍		三八	

4. 核准整理之社會團體

省市別	團體名稱	核准日期	主要負責人	會員數 團體	會員數 個人	備註
福建	大田縣婦女會	四月廿四日	林蕙英		二三四	
	長樂縣婦女會	五月廿六日	張淑春		一〇〇	
	惠安縣婦女會	六月十二日	陳兆英		一八三	
江西	上高縣婦女會	六月廿七日	劉若雲		五八	

省市別	團體名稱	核准日期	主要負責人	會員數 團體	會員數 個人	備註
福建	泰寧縣婦女會	同	[illegible]		一〇六	
	閩清縣婦女會	四月十四日	[illegible]		一〇六	
	[illegible]縣婦女會	同	[illegible]		九一	
	龍岩縣婦女會	四月一日	張[illegible]美		一五〇	

社會部公報第六期

中華民國三十一年七月出版

編輯兼發行者　社會部總務司

訂購辦法

期限	冊數	價目	郵費
三月	一	五角	八分
半年	二	一元	一角六分
全年	四	二元	三角二分

附註：本報掛號及寄往國外郵費照加

社會部設立

社會服務處

重慶　貴陽　桂林　衡陽　內江　遵義

現有業務

宗旨

發揚服務精神　促進社會事業

改善社會生活　溝通社會文化

生活服務

社會食堂　社會公寓　理髮室　淋浴室

旅居嚮導　代運行李

人事服務

升學輔導　職業介紹　法律顧問　衛生顧問

人事諮詢　零物存放　信件留轉

代售郵票　代收電報　讀寫書信　公用電話

文化服務

圖書館　社交會堂　學術講演會　座談會

民衆學校　書報供應　娛樂室　兒童樂園

體育場　診療所

經濟服務

小本貸款

處址：

重慶社會服務處　重慶兩路口　都郵街　海棠溪（分處）

貴陽社會服務處　貴陽大西門

桂林社會服務處　桂林依仁路

衡陽社會服務處　衡陽道前街

內江社會服務處　內江交通路

遵義社會服務處　遵義老成

社會部總務司　編

社會部公報

第七期

重慶：中華民國社會部總務司，民國三十一年（1942）鉛印本

中華郵政登記認爲第一類新聞紙類

中華民國三十一年七月至九月

社會部公報

第七期

社會部總務司編印

總理遺囑

余致力國民革命，凡四十年，其目的在求中國之自由平等。積四十年之經驗，深知欲達到此目的，必須喚起民衆，及聯合世界上以平等待我之民族，共同奮鬥！

現在革命尚未成功，凡我同志務須依照余所著：建國方略，建國大綱，三民主義，及第一次全國代表大會宣言，繼續努力，以求貫澈。最近主張開國民會議，及廢除不平等條約，尤須於最短期間，促其實現，是所至囑！

社會部公報 第七期目錄

法規 附方案

命令

府令

部令

公牘

總務類

社會部訓令二十一件……（四五）

社會部電一件……（六一）

組織訓練類

社會部咨六件……（六一）

社會部訓令十六件……（六五）

社會部代電二十件……（七六）

社組字第三〇六三九號　湖南省社會處　關於過去黨部或政府許可組織有年而尚未辦理立案備案手續之人民團體准予參加此次總登記並依照呈轉須知增具組織報告表報核仰轉飭遵照由

社會部電三件……（八三）

組七字第二八三一一號　電各省省政府　電知本年空軍節應辦事項希查辦理由

組三字第二九九八六號　電陝西省社會處　據電請解釋工會職員人數等疑義一案電復知照由

組三字第三〇五〇九號　電江西省吉安縣商會　據電爲商會法是否經廢除遵照改爲理監事其選舉法未奉頒乞示遵一案電復知照由

組三字第三〇六五五號　電陝西省社會處　據電請示商聯會會員代表權數及會費計算疑義一案轉復遵照由

組五字第三〇八〇八號　電四川省社會處　據電請核示公益團體組織疑義一案電復知照由

社會福利類

軍政部社會部呈一件……（八四）

福六字第二九二五三號　呈行政院　爲本軍政部所屬南溪江安建縣長壽各教養院榮譽軍人眷屬生活困難年在十五歲以下兒童千餘人亟待救濟經與本社會部會商救濟辦法擬具榮譽軍人子弟教養院設置計劃及概算呈請鑒核准予撥款由

社會部訓令七件……（八五）

福五字第二八〇九三號　令各省社會處　關於籌設實驗救濟院事項抄發本部重慶實驗救濟院組織規程一份令仰該處參酌辦理由

福四字第二八三一八號　令各省社會處重慶市社會局　爲舉辦全國人材缺乏狀況調查檢送調查表仰遵照並轉飭所屬依限遵辦具報由

福三字第二八三八〇號　令各省社會處重慶市社會局　爲省市政府設立社會服務處應參照本部社會服務處各項章則先行擬具「事業計劃」「組織規程」「經費預算」呈部核定仰遵照由

福一字第二九一八一號　令各省社會處民政廳重慶市社會局　准中央信託局儲蓄處函以工人儲蓄不見踴躍囑查中前令轉飭全國各地工會辦理一案令仰遵照轉飭各地工會加緊辦理由

福五字第三〇三五三號　令各省社會處　據貴州省社會處電請核示縣救濟院隸屬一案經擬具意見呈奉行政院核准通行令飭知照由

福四字第三一〇五五號　令本部直屬各社會服務處　轉發歸國僑胞專技人員招致安插辦法暨登記介紹辦法令仰遵照協助辦理由

福五字第三一三五六號　令各省市主管社會行政機關　奉令抄發捐資興辦社會福利事業褒獎條例令仰知照由

社會部代電二件……（八八）

福三字第二七九五四號　電本部直屬各社會服務處　電知本部直轄社會服務處業務知涉及社會運動以及參加或倡導業務外之任何社會運動應受

合作事業類

附錄

附錄

法　規

國家總動員會議組織條例

三十一年七月二十七日國民政府公布

第一條　國民政府爲綜理推動國家總動員依國家總動員法第二十九條之規定於行政院內設置國家總動員會議

第二條　國家總動員會議之職權如左

一　策劃國家總動員有關人力物力財力之統制運用幷推動其業務

二　審查行政院所屬各主管機關國家總動員有關之方案計劃與法案命令

三　調協行政院所屬各主管機關國家總動員工作之執行幷考核其成績

四　聯繫非行政院所屬各機關國家總動員有關之工作

第三條　國家總動員會議委員分左列兩種由行政院院長指派或聘任之

甲　指派之人員

一　內政部部長

二　外交部部長

三　軍政部部長

四　財政部部長

五　經濟部部長

六 教育部部長

七 交通部部長

八 農林部部長

九 社會部部長

十 糧食部部長

十一 行政院秘書長

十二 行政院政務處長

十三 四聯總處秘書長

十四 其他由院長指派之人員

乙 聘任之人員

一 中央黨部秘書長

二 國防最高委員會秘書長

三 中央設計局秘書長

四 黨政工作考核委員會秘書長

五 國民政府主計長

六 軍事委員會參謀總長副參謀總長

七 軍令部部長

八 後方勤務部部長

九 軍事委員會委員長侍從室各處主任

十 運輸統制局主任

十一 其他由院長聘任之人員

第四條 國家總動員會議每月開全體會議一次由行政院院長召集之必要時得召集臨時會議

第五條　國家總動員會議設常務委員三人輔助院長處理日常事務由院長就委員中指定之

第六條　國家總動員會議常務委員每星期開會一次並應通知與討論事項有關之委員出席

第七條　國家總動員會議對外不行文一切決議由行政院行之但關於事務之處理得用會議公函或處組公函

第八條　國家總動員會議設祕書處處內設法制室調查室文書科事務科議事科分掌各項事務

第九條　國家總動員會議設軍事人力財力物力糧鹽運輸檢查文化八組分任各項研究審核及建議等工作

第十條　國家總動員會議秘書處設處長一人副處長一人均簡派秘書二人至四人簡派或薦派每室設主任一人均簡派每科設科長一人均薦派室科各設科員若干人薦派或委派

第十一條　國家總動員會議每組設主任一人必要時得設副主任一人均簡派秘書一人專員若干人簡派或薦派組員二人至四人薦派或委派

第十二條　國家總動員會議秘書處及各組職員除專任者外得向各有關機關調用必要人員

國家總動員會議得雇用辦事員及書記分派各科室組辦事

第十三條　國家總動員會議得設各種委員會并得聘請專門人員

第十四條　國家總動員會議各組設置業務小組會由主任召集各主管機關負責人員及本會議聘請之專門人員參加

第十五條　國家總動員會議處務規程由行政院定之

第十六條　本條例自公布日施行

捐資興辦社會福利事業褒獎條例

三十一年八月二十九日國民政府公布

第一條　凡私人或團體捐資創辦或補助左列社會福利事業者依本條例給予褒獎

一　社會救濟事業

二　工農福利事業

三　兒童福利事業

四　其他社會福利事業

外國人捐助前四條各款事業之一者亦得依本條例給予褒獎

第二條　褒獎方法如左

一　獎狀分為五等由省及院轄市政府給予之

二　獎章分金質銀質兩種由社會部給予之

三　匾額由國民政府給予之

第三條　捐資給獎標準如左

一　捐資一千元以上者給予五等獎狀

二　捐資三千元以上者給予四等獎狀

三　捐資五千元以上者給予三等獎狀

四　捐資一萬元以上者給予二等獎狀

五　捐資二萬元以上者給予一等獎狀

六　捐資三萬元以上者給予銀質獎章

七　捐資五萬元以上者給予金質獎章

八　捐資十萬元以上者給予匾額

獎章給予個人並附發證書獎狀匾額給予個人或團體

第四條　凡依第三條所定應給獎狀者由主管官署備具事實及受獎人履歷呈請省政府或院轄市政府核明給予於年終彙報社會部備案

第五條　凡依第三條所定應給獎狀者由主管官署開具事實及受獎人履歷呈經上級機關送由社會部核呈行政院批准後由社會部給予之

第六條　凡依第三條所定應給匾額者由主管官署開具事實暨受獎人履歷呈經上級機關送由社會部核呈行政院轉請國民政府給予之

第七條　僑居外國之人民依第三條所定應給褒獎者由當地領事館開具事實及受獎人履歷報請社會部核辦

第八條　凡已領有獎狀或獎章繼續捐資者得併計先後數目晉獎但一人不得同時給予兩種獎章或獎狀

第九條　凡經募捐資超過第二條各款所列之數額十倍以上者得比照同條規定給予褒獎

第十條　凡以不動產或國幣以外之動產捐助者按當地時價折合國幣計算

第十一條　獎狀獎章之給予外國人者社會部應咨請外交部備案

第十二條　獎狀獎章及獎章證書之式樣由社會部定之

第十三條　本條例自公布日施行

社會部勞動局組織條例

三十一年九月十八日國民政府公布

第一條　社會部為執行國家總動員法所定人力動員事項設立勞動局

第二條　勞動局之職掌如左

一　關於人力之調查登記及統計事項

二　關於總動員業務所須要人力之徵用及編制事項

三　關於限制或調整從業者之就職退職受雇解雇及其薪俸工資之綜合聯繫事項

四　關於限制機關團體雇用人工之綜合聯繫事項

五　關於私人雇用工役職務與能力之查報及其數額限制事項

六　關於人力動員計劃之擬訂及演習事項

七　關於勞動服務之推行事項

八　關於一般力資之管制事項

九　關於被徵人工之利益依法保護事項

十　關於人力動員有關機關及團體之聯繫事項

十一　其他有關人力動員事項

第三條　勞動局設左列各處

第三條　[illegible]
一　第一處　[illegible]
二　第二處　[illegible]
三　第三處　[illegible]

第四條　勞動局設局長一人承社會部部長之命綜理局務副局長一人輔助局長處理局務

第五條　勞動局設秘書二人至三人承局長之命辦理機要文件及其他交辦事項

第六條　勞動局設處長三人承局長之命分掌各處事務

第七條　勞動局設科長七人至十一人科員四十五人至六十五人承長官之命辦理事務

第八條　勞動局設視導六人至十人承局長之命視察幷督導各地方推行人力動員事務之工作

第九條　勞動局於必要時經社會部部長核准得聘任專門技術人員三人至五人

第十條　勞動局得酌用雇員

第十一條　勞動局得因事實上之需要經社會部部長之核准派員協助各級地方政府執行人力動員業務

第十二條　勞動局局長副局長處長及秘書一人簡任其餘秘書科長視導薦任科員委任

第十三條　勞動局設統計主任會計主任各一人均薦任分別辦理統計會計歲計事務受局長之指揮監督並依國民政府主計處組織法之規定直接對主計處負責

統計室設佐理人員八人至十八人會計室設佐理人員四人至六人均委任

第十四條　勞動局處務規程由勞動局擬訂呈請社會部核定之

第十五條　本條例自公佈日施行

收復地區人民團體調整辦法

三十一年七月六日院令核准

第一條　社會部為調整收復地區之人民團體特訂定本辦法

第二條　收復地區之人民團體除係受敵偽指揮組織成立者應一律勒令解散外凡經各地政府黨部或軍事機關核准有案者均應依本辦法調整之

第三條　人民團體之調整辦法如左
甲　有左列情形之一者予以解散
（1）份子多數附逆或負責人附逆影響團體行動者
（2）團體久無活動且其存立之基本要件已不具備者
（3）團體活動違反法令妨礙公益或有破壞地方安寧秩序情事者
乙　有左列情形之一者予以整理
（1）負責人一部份附逆者
（2）團體被迫停止活動而組織尚有相當基礎者
（3）組織不健全或內部發生糾紛者
丙　有左列情形之一者予以改組
（1）組織法令有變更者
（2）戰時成立之團體有依法改組之必要者
丁　有左列情形之一者予以改選
（1）組織健全負責人任期業已屆滿者
（2）負責人缺額過多無法遞補者

第四條　前條所列整理改組之實施分別準用人民團體整理辦法及指導人民團體改組辦法之規定

第五條　收復地區人民團體之調整由當地縣（市）政府辦理必要時得斟酌情形會同黨部及駐軍高政工機構合組委員會辦理之
前項調整委員會委員由縣（市）政府就黨政軍各機關及地方適當人員遴選聘任並以縣（市）政府派出之人員爲主任委員黨部與駐軍政工機構派出之人員爲副主任委員

第六條　凡應整理改組或改選之人民團體均由當地縣（市）政府派員指導

第七條　人民團體整理改組或改選完成後指導員應將指導經過分別填具整理改組或改選總報告表呈報縣（市）政府

備案

第八條 每一縣(市)區域內人民團體分部調整完竣時應由指導員造具總報告報由縣(市)政府遞轉社會部備案

第九條 院轄市人民團體之整理適用本辦法之規定

第十條 本辦法自呈奉行政院核准施行

各省市縣舉行動員會議通則

三十一年七月十八日院令頒行

第一條 各省市縣政府為推動國家總動員法令及業務應舉行省市縣動員會議

第二條 省市縣動員會議之任務如左

一 策進省市縣政府奉上級機關頒行國家總動員有關方案計劃與法令之實施

二 商討當地各機關團體動員工作之聯繫

三 考核當地各機關團體動員工作之執行

四 審議其他有關當地各機關團體動員業務之措施

第三條 省動員會議出席人員如左

省政府主席委員秘書長各廳處局長

省黨部主任委員書記長及各處長

高等法院院長

軍管區司令部參謀長

省臨時參議會議長副議長

其他由省政府主席邀請或指派參加之人員

第四條 直轄市動員會議出席人員如左

市長秘書長各局長

市黨部主任委員書記長及各處長

高等法院或地方法院院長
市臨時參議會議長副議長
其他由市長邀請或指派參加之人員
重慶市動員會議應由市長邀請重慶衛戍總司令副總司令或其他代表參加

第五條　縣(市)動員會議出席人員如左
縣(市)長秘書各局長或科長
縣(市)黨部書記
地方法院院長
縣臨時參議會議長副議長
其他由縣(市)長邀請或指派參加之人員

第六條　省動員會議以省政府主席為主任委員省黨部主任委員及由省政府主席指定不兼廳處之省政府委員一人為常務委員
直轄市動員會議以市長為主任委員市黨部主任委員及市政府秘書長為常務委員
縣(市)動員會議以縣(市)長為主任委員縣(市)黨部書記長及縣(市)政府秘書為常務委員

第七條　省動員會議每月舉行二次由省政府主席召集之直轄市動員會議每月舉行二次由市長召集之縣(市)動員會議每月舉行一次由縣(市)長召集但必要時均得召集臨時會議

第八條　省市縣動員會議議決事項統由省市縣政府辦理之

第九條　省市縣動員會議議事日程議事錄之編製印發等事務均由省市縣政府兼辦不另設機構但得酌量添置必要之人員

第十條　本通則經國防最高委員會議決通過後施行

第一次全國社會行政會議規程

三十一年八月十九日院令核准

第一條　社會部為策劃全國社會行政調整各級機關推進民衆組訓社會福利合作事業及人力動員等業務經呈准行政院召集第一次全國社會行政會議（以下簡稱本會議）

第二條　本會議以左列人員組織之

一　中央秘書處國防最高委員會秘書廳中央設計局黨政工作考核委員會中央組織部中央宣傳部中央訓練委員會主計處行政院秘書處政務處國家總動員會議軍事委員會政治部戰地黨政委員會審計部銓敘部及行政院所屬有關各部會署之代表

二　社會部部長次長參事簡任秘書司長局長副局長簡任視導統計長會計主任研究室主任及其他指定之高級人員

三　各省社會處處長及未設處省份之民政廳廳長或社會科科長

四　院轄市社會局局長

五　委託辦理社會行政事務之省黨部及特別黨部之主任委員或其代表

六　各省主管合作事業之建設廳廳長或其代表

七　各省合作事業管理處處長或合作委員會主任委員

八　有關合作業務金融機關之代表

九　社會部選聘之專家

第三條　社會部部員及直轄機關之主官經　部長之核准得列席本會議

第四條　本會議以社會部部長為主席次長為副主席

第五條　本會議議場設於陪都

第六條　本會議會期定為七日遇必要時得延長之

第七條　本會議討論之範圍如左

一　關於一般社會行政及有關法令事項

二　關於民衆組織訓練及社會運動事項

三 關於社會福利社會保險及社會救濟事項
四 關於合作組織業務及金融事項
五 關於人力動員及徵用管制事項
六 其他有關社會行政事項
前項各款討論範圍以社會部交議之案及第二條出席人員提出之議案為限

第八條 本會議設秘書處掌理各項事務其組織規程另定之

第九條 本會議提案及議事規則另定之

第十條 本會議議決事項由社會部分別採擇施行

第十一條 本會議各出席列席人員除中央各機關代表及社會部選聘之專家外其往返川資由派出各機關自行担任並准作正開支

第十二條 本規程由社會部制定公佈施行並呈報行政院備案

第一次全國社會行政會議提案及議事規則

三十一年八月十九日院令核准

第一章 總則

第一條 本規則依據第一次全國社會行政會議規程第九條之規定訂定之

第二條 本會議以社會部部長為主席次長為副主席主席因事缺席時由副主席代理之

第三條 本會議出席人員及列席人員席次依報到先後分別編定之

第四條 本會議須有報到出席人員過半數之出席方得開會

第五條 會議時間由主席決定先期通告

第六條 議事日程應分別編列報告事項及討論事項由秘書處擬呈主席核定連同議案先期印送各出席及列席人員

第七條 議事日程討論事項之次序如左

一　社會部交議案件
二　出席人員提議案件
三　列席人員建議案件
議事中之報告事項內得酌列各省市社會行政機關之工作報告

第八條　本會議之開會散會及休息與延長時間由主席宣告之

第九條　本會議秘書長列席大會并指定秘書速記員各若干人担任紀錄事宜

第二章　提案

第十條　出席人員提出大會之議案應依照規定提案格式將理由及辦法分別開列於開會前三日送交秘書處編列議程臨時提案須經出席人員五人以上之連署方得提出

前項提案格式另定之

第十一條　出席人員提出議案以每案僅列一事爲原則

第十二條　凡屬一地方之特別事項無共同討論之必要者不得提出大會

第十三條　提案得由主席逕付大會討論或先交審查委員會審查連同審查報告提出大會討論

第十四條　列席人員無提案權但得擬具建議案經會員五人之介紹提出之

第三章　討論

第十五條　會議時請求發言者須先起立報告席次號數

第十六條　議案提出大會後提案人得說明其旨趣

第十七條　提案人之說明不得逾十分鐘討論時每人每次發言不得逾五分鐘但發言前經主席許可者不在此限

各省市出席人員報告工作其時間不得超過二十分鐘

第十八條　同一議案每人發言不得逾二次但經主席許可者不在此限

第十九條　會議時不得有二人以上同時發言如有二人以上同時報號由主席指定先後依次發言

第二十條　討論之進行依議事日程所定之順序但經主席之決定或大會之決議得變更之

第二十一條　討論議案不得軼出範圍之外如有違反主席得制止之

第二十二條　議案討論至適當時間主席得宣告停止討論

第二十三條　會議時發現議案前後矛盾或不必要或與現行法令抵觸時原提案人得聲請修改或撤回

第二十四條　出席人員遇有重大問題得提出臨時動議但須有五人以上之附議

第四章　審查

第二十五條　各項提案須付審查者由主席指定出席人員組織審查委員會審查之

第二十六條　議案除由主席先行交付審查委員會審查外其在大會不能即時解決者亦得交付審查

第二十七條　審查委員會分為左列各組

第一組　審查關於一般社會行政法令及財務案件

第二組　審查關於民衆組訓社會運動案件

第三組　審查關於社會福利案件

第四組　審查關於合作事業案件

第五組　審查關於人力動員案件

第六組　審查關於社會政策及不屬於各組之案件

遇有特種案件得由主席指定人員組織特種審查委員會

第二十八條　審查委員會各組由主席就審查委員中分別指定三人為召集人

第二十九條　審查委員會開會時間由各組召集人酌定

第三十條　審查委員會應將審查結果以書面報告大會并由召集人出席說明其認為有修正之必要者應擬具修正案提出大會

第五章　表决

第三十一條　議案停止討論後應即由主席提付表決既表決後不得再就本議案討論

第三十二條　表決之方式由主席酌量以舉手起立或投票行之必要時得舉行反證表決

第三十三條　列席人員無表決權

第六章　出席及退席

第三十四條　出席及列席人員於每次到會時應於簽到簿上署名

第三十五條　出席及列席人員到會後非散會或休息或經主席允許不得退席

第三十六條　出席及列席人員如因疾病或其他不得已事故不能到會時須敘明理由向主席告假

第七章　附則

第三十七條　本規則未規定事項准用民權初步之規定

第三十八條　凡領有本會議秘書處發給之旁聽證者得入議場旁聽但遇主席臨時宣告停止旁聽時應即退席

第三十九條　本規定自公布日施行

第一次全國社會行政會議秘書處組織規程

三十一年八月十日院令核准

第一條　本規程依據第一次全國社會行政會議規程第八條之規定訂定之

第二條　本處設秘書長一人主持本處一切事務由社會部部長派充之

第三條　本處設秘書六人承秘書長之命辦理處務並分任大會及審查會紀錄事宜

第四條　本處設左列各組

一　議事組　掌理編印提案議事日程會議紀錄及大會速記等事項

二　編纂組　掌理編輯報告圖表及本會刊物等事項

三　文書組　掌理收發擬撰繕校譯電及保管檔案印信等事項

四　事務組　掌理會計出納佈置管理及一切庶務等事項

五　交際組　掌理會場事務及招待警衛交通等事項

第五條　前條各組每組設組長一人承秘書長之命分掌各該組事務幹事事務員雇員各若干人並得因事務需要分股辦事

第六條　秘書及各組人員由秘書長就社會部職員中遴請部長派充兼任但得因事實上之需要呈請部長向其他機關商調並得遴選專門人員呈請核派充任之

第七條 本處工役由社會部總務司調派兼充必要時得臨時增雇之

第八條 本處於第一次全國社會行政會議閉會後一個月內辦理結束呈請撤銷

第九條 本處辦事細則另訂之

第十條 本規程自公布日施行

中華海員工會國外分會組織準則

三十一年八月二十九日院令核准

一 凡服務行駛於外國領海之同盟國輪船年滿十六歲以上之中華海員集合三十人以上經呈奉駐在國本國使館之核准得依照本準則發起組織中華海員國外分會（以下簡稱國外海員分會）

二 國外海員分會之名稱應冠以中華海員工會及駐在國名稱但為適應當地環境必要時得以其他適當名稱對外活動

三 國外海員分會得於駐在國境內航業繁盛之重要港埠設立支部支部之下得劃分小組每組會員至少五人至多不得過卅人

四 國外海員分會設理事五人至九人候補理事二人至四人監事三人至五人候補監事一人至三人由會員大會或會員代表大會選舉之

五 國外海員分會支部設幹事三人至五人小組設組長一人由所屬會員選舉之

六 國外海員分會理監事及支部幹事小組組長任期均為一年連選得連任

七 國外海員分會在駐在國境以設立一個為限在同一港埠祇得設立一個支部

八 國外海員分會之任務如左

1 海員生活及勞動條件之維持與改善

2 海員災害疾病失業之預防與救濟

3 海員智識技能之增進

4 海員福利事業之舉辦

5 其他有關海員利益之保障與維護

九 國外海員分會隸屬於中華海員工會由駐在國之本國使館派員指導監督之

十　國外海員分會應於成立後十日內造具會員名冊職員略歷冊連同章程各二份分呈駐在國本國使館及中華海員工會備案

十一　本準則經社會部呈准行政院施行

備用人員登記條例施行細則

三十一年八月五日考試院公布

第一條　本細則依備用人員登記條例第九條之規定制定之

第二條　本條例第一條第一款所稱中等學校指初級中學或其他同等學校

第三條　本條例第一條第二款所稱委任以上職務指組織法規中定爲簡任荐任委任之職務

第四條　本條例第一條第三款所稱主要教職員指職務名稱有規定并係常設者

第五條　本條例第一條第五款所稱之著作或發明經審查合格應由聲請登記人將著作全部或發明報告書及証件提送銓敘部審查決定或由銓敘部轉送專門研究機關審查後決定經審查合格之著作或報告書由銓敘部抽存其繳有副本者得抽存副本

送審查之著作應用本國文如爲外國文應擇要抽譯連同原著作送審

送審著作或發明每種應繳納審查費五十元無論是否審查合格均不發還

第六條　本條例第一條第六款所稱於國家有勳勞應提出國民政府之文件所稱於革命有成績指致力國民革命五年以上而有成績並應提出中國國民黨中央執行委員會之證明書

第七條　本條例第一條第二條第三條第四條第七條各款所稱之服務經歷以在國民政府統治下者爲限

第八條　證明本條例所稱之學歷須提出畢業証書如不能提出時須有左列之證明

一　原校之正式証明書其原校長私人證明未蓋校印者無效

二　教育部或該管教育行政機關之證明書

三　畢業同學錄或其他足資証明之文件

第九條　證明本條例所稱之服務經歷須分別提出任職卸職公文如不能提出時須有左列之一之證明

一　原服務機關學校團體或其上級正式證明書

二　公報職員錄或其他足資證明之文件

前項服務經歷有薪給證明文件者應一併提出

第十條　聲請登記人應取具保證書證明無本條例第四條所列各款情事

前項保証辦法由銓叙部定之

第十一條　設銓叙處省份之登記由該管銓叙處辦理報由銓叙部核發登記證

第十二條　本條例分區域施行時凡居住在該區域內者均得聲請登記

第十三條　聲請登記人應填具備用人員登記表連同證明文件及二寸半身相片三張連同印花稅費送銓叙機關辦理聲請變更登記者應填具變更登記表檢同有關證件送原登記機關辦理

前項二寸半身像片得以箕斗代替

第十四條　聲請登記人員應將所具本條例第一條各款內資歷連同足構成各種任用法規上資格之經歷一併填明聲請登記

第十五條　具有本條例第一條第一款以上之資歷而不合任用法規上資格者銓敘部僅發給登記證不編列姓名表備遇各機關需要時得遴選先以相當職務試用俟其屆法定年資如其成績優良得予以任用

第十六條　本條例第五條所稱編制各類姓名表分送中央及地方各機關由銓叙部斟酌事實上之必要分類分地先後辦理之

第十七條　依本條例第七條撤銷登記者應通知曾送姓名表之機關

第十八條　本條例第八條所稱調查登記銓敘部得就第一條所列資格及其他應登記事項分別進行其調查登記方法由銓敘部定之

第十九條　本細則由考試院核定公佈

第二十條　本細則自備用人員登記條例施行之日施行

修正實施縣各級合作社組織大綱縣份原有各級合作社解散後債權債務及公積金公益金處理辦法第三條條文

三十一年七月二十三日部令公布

第三條　舊社未改組以前應清償其債務其已改組成立而債務尚未清償者應從速清理其債務俟債務清償後再行申借

各省市政府設立社會服務處暫行辦法

三十一年七月二十七日部令公布

一　各省市政府得於各該管區域內之適當地方設立社會服務處
二　凡社會部已設有社會服務處之地點省市政府毋須再設以免重複
三　省市社會服務處名稱應冠以各該省市設立字樣
四　省市社會服務處之組織得比照社會部設立示範社會服務處暫行通則之規定
五　省市社會服務處應以以處養處以業展業爲原則其業務得參酌當地需要就社會部社會服務處業務概要所定項目擇要辦理但經濟服務應呈准社會部方能舉辦
六　省市社會服務處舉辦公有事業之會計事務準照社會部社會服務處暫行公有事業會計制度之規定辦理
七　省市社會服務處之工作人事會計等各項報告書表應按期檢呈社會部備查
八　本辦法自公布日施行

修正社會部職員保證規則二三兩條條文

三十一年七月廿九日部長核准修正

二　保證人對被保證人負擔保純正忠實保守機密操守廉潔之責
三　保證人之資格以政府現任合格之薦任以上公務員爲限並以非其直接主管長官充任爲原則

第一次全國社會行政會議籌備委員會簡則

三十一年八月七日部令公布

第一條　社會部爲籌備第一次全國社會行政會議開會事宜設第一次全國社會行政會議籌備委員會（以下簡稱本會）
第二條　本會設主任委員副主任委員各一人經理會務委員十一人均由部長指派之
第三條　本會設主任秘書一人秘書二人由部長派充承主任委員及副主任委員之命辦理本會一切事務
第四條　本會設文書佈置交際招待事務五組分掌左列各事項
一　文書組　掌理收發撰擬繕校及保管檔案事宜

二　佈置組　籌辦會場內外之一切設備與佈置事宜
三　交際組　籌辦出席人員之報到及會場事務與會場警衛事宜
四　招待組　籌辦出席人員之交通住宿及飲食衛生等事宜
五　事務組　主管會計出納物品購置及保管事宜

第五條　前條各組每組設組長一人承主任委員副主任委員之命及主任秘書之指導分掌各該組事務下置幹事若干人除文書組長由本部文書科長兼任事務組長由本部事務科長兼任外餘就部員中呈請調充必要時並得遴選專門人員呈請部長核派充任之

第六條　本會因事實需要得呈請部長向其他機關商調辦事人員

第七條　本會兼任專任及調用人員得酌支薪津交通等費其規定另訂之

第八條　本會開會時由主任委員主席主任委員缺席時由副主任委員主席主任秘書秘書各組組長及其他有關人員均得列席

第九條　本會決議事項呈請部長核定後施行對外文件仍以部文行之

第十條　本會於第一次全國社會行政會議秘書處成立時徹銷並將經辦事務移交辦理

第十一條　本簡則自公布日施行

社會經濟部處理商會及同業公會案件手續

三十一年八月十日社會經濟兩部頒行

一　同業公會（重要與非重要）業別名稱及範圍之指定以及業類劃分合併事項均由經濟部決定
二　重要工業礦業及輸出業同業公會之名稱區域及會所所在地由經濟部決定
三　經濟部對前二項作決定時應隨時通知社會部
四　重要工礦業及輸出業組織同業公會時由經濟部核定名稱區域及會所所在地社會部核准許可組織
五　商會及各種同業公會之組織程序概依非常時期人民團體組織法及各種單行法規分別辦理
六　商會各種同業公會組織完成呈經主管官署立案後由主管官署造具簡表轉送同級目的事業主管官署備查（其事業主管

有兩機關以上者應分送備查）在重要工礦業及輸出業同業公會分別依法由社會部立案並向經濟部登記（其事業主管

七　商會及各種同業公會會務之攷核獎懲由社會部主辦其目的事業之考核獎懲由經濟部及其他有關機關主辦均隨時相互通知

八　勞資爭議之處理由社會部主辦但得先採會商方式

九　法令之解釋各依職掌分別辦理互相知照其較複雜者應先會商決定

十　其他未盡事宜依現行各法令有疑義時會商決定之

私設職業介紹所登記規則

三十一年八月十一日部令公布

第一條　本規則依私設職業介紹所暫行辦法第七條之規定訂定之

第二條　凡設立職業介紹所均應申請登記

第三條　職業介紹所之登記向所在地之縣市政府為之其在院轄市向社會局為之

第四條　申請登記時應塡具登記表載明左列事項由設立人或主持人簽字蓋章連同介紹所章程及職員名册呈報備核

一　主辦團體之名稱地址及該團體立案之年月日

二　主持人之姓名性別年齡籍貫住址及經歷

三　介紹所之名稱及地址

四　介紹職業之類別

五　設備情形

六　經費來源及其分配

第五條　前條登記表由社會部規定式様頒由登記機關依式製發飭由私設職業介紹所照塡

第六條　縣市政府或市社會局接收登記申請書後應即按表逐項查明核辦並呈報省社會行政機關彙報社會部備案

第七條　私設職業介紹所不於限期內辦理登記或登記不合格者應由主管官署命令停止其業務

第八條　私設職業介紹所之辦公處所或其分辦事處遷移至原登記官署管轄區域以外應為遷移之登記者其原登記即行

第九條 私設職業介紹所經依法解散或撤銷後原登記官署應即飭令繳銷其登記證書並公告之

第十條 本規則公佈前各省市所訂單行規則得于不抵觸本辦法範圍內仍適用之

第十一條 本規則自公布之日施行

職員名冊式樣

姓名	別號	性別	年齡	籍貫	職務	經歷	住所或通訊處

私設職業介紹所登記表

介紹所名稱					地址	
主辦團體名稱		地址		成立及立案日期	年　月　日成立 立案	
主持人姓名	性別	年齡	籍貫	住址	經歷	
介紹職業類別						

沿革	
組織	
設備	
經費來源及其分配	
工作概況	
今後計劃	
備註	
登記日期	年　月　日　填表人　（蓋章）
主管官署	
審核意見	辦理登記機關

填表須知
（1）本表各欄由各該介紹所負責人切實填寫
（2）主管官署審核意見一欄應須對於該介紹所審核之斷語如（合格）（應改組）（應整理）（應解散）及其理由

私設職業介紹所暫行辦法

三十一年八月十一日部令公佈

第一條　本辦法所稱私設職業介紹所係指農會工會商會同業公會或其他合法組織之團體設立之職業介紹所

前項私設職業介紹所應受主管官署之指導監督

第二條 本辦法所稱主管官署在中央爲社會部在省爲社會處未設社會處之省爲民政廳在縣市爲縣市政府在院轄市爲社會局

第三條 私設職業介紹所之任務如左

1 接受需人者或求職者之請求介紹並爲登記

2 調劑人才需要及供給

3 調查人力之供求狀況

4 指導擇業訓練就業及服務

5 其他有關職業介紹事項

第四條 凡合於左列資格之一者得向其所在地之私設職業介紹所申請介紹職業

1 具有職業知識或技能者

2 具有相當體力及經驗堪任勞動者

第五條 求職者有左列情形之一時私設職業介紹所得拒絕之

1 未達法律所定某種工作之勞動年齡者

2 有不良嗜好者

3 有惡性傳染病者

第六條 需人者有左列情形之一時私設職業介紹所得拒絕之

1 有妨碍身體健康之工作

2 有秘密性質而妨害公益之工作

3 有惡劣環境及危險性或傳染病之工作

第七條 私設職業介紹所設立時應先開列左列事項向主管官署申請登記

1 主辦團體名稱及地址

2 主持人姓名及經歷
3 介紹所之名稱及地址
4 介紹職業之類別
5 設備情形及經費來源

凡在本辦法公佈以前成立之私設職業介紹所應向主管官署補行登記登記規則另定之

第八條　私設職業介紹所應有固定辦公地址如有移動時應事先呈報主管官署備案

第九條　私設職業介紹所應有適當之設備及應用之表格簿册前項表格簿册式樣由社會部定之

第十條　需人求職雙方申請介紹時應先登記並依次介紹

第十一條　私設職業介紹所應有確定經費不得僅以介紹費爲收入來源

第十二條　私設職業介紹所對於求職或需人者以不收取介紹費爲原則如遇必要時以不超過就職者第一個月薪資之半數爲限並由求職需人雙方平均分担之

第十三條　私設職業介紹所應將每月業務狀況報由主管官署於年終彙報社會部備案

第十四條　私設職業介紹所如辦理成績優異得由主管官署或社會部予以獎勵

第十五條　私設職業介紹所有左列情形之一時主管官署不予登記其已設立者得撤銷之

1 有違背政府法令之行爲者
2 有欺詐誘惑或脅迫之行爲予申請人以重大損失者
3 有妨碍風紀或安寧秩序之行動者
4 無介紹職業能力者
5 兼營典當旅食業而以剝削求職人爲目的者

第十六條　本辦法自公布之日施行

修正人民團體立案證書頒發規則第六條條文（三十一年八月十二日部令公布）

第六條 循發人民團體立案證書時不另徵費

增訂社會部社會服務處業務概要第伍條條文

三十一年八月十九日部令公布

伍 受政府指定或委託有關服務之代辦事項

修正社會部職員平時考核實施辦法第四及第七至第十條條文

三十一年八月廿八日部長核准修正

第四條 職員平時工作操行學識成績由各該直接長官隨時嚴密考核於每月月終填具紀錄表依據確實事蹟加以評語彙送總務司第二科彙呈復核轉送銓叙部備查

職員工作操行學識成績紀錄表式依照銓叙部之規定

第七條 刪

第八條 改稱第七條

第九條 改稱第八條

第十條 改稱第九條

修正社會部職員年終考成辦法第二第八及第十至第十六條條文

三十一年八月二十八日部長核准修正

第二條 本部職員凡依非常時期公務員考績暫行條例第十七條規定考成人員依本辦法辦理但以任職滿一年者為限

第八條 平時獎懲適用非常時期公務員考績暫行條例第三條之規定

第十條 刪

第十一條 改稱第十條

第十二條 改稱第十一條

第十三條 改稱第十二條

第十四條 改稱第十三條

第十五條　改稱第十四條
第十六條　改稱第十五條

修正社會部職員請假規則第七條條文

三十一年八月二十八日部長核准修正

第七條　職員請假須親筆填具請假單如係病假在三日以上者須附具本部部醫之證明書但因急病或緊急事故不能親具假單者得託人代填
前項部醫證明書如因特殊情形事實上不能取得時得先由領有執照正式開業之醫生出具證明書

社會部重慶育幼院組織規程

（三十一年九月十二日部令公布并呈奉行政院核准備案）

第一條　社會部為收容孤苦無依兒童特設重慶育幼院兩所其名稱依成立之先後以數字定之（以下簡稱本院）
第二條　本院設院長一人綜理院務由社會部派充之
第三條　本院設左列各組
一　總務組
二　教導組
三　保育組
四　衛生組
第四條　總務組掌左列事項
一　關於公文之撰擬繕寫收發保管及印信典守事項
二　關於人事管理事項
三　關於公產公物之保管事項
四　關於經費出納事項
五　關於編輯調查及統計事項

六 關於庶務及其他不屬于各組事項

第五條 教導組掌左列事項

一 關於兒童編制事項

二 關於兒童教導實施事項

三 關於兒童訓導管理及課外活動事項

四 關於兒童成績之考核登記及展覽事項

五 其他有關教導事項

第六條 保育組掌左列事項

一 關於兒童入院出院註冊登記事項

二 關於兒童日常生活輔導事項

三 關於兒童衣物整理事項

四 關於保育訓練及比賽事項

五 關於兒童通訊及接見家長事項

六 其他有關保育事項

第七條 衛生組掌左列事項

一 關於疾病預防及治療事項

二 關於兒童健康檢查及矯治兒童缺點事項

三 關於衛生設施及衣食住檢查事項

四 關於藥品器械之保管事項

五 其他有關衛生事項

第八條 本院各組設組長一人承院長之命掌理各該組事務

第九條 本院得視收容人數之多寡分設教師保育員保姆醫師護士長護士事務員事務生各若干人其名額呈請社會部核

定之

第十條　本院各組組長由院長提請社會部核派其他人員由院長遴選派充并呈報社會部備案人其名額呈請社會部核委

第十一條　本院設會計室置會計員一人會計助理員一人辦理歲計會計事項依主計人員任用條例任用之

第十二條　本院辦事細則另定之

第十三條　本規程自呈准公佈日施行

社會部重慶游民訓練所組織規程

三十一年九月十二日部令公布并呈奉行政院核准備案

第一條　社會部為收容無正當職業之游民授以必要之工作技能並灌輸公民應具之常識以養成勤儉合理之生活習慣特設重慶游民訓練所

第二條　本所設所長一人綜理所務由社會部派充之

第三條　本所設置左列各組

1　總務組

2　訓導組

3　衛生組

第四條　總務組掌左列事項

1　關於公文之撰擬繕寫收發保管及印信典守事項

2　關於人事管理事項

3　關於公產公物之保管事項

4　關於經費出納事項

5　關於編輯調查及統計事項

6　關於庶務及其他不屬於各組事項

第五條　訓導組掌左列事項

1 關於管理及獎懲事項
2 關於精神訓練事項
3 關於技術訓練事項
4 關於就業指導事項
5 其他有關訓導事項

第六條 衛生組掌左列事項
1 關於體格檢查事項
2 關於疾病預防及治療事項
3 關於衛生設施及衣食住檢查事項
4 其他有關衛生事項

第七條 本所各組設主任一人承所長之命掌理各該組事務
衛生組主任得由醫師兼任

第八條 本所視收容人數之多寡分設教師技師醫師組員護士事務員書記各若干人其名額呈準社會部核定之

第九條 本所各組組長由所長提請社會部核派其他人員由所長遴選派充並呈請社會部備案

第十條 本所設會計室置會計員一人會計助理員一人辦理歲計會計事項依主計人員任用條例任用之

第十一條 本所辦事細則另定之

第十二條 本規程自呈准公佈日施行

社會部重慶殘廢教養所組織規程

三十一年九月十二日部令公布并呈奉行政院核准備案

第一條 社會部為收容窮苦無依之殘廢人授以相當之知識及技能特設重慶殘廢教養所（以下簡稱本所）

第二條 本所設所長一人綜理所務由社會部派充之

第三條 本所設左列各組

1 總務組
2 教導組
3 衛生組

第三條

第四條 總務組掌左列事項
1 關于公文之撰擬繕寫收發保管及印信典守事項
2 關于人事管理事項
3 關于公產公物之保管事項
4 關于經費出納事項
5 關于編輯調查及統計事項
6 關于庶務及其他不屬于各組事項

第五條 教導組掌左列事項
1 關于生活管理事項
2 關于教學實施事項
3 關于技術訓練事項
4 關于就業指導事項
5 其他有關教導事項

第六條 衛生組掌左列事項
1 關于體格檢查事項
2 關于疾病預防及治療事項
3 關於衛生設施及衣食住檢查事項
4 其他有關衛生事項

第七條 本所各組設主任一人承所長之命掌理各該組事務

衛生組主任得由醫師兼任

第八條　本所視收容人數之多寡分設教師技士醫師組員護士辦事員各若干人其名額呈請社會部核定之

第九條　本所各組組長由所長提請社會部核派其他人員由所長遴選派充並呈請社會部備案

第十條　本所設會計室置會計員一人會計助理員一人辦理會計歲計事項依主計人員任用條例任用之

第十一條　本所辦事細則另定之

第十二條　本規程自呈准公佈日施行

兒童福利指導所規程

（三十一年九月十二日部令公布並呈奉行政院備案）

第一條　各省及各院轄市應設兒童福利指導所指導並舉辦一般兒童福利業務各縣市得視地方情形設置之

第二條　各省市縣所設之兒童福利指導所應冠以各該省市縣名稱

第三條　省及院轄市設立兒童福利指導所應先由省市社會行政機關擬具計劃及組織章程呈報社會部核准後辦理

第四條　縣市設立兒童福利指導所應先由縣市政府擬具計劃及組織章程呈報省社會行政機關核准後辦理並轉報社會部備案

第五條　兒童福利指導所之業務如左

一　兒童健康指導事項——妊娠助產保育醫療營養衛生展覽健康比賽及其他有關兒童健康之業務屬之

二　兒童生活指導事項——兒童遊戲娛樂運動作業閱覽歌詠講演交誼以及其他有關改進兒童生活習慣之業務屬之

三　兒童福利諮詢事項——調查登記介紹聯絡托兒代辦問題解答以及其他有關兒童福利諮詢之業務屬之

前項業務實施辦法另定之

第六條　兒童福利指導所舉辦各種業務時應與當地有關機關及團體取得聯繫如有涉及其他機關主管之事項並應依照各該主管機關法令辦理

第七條　兒童福利指導所對於第五條所規定之業務得視需要情形參酌財力分次辦理並得倡導地方團體或私人捐資興

辦

第八條 兒童福利指導所經費由主管機關撥給必要時得呈經主管機關之核准募集基金

第九條 兒童福利指導所設所長一人綜理所務由主管機關遴員派充之並視業務範圍之大小得分組辦事每組設主任一人幹事助理幹事各若干人由所長遴員任用之並呈報主管機關備案

第十條 兒童福利指導所爲謀所務之推進得組織各種委員會

第十一條 兒童福利指導所應于每年度開始前造具預算書連同工作計劃及工作進度表呈報主管機關查核備案

第十二條 凡私人或團體捐資辦理兒童福利指導所各項業務者得依捐資興辦社會福利事業褒獎條例之規定報請社會部核議給獎

第十三條 兒童福利指導所之章程另定之

第十四條 本規程自公佈日施行

新聞記者公會組織暫行要點

三十一年九月十八日部令頒行

一 團體名稱 冠以所在地之省院轄市或縣市地名

二 系統級數 暫定爲縣市公會省或院轄市公會及全國公會聯合會三級

三 會員資格 以領有合格證書並執行業務之新聞記者爲限（在新聞記者條例未施行前以現在報社或通訊社擔任採訪編輯採訪業務之編輯人及主辦報社通訊社之發行人并依法登記者爲限）

四 發起人數 縣市及院轄市公會發起人爲十人省公會以三個以上縣市公會全國公會聯合會以三個以上省公會組織之如有特殊情形得由該省自由新聞記者二十人以上之發起呈請主管官署核准先行組織省公會

五 組織區域 以現有行政區域爲組織區域

六 適用法規 非常時期人民團體組織法暨本部所頒人民團體組訓法規

七 附註 先策動省會及重要縣市之新聞記者之公會

修正社會部社會行政計劃委員會組織規程第二條條文

三十一年九月廿六日部令公佈

第一條　社會行政計劃委員會（以下簡稱本會）委員除本部參事組織訓練司司長社會福利司司長合作事業管理局局長暨勞動局局長簡任秘書及有關業務主管人員兼任外，設計劃委員若干人，聘任視中國人〔員〕六人專任

修正社會部工作成績考核委員會組織規程第二條條文

三十一年九月二十九日部令公布

第二條　本會設主任委員一人，由常務次長兼任，委員九人至十三人，除各司局長爲當然委員外，由部長就本部高級職員中指派之。

命令

府

國民政府令　三十一年六月二十六日

行政院院長蔣中正呈據社會部部長谷正綱呈請任命程大森爲社會部合作事業管理局科長，應照准。此令

國民政府令　三十一年七月十四日

行政院院長蔣中正呈據社會部部長谷正綱呈爲社會部視導徐幼川另有任用，請免本職，應照准。此令

國民政府令　三十一年七月十八日

行政院院長蔣中正呈據社會部部長谷正綱呈請任命徐幼川爲社會部科長，應照准。此令

行政院院長蔣中正呈據社會部部長谷正綱呈請任命鄭厚博屠紹楨爲社會部合作事業管理局視察，應照准。此令

國民政府令　三十一年七月二十一日

行政院院長蔣中正呈據社會部部長谷正綱呈爲社會部科長易發文另有任用，請免本職，應照准。此令

行政院院長蔣中正呈據社會部部長谷正綱呈請任命易希文為社會部視導應照准此令

國民政府令 三十一年七月二十九日

社會部參事謝徵孚另有任用謝徵孚應免本職此令

任命謝徵孚為社會部福利司司長此令

國民政府令 三十一年八月二十五日

行政院院長蔣中正呈據社會部部長谷正綱呈為社會部視導閔劍梅科長范師任另有任用均請免本職應照准此令

行政院院長蔣中正呈據社會部部長谷正綱呈請任范師任為社會部視導應照准此令

部令

社會部令 社法字第二八八八八號 三十一年七月二十三日

茲修正實施縣各級合作社組織大綱縣份原有各級合作社解散後債權債務及公積金公益金處理辦法第三條條文公佈之此令

社會部令 社法字第二八八九九號 三十一年七月二十三日

本部諮訪室組織簡章着即廢止此令

社會部令 社法字第二八八九八號 三十一年七月二十三日

茲制定各省市政府設立社會服務處暫行辦法公佈之此令

社會部令 社法字第二九五六〇號 三十一年八月七日

茲制定第一次全國社會行政會議籌備委員會簡則公佈之此令

社會部令 社法字第二九六五二號 三十一年八月十二日

茲修正人民團體立案證書頒發規則第六條條文公佈之此令

社會部令 社法字第二九六五一號 三十一年八月十四日

茲制定私設職業介紹所登記規則公佈之此令

社會部令 社法字第三九六五〇號 三十一年八月十四日

茲制定私設職業介紹所暫行辦法公佈之此令

社會部令 社法字第二九八九二號 三十一年八月十七日

茲增訂社會部社會服務處業務概要第五條條文公佈之此令

社會部令 社法字第三二三九五號 三十一年八月二十八日

茲修正社會部職員平時考核實施辦法條文公佈之此令

社會部令 社法字第三〇四六七號 三十一年九月二日

茲制定第一次全國社會行政會議規程公佈之此令

社會部令 社法字第三〇四六二號 三十一年九月二日

茲制定第一次全國社會行政會議提案及議事規則公佈之此令

社會部令 社法字第三〇四六九號 三十一年九月十五日

茲制定第一次全國社會行政會議秘書處組織規程公佈之此令

社會部令 社法字第二〇八二三號 三十一年九月十五日

茲制定社會部重慶育幼院組織規程公佈之此令

社會部令 社法字第二一八二五號 三十年九月十五日

茲制定社會部重慶游民習藝所組織規程公佈之此令

社會部令 社法字第二〇八二四號 三十一年九月十五日

茲制定社會部重慶殘廢教養所組織規程公佈之此令

社會部令 社法字第三〇八二二號 三十一年九月十五日

茲制定兒童福利指導所規程公佈之此令

社會部令 社法字第三一四七四號 三十年九月二十六日

茲修正社會行政計劃委員會組織規程第二條條文公佈之此令

社會部令　社法字第三一四七五號　三十一年九月二十六日

茲修正社會部工作成績考核委員會組織規程第二條條文公佈之此令

社會部令

本部科員兼稽核室主任王發祥著免本兼各職此令

總二字第二七九五六號　三十一年七月一日

派顧極華為本部社會工作人員訓練班訓育處訓育員此令

總二字第二七九九四號　三十一年七月二日

本部科員夏光惠著即撤職此令

總二字第二八〇五八號　三十一年七月四日

派王長庚為本部社會工作人員訓練班訓育處訓育員此令

總二字第二八〇五八號　三十一年七月四日

代理本部科員沈寶環久不到差應予免職此令

總二字第二八〇六八號　三十一年七月四日

派游天爵代理本部科員此令

總二字第二八〇六九號　三十一年七月四日

本部工運指導員兼任本部駐內江縣農工運動督導專員王永鈞另有任用應免本兼各職此令

總二字第二八二〇三號　三十一年七月八日

本部農運指導員陳遠龍另有任務應予免職此令

總二字第二八三五〇號　三十一年七月九日

派張遠代理本部合作事業管理局視察除呈請外此令

委任甘碧儂試署本部科員此令

總二字第二八二三六號　三十一年七月九日

總二字第二八二四三號　三十一年七月九日

本部統計處家計調查員黃燦如工作不力應予免職此令

總二字第二八四五〇號　三十一年七月十四日

本部調查員常守仁呈請辭職應照准此令

總二字第二八六五七號　三十一年七月十八日

本部社會工作人員訓練班事務員朱克明呈請辭職應照准此令

總二字第二八七一三號　三十一年七月二十日

派張淑欽　何雲明　劉文任爲本部統計處計算員此令

總二字第二八七一五號　三十一年七月二十日

派張相衡　蕭容昌爲本部統計處調查輔導員此令

總二字第二八七一五號　三十一年七月二十日

本部科員鄒理臣呈請辭職應照准此令

總二字第二八七一六號　三十一年七月二十日

派汪黃瑛爲本部重慶實驗救濟院護產所主任此令

總二字第二八七二七號　三十一年七月二十日

派包華章代理本部科員此令

總二字第二八七五九號　三十一年七月二十一日

派顧知讓代理本部科員此令

總二字第二八七六〇號　三十一年七月二十一日

派黃泳瀾代理本部科員此令

總二字第二八七六一號　三十一年七月二十一日

派賈鹿宰　李濟川　羅潤祥代理本部科員此令

總二字第二八七六二號　三十一年七月二十一日

本部社會運動督導員彭宇涵呈請辭職應照准此令

總二字第二八八〇一號　三十一年七月二十一日

派陳永齡代理本部科員此令

總二字第二八九〇三號　三十一年七月二十三日

派李茂仁代理本部科員此令

總二字第二八九〇四號　三十一年七月二十三日

派周[illegible]學代理本部科長除呈薦外此令

總二字第二九一四一號　三十一年七月二十七日

本部農運督導員劉之棠另有任務應予免職此令

總二字第二九一八三號　三十一年七月二十九日

本部調查員毛振炎呈請辭職應照准此令

總二字第二九二二八號　三十一年七月二十九日

派劉德斌代理本部科員此令

總二字第二九二一九號　三十一年七月三十日

派劉少華代理本部科員此令

總二字第二九三一五號　三十一年八月一日

試用本部科員黃環雲呈請辭職應照准此令

總二字第二九三二三號　三十一年八月一日

本部科員俞揆武呈請辭職應照准此令

總二字第二九四六八號　三十一年八月五日

本部統計處調查督導員蕭馨育另有任用應免本職此令

總二字第二九四七〇號 三十一年八月五日

派胡健民爲本部工運督導員此令

總二字第二九六二六號 三十一年八月十日

代理本部科員張玉麟呈請辭職應照准此令

總二字第二九六四四號 三十一年八月十日

派閻志銘代理本部科員此令

總二字第二九七一三號 三十一年八月十一日

派惲昶耀代理本部科員此令

總二字第二九八三一號 三十一年八月廿四日

本部工運督導員唐志衡呈請辭職應照准此令

總二字第二九九一九號 三十一年八月十八日

派黃景曦　謝國成　崔思棠　程功政　吳永稱爲本部統計處調查審導員此令

總二字第三〇〇二二號 三十一年八月二十一日

派祖振綱爲本部統計處計算員此令

總二字第三〇〇二三號 三十一年八月二十一日

試署本部科員甘登信着即免職此令

總二字第三〇〇二四號 三十一年八月二十一日

派許道夫代理本部合作事業管理局科長除呈薦外此令

總二字第三〇一〇四號 三十一年八月二十二日

派王正華代理本部科員此令

總二字第三〇一八一號 三十一年八月二十五日

派李守靜代理本部合作事業管理局科員此令

總二字第三〇二〇〇號 三十一年八月二十六日

試署本部科員斯道以有任務應予免職此令

總二字第三〇三六六號 三十一年八月二十九日

代理本部科員顧知義因病辭職應照准此令

總二字第三〇三七四號 三十一年八月二十九日

本部商運督導員張仁楷擅離職守着即撤職此令

總二字第三〇四二〇號 三十一年九月一日

派吳曙曦代理本部科員除呈荐外此令

總二字第三〇四五〇號 三十一年九月一日

派龍舒甲代理本部科員除呈荐外此令

總二字第三〇四五一號 三十一年九月一日

派鍾玉成 劉暢代理本部科員此令

總二字第三〇四五二號 三十一年九月一日

派孫伯馨代理本部勞動局第二處處長除請簡外此令

總二字第三〇四八八號 三十一年九月二日

派李劍華代理本部勞動局第一處處長除請簡外此令

總二字第三〇四八九號 三十一年九月二日

派劉翔代理本部勞動局第三處處長除請簡外此令

總二字第三〇四九〇號 三十一年九月二日

派丁文安 賀戀仁 蔡喆生 許克黄代理本部勞動局視導除請簡外此令

總二字第三〇四九一號 三十一年九月二日

派曾鍾麟代理本部勞動局秘書除請簡外此令

派劉邦鉞 嚴 炬代理本部勞動局秘書除呈荐外此令

總二字第三〇四九二號 三十一年九月二日

派黃華昌代理本部科員此令

總二字第三〇四九三號 三十一年九月二日

派宋自新代理本部科員此令

總二字第三〇五二三號 三十一年九月三日

派羅斐孫代理本部重慶實驗救濟院總幹事此令

總二字第三〇五七一號 三十一年九月四日

派王化脩代理本部重慶實驗救濟院醫療所主任此令

總二字第三〇五八七號 三十一年九月四日

派潘白山代理本部重慶實驗救濟院安老所主任此令

總二字第三〇五八三號 三十一年九月五日

派方 中代理本部科員此令

總二字第三〇五八四號 三十一年九月五日

委任婁昇東試署本部科員此令

總二字第三〇六一〇號 三十一年九月五日

派廖劍泯為本部社會運動督導員此令

總二字第三〇六二八號 三十一年九月五日

派夏來安 吳 斧 陳瑞麟 孫麟生 馮康候 王煒明 陳 普 黃卓球 廖仲農代理本部勞動局科長除呈荐外此令

總二字第三〇六六六號 三十一年九月七日

派吳佐東 傅賓翀 文咸忠 周健農 雷炳真 周志英代理本部勞動局科員此令

總二字第三〇六九六號 三十一年九月八日

本部科員彭克明呈請辭職應予照准此令　總二字第三〇六九七號　三十一年九月八日

派顧義方爲本部重慶社會服務處職業介紹組總幹事此令　總二字第三〇七〇七號　三十一年九月九日

派洪天明爲本部衡陽社會服務處職業介紹組總幹事此令　總二字第三〇七一六號　三十一年九月九日

派劉綱哲爲本部桂林社會服務處職業介紹組總幹事此令　總二字第三〇七一七號　三十一年九月九日

派陳允德爲本部貴陽社會服務處職業介紹組總幹事此令　總二字第三〇七一八號　三十一年九月九日

派陳明遐代理本部合作事業管理局辦事員此令　總二字第三〇七一九號　三十一年九月九日

派朱家讓代理本部科長除呈薦外此令　總二字第三〇七三六號　三十一年九月十日

委任王謨鑫試署本部合作事業管理局科員此令　總二字第三〇七八三號　三十一年九月十一日

委任徐芝萬　鄧曙暉試署本部合作事業管理局科員此令　總二字第三〇八〇五號　三十一年九月十一日

派徐天爵爲本部社會工作人員訓練班總務處事務員此令　總二字第三〇八〇七號　三十一年九月十一日

派陳寶銀爲本部社會工作人員訓練班總務處事務員此令　總二字第三〇九八〇號　三十一年九月十五日

派張降□代理本部科員此令
總二字第三〇九八〇號 三十一年九月十五日

本部統計處調查專員賀仁懷呈請辭職應予照准此令
總二字第三〇九六五號 三十一年九月十五日

派李良壯爲本部遵義社會服務處職業介紹組總幹事此令
總二字第三一〇〇二號 三十一年九月廿六日

派王廸□爲本部內江社會服務處職業介紹組總幹事此令
總二字第二一一六五號 三十一年九月十九日

本部科長徐竹川呈請辭職應予照准此令
總二字第二一一六六號 三十一年九月廿九日

派王永範代理本部合作事業管理局辦事員此令
總二字第二一一六七號 三十一年九月十九日

派趙志英代理本部勞動局科員此令
總二字第二一三〇七號 三十一年九月二十二日

派施達人 鄧有光 楊□爲本部統計處調查專員此令
總二字第二一三八四號 三十一年九月二十四日

派蔣祖佑代理本部科員此令
總二字第三一三八九號 三十一年九月二十四日

派代理本部勞動局局長賀衷寒兼任本部工作成績考核委員會委員此令
總二字第三一三九九號 三十一年九月二十四日

派代理本部勞動局局長賀衷寒兼任本部社會工作人員訓練委員會委員此令
總二字第三三四七六號 三十一年九月二十六日

總二字第三一四七七號　三十一年九月二十六日

派代理本部勞動局局長賀衷寒兼任本部社會行政計劃委員會委員此令

總二字第三一四七八號　三十一年九月二十六日

派代理本部勞動局副局長史維煥兼任本部法規委員會委員此令

總二字第三十四七九號　三十一年九月二十六日

派代理本部勞動局副局長史維煥兼任本部訴願審理委員會委員此令

總二字第三一四八〇號　三十一年九月二十六日

試署本部科員晏昇東未經准假擅離職守着即免職此令

總二字第三一五六五號　三十一年九月二十九日

委任周宏濤爲本部科員此令

總二字第三一五七五號　三十一年九月二十九日

代理本部科員劉德斌久不到職着即免職此令

總二字第三一五七六號　三十一年九月二十九日

代理本部科員游天爵呈請辭職應予照准此令

總二字第三一五八一號　三十一年九月三十日

派黃本清代理本部科員此令

總二字第三一五八二號　三十一年九月三十日

本部科員王星耆呈辭未准擅自離部着即撤職此令

總二字第三一六三〇號　三十一年九月三十日

本部調查員高寶鈞着即免職此令

總二字第三一六三一號　三十一年九月三十日

委任楊繼祥爲本部科員此令

社會部新聘社會行政計劃委員會委員姓名一覽

總二字第三二一六三二號 三十一年九月三十日

謝徵孚

社會部新聘人口政策研究委員會委員姓名一覽

戴世光　李樹青

社會部新聘兒童福利研究委員會委員名一覽

周菁柏　馬品

公牘

總務類

社會部訓令

總五字第二八三二二號 三十一年七月九日

令本部附屬各機關

印發國家總動員法實施綱要令仰遵照由

案奉

行政院本年六月二十二日勵樂字第九號訓令內開：

「查國家總動員法所定國家總動員業務，必須迅付實施。茲為確定各項業務主管機關，並指示擬訂國家總動員計劃之準則，俾各主管機關及經營國家總動員物資，或從事國家總動員業務之經濟組織，暨有關國家總動員業務之人民團體，於擬訂其實施計劃時，有所依据。并將各部分計劃確定互相配合，以收最大效果起見，經由國家總動員會議常務委員擬具國家總動員法實施綱要草案，提出該會議第一次全體委員會決議：『原則通過，第二部份關於國家總動員法各條例業務掌理機關，交常務委員斟酌補充後由院呈請國民政府通行，并報告國防最高委員會。』復經該會議邀集各關係機關長官，參加第六次常務委員會議，詳商補充，紀錄在卷。除分別呈報並令飭外，合行抄發該項綱要，令仰遵照，並飭屬遵照。」

等因，計抄發國家總動員法實施綱要一份；奉此，除分令外，合行抄發該項綱要令仰遵照，並轉飭所屬遵照。為要！此令。

計抄發國家總動員法實施綱要一份（見六期公報附錄欄）

社會部訓令

總四字第二八一五二號　三十一年七月十一日

令本部附屬各機關

奉　行政院令以據國家總動員會議呈為物價高漲擬具標本兼治辦法八項節錄原件令仰遵照等因轉令遵照由

案奉

行政院本年六月二十日勤愛字第四六號訓令開：

「案据國家總動員會議常務委員吳鉄城，陳儀，賀耀組簽呈，以據本會議檢察組簽呈，為物價上漲影響至鉅，謹擬具標本兼治辦法八項，請核定一案，經提第五次常務委員會議決議：『原則通過。八項由院分飭各機關積極推行』。繕具原辦法請鑒核等情，除分行外，合行節錄原辦法第八項，令仰遵照，並轉飭所屬一體遵照。此令。」

等因；附節錄原辦法第八項一份，奉此，除分行外，合亟抄發原件，令仰遵照。此令。

附抄發節錄原辦法第八項一份

節錄原辦法第八項

八、須應以合作方式負集體分配責任　目前為公服務薪俸階級之固定收入者，生活艱窘達於極點，若僅從加薪津着眼，實祇足收揚湯止沸之效，結果必致公私交困，誠宜乘此時機，遵照　領袖指示，逐漸以合作方式，推行分配社會化之制度，以機關或團體為單位，辦理各種產銷機構，必要時並得呈准依法徵用一部份土地，以為種植蔬食瓜菓及飼養牲畜雞鴨之用，實行各單位「大家庭化」之制度，更排定日程，輪流勞動服務，以發揮人力，並可逐漸推及部隊試行一部份屯田久戰之計，其機關團體之合作組織，應編列專門預算，指定專人負責。舉凡日用所需，即理髮，洗衣，沐浴等項，亦均設置無缺，以達到自給自足之目的，則不特平抑市場物價易於收效，即為公服務人員，或能生活安定，增加抗戰工作效率。

社會部訓令

會一字第二八四二五號　三十一年七月十五日

令本部附屬各機關

事由：為奉　院令為自三十一年度各歲出業已統由國庫負擔中央各機關直接派駐各省之一切機構經費依法應由各該主管機關核列預算如有不敷應呈請主管機關核辦不得向所在地省市政府要求補助一案令仰遵照由

案奉

行政院三十一年七月二日順會字第一二八七〇號訓令開：

「查自三十一年度各省市財政改制以來，各省歲出業已統由國庫負擔，所有中央各主管機關直接派駐各省之一切機構，其經費，依法應由各該主管機關核列預算，按期撥發，如有不敷，亦應呈請主管機關核辦，自不得因此而向所在地省市政府要求補助，致紊行政系統，而起濫用之端。茲為防微杜漸起見，特令糾正，合行令仰該部轉飭所屬一律遵照。此令。」

等因；奉此，自應遵辦。除分令外，合行令仰遵辦！此令。

案奉

社會部訓令

總一字第二八四二八號　三十一年七月十五日

令本部附屬各機關

奉　院令關于鄉鎮保甲人員爲廣義公務員惟甲長不得免緩兵役一案轉令遵照由

案奉

行政院三十一年六月二十九日順捌字第一二六二三號訓令開：

「前據內政部呈請核示鄉鎮保甲人員是否爲公務員一案，經本院召集司法院、銓敘部、暨內政部開會審查，決定兩點：『（一）在新縣制之鄉鎮保甲人員，既係依法令從事於公務之人員，應認爲廣義之公務員，惟甲長不待免緩兵役；（二）關於公務員之意義，應有統一之解釋，以爲有關法令之依據，由行政院擬具意見，送請國防最高委員會核定』。當即附具意見，轉請核定，並指令在案。茲准國防最高委員會祕書廳三十一年六月十五日國紀字第二六一五一號公函內開：『當經遵批交法制專門委員會審議，茲據報告稱：查行政院原函所開決定之兩點，以第一點較爲允當，在新縣制下之鄉鎮保甲人員，應認爲廣義之公務員，惟甲長不待免緩兵役。至法令之適用，有經明文規定，限於特定公務員者，自應以特定之公務員爲限，不能當然援用於保甲長等語，復奉批照復行政院。相應函復，即希查照飭遵。』等由；准此，除分令各部會署及各省市政府外，合行令仰遵照，并轉飭所屬一體遵照。」

等因；奉此，除分令外，合行令仰遵照。此令。

社會部訓令

總一字第二八三五一號　三十一年七月十七日

令本部附屬各機關

奉　院令轉發妨害國家總動員懲罰暫行條例令仰知照由

案奉

行政院三十一年七月七日勳樂字第二五號訓令開：

「案奉　國民政府三十一年六月二十九日渝文字第六八九號訓令內開：『查妨害國家總動員懲罰暫行條例現經制定明令公布，應即通行飭知。除分行外，合行抄發原條例，令仰知照，並轉飭所屬一體知照』等因；奉此，除分行外，合行抄發原條例，令仰知照，並轉飭所屬一體知照」

等因：附抄妨害國家總動員懲罰暫行條例一份，奉此，除分行外，合行抄發原條例，令仰知照，並轉飭知照。此令。

計抄發妨害國家總動員懲罰暫行條例一份（見六期公報法規欄）

社會部訓令

總一字第二八三七八號　三十一年七月十七日

令本部附屬各機關

奉　院令為各機關對於人民呈請批答應用文書辦法一案令仰遵照由

案奉

行政院本年六月二十三日順壹字一二〇四二號訓令開：

「准中央執行委員會秘書處本年六月十日渝30文字第八四二〇號公函，各機關對於人民呈請之批答，應以便民為原則，過去沿用揭示辦法，須人民前往機關門首探視，頗感不便，應視情形之內容，或因具呈人之請求，採用文書送達辦法。已電飭各省市黨部遵照，請查照核辦等由；准此，自應照辦。除分行並函復外，合行令仰遵照。並轉行遵照，此令。」

等因；奉此，自應遵辦。除分行外，合行令仰遵照，並轉飭遵照，此令。

社會部訓令

總五字第二八三七四號　三十一年七月十八日

令本部附屬各機關

奉　院令檢發徵集抗戰殉難同志事跡啟事飭分別義務刊登公報刊物轉令遵辦由

案奉

行政院本年六月十二日順編字第一一三二七號訓令開：

「准中央執行委員會三十一年六月十二日誠字第五三〇號函開：『本會為調查抗戰以來本黨殉難同志事跡，經訂定辦法，函請中央秘書處轉陳中央核准備案。凡貴院所屬各部會處署及各省市縣政府之公報刊物，惠予分別轉行廣為義務刊登，以期普遍，而收宏效』。等由；並附啟事稿五十份，准此，自應照辦，除刊登本院公報，並分令外，，合行檢發啟事一份，令仰遵照辦理，並轉飭所屬一體遵照辦理」等因；附檢發徵集抗戰殉國同志事跡啓事一份，奉此，自應遵辦。除刊本部公報，並分行外，合行抄發啟事，令仰遵照辦理，並轉飭遵照辦理為要。此令。

計抄發徵集抗戰殉難同志事跡啓事一份（詳附錄欄）

社會部訓令

總一字第二八三七五號 三十一年七月十八日

令本部附屬各機關

奉 院令為貪污案件一律移交軍法執行總監部審辦一案令仰遵照由

案奉

行政院三十一年六月二十三日順捌字第一二二八〇號訓令開：「奉委員長三十一年六月十一日侍秘字第一二七一七號手令開：『以後凡關於貪污案件，應一律移交軍法執行總監部審辦。』等因；自應遵辦，除分令外，合行令仰遵照，并轉飭所屬遵照。此令。」等因；奉此，自應遵辦，除分令外，合行令仰遵照，並轉飭所屬遵照。此令。

社會部訓令

總一字第二八五五五號 三十一年七月十八日

令本部附屬各機關

奉 院令抄發各省市縣舉行動員會議通則令仰知照由

案奉

行政院三十一年六月三十日勤藥字第〇一五號訓令開：「查前准國防最高委員會秘書廳移送各省市縣動員委員會應如何調整一案，囑為核辦等由，經本院決定各省市縣動員委員會及其類似機構，應即一律裁撤。並規定各省市縣政府為推動國家總動員法令及業務，應舉行動員會議。擬具各省市縣舉行動員會議通則，復請陳核施行去後，茲准國防最高委員會秘書廳三十一年六月十八日國綱字第七十七號公函節開：「案經陳提出國防最高委員會第八十六次常務會議決議：「（二）各省市縣動員委員會准予撤銷，（三）各省市縣舉行動員會議通則通過」。等由；奉諭：「本會原擬之修正各省市縣動員委員會組織大綱，應毋庸議」。「各等因；除電各省市縣動員委員會，暨重慶衛戍區總動員委員會查照辦理見復，並分函外，相應函復查照，飭屬一體遵照」等。等由；准此，除分行外，合行抄發各省市縣舉行動員會議通則，令仰知照，并飭屬一體知照。」

等因；附抄發各省市縣舉行動員會議通則一份，奉此，除分行外，合行抄發原會議通則，令仰知照，并飭屬知照。此令。

附：抄發各省市縣舉行動員會議通則一份（見法規欄）

社會部訓令

（總一字第二八六八五號　三十一年七月二十四日）

令本部附屬各機關

（奉令抄發公文改良辦法各件令仰知照并飭屬知照由）

案奉

行政院本年七月十日順字第一三三八四號訓令開：「公文改良辦法業經本院修訂，除分行外，合行抄發原件，令仰知照，并轉飭所屬一體知照。」等因；附抄發公文改良辦法，公文用紙格式暨行政院交辦案件通知單，機要公文封套格式各一份，奉此，除分令外，合行抄發原附各件，令仰知照，并飭屬知照。此令。

附抄發公文改良辦法公文用紙格式行政院交辦案件通知單機要公文封套格式各一份（公文用紙等格式略）

公文改良辦法

一、上級機關交下級機關核議簽復或辦理之文件，無論本地外埠均用通知單（照本院現在所用格式）原件隨同抄發上級機關如認為無存留必要者即將原件檢發。

二、發文機關發出公文如須收文機關答覆者須於文尾敘明至一般通令及例行報告備查文件除收文機關認為有復文必要外均可不作答覆。

三、凡關係若干機關之案件應由發文機關分別行文以免收文機關復須分行并應於文尾敘明分行之機關

四、凡一案涉及兩機關以上應由該案主管機關與各有關機關先行洽商擬具共同意見方呈請上級機關核示如未能獲得共同意見方呈請上級機關核示時應將不同之點註明其洽商之方式如各該機關在同一地方者應由主辦人員先行直接洽商以減少往返行文之繁。

五、公文應力求扼要簡明刪除一切客氣傲慢及無用語句并應分段標點或加句讀

六、機要公文封套一律用軍機信封照本院現在所用式樣必要時得再添較大及較小者各一種（按現在式樣闊十五公分五公厘高二十四公分五公厘必要時得就高闊分別放大或縮小）以便按公文件數之多寡為適度之裝用又機密文件須於封口加蓋圖章封套外概不加蓋大印。

七、公文用紙（舊紙用完後）概用十行合頁（即中國頁一頁）頁面前三行上端刊機關名稱下端記載發文號數附件及收文發文年月日次兩行摘由校對監印名職蓋於底頁邊綫之外其尺寸每行綫約長二十二公分五公厘每行間隔一公分五公厘上端四公分五公厘下端二公分前半頁左側五公分右側八公分後半頁之右側及左側同此比例。（格式附）

社會部訓令　總三字第二九〇一九號　三十一年七月二十五日

令本部所屬各機關

准中央祕書處函檢送黨員月捐暫行條例仰遵照按月逕繳由

案准

中國國民黨中央執行委員會祕書處三十一年七月十五日渝世會字第二二〇九號公函開：

「查黨員月捐例應按月報繳，方符規定，茲以貴部所屬各省市社會服務處，多已先後成立，尚未照章扣繳。又重慶市游民訓練所、殘廢教養所、嬰兒保育院、第一及第二工人福利社，暨工人服務總隊部等，於黨員捐款，概未逕繳，似屬非宜，茲特檢送黨員月捐暫行條例二十冊，至希嚴飭各單位，依照辦理，按月逕解捐款，以符通案」。

等由，附黨員月捐條例二十冊，准此，除分行外，合行檢發原件（二冊），令仰遵照按月進行解繳，爲要！此令。

附發黨員月捐條例一冊（略）

社會部訓令

總五字第二八九三四號

三十一年七月二十七日

令本部附屬各機關

令各機關公務人員應照中央訓練團黨政訓練班畢業學員讀書種類標準切實研讀抄發必讀書籍目錄令仰知照由

案奉

行政院本年六月二十七日順攷字第一二五八〇號訓令內開：

「准國民政府文官處三十一年六月六日渝文字第二九九一號公函開：『案准軍事委員會委員長侍從室第三處本年六月一日侍字第二七三五一號函開：「據黨政訓練班畢業學員重慶市第三十五通訊小組組長現任內政部次長雷殷呈稱：『自設置各機關小組會議，責令公務員恭讀 總理遺教， 總裁言論以來，於心理建設方面雖收若干效果，祇因指導尚多未得要領，往往敷衍了事，致未達到預期之目的。竊以爲一切黨政軍幹部人員，均應由中央訓練團調訓，期能健全其心理，若一時未能辦到，亦應依法照黨政班畢業學員讀書種類標準，責令切實研讀。其爲特任以上人員，則囑其對某一種書提出意見，其爲簡薦任人員者，責令其每一書作一讀書報告，由其主管長官彙呈候核，皆不得視爲具文。是否可行？謹候鈞裁』。等情，奉 總裁批「可」等因；除分函中央秘書處外，相應檢同黨政班學員必讀書籍目錄一份，函達查照轉陳」。等由；除轉陳並分函外，相應抄同黨政班學員必讀書籍目錄一份，函達查照，并轉行知照爲荷』。等由，附抄送中央訓練團黨政訓練班畢業學員必讀書籍目錄一份，准此，除分電外，合行抄發原件，令仰知照，並飭屬知照。」

等因；附抄發中央訓練團黨政訓練班畢業學員必讀書籍目錄一份，奉此，除分令外，合行抄發原件，令仰知照。此令

附抄發中央訓練團黨政訓練班畢業學員必讀書籍目錄

三民主義　三民主義之哲學基礎

五權憲法
孫文學說
民權初步
建國大綱
建國方略
地方自治開始實行法
軍人精神教育
關於其總理遺教之言論　總裁言論卷一
關於哲學之言論　總裁言論卷二
科學與學庸
黃埔訓練集
抵禦外侮與復興民族
抗戰以來領袖的宣示與訓詞
國民精神總動員綱領
國民經濟建設運動之意義及其實現
新生活運動綱要
勞動服務與徵工辦法通令輯
抗戰時期各種法令

三民主義之體系與其實行程序
大學中庸
孟子
禮運大同篇
管子
自衛新知
張江陵評傳
曾文正公評傳
黃梨洲集
王安石全集
增補曾胡治兵語錄
康濟錄
改進黨務與調整黨務之關係
兵役與工役
我國財政金融之過去與現在
黨員須知
步兵操典綱要
戰鬥綱要

社會部訓令

會一字第二六九七五六號　三十一年八月十三日

令本部附屬各機關

案奉　令抄發三十二年度國家總概算編審原則仰遵照并轉飭遵照由

案奉

行政院三十一年八月四日順嘉二字第一五二一一號訓令開：

「案准國防最高委員會祕書廳三十一年七月二十九日國紀字第二八三一四號公函開：『國防最高委員會第八十九次常務會議，據財政專門委員會報告稱：行政院及主計處依照戰時國家總預算編審辦法之規定，先後提出可供決定三十二年度歲入歲出概算總數之資料及意見案，奉交本會審議，業經逐日開會，先將原送『編審原則』『調整標準』詳加檢討，修正為『三十二年度國家總概算編審原則』十四條，擬請核定，以資遵守。並送請政府通行遵照。等語；當經決議「通過」。除函請國民政府文官處轉陳分令飭遵，並分函中央執行委員會秘書處中央設計局外，相應檢同修正原則函達，即請查照，轉飭所屬一體遵照。為荷。』等因；准此，除分行外，合行抄發原件，令仰遵照，並轉飭遵照。此令。」

等因；附抄發三十二年度國家總概算編審原則一份，奉此，除分行外，合行抄發原件，令仰遵照，並轉飭遵照。此令。

附抄發三十二年度國家總概算編審原則一份（略）

社會部訓令

總一字第二九七六七號　三十一年八月十八日

令本部附屬各機關

奉令轉發妨害國家總動員懲罰暫行條例宣傳大綱仰按照有關規定切實宣傳令仰遵辦由

案奉

行政院三十一年八月一日勵平字第一八號通令開：

「案查妨害國家總動員懲罰暫行條例，經由政府公佈施行，自應廣為宣傳，俾能人人自律，刑期無刑。本院爰特制訂妨害國家總動員懲罰暫行條例宣傳大綱一件。除分別函令外，合亟令仰該部，即依照宣傳大綱之有關規定，切實宣傳。並轉飭所屬遵辦為要。」

等因；附妨害國家總動員懲罰暫行條例宣傳大綱，奉此，除分令外，合行抄發原件，令仰遵辦為要！此令。

附抄發國家總動員懲罰暫行條例宣傳大綱一份（詳附錄欄）

社會部訓令　總一字第二九九四一號　三十一年八月二十日

令本部附屬各機關

奉　院令轉奉　委員長手令飭各地方政府必須與中央派駐各地機關和衷共濟互助合作一案轉仰遵照由

案奉

行政院三十一年八月十日順壹字第壹五五二五號訓令開：

「前奉　國防最高委員會頒發中央公務人員出差戒條，經於二十九年十月以陽字第二〇二五一號訓令通飭遵行在案。茲奉　委員長機秘甲六六一五號手令開：『現在各地方政府對於中央派駐各地之機關，率皆意見紛歧，不能合作。甚至彼此水火，發生磨擦，此種不幸現象，究為何由？希研究對策，切實改正。再一面告誡各地方政府，必須與派駐各地機關和衷共濟，互助合作！蓋中央地方本為一體，而中央派駐各地之機關，亦無非為協助地方政府以推行中央之政務，故應不分彼此，協同工作。一面并告誡中央派駐地方工作之人員，務須謙和自處謹慎從事！不得自居於中央之地位，而傲視地方各機關也。中前令擬具中央派駐各地工作人員之戒條，其各部會主管官必須于所派人員出發之前，親授戒條，此件有否擬定實施，希一併查報，為要！』等因。除令飭各省政府轉飭各地方機關，務須與中央派駐地方機關之人員互助合作外，所有中央派駐各地方工作人員，自應遵照前頒出差戒條，謹慎從事。尤須遵守該地方之通常法令，俾能與地方機關聯成一體。合行令仰遵照，並嚴飭所屬派駐各地方機關一體遵照。本院令各省市政府原文抄發。此令！」

等因；附抄發令各省市政府原文一件，奉此，除分令外，合行抄發原令，令仰遵照，並轉飭所屬遵照。此令

附抄發院令各省市政府原文一件（略）

社會部訓令　會一字第三〇〇四三號　三十一年八月二十日

令本部附屬各機關

為准主計處公函解釋分配預算互相流用範圍一案令仰知照由

案准國民政府主計處本年八月十三日渝歲五字第一六八五號公函開：

「案准審計部先後函，以據廣東審計處呈爲各機關分配預算內，列有下級機關之分配預算總數，能否流爲本機關之用？或下級機關之分配數互相流用，又據廣西省審計處呈，以依預算法第五十四條之規定，經常費與臨時費是否亦得互相流用？囑解釋見復等由；查（一）預算法第五十四條所稱：「各機關分配預算之流用」係指各機關本身歲出用途別同門各科目間之流用，非指各機關之流用。依預算法施行細則第四十五條中央第四級以下之機關，及地方第三級以下之機關，其分配預算總數雖列入該管上級機關分配預算之內，各該機關本身應各有其用途，不能視爲上級機關本身經費之一部。（二）預算法第五十四條所定之歲出用途別同門各科目有一科目之經費不足而他科有賸餘時，特流用一節，僅限於同門同部份內所列各科目之經費，至常時部份與臨時部份并不得互相流用。以上兩項，滙由本處分別提交主計會議決議，並函復在案。事關法令解釋，除分行外，相應函達，即請查照并轉飭所屬一體知照爲荷。」

等由；准此，除分令外，合行令仰知照。並轉飭所屬一體知照。此令。

社會部訓令

總一字第三〇〇四二號　三十一年八月二十六日

令本部附屬各機關

奉　院令轉發國家總動員會議組織條例令仰知照由

案奉

行政院三十一年八月十一日勵樂字第五三號訓令開：

「案奉　國民政府三十一年七月二十七日渝文字第七七八號訓令開：『查國家總動員會議組織條例，業經制定，明令公佈，應即通飭施行。除分行外，合行抄發該條例，令仰遵照。並轉飭遵照』等因；奉此，除分行外，合行抄發該條例令仰知照，並轉飭所屬一體知照。」

等因；附抄發國家總動員會議組織條例一份，奉此，除分行外，合行抄發該條例，令仰知照，并轉飭所屬知照。此令。

附發國家總動員會議組織條例一份（見法規欄）

社會部訓令　總一字第三〇二九二號　三十一年八月三十一日

令本部附屬各機關

本部自九月一日起實施公文改良辦法此後附屬各機關接到本部交辦（議）案件通知單辦理各案復文仍應呈部并以用簽呈爲原則檢發簽呈格式令仰遵照由

案查公文改良辦法，前奉 行政院令頒到部，經於本年七月二十四日以總一字二八六八五號訓令，抄發原件飭知在案。本部茲定於九月一日起，遵照實施。嗣後各該機關接到本部各單位發出之交辦（議）案件通知單辦理各案時，仍應正式向部呈復，並以用簽呈爲原則。除分令外，合行檢發簽呈格式，令仰遵照。此令。

附檢發簽呈格式一份（略）

社會部訓令　總四字第三〇五九五號　三十一年九月七日

令本部附屬各機關

爲奉令抄發 國父紀念週暨國民月會合併舉行儀式轉令遵照由

案奉

行政院本年八月二十五日順效字第一六五九一號訓令開：

「准國民精神總動員會三十一年八月十九日總動字第一二〇四號公函開：『查各機關國民月會，可與每月第一次國父紀念週合併舉行。茲擬定合併舉行儀式，隨函送達，請即查照辦理，並轉飭所屬一體遵照。』等由；准此，除分令外，合行抄發原件，令仰遵照，並飭屬一體遵照。」等因。附 國父紀念週暨國民月會合併舉行儀式單一份，奉此，除分行外，合亟抄發原件，令仰遵照。此令。

附 國父紀念週暨國民月會合併舉行儀式單一份。

國父紀念週及國民月會合併舉行儀式

一　國父紀念週暨國民月會開始

二　主席就位

三　全體肅立

四　唱國歌

五　向　黨國旗暨　國父遺像行三鞠躬禮

主席恭讀　國父遺囑全體同時隨聲宣讀

六　向　國父遺像俯首默念三分鐘

七　主席宣讀國民公約全體同時循聲朗誦

八　報告

九

十　宣讀黨員守則

十一　呼口號

社會部訓令

會一字第三〇七三五號　民國三十一年九月十日

令本部附屬各機關

（為奉　院令轉飭財政收支系統改制以後各省市政府及其直屬機關准照同中央機關准予應用修正國內旅費出差規則一案令仰知照由）

（本年六日　不另行文）

案奉

行政院本年七月十七日順伍字第一三八九九八號訓令開：「案奉　國民政府三十一年七月三日渝文字第六九八號訓令開：『案查前據監察院三十一年六月四日監字第一三五一九號呈稱：『據審計部三十一年五月二十日計字第二四零號呈稱：『案查本年二月二十五日國防最高委員會核准之修正國內出差旅費規則第一條內載一凡中央機關公務員因公出差支給旅費，除陸海空軍人員及因特別性質必須另定規則者外均按本規則辦理，前項特別規則應呈經國民政府備案移施行一節語，按二十四年五月十六日公佈之修正國內出差旅費規則，並無專適用於中央機關之規定，此次修正以後，地方機關能否適用，事關法令解釋，本部未敢擅專，理合備文呈請鈞院轉呈國民政府鑒核示遵。再自財政收支系統改制以後，省之一級在行政上固無變更，在財政收支系統上，已無獨立之地位。此後各省市政府及所屬各機關，除自治單位以下各機關外，是否亦得視同中央機關之處，併祈鑒核示遵。」等情；據此，理合備文呈請鑒核，指令祇遵。」等情；當經飭送國防最高委員會核復案。茲據本府文官處簽呈稱：「准國防最高委員會秘書廳三十一年六月三十日國紀字第二七二四一號公函開：「准貴處本年六月十二日渝文字第三零九四號函，以奉交下監察院呈為修正國內出差旅費規則，能否準用於地方機關，暨財政收支系統改制後，各省市政府並所屬機關是否視同中央機關一案，囑查照轉陳核示等由；經遞批送准財政專門委員會報告：審查結果，認為財政收支系統改制以後，各省市（直轄市）政府及其直屬機關，自應視同中央機關；關於修正國內出差旅費規則，應准適用等語，並提奉國防最高委員會第八十七次常務會議決議；照審查意見通過。相應函請查照轉陳，分別令飭遵照。」等情；據此，自應照辦。除分令監察院外，合行令仰該院知照，並轉飭知照。」等因；奉此，查修正國內出差旅費規則，業經 國民政府明令公佈，並由本院於三十一年三月通飭知照在案。茲奉前因，除分行外，合行令仰知照，並轉飭所屬一體知照。此令。」

等因；奉此，合行令仰知照。此令。

社會部訓令

總一字第三一二二一號　三十一年九月二十一日

令本部附屬各機關

奉 院令准考試院咨送修正公布備用人員登記條例施行細則令仰知照由

案奉

行政院三十一年九月三日順人字第一七一五三號訓令開：

「准考試院三十一年八月十二日秘文字第九六號咨開：「查備用人員登記條例，業奉 國民政府三十年十一月十八日明令公佈在案。依照上項條例第一項之規定，該條例施行細則，應由銓敍部擬訂，呈請本院核定。茲據銓敍部擬具備用人員登記條例施行細則草案，呈請鑒核公布前來，即經本院詳加審核，酌予修正，將該項施行細則，以院令公布。除分別呈咨函令，并分行各省市政府外，相應抄同該項施行細則咨達，即希查照，並飭屬知照。」等由，除分令外，合行抄發原附件令仰知照，并轉飭所屬知照。」等因，附抄備用人員登記條例施行細則一份，奉此，除分令外，合行抄發原件令仰知照，並飭屬知照。此令。

附發備用人員登記條例施行細則一份（見法規欄）

社會部電　社秘字第一八〇一〇號　三十一年六月二十九日

為定於十月寅日召開第一次全國社會行政會議仰早作準備由

各省社會處、各省合作事業管理處：本部調該處長參加中央訓練團受訓，業以有電飭知在案，茲定十月寅日在該處長等受訓結業後，召開第一次全國社會行政會議。除即另案通知外，特先電知照，務希早作準備，並如限來渝為要。社會部祕已艷印。

組織訓練類

社會部咨　組一字第二八一七四號　三十一年七月八日

為規定加委合作指導人員兼任農會指導員辦法三項咨請查照飭遵見復由

查各地農會組織，近年經積極督促，雖幾有相當進展，然仍未能達到預期目的。按厥原因，實由於農民之知識水準較低，團體觀念較弱，農會經費困難，而指導人員之缺乏所關猶鉅。為補救起見，擬普遍運用縣合作指導人員為農會指導員，經規定辦法三項如左：

一、由省政府責成縣政府，將所屬合作指導人員一律加委兼任為農會指導員，分別指定其工作地區，并專案呈報省社會處，或民政廳備案。

二、前項農會指導員，以指導縣鄉農會組織，推進縣鄉農會工作，及推行合作組織與農工團體配合推行辦法為主要任務。其勤惰應列為年終考績項目之一。

三、合作指導人員因兼農會指導員業務，所增支之交通費或旅費，應由縣政府酌予核銷。

右列辦法，於組織農民動員農民至為重要，亟應從速切實施行。除分咨外，相應咨請查照辦理，轉飭所屬一體遵照辦理，仍希將辦理情形見復為荷。此咨

各省市政府

社會部咨

組五字第二八六八七號　三十一年七月二十日

准咨轉建甌縣政府呈請核示佛教分會可否擴大組織一案復請查照辦理由

案准

貴府三十一年六月四日調己支府社一永字第五六四二九號咨：為據建甌縣政府呈請核示，佛教分會可否擴大組織一案，囑辦理見復等由，准此，查修正中國佛教會各分會組織通則第二十二條有關一省區之縣，因佛教徒人數較少，不能單獨成立縣分會時，得呈准組織聯縣分會，其名稱為中國佛教會某某縣分會，各取縣名第一字之規定。該縣佛教分會所請擴大組織一節，應予照准。至該分會地址亦應遵照上項通則第四條之規定，設於會員較多之建甌縣。准咨前由。相應復請查照辦理為荷。此咨

福建省政府

社會部咨

組三字第二八九四二號　三十一年七月二十四日

准咨以據陝西省建設廳呈為奉令將人民團體事項移交社會處接管一案疑義囑查照見復一案咨復查照由

案准

貴部三十一年七月二日（卅一）商字第一一〇二六號咨，以據陝西省建設廳呈，以奉飭將人民團體事項移交社會處接管一案，臚陳疑義請予核示等情，抄同原呈囑查核見復等由；准此，查社會行政機關，對於人民團體組織程序，應轉知目的事業主管機關，手續似應依照非常時期人民團體組織法第十六條之規定，一律遣送簡表。惟各主管目的事業機關對於各該團體關係容有疏密，管制或有寬嚴，其較為嚴密者，儘可於主管社會行政機關轉知成立後，依其職權令行各該團體直接補報。關於各該團體違反法令之處分，非常時期人民團體組織法第十八條第四項已有規定，自可依法執行，至目的事業主管官署原有登記卷宗移交一節，仍以移送為原則。其與主管目的事業機關業務，關係密切而不可分之案卷，自可酌量主從繁簡，分別抄送或抄存。准咨前由，相應復請查照轉知為荷。此咨

經濟部

社會部咨

組三字第二□二八三號　　三十一年七月三十一日

准咨囑予宜賓縣請示農本局福生紗莊及資源委員會宜賓電廠中央電瓷廠應否加入公會或商會一案復請查照轉知由

案准

貴省政府三十一年七月十日社一字第八三〇號咨，以據宜賓縣政府呈請解釋農本局福生紗莊，資源委員會宜賓電廠，中央電瓷廠等，應否加入同業公會或商會，囑查核見復一案，查資源委員會經辦之工廠，原係有關國防資源，依照商業同業公會法第十二條第一項前半段之規定，自可不必加入同業公會或商會。至農本局福生紗莊業務，核與同法條文規定不合，應依法加入同業公會或商會。准咨前由，相應復請查照轉飭知照為荷。此咨

四川省政府

社會部咨

組二字第三〇七五三號　　三十一年九月十日

准咨轉建設廳簽為閩江輪船公司船員似可免予參加海員工會一案復請查照由

案准

貴省政府本年八月十四日調未寒府社乙永第八三二九三號咨，以據建設廳簽，爲閩江輪船公司船員，不合中華海員工會組織規則第三條之規定，似可免予參加海員工會一案，轉囑查核見復等由；查閩江爲與海相通之河流，航行於閩江水上之輪船船員，依法自應加入海員工會。該廳對上項條文不無曲解，相應復請

查照轉知爲荷。此咨

福建省政府

社會部咨　組七字第二一五八四號　三十一年九月三十日

准咨爲三民主義青年團暨軍事機關等所組織之劇社劇團是否受劇本出版及演出監督辦法之限制案咨復查照由

案准

貴省政府本年八月十八日調社二組字第八二四八一號咨開：

「案據化縣縣長何寶書本年午魚社字第三六號代電稱：『奉鈞府本年四月二十日調社二組字第八二一五六號訓令，附發劇本出版演出審查監督辦法一份，飭遵照辦理等因；查奉頒辦法第四項有未經依法向主管機關立案之劇團，一律不准公演，更不得假借任何機關名義演出，又第五項有凡劇院公演戲劇，其劇本無論已否出版，如未經依法送經中央圖書雜誌審查委員會或省市圖書雜誌審查處審定者，如係募勸或爲各種運動演出，未經呈經社會部或省市縣社會行政機關核准者，均由各該地方分別予以停演，及罰金之處分之規定。惟三民主義青年團分團及籌備處所組織之青年劇社暨其領銜普遍組織之學校或人民團體之青年劇社，應否須依法向當地縣政府立案？又其所組織之戲劇，應否須先呈經社會行政機關核准？方能演出，均未奉明白規定。理合電請察核示遵，等情；所陳各節，法無明定。又各軍事機關或部隊政工機關之劇團劇隊等，是否亦應受前項辦法各條之限制？相應咨請查照見復，以便轉飭遵循。爲荷。」

等由；准此，查三民主義青年團分團及籌備處組織或其領銜組織之劇社與軍事機關或部隊政工機關之劇團劇隊等，可毋庸向縣政府立案。惟上述劇社劇團劇隊等，如係募款或爲各項運動演出，應依照非常時期統一社會運動辦法第四條第二

「社會運動之發起人爲政府機關時，應先咨商前項主管官署辦理……」之規定，及統一捐募辦法辦理之。其劇本無論已否出版，均應送經中央圖書雜誌審查委員會或省市圖書雜誌審查處審定。准咨前由，相應咨復

查照爲荷。此咨

廣東省政府

社會部訓令

組三字第二八二四〇號　三十一年七月十日

令各省社會處
重慶市社會局

爲本部直轄之重要工業輸出業等同業公會之登記由該處局代爲督促辦理由

查全國人民團體總登記辦法業經本部於本年二月二十日以社法字第二三三〇一號令公佈，並於同月二十六日登報公告各在案。關於本部直轄之重要工業輸出業等同業公會之登記事宜，仰由該處局代爲督促辦理，如期完成。除分令外，合再檢發該項登記有關文表，令仰遵照迅辦報部爲要。此令。

附檢發全國人民團體總登記辦法人民團體總登記表工業輸出業同業公會一覽表各一份（略）

社會部訓令

組五字第二八三九〇號　三十一年七月二十九日

令各省社會處民政廳
重慶市社會局

據電稱以中華全國體育協進會設立分會一案令仰遵照辦理由

案據四川省社會處電以中華全國體育協進會籌組成都市分會，依照非常時期人民團體組織法第八條之規定，原有省縣市體育會之組織應否撤銷一案，請核示等情，茲經本部核定如下：

一、各省市（院轄市）已有依法設立之省市體育團體，及中華全國體育協進會分會，均應加入中華全國體育協進會爲團體會員，各縣市依法設立之體育團體，均應加入各該省省級團體爲團體會員。

二、各省市（院轄市）如已有依法成立體育會者。中華全國體育協進會不再設立分會，其未設立省市體育團體者，在體育會組織法制未公布前，省市級體育會一律暫緩組織，即由中華全國體育協進會策動組織分會。

三、現有依法成立之縣市級體育會，其不健全者，應由各級社會行政主管官署健全其組織，調整其工作，必要時由本部令飭中華全國體育協進會派員協助調整其工作。

據電前情，除分函外，合行令仰遵照辦理。此令。

社會部訓令

社組字第二八六七八號　三十一年七月二十三日

令各省社會處民政廳
重慶市社會局

令發收復地區人民團體調整辦法仰即遵照并飭所屬遵照由

查收復地區人民團體之調整，所關極鉅，自應制訂辦法，以資依據。茲經本部訂定收復地區人民團體調整辦法，呈奉行政院本年七月六日順玖字第一三一三〇號指令開：「呈件均悉。查該項辦法，已由院酌予修正，分函中央執行委員會秘書處，暨函軍事委員會查照。仰即通行知照。」等因；附發修正辦法一份，奉此；自應遵辦。除分行外，合行抄發該項辦法，令仰遵照，並轉飭遵照為要。此令。

附抄發收復地區人民團體調整辦法一份（見法規欄）

社會部訓令

組二字第二九一〇七號　三十一年七月二十七日

令貴州省社會處

據貴陽市總工會呈請示工會入會收據應否貼印花一案令仰知照由

案據貴陽市總工會三十一年七月二日市總字第一七六號呈稱：「竊屬會近因奉令強辦全市工人會員總登記，特製發會員證，以加強工會組織，並發有會員證費臨時收據一種。惟是項收據，係屬本身組織內部之用，不識是否應行貼用印花？又現屬會及各種職業工會為整頓工會本身組織，業已進行收取會員經常費，但不識該項收取會員經費之收據，是否應貼國稅印花？此外關於會員入會費收據上，不識是否仍須粘貼印花？以上各點，擬懇鈞部鑒核，俯予指示，俾資遵行」。

等情，查工會法第三十四條規定「工會免課所得稅，營業稅及登記稅」。又印花稅法第三條第八款規定「凡公私機關或組織其內部所用不生對外權利義務關係之單據，免納印花稅」。工會經收法定各費收據，自可免貼印花。仰即遵照轉知，並飭嗣後不得越級行文為要。此令。

社會部訓令

組七字第二八九三一號　三十一年七月二十七日

令各省社會處民政廳
　重慶市社會局

抄發教育部咨送體育節舉行辦法要點並指示配合體育節推行民族健康運動應辦事項仰遵辦具報由

案准教育部社字第二三三五八號咨開：

「查國民體育法業於二十年九月九日奉　國民政府明令公佈，本部為利用重九習俗，推行國家大法，並為實施民體育紀念　國父首次起義起見，特規定九月九日為體育節，並擬定體育節舉行辦法，呈奉行政院核准在案，檢送該項辦法要點一份，咨請查照並轉飭知照。」

等由；准此，查本部三十一年度九月份督導社會運動中心工作，原定為推行民族健康運動。茲為配合推行起見，各級社會行政機關應會商地方有關機關，酌辦下列各項：

一、舉辦各種體育表演及競賽；
二、舉辦清潔衛生檢查及競賽；
三、舉辦健康比賽；
四、舉辦有關體育衛生之展覽會及通俗講演；
五、提倡環境衛生；
六、倡導正當娛樂；
七、勸戒有害健康之不良嗜好；

八、宣傳體育衛生常識。

准咨前由，除咨復外，合亟將上列各項並抄發體育節舉行辦法要點一份，合仰遵辦具報。此令。

計抄發體育節舉行辦法要點一份（略）

社會部訓令

組七字第二六九六二號　三十一年七月二十七日

令各省社會處

為據雲南省社會處呈核請核示新生活運動促進會應否參加人民團體總登記一案通飭知照由

案據雲南省社會處呈稱：「案查前奉鈞部令飭舉辦全省人民團體總登記，當經分別轉飭遵照辦理在案。茲據雲南省新生活運動促進會函稱：『本會委員係由政府聘任，應屬行政範圍，並非人民團體之組織，與規定條文性質不符，未便履行登記。』等由；准此，查鈞部頒發三十一年度計劃草案社會運動欄內，載有本處督導新生活運動促進會之規定，是該會為人民團體了無疑義。准函前由，究應如何辦理之處？理合備文呈請鑒核示遵。」等情；據此，查新生活運動促進會，係屬社會運動機構並非人民團體，可不必參加人民團體總登記。除指令外，合行令仰知照。此令。

社會部訓令

社組字第二九〇六二號　三十一年七月二十八日

令各省社會處、民政廳

修正人民團體立案証書頒發規則第六條條文令仰遵照由

查人民團體立案証書頒發規則第六條「除依法徵收印花稅外」之規定，依照印花稅法第十六條稅率表所規定，立案証書並未包括應納印花稅之各項證照範圍之內，自應依法修正。除分行外，合行檢發該項立案証書頒發規則修正條文，令仰遵照，並轉飭遵照為要。此令。

附抄立案証書頒發規則修正條文（見法規欄）。

社會部訓令

組五字第二八九三〇號　三十一年八月一日

令本部直轄各社會團體

為頒發直轄社會團體職員略歷冊及分支會職員略歷冊式樣仰遵照并轉飭遵照由

茲為統一本部直轄社會團體名冊，制定直轄社會團體職員略歷冊，會員名冊，及分支會職員略歷冊式樣各一種。除分行外，合行隨文檢發上項式樣各一份，令仰遵照。並轉飭遵照。為要！此令。

附發直轄社會團體職員略歷冊會員名冊及分支會職員略歷冊式樣各一份（略）

社會經濟部訓令

組三字第二九六四九號　三十一年八月十日

令各省社會處民政廳

令發本兩部處理商會及同業公會案件手續仰知照由

查非常時期人民團體組織法，業於本年二月十日奉令公布，所有本兩部處理商會及同業公會案件手續，亟應加以規定，藉資聯繫。當經會商將此項處理手續訂為十項，呈奉行政院本年七月九日順十一字第六三三四三號指令「准予備案」除分令外，合行抄發原件，令仰知照。此令。

附抄發本兩部處理商會及同業公會案件手續一份（見法規欄）

社會部訓令

組五字第二九三九九號　三十一年八月十三日

令各省社會處民政廳
各直屬人民團體

為關於各直轄社會團體各地設立分支會社一案規定辦法三項令仰遵照并轉飭遵照由

查本部各直轄社會團體所屬各地分支會社之組織，多與新頒非常時期人民團體組織法不合，應依法調整。茲為便利各級主管官署督導起見，規定辦法如下：

一、凡新成立之分支會社，應一律遵照非常時期人民團體組織法辦理。

二、現有分支會社組織，不合非常時期人民團體組織法各項規定者，應一律於下改選時依法調整。

三、各直轄社會團體前經之設立分支會之組織通則及辦法應一律遵照非常時期人民團體組織法修正具報。

以上各節，除分別函令外，合行令仰遵照，并轉飭遵照。此令。

社會部訓令

組三字第三〇二二二號　三十一年八月二十六日

准經濟部函以湖南辰谿縣商會對於非常時期人民團體組織法第九條規定請示三點開列意見囑核復一案令仰轉飭知照由

令湖南省社會處

案准經濟部三十一年八月七日（卅一）商字第一三一七五號公函，以據湖南辰谿縣商會呈，對於非常時期人民團體組織法第九條規定請示三點，開列意見囑核復等由，准此，查（一）凡應依新法變更職員名額之團體，應先將章程修改，通過會員大會，其應改選之一部份，應依新章，留任數額就舊有職員全體抽籤定之；（二）非常時期人民團體組織法第十 條有除外之規定，現行商公會法對於發起人既另有規定，自應從其規定；（三）現行商公會法適用與否之標準，在非常時期人民團體組織法第十九條已有規定，應從規定認定。准函前由，除函復外，合行令仰知照，併轉飭知照。此令。

社會部訓令

組五字第三〇五一九號　三十一年九月五日

為頒發人民團體發起人略歷册式樣一種令仰遵照由

令各省社會處
　重慶市社會局

查人民團體發起人數，非常時期人民團體組織法中已有規定，惟各人民團體申請許可組織時，關於發起人略歷册，除農工商職業團體另有法規規定外，尚無明文規定。茲為便利各級主管官署查核起見，特訂定人民團體發起人略歷册式樣一種，凡人民團體申請組織團體，經連署蓋章後，并應依式造具發起人略歷册，隨文呈送，以憑審核。除分令外，合行頒發上項式樣一種，仰即遵照，并轉飭遵照為荷。此令。

運輸統制局 社會部 訓令

組二字第三〇八九七號　三十一年九月十四日

令西南 西北 川滇 公路運輸局職工指導委員會

關於國營各公路職工指導委員會與公路運輸局之關係茲經會報決定令仰知照由

查國營各公路職工指導委員會與公路運輸局之關係，茲經本局部於第四次會報決定：「國營各公路職工指導委員會係直接受運輸統制局及社會部之指導監督與路局並無隸屬關係，相互行文，應用公函。」等語；記錄在案。除分令外，合行令仰知照。此令。

社會部訓令

組四字第三〇九九三號　三十一年九月十八日

令本部附屬各機關

為頒發新聞記者公會組織暫行要點令仰遵照由

查新聞記者公會，亟應有所組織，以利國家總動員業務之推行。茲經制定新聞記者公會組織暫行要點一種。除分令外，合行檢發該項要點，令仰切實遵照辦理為要。此令。

計附發新聞記者公會組織暫行要點一份（見法規欄）

社會部訓令

組七字第三一三四四號　三十一年九月二十三日

令各省市社會處重慶市社會局
　本部附屬各機關

准財政部函送交通銀行優待「勞工」「婦女」「子女教育費」儲蓄辦法令仰飭屬協助勸儲由

案准財政部渝錢特字第四四一〇〇號函開：

「據交通銀行總管理處呈以，查存款利率應予提高，前經四聯總處議决有案。儲蓄存款利率，自亦應通籌酌予增訂，以利吸收游資。敝行茲依據各地市場情形，修訂各種儲蓄存款規則，規定自本年下期起，活期儲蓄存款利率，半年者由週息八厘增為八厘半，一年期至四年期，原訂利率由八厘五毫，遞增至九厘五毫，茲一律改為一分。并擬訂特別優待「勞工」「婦女」「子女教養費」辦法三種，同時付諸實施，以期啟發民間節儲風氣，吸引大量儲蓄存款。除呈函四聯總處外，理合將所訂優待「勞工」「婦女」「子女教育費」辦法各一份，隨函附奉，祇祈鑒督備案，并予咨請經濟部，交通部，社會部，教育部轉令所屬機關一體協助勸儲，俾使敝行所訂優待辦法，易獲實效。等情；附件到部，經核該行三種儲蓄辦法，尚無不合。除由部備案，并分行外，相應檢附原訂優待「勞工」「婦女」「子女教育費」辦法各一份，函請查照，轉令所屬一體協助勸儲。并見復為荷。」等由；附交通銀行優待「勞工」「婦女」「子女教育費」儲蓄辦法各一份，准此，除函復并分行外，合行抄發原件，令仰轉飭所屬一體協助勸儲為要。此令。

附抄發交通銀行優待「勞工」「婦女」及「子女教育費」儲蓄辦法各一份（略）

社會部訓令　組二字第三一五七八號　三十一年九月二十九日

令四川省社會處

據江津縣總工會代電以該會對下級工會行文應否用令請核示等情令仰知照並轉飭遵照由

案據江津縣總工會陽代電，以對所屬下級工會能否用令？請鑒核示遵等情；查凡有系統組織之人民團體，即有隸屬關係者，上級對下級行文用令，下級對上級用呈。縣市以下之工會為有系統之組織，該總工會對所屬下級工會行文，自可用令。合行令仰知照，並轉飭該總工會遵照。此令。

社會部指令　組二字第二七九七六號　三十一年七月二日

令重慶市社會局

三十一年六月六日社元二字第三〇一五號呈一件：為鞋帽商業同業公會與製履職工會會員應如何確定呈請解釋示遵由

呈悉。核示如次：

（一）所呈會商議定辦法第一項，准予照辦；

（二）商店既以轟炸而不存在，其公會會員資格，自應同時喪失。如已改為攤販者，應與一般攤担同依小規模營業之規定，向該業公會登記，如僱有工人者，其工人應加入職業工會；

（三）攤担主無論其自身工作與否均不能加入職業工會為會員；

（四）現已加入同業公會或職業工會之攤担，應依（二）（三），兩項辦理。

以上各點，仰即分別飭遵辦理為要！此令。

社會部指令

社組字第二六三九二號　三十一年七月十三日

令重慶市社會局

三十一年六月十七日社元組字第一一三九號呈一件：為呈請解釋職業團體書記資格由

呈悉。查關於職業團體書記之資格，依照派遣辦法第五條之規定，應以曾經特別訓練合格之人員為限。惟依同辦法第二條第三第五兩款規定之意義推論，如該團體有適當人員及現有書記思想純正者，可依第六條後半段核准任用，及第六條上半段規定所派遣之書記一人兼任兩團體以上之職務，均可為合格人員不敷派遣時之補救辦法，仰即遵照辦理為要。此令。

社會部指令

組五字第二八九一六號　三十一年七月二十三日

令湖南省社會處

社三巳齊代電一件：為慈善團體立案手續應否仍依修正各地方慈善團體立案辦法辦理祈核示由

代電悉。查舊有法規未經明令廢止者，在與「非常時期人民團體組織法」，不抵觸之條件下，自可適用。否則，仍應遵照「非常時期人民團體組織法」辦理。仰即知照。此令！

社會部指令

組五字第二九〇九二號　三十一年七月二十七日

令雲南省社會處

三十一年六月二十七日呈一件：呈報特種社團情形特殊是否須一律改爲理監事制祈鑒核示遵由

呈悉。茲分別核示如下：（一）自非常時期人民團體組織法公布後，凡新成立之團體，均應遵照辦理，舊有團體之不合者，應於下屆改選時一律依新法調整；至申請登記時，可暫准仍沿舊制登記，但經案審核後，必須通令於下屆改選時，一律依新法調整：（二）抗敵後援會早經撤銷，至國民精神總動員會，戰時生活勵進會均屬社會運動機構，毋須參加人民團體總登記。以上二點，併仰遵照辦理。此令。

社會部指令

組五字第二九四五五號　三十一年八月五日

令湖南省社會處

三十一年七月四日來社二字第七九二號呈一件：爲呈請核示人民團體職員名稱疑義由

呈悉。查本部審核各團體組織整理或改選總報告表之標準，視其在非常時期人民團體組織法公布之前後以爲斷。凡在該法公布以後組織之團體，自應一律遵照辦理，其在該法公布以前核准組織之團體，亦經令飭於下屆改選時，遵照調整。該石門縣謀潮學社組織總報告表暨改選總報告表，前准湖南省黨部於本年四月二十一日函轉到部，當以其呈報日期係在該法公佈之後，經復請轉飭依法更正補報。至該安化縣藍田鎮筵席商業同業公會，及絲綢絨布商業同業公會，前據該省建設廳呈轉到部，當以均係在該法公布以前組織成立，經予令准備案。仍仰轉飭於下屆改選時，依法調整。據呈前請，合行令仰知照！此令。

（四）

社會部指令

組三字第二九六五九號　三十一年八月十一日

令重慶市社會局

三十一年七月三十一日社元組字第六五六號呈一件：爲呈請指示職業團體書記兼職如何津貼由

呈悉。查職業團體書記，應以專任爲原則，兩個以上團體如係聯合辦公，自可由同一書記担任，不另支薪津。非職業團體人員，如係他機關公務員或未經訓練合格人員，均不得兼任，倘因限於人數，而有異地兼任之必要時，可酌支交通費，但以不超過薪津總額三分之一爲原則，可由該局依照重慶市工商團體臨時經費概算酌情辦理。仰即知照爲要。此令。

社會部指令

組二字第二九七一號　三十一年八月十一日

令湖南省社會處

三十一年七月二十日呈一件：爲常寧水口山礦業商業等工會原選監事人數超過理事名額應如何改選請解釋示遵由

呈悉。查理監事人數超過規定名額，應以得票次多者改爲候補。該處所擬尚屬適當。准予照辦。此令。

社會部指令

組二字第二九七九一號　三十年八月十四日

令陝西省社會處

三十一年七月三十一日社二組午世電：爲軍政部駐陝軍需局各特約工廠爲數頗多應否組織或加入職業團體乞核示遵由

電悉。查工業同業公會法第十一條規定：「凡有機械動力之設備，或平時僱用工人三十人以上之工廠，不論公營或民營，除關係國防之公營事業，或法令規定之國家專營事業外，均應爲工業同業公會會員。」該工廠等雖與軍需局有特約關係，縱其事業關係國防，但決非公營事業，且必先設工廠，方能承訂特約，在其設立工廠之時即應爲工業登記，並應於此時組織或加入同業公會，不得因特約而逃避組織，仰即遵照辦理爲要。此令。

社會部指令

組二字第三〇〇〇一號　三十一年八月二十日

令湖南省社會處

三十一年七月二十日呈一件：爲長沙海員分會會員在津市代客商裝運貨物是否合法及應如何處理之處呈請核示由

呈悉。查各地海員分會對失業海員自可就本業內設法介紹工作，如係改就他業，即須令其退會。該長沙海員分會，竟認起卸工人爲會員，於法自有未合。除令行中華海員工會特派員辦事處予以糾正外，合行令仰遵照，仍飭該管縣政府妥愼酌處爲要。此令。

社會部指令

組二字第三〇八七三號　三十一年九月十日

令四川省鹽業工會籌備委員會

社會部指令

三十一年七月二十七日總字第三九號呈一件：爲據自貢市鹽業產業工會抄呈市政府掌管社會行政暫行辦法轉呈鑒核示遵由

呈件均悉。鹽業產業工會之各級主管官署，應爲社會行政系統，惟在特種工會法未頒佈以前，四川省各地鹽業公會仍暫受該會指揮監督指導，並受當地政府及鹽務主管官署之監督。仰即飭遵。此令。

社會部指令

組四字第三一〇九一號　三十一年九月十八日

令重慶市社會局

三十一年九月五日社元組字第一〇二九號呈一件：爲重慶律師公會轉請暫緩登記一案呈請鑒核示遵由

呈悉。查現行各團體單行法規內所定組織程序之主管官署，均爲與非常時期人民團體組織法抵觸部份不待修改即已當然失效，該重慶律師公會自應依照非常時期人民團體組織法，改由該局主管。並遵照全國人民團體總登記辦法之規定，履行登記手續。仰即轉飭遵照辦理爲要！此令。

社會部指令

社組字第三二〇九四號　三十一年九月十八日

令江西省社會處

三十一年八月十五日社三字第一三七八號呈一件：爲奉電示歸組省農會變通辦法二項婦女教育工聯會等籌備委員會事同一體可否援案辦理請核示由

呈悉。查各該團體籌備委員會之性質，係適應其實際需要爲籌備設立各該團體之臨時機構，一俟團體正式成立，即行撤銷，不應視同法人民團體申請登記。所請援案辦理一節，依法礙難照准，仰即知照。此令。

社會部代電

組一字第二八〇九四號　三十一年七月八日

頒發農會工會與合作社配合推進情形報告表式電令遵照由

各省社會處　民政廳　重慶市社會局：查關於實施合作組織與農工團體配合推進辦法一案，本部曾於三十一年二月二十八日以組一字第二一三三九號函咨各省市黨部各省市政府於三十一年三月底以前將實施概況彙報，並繼續加緊推行在案。截至目前止，已將該案實施概況彙報一部份者，有陝、贛、粵、閩、浙、鄂、皖、甘、湘、青、滇、渝等十二省市，迄未轉報者尚有川、黔、桂、康、豫、寧等六省。茲為徹底明瞭並統一報告內容起見，特製定農會工會與合作社配合推進情形報告表式甲乙二種，隨電頒發，仰迅將三十年度實施該案未報各縣市辦理情形，依式彙報憑核為要。附農會工會與合作社配合推進情形報告表式二份（略）。社會部組一午齊印。

社會部代電

關於發展人民團體組織實施工商團體管制與推行社會運動工作電仰切實督促實施并將實施成效呈報備核由

社組字第二八六二九號　三十一年七月二十三日

各省市社會處局
各省民政廳鑒：查發展人民團體之組織與實施工商團體之管制，為本年各級社會行政中心工作，亦為當前抗建要務。本部三十一年度社會建設計劃及工作進度，早經詳細規定，並專案令飭遵照實施。本年四月復奉　行政院院長蔣以歌電迭行各省市政府，切實督促發展團體組織，並推進員工福利事業，尤應注重職業團體之運用與管制，以加強總動員之力量各在案。茲查各省市對於發展人民團體組織，多未能按照預定數字，如期完成，其已組織成立者，亦未能立即呈報本部備案。現黨政移交手續，大致均經辦竣，今後自應　面積極督促發展組織，務將本年度規定數字，於下半年內悉數完成。一面迅將上半年所有黨部或政府核准立案之人民團體，依照「人民團體組織改選數組整之總報告表呈轉須知」擬具總報告表報部備核。以後並應依照該須規定切實遵辦。至於工商管制工作，其已實施者，應設法加緊督導，並將三月將其工作成效詳細填報一次，其尚未選定實施區域及團體者，尤應迅速選定報部備案。並督促實施。再查各省市過去每月推行各種社會運動，其經呈報工作成效者實屬寥寥，為求檢討及改進起見，今後各省推行各種社會運動，務須積極倡導，督促實施，並將實施結果翔實填載工作進度檢討報告表內，呈部備核。以上各項工作實施，並作為各省市年終考績之依據，除分電外，合行電仰切實遵照辦理為要。社會部組午俅。

社會部代電

為指示籌組省農會變通辦法電仰知照由

組一字第二八六二一號　三十一年七月二十四日

寧夏省民政廳
甘閩贛滇川社會處：據湖南省社會處電稱，該省以縣市農會未超過半數，致籌組省農會發生困難一案，核與實情，經指示變通辦法兩項：（一）縣市農會既未超過半數，可由該處指定省農會籌備委員會先行成立省農會籌備委員會，負責督促縣市農會加緊組織。俟其組織超過半數時，即正式進行籌組省農會。（二）選擇已成立鄉區農會較多之縣市，先行成立縣市農會籌備委員會，負責督促鄉區農會加緊組織。俟其組織超過半數時，即正式進行籌組縣市農會，該省如有同樣困難，可援例辦理。除分電外，特電知照。社會部組一午敬。

社會部代電　組四第字二九〇一四號　三十一年七月二十四日

據電請示解釋教育會組織疑義案分別核示仰遵照辦理由

永安福建省社會處：永乙文電悉。核示如次：一、已函請教育部電飭閩教育廳，迅將教育會案卷移交該處辦理。二、鄉鎮教育會之基層組織，凡已實行新縣制之縣份，其原有區教育會，應一律改組為鄉鎮教育會，其未有基層組織者，可依照區教育會之規定分別組織鄉鎮教育會。如縣轄內行政區域未有變更，則區教育會應本舊貫，至區教育會與鄉鎮教育會聯合發起組織縣教育會一節，於法無據，礙難照准；三、鄉鎮教育會之組織，其發起人數應遵照行政院之解釋，援照區教育會之規定，不得少於二十人。仰即遵照辦理為要。社會部組四。

社會部代電　組五字第二九一二十號　三十一年七月二十八日

准代電以中國回教救國協會各地分支區會戰時服務隊能否武裝組織抄寄簡章復請查照由

安徽省政府公鑒：民社巳灰代電敬悉。查中國回教救國協會各地分支區會戰時服務隊之任務，經該隊簡章明白規定，自應不得組民有槍枝，武裝集合，以杜流弊。該分支區會及服務隊組織，均應受當地主管官署指揮監督，該會設立分支區會組織通則，以與非常時期人民團體組織法不合，經令飭修正，俟呈報到部後，再行抄送。茲寄該會分支區會戰時服務隊簡章一份，併復查照。社會部組五。

社會部代電　組七字第二九一九四號　三十一年七月二十九日

准電囑解釋關於社會運動之範圍領導及召集各種紀念會等疑義復請查照由

河南省政府勛鑒：准貴府午支民五俗電，囑解釋關於社會運動之範圍領導，及召集各種紀念會等疑義四則，奉復如下：（一）社會行政機關對於社會運動，應切實指導監督，并可發起及領導社會運動。此項社會運動範圍至廣，凡發揚民族精神、改良社會風尚，增進公共福利，補助政令推行之一切社會運動均屬之。（二）黨部可領導社會運動，并可策動黨員發起或參加社會運動，爭取領導或注意監視，指導監督之權，則屬於政府，黨部如有意見，可透過政府見諸實施。（三）黨部發動之社會運動，不必規定其範圍，但應依照非常時期統一社會運動辦法第四條第三款之規定辦理。（四）國定紀念日及革命紀念日，由各地黨政軍有關機關共同主持籌備，并遵照第五屆中央常務委員會第二〇四次會議規定，由令地高級黨部召集。至各界民衆紀念節，如農民節，兒童節，國際勞工節等，由各該負責團體主持籌備，或由有關機關會商辦理。惟須於事前呈請當地黨政機關派員指導。准電前由，特復查照。社會部組七艷印。

社會部代電

據電以農工商等團體法令所列規定職員名稱數額均與人民團體組織法第九條規定不合應如何辦理一案電復知照由

社組字第二九三三三號　三十一年八月三日

立煌安徽省民政廳：社午眞電悉。原有農工商團體職員名稱數額，應俟各該團體改選時，依照非常時期人民團體組織法第九條規定辦理。社會部組未紅印。

社會部代電

據電請核示鄉農會入會金及常年金等情電仰遵照由

組一字第二九四〇六號　三十一年八月五日

湖南省社會處：未社二字第一〇三二號午哿代電悉。鄉農會會費金額，在農會法未明令修訂前，並不得擅自變更，如有困難，可依照農會法第二十八條第二項規定辦理。特電仰遵照。社會部組一未歌。

社會部代電

據電請解釋辦理總登記過程中組訓疑義六點電復遵照由

社組字第二九五二六號　三十一年八月六日

甘肅省社會處社：社巳哿電悉。（一）指導人民團體改組辦法第二條所稱「新法頒佈後」之新法，以現在言係指非常時期人民團體組織法，農商團體職員應一律依法改爲理監事制。（二）查非常時期黨政機關督導人民團體辦法，原爲民衆組訓移交政府接管後黨政雙方推行社政之一種秘密聯繫辦法，現仍有效。各級黨部對於各種人民團體如有意見，應依據該項辦法辦理。（三）許可人民團體組織可以批答行之，不必製發許可証。（四）監事為一人時，得准推選候補監事一人。（五）各級商人團體會費單位，因適應收支增高數額由會員大會決議行之，原章程所載數額，自應更正，專案報請主管官署核備。但無須呈送章程全文。（六）小規模營業向各該業同業公會或商會登記，毋須領用會員証，列入個人會員，但實施管制區域為收管制實效起見，可由公會或商會發給登記證，以便管制。特電復遵照。社會部組魚。

社會部代電

組三字第二九六六四號　三十一年六月十一日

[illegible]代電囑核復工業合作協會西北區南鄭事務所應否加入商會一案電復遵照辦理由

西安陝西省政府：□府合社組二字第一□□四號午齊代電敬悉。中國工業合作協會西北區南鄭事務所，應視為普通社會團體，如經營工商業而有公司行號工廠之設立，雖無公司行號工廠而有視同公司行號之售賣場所，則其營業部份應加入公會或商會。如無公司行號工廠或售賣場所而經營必須品業，應依非常時期工商業及團體管制辦法之規定辦理。社會部組三未真印。

社會部代電

社五字第二九八〇〇號　三十一年八月十四日

據電請核示人民團體立案證書應貼印花若干及專科以上學校僑生可否組織團體一案電仰遵照由

福建省社會處：艷電悉。查人民團體立案證書須發規則第六條，業經修正通飭遵照在案。應照修正規則辦理，毋庸粘貼印花。至各校僑生組織團體一節，係屬學校行政範圍，應由學校當局，呈請教育部核示。仰即遵照。社會部未鹽組

社會部代電

社組字第二九四一二號　三十一年八月十五日

據電請示人民團體派遣書記薪給標準電仰知照由

湖南省社會處：社二午江電悉。人民團體書記薪俸支給標準，依照職業團體書記派遣辦法第三項之規定，各級政府得斟酌地方經濟生活情形核定支給。特電復遵照。社會部組歌。

社會部代電

組四字第三〇〇四〇號　三十一年八月二十二日

為各省職業技藝人員不准組織職業團體電請查照飭屬知照由

各省市政府公鑒：查巫、卜、星相、打拳、賣藝、及歌女等從業人員應行登記管理，必要時並得予以適當訓練一案，業經本部於本年五月八日以組六字第二五六〇三號咨請查照在案。近准西康省政府咨送技藝人員登記管理訓練暫行辦法到部，查原辦法有「業經登記許可之技藝人員其同業在三十人以上者應分別組織同業公會」之規定，頗有誤會。上項從業人員雖得於訓練完畢組織抗戰救國團體參加救國工作，但巫、卜、星相究屬事涉迷信，打拳、賣藝及歌女等，亦均非正當職業，自不應准其組織職業團體，以免無形中提高其社會地位。除將原辦法予以修正，咨復查照辦理，並分電外，特電查照，並煩轉飭所屬知照為荷。社會部印

社會部代電

組五字第三〇一一七號　三十一年八月二十四日

據電請核示妓女應否組織團體電仰知照由

湖南省社會處：社二午儉代電悉。查妓女遭遇雖屬可憫，但究係營不正當職業者，自不得任其組織團體。惟為防止奸宄潛藏，加以管理訓練，實屬必要。茲核示二點如下：（一）妓女之訓練可採倣卜相從業人訓練辦法，設班訓練。（二）妓戶之管理應列入保甲或警政範圍，不得沿用清香室辦法。以上各節仰即轉飭會同當地有關機關制定暫行辦法分別辦理。社會部組五未以敬。

社會部代電

社組字第三〇二二七號　三十一年八月二十六日

據電請示關於行政院順壹字第七九八六號指令文字中疑義一案電復知照由

雲南省民政廳：叁一午有代電悉。查本部社組字第二五九八八號咨轉　行政院順一字七九八六號指令，解釋人民團體鄉鎮公所行文程式一案，所載三點，已經本部另案請予明令規定，為「凡依鄉鎮區域組織之人民團體，鄉鎮公所得為其指導監督機關，其行文呈令行之。」奉　院順一字一五四〇六號指令准如議辦理。正由本部通知照辦，是前令文字雖有疑義，已成過去。合行電仰知照。社會部組未有。

社會部代電

組二字第三〇四七五號　三十一年九月二十一日

據湖南省社會處請示輪船大二三副及大二三管機應依據何項法令予以組織一案抄發原件轉電知照由

中華海員工會特派員辦事處：案據湖南省社會處未社二字第一三三六號未文代電，爲請示輪船大二三副及大二三管機，應依據何項法令予以組織等情；查來電所列人員，其在內河小輪服務者，自不在中華海員工會組織規則第四條限制之列，可令其加入長沙海員分會，不必另行組織。除電令遵照外，合行抄發原代電暨附件，電仰知照。附抄發原代電暨附件各一件（略）社會部組三申冬。

社會部代電　組四字第三〇四八三號　三十一年九月二日

准代電以廣西省政府電請解釋現任公務員之醫師藥師可否參加各該職業公會一案電復查照轉知由

衞生署：（卅一）醫字第一四二〇五號代電敬悉。查現任公務員醫師藥師，現行法令并無不得執行各該業業務之明文限制，自可參加各該業職業公會。特電復請查照轉知爲荷。社會部組四申冬。

社會部代電　社組字第三〇六三九號　三十一年九月六日

關於過去經黨部或政府許可組織有年而尚未辦理立案備案手續之人民團體准予參加此次總登記并依照呈轉須知填具組織總報告表報核仰轉飭遵照由

湖南省社會處：未社二字第一四二六號代電悉。凡過去經黨部或主管官署許可組織成立有年之人民團體，而尚未辦理立案備案手續者，准予參加此次總登記。并飭依據人民團體組織改組改選整理總報告表呈轉須知填具組織總報告表，呈報備案。仰即轉飭遵照。社會部組魚。

社會部代電　組三字第三〇六五五號　三十一年九月七日

據電請示商聯會會員代表權數及會費計算疑義一案指復遵照由

陝西省社會處：未馬電悉。商會聯合會會員代表權數，準用商會法第十三條之規定。其會費繳納，準用商會法第二十九條第一款，關於公會會員之規定，會費單位額，由會員大會議決之。合行電仰知照爲要。社會部組三申陽印。

社會部代電　組五字第三〇八〇八號　三十一年九月十一日

據電請核示公益團體組織疑義一案電仰知照由

四川省社會處：社一字第一六六零號代電悉。查同學會之組織，規定以所在地之縣市爲單位，不得逕以旅居之省爲範圍。并不准作有系統之組織。係指各級學校校友或各種訓練班畢業生於所在地組織同學會時，卽以旅居之縣市爲單位，不得有省級之組織。并非指其學校限爲縣市級機關所主辦而言。原呈所稱之四川省財務人員訓練班畢業之學員所組織之同學會，其組織範圍應以所在地之成都市爲限，其名稱卽爲成都市四川省財務人員訓練班同學會，由成都市政府直接主管，不得成立省級組織及有系統之組織。至各種考試及格員，如需組織會社，仰遵照。社會部組五印。

社會部電

組七字第二八三一一號　三十一年七月十日

電知本年空軍節應辦事項希查照辦理由

各省省政府：本年空軍節紀念應辦事項：（一）召開各界紀念大會。（二）舉行擴大宣傳。（三）慰勞空軍將士，並慰問其家屬。（四）酌量舉行航空表演。（五）舉辦展覽會。（六）電　林主席　蔣委員長致敬，特電查照。希飭屬遵照。并轉省市黨部，三民主義青年團支團部，駐軍政治部會商辦理。中央宣傳部三民主義青年團中央團部軍事委員會政治部航空委員會社會部午灰組七會印。

社會部電

組三字第二九九八六號　三十一年八月十九日

據電請解釋公會職員人數等疑義一案電復知照由

西安陝西省社會處：社二組字沫眞電悉，一、公會職員法無最少數之限制，卽選理監事各一人均可。二、縣級人民團體發起人數有單行法者依單行法，無單行法者依非常時期人民團體組織法第十一條。如不足規定，應依單行法其他條文規定辦理。無規定者不得組織。社會部組三未皓印。

社會部電

組三字第三〇五〇九號　三十一年八月二十六日

據電爲商會法是否應准遵照改爲理監事其選舉法未奉頒乞示遵一案電復知照由

江西吉安縣商會：巧電悉。非常時期人民團體組織法公佈前，已有之商會公會如遇改選，即依法將職員名冊及數額改正。為商會法在不牴觸該項組織法之條件下，仍應適用。社會部組三未宥印。

社會福利類

軍政部社會部呈

福六字第二九二五三號　三十一年七月三十日

為本軍政部所屬南溪江安瀘縣長壽各教養院榮譽軍人眷屬生活困難年在十五歲以下兒童千餘人亟待救濟經與本社會部會商救濟辦法擬具榮譽軍人子弟教養院設置計劃及概算呈請鑒核准予撥款由

查本軍政部所屬駐川第二三五各教養院，榮譽軍人眷屬因物價高漲，生活極感困難，除年在十六歲以上之男女兒童及其他眷屬，正由本軍政部統籌設法救濟外，尚有年在十五歲以下之兒童千餘人，亦亟待救濟，經與本社會部會商，應以此項榮譽軍人為國殺賊，傷殘致廢而失去扶養子女之能力，政府為崇報勳勞，兼謀兒童福利，自應妥為收容教養。爰經商定，擬由本社會部在四川瀘縣、江安、南溪、長壽四處各設榮譽軍人子弟教養院一所，每所收容兒童五百名合計二千名，所需經費每所經常費常時部份自本年十月至十二月計需二三二、〇八〇元，四所共需九二八、三二〇元；臨時部份每所一、二六〇、〇〇〇元，四所共需五、〇四〇、〇〇〇元。惟本社會部三十一年度事業費預算原極逼窄，且業已分配無餘，上項經費不得不專案請撥，伏念鈞院對榮譽軍人及其家屬迭令優待，理合將會商救濟此千餘生活無依之榮譽軍人子弟情形，附具榮譽軍人子弟教養院設置計劃及概算呈請鑒核！准予撥款，實為公便。謹呈

行政院

附呈榮譽軍人子弟教養院設置計劃及概算各一份（略）

社會部訓令

社五字第二八〇九三號　三十一年七月八日

令各省社會處

關於籌設實驗救濟院事項抄發本部重慶實驗救濟院組織規程一份令仰該處參酌辦理由

查本部三十一年度社會建設計劃，各省市應辦事項內列有籌設實驗救濟院一項，亟應由已設社會處各省，斟酌實際情形籌劃設置。除分行外，合行抄發本部重慶實驗救濟院組織規程一份，令仰該處參酌辦理為要。此令。

附抄發社會部重慶實驗救濟院組織規程一份（詳六期公報法規欄）

社會部訓令

社四字第二八三一八號　三十一年七月十三日

令重慶市社會局
　各省社會處

為舉辦全國人才缺乏狀況調查檢送調查表仰遵照並轉飭所屬依限遵辦具報由

本部為推進職業介紹事業，擬調查全國人才缺乏情形，以為調劑人才之依據。茲將三十年度人才缺乏狀況調查表一種，發交該處遵照轉飭所屬切實調查，並限於表到兩個月內辦理完畢彙報到部，以憑辦理。除分令外，合行檢發調查表一百份，令仰遵辦具報。此令。

附發三十年度人才缺乏狀況調查表一百份（略）

社會部訓令

社三字第二八三八〇號　三十一年七月十八日

令重慶市社會局
　各省社會處

為各省市政府設立社會服務處應參照本部社會服務處各項章則先行擬具「事業計劃」「組織規程」「經費預算」呈部核定仰遵照由

查各省市政府設立社會服務處，旨在倡導社會服務。所有建築，設備，業務設施，均應有一定標準，以為社會楷模，期收示範之效。關於各省市設立社會服務處辦法，本部正在規劃擬訂中，在該辦法未頒行前，各省市政府社會服務處之籌設，應參照本部社會服務處各項章則，先行擬具「事業計劃」「組織規程」「經費預算」呈部核定。除分行外，合行檢發本部設立示範社會服務處暫行通則，社會服務處分級準則，社會服務處業務概要，令仰遵照辦理爲要。此令。

附檢發社會部設立示範社會服務處暫行通則社會部社會服務處分級準則社會服務處業務概要各一份（略）

社會部訓令

福一字第二九一八一號　三十一年七月三十一日

令重慶市社會局
　各省社會處民政廳

准中央信託局儲蓄處函以工人儲蓄不見踴躍屬重申前令轉飭全國各地工會辦理一案令仰遵照轉飭各地工會加緊辦理由

案准中央信託局儲蓄處本年七月十一日蓄發（卅一）字第五七八號函開：

「查本處前經遵照　行政院公布工人儲蓄暫行規程，積極推行工人儲蓄，幷爲鼓勵工人踴躍儲蓄起見，不惜提高利率，因事關工人福利屬於貴部主管範圍，經於三十年十月九日以儲總字第一五八一號函請貴部協助，轉令全國各工會及各公私工廠一體舉辦在案。惟迄今工人之認儲者尚屬不多，相應函達查照，重申前令，俾利儲政，至紉公誼。」

等由：准此，查本案前准該局來函，本部曾於三十年十一月十八日以社福字第一〇二五二號函轉各省市　黨部轉飭各地工會遵照在案，茲准前由，除函復幷分行外，合行令仰遵照轉飭各地工會加緊辦理。爲要。此令。

社會部訓令

福五字第三〇三五三號　三十一年九月十六日

令各省社會處

據貴州省社會處電請核示縣救濟院隸屬一案經擬具意見呈奉　行政院核准通行令飭知照由

案查前據貴州省社會處本年六月二十六日處三救字第三五五號代電略稱：「各縣市救濟院之隸屬，遵照各地方救濟院規則，規定其主管機關，應爲縣市政府，惟本省振濟會奉振濟委員會代電錄轉　行政院二十九年九月二十九日陽一字第二〇二一六號指令，規定救濟院應以縣振濟會爲主管機關。自本處成立後，各縣救濟院自應劃歸本處主管，惟照　行政院上項解釋，縣救濟院暨直接隸屬縣振濟會，則縣政府即非主管機關，而省振濟會亦必有其指揮監督權，其與本處職權，似不無重複之嫌，請核示。」等情；當以　行政院規定救濟院以縣振濟會爲主管機關一節，係遠在各省社會行政機構成立之前，現在各省社會行政機構，已次第成立，各該省內救濟院，均已劃歸主管，行政體系，業有變更，令飭縣市救濟院，對於縣市政府係直接隸屬性質，自應以縣市政府爲其主管機關。又關於調整省行政機構一節，前准行政院秘書處本年六月三日順一字第一〇六九四號函送調整辦法到部，其第四條規定「振濟會歸併社會處」，嗣後縣市救濟院之指揮監督，更臻劃一，已往紛歧之弊，自可免除等語，呈奉行政院本年八月二十六日指令開：「呈悉。准如所擬辦理，除令知振濟委員會外，仰即知照。」等因；奉此，除分別咨令外，合行令仰知照。此令。

社會部訓令

福四字第三一〇五五號　三十一年九月十七日

令本部直屬各社會服務處

轉發歸國僑胞專技人員招致安插辦法暨登記介紹辦法令仰遵照協助辦理由

案准中央建教合作委員會本年八月十三日建字第一三八號公函內開：

「查自太平洋戰事發生以來，海外僑胞回國者日多，其中不乏專門技術人才，此項人員原在國外事業既經破壞，其報效祖國之心，益見殷切，若無單行之招致安插辦法，不惟易資敵僞利用，對於國家抗建期間集中人力之旨，亦有未合。本會有鑒於此，爰於第十七次會議議決，由會辦理此項人才之招致安插事宜，嗣經訂定歸國僑胞專門技術人員招致安插辦法一種，商准振濟委員會先予撥款五萬元，作爲推動是項業務之用。茲查此項人員之登記即將開始進行，將來介紹工作，擬請各機關暨附屬鑛廠予以容納試用。除分函外，相應檢同歸國僑胞專門技術人員招致安插辦法及登記介紹辦法各一份，函請查照惠予協助辦理，以宏實效。」

等由；坿抄歸國僑胞專門技術人員招致安插辦法及歸國僑胞專門技術人員登記介紹辦法各一份，准此，除函復幷分令外，合行抄發原辦法各一份，令仰該處轉飭職業介紹組協助，幷將辦理情形隨時具報爲要。此令。

附抄發歸國僑胞專門技術人員招致安插辦法及歸國僑胞專門技術人員登記介紹辦法各一份（略）

社會部訓令

福五字第三一三五六號　三十二年十二月二十六日

令各省市主管社會行政機關

奉令抄發捐資興辦社會福利事業褒獎條例令仰知照由

案奉

行政院本年九月八日順玖字第一七五七二號訓令開：

「奉 國民政府三十一年八月二十九日渝文字第八四七號訓令開：「查捐資興辦社會福利事業褒獎條例，現經制定明令公佈，應即通飭施行。除分令外，合行抄發原條例，令仰知照，并轉飭所屬一體知照。此令。」等因；奉此，除分行外，合行抄發原條例，令仰知照，并轉飭所屬一體知照。此令。」

等因；附抄發捐資興辦社會福利事業褒獎條例一份，奉此，除分行外，合行抄發原條例，令仰知照。此令。

附抄發捐資興辦社會福利事業褒獎條例一份（見法規欄）

社會部代電

福三字第二七九五四號 三十一年七月三日

電知本部直轄社會服務處業務知涉及社會運動以及參加或倡導業務外之任何社會運動均應受當地社會處處長之指導監督由

四川、貴州、廣西、湖南省社會服務處：查本部直屬各地社會服務處，自應直接受本部之監督指揮。惟各該處業務之有涉及社會運動，以及參加或倡導業務外之任何社會運動，事屬社會行政主管範圍，均應受當地省社會處處長之指導監督。除分行外，特電仰知照。社會部巳（午江）福三印。

社會部代電

福三字第二八七八六號 三十一年七月二十一日

准西康省社會服務處電詢該處銜名應否冠黨部字樣等因電請查照轉知由

西康省黨部公鑒：准貴省社會服務處萬主任黃彬魚電，承詢該處銜名應否冠黨部字樣？祈見復等由；查各級黨部所辦社會服務處，應一律冠以各該黨部名稱。前經中央通令在案，准電前由，相應電請查照轉知為荷。社會部午馬福三印。

合作事業類

社會部
財政部 呈
四行總處

為九中全會關於切實改善合作金融發展合作事業以奠定抗戰建國之社會經濟基礎一案遵令擬具辦法呈請鑒核示遵由

合四字第二八九二九號　三十一年七月十五日

案奉

鈞院本年五月四日順玖字第八三〇一號訓令開：

「准國防最高委員會秘書廳本年四月二十二日國紀字第二五六八五號公函開，准中央執行委員會秘書處函，為第五屆中央執行委員會第九次全體會議，陳委員果夫等提「切實改善合作金融發展合作事業以奠定抗戰建國之社會經濟基礎」一案，大會決議「原則可採交常會詳細研究辦理」，茲經中央第一九九次常會決議「合作金融制度確有從速樹立之必要，本案交國民政府責成社會部財政部及四聯總處對於統籌合作金融之專設機關，即行開始籌備工作，至該專設機關稱為中央合作金庫，抑照各國通例改成中央合作銀行，可由參加籌備機關共同商定，俟籌備完竣即行成立，以促進全國合作事業之發展。」檢同原提案，請查照轉陳辦理等因，經陳奉諭「交行政院辦理」除函復外，相應抄同原提案，函達，即希查照辦理見復等由，准此，應由社會部會商財政部及中中交農四行聯合辦事總處，妥擬辦法，呈候核定。除分行外，合行抄發原提案，令仰遵辦具報。此令。」

等因；附抄發原提案一份，奉此，自應遵辦。本社會部以中央合作金庫之籌設工作，至為緊重，爰會同本財政部及本四聯總處先行組織中央合作金庫籌備委員會，妥為籌劃，並擬就中央合作金庫籌備委員會組織章程草案一種，經分別指派代表於本月四日下午三時開會商討，當即決定於四聯總處之下成立中央合作金庫（或中央合作銀行）籌備委員會，並將本社會部所擬中央合作金庫籌備委員會組織章程草案，逐條討論修正通過，均經紀錄在卷。[illegible]俟呈鈞院核定卽行開始籌備工作。奉令前因，理合將會商情形，備文連同中央合作金庫籌備委員會討論會議紀錄暨中央合作金庫（或中央合作銀行）籌備委員會組織章程草案各一份，會銜呈請鑒核示遵！謹呈

行政院

附賫中央合作金庫籌備委員會討論會議紀錄暨中央合作金庫（或中央合作銀行）籌備委會員組織章程草案各一份（略）

社會部咨

合二字第二七九五一號 三十一年七月一日

准咨據資源委員會轉據鋼鐵廠遷建委員會呈爲該會合作社貨物擬援照各部院辦法凡遭空襲准作公物核銷等情囑查核見復一案咨復查照由

案准

貴部本年六月十三日（卅一（三））會字第〇九八五六號咨，以據資源委員會轉據鋼鐵廠遷建委員會呈，爲該會合作社貨物擬援照各部院辦法，凡遭空襲損失，准作公物核銷一案，囑查核見復等由；准此，查資源委員會原呈所稱各部院所辦合作社貨品處理辦法，並無明文公佈，如合作社物品遭受空襲之損失，除向所隸機關借用之公物，可洽由該機關核報損失外，至借用公款所購入之器具物品，及合作社自行購置之物品，均應認爲社有財物，由社自行處理。但可先行投保兵險，以防意外。准咨前由，相應復請

查照轉知爲荷。此咨

經濟部

社會部咨

合四字第二八〇三〇號 三十一年七月三日

奉行政院令准四聯總處推行新縣制各級合作社農貸暫行辦法咨請查照轉飭遵照由

查實施縣各級合作社組織大綱縣份，原有各級合作社解散後，債權債務及公積金公益金處理辦法，業經呈奉

行政院核准備案由部公佈施行，並通咨各省市政府轉飭合作主管機關遵照各在案。惟查該辦法與四聯總處推行新縣制各

級合作社農貸暫行辦法，互有出入，經呈准
行政院本年六月十日順字第一四二九五號指令內開：

「呈件均悉。實施縣各級合作社組織大綱縣份原有各級合作社解散後債權債務及公積金公益金處理辦法第三條，應修正為「舊社未改組以前應清償其債務，其已改組成立而債務尚未清償者，應從速清理其債務，並由新社清償後，再行申借。」除飭知四聯總處外，仰即依照修正。此令。」

等因；奉此，除分咨外，相應咨請

查照轉飭合作主管機關遵照。並飭屬知照，為荷。此咨

各省市政府

社會部咨

合四字第二九三〇六號　三十一年八月二日

准咨以據郫縣縣政府呈爲合作貸款增加利率未奉明令囑查復等由咨復查照由

准

貴省政府本年六月省建合字第一二〇七號咨，以據郫縣縣政府呈爲增加合作貸款利率，未奉明令，轉囑查復等由；准此

查合作貸款利率，除為增加地方合作行政經費，曾規定加息一厘有案外，仍應照四聯總處所訂三十一年度中中交農四行局農貸辦法綱要，及中中交農四行局各種農貸準則之規定辦理，准咨前由，相應咨復

查照為荷此咨

四川省政府

社會部咨

合二字第三〇七七三號　三十一年九月十一日

准咨以請解釋戰時消費稅合作社可否減免及消費品界說一案復請查照由

准

貴省本年八月十三日省建合字第一九一〇號咨，略以戰時消費稅合作社可否減免？消費品之界說，亦無明白規定，囑查

照見復等由；准此，查戰時消費稅合作社於不得請求減免徵稅辦法，業由財政部改訂通告，至消費品之界說，亦詳列該項辦法。准咨前由相應復請查照飭知爲荷此咨

四川省政府

社會部咨　合二字第三〇九一二號　三十一年九月十四日

准咨以據自貢市政府呈爲據報內江縣縫紉合作社在該市成立分社應否加入同業公會轉請核示等情轉囑解釋一案復請查照由

准

貴省政府本年八月二十四日省建合字第一七六三號咨，以據自貢市政府呈爲據報內江縣縫紉合作社在該市成立分社應否加入同業公會，轉請核示一案，囑查照解釋等由；准此，查合作社不屬公司行號範圍根據合作社法施行細則第十條之規定，無庸加入同業公會，迭經經濟部解釋有案。自貢市縫紉合作社分社應依成案辦理。相應復請查照轉知爲荷此咨

四川省政府

社會部咨　合二字第二九三〇七號　三十一年八月一日

准咨轉隴縣中西鄉呈爲合作社應否負担工役軍麥等義務請核示等情轉請解釋見復一案咨覆查照由

准

貴省政府本年六月二十四日府合親字第一一四號咨轉隴縣政府呈，以據本縣中西鄉鄉長高尚智呈，爲合作社應否負担工役軍麥等義務，請核示等情，咨請查照解釋，以便飭遵等由；准此，查合作社應否免徵工役及軍麥，法無明文規定，應視此項工役及軍麥徵課之性質與範圍而定，凡徵課之性質以一般工商組織之營利行爲爲目標者，對合作社自應免徵。又凡人力物力之徵用，已由人民以個人資格直接服役，或繳納者，自不應再由合作社負担，以轉嫁社員個人，致生重複負担之累，准咨前由，相應咨復

查照爲荷此咨

陝西省政府

社會部指令

合二字第二九九五四號　三十一年八月十九日

令江西省農村合作委員會

三十一年七月四日辛社字第三七三號呈一件：為轉據贛縣縣政府呈為工業生產合作社聯合社與合作社法令頗多抵觸請解釋一案乞示遵照

呈悉。查關於合作社聯合社之組織系統，法無詳細規定，本部正統籌修訂中。中國工業合作協會輔導成立之工業合作社，如該會認為確有成立工業合作聯合社之必要，不妨暫准設置。但該省如已組有生產合作社聯合社，則工業合作社可逕行加入，不必另立系統。仰即知照。此令。

社會部指令

合二字第三〇一九一號　三十一年八月二十六日

令重慶市社會局

本年八月九日社元合字第三七八四號呈一件：為呈請解釋合作社法第二十三條規定社員不得請求分配公積金之適用範圍俾資遵循由

呈悉。查公積金之提存，原在充實對外債務之擔保，故在存續期間，社員不得請求分配，如解散清算後，仍有剩餘財產，其公積金為剩餘財產之一部時，自可比照民法第四十四條規定，依章程或社員大會之決議，定其歸屬。如無此項規定或決議，即屬于社址所在地之地方自治團體，仰即知照。此令。

社會部指令

合四字第三一五〇七號　三十一年九月二十八日

令西康省合作事業管理處

三十一年七月十七日總字第二七五號呈一件：為本省寧屬雅屬等四特區農貸與普通農貸性質迥異是否不適用四行局總辦事處省農村合作指導事業加息動支辦法規定呈請核示由

呈悉。本案經據情函准中中交農四行聯合辦事總處本年九月十日農字第二七一六九號函復開：「查該四特區與邊區情形相類似，所請免徵合作行政補助費一厘加息一節，自可照辦。除分函中國農民銀行總管理處查照辦理外，相應函復查照轉飭知照」等由；准此，合行令仰知照。此令。

社會部代電

電飭依法按期彙報合作社各種登記報單備核勿再延緩由

合三字第二八六七二號 三十一年七月十六日

各省合作主管機關：案查合作社及各級合作社聯合社各種登記報單，各省市縣主管機關，應依法按期報轉本部備案，前經本部制頒合作社登記須知飭遵有案。該項合作社登記報單，既為監督管理各地方合作組織之依據，並為各種合作組織分類調查統計之重要資料，現值國家總動員時期，各項調查統計資料之徵集，關係總動員業務之計劃實施極鉅，自應切實辦理，以應需要。茲查該省合作社登記報單社數，核與該省合作事業進度月報表列報社數，差額甚大，截至三十年十二月份止，該省合作社登記報單社數為　社，合作事業進度月報表社數為　社，其中雖有時間先後，或組社種類不一，不免略有差別，但該省現有合作組織，尚有未盡依法登記按期彙報情事固屬顯然，自應切實整理，以符法令，合行電仰遵照，迅即分別查明整理登記彙報備核，並仰嗣後依法按期彙報，毋再延緩為要。社會部銑合三印。

附錄

妨害國家總動員懲罰暫行條例宣傳大綱

甲、宣傳要旨

一、懲惡所以獎善 推行總動員之目的在加強人力物力之管制惟我國之人力物力平時既少登記戰時亦乏調查使無適當懲罰條例則管制難期徹底而狡黠者得以逃避苟國家對犯法者無以懲處卽對守法者無以獎勵懲惡所以獎善者爲本條例之積極意義。

二、刑重期於無刑 懲罰既爲推行動員之工具則其條例之規定自應極端嚴格庶能振作精神矯正病態蓋與其法寬而民易玩怠毋寧法嚴而民知警惕國民均應愛國平時既擁護總動員則雖律令峻嚴實屬備而不用此亦刑期無刑期于無訟之

憲

三、審判要求迅速　本條例立法貴嚴而執行貴速故有第五條之規定對妨害國家總動員者以有軍法審判權之機關審判爲原則以期迅速確實而符合戰時之要求由是項機關審判後呈經中央最高軍事機關核准執行且爲審愼週詳起見規定至違反本條例之情節輕微案件亦可由其他法令已規定審判機關審理

四、保護正當利益　懲罰之規定旣嚴則於執行時自應審愼嚴密並爲妨微杜漸起見特規定十一至十四條旨在整肅官常嚴爲綱紀期能盡量保護人民之正當利益

五、政府推行決心　立法與執法本二位一體非有執法之嚴則立法雖嚴亦僅徒託空論今後嚴格執法政府已下決心非依最高處斷究難懲一警百且立法所以爲教則執行當非不教而誅　領袖亦曾以「澈底執行」昭示全國矣

六、兼謀民生福利　本條例之推行不僅求軍事之勝利亦兼謀民生之利益日用品之管制與金融之安定卽所以調濟民生也

七、提高愛國熱忱　妨害總動員不僅受政府之處分社會之制裁亦且受良心之判斷此種犯法乃不愛國之具體表現亦卽最恥辱之行爲國民應提高其愛國熱忱與人格自覺決不可希圖僥倖以身試法

八、社會相互監督　政府對國家總動員之犯徒固應執法以繩社會輿論亦應嚴加裁制對已受處分之人決不可故作輕重比較之辭以資寬假要知寬假犯法之徒不啻爲精神上之共犯對有妨害嫌疑而未受處罰之人應盡量搜集證據以資檢舉要知政府之耳目難遍奸民之逃避甚巧必社會奉相監督始能法網無漏凡輿論及教育界人士與愛國青年及同胞務各本諸良心嚴密檢察以期蔚爲風尙順利動員

乙、宣傳方式

一、頒發宣傳要點發動全國性之宣傳

二、各報紙應作社論闢專欄副刊出專頁至少一次並自八月一日起繼續登載國家總動員法及妨害國家總動員懲罰暫行條例以一星期爲原則

三、各雜誌酌出特刊一次

四、各機關學校社團紀念週應作講演至少一次

五、各公務員及黨員應由各機關各級黨部自訂宣傳辦法一體宣傳並由各機關長官及各級黨部加以考核作為成績之一部

六、各同業公會應召集座談會一次

七、八月一日之國民月會應一律講解懲罰條例

八、各廣播電台應多請名人講解

九、由製曲家作總動員歌即將懲罰意義融會其中

十、律師法學教授應盡量寫作擁護并解釋懲罰條例之文字

十一、畫家應作宣傳畫畫報應出專刊

十二、文藝作家應以懲罰條例為題材寫作小說及戲劇

十三、上列各項除三、五、十二、十三各項及另有日期規定者外應一律于七月底以前舉行其舉行時并得由各地動員會議斟酌情形聯合各機構舉行宣傳週

十四、宣傳懲罰條例時應一併講解國家總動員法並分條舉實例以明之

十五、上項辦法分別函令各主管機關一體推行

丙、宣傳標語

一、全國民衆必須徹底奉行國家總動員法才能提早獲得最後勝利

二、奉行國家總動員法是全國民衆的天職

三、妨害國家總動員就是妨害抗戰建國的叛徒

四、妨害國家總動員要受到國家最嚴厲的懲罰

五、妨害國家總動員要受到社會最嚴厲的制裁

六、妨害國家總動員就是全國民衆的公敵

社會部核准備案之農人團體一覽表

三十一年七月至九月

1. 核准組織之農會

省市別	團體名稱	核准日期	主要負責人	會員數 團體	會員數 個人	備考
甘肅	洮沙縣板地溝鄉農會	三十一年七月六日	何俊亭		五六	
	豁峴鄉農會	同	張映綠		六八	
	哈東廉溝鄉農會	同	桑發鈞		七七	
	摩雲關鄉農會	同	楊映三		八四	
	石硤鄉農會	同	張文和		八七	
	何家灣鄉農會	同	何永舉		五七	
	臨潭縣鉄城鄉農會	三十一年七月二十四日	楊森春		五四	
廣西	貴縣東山鄉農會	三十一年七月十七日	蘇偉雄		八九	
	橫嶺鄉農會	同	蒙錫群		一八三	
	新塘鄉農會	同	伍勳福		二〇九	
	根竹鄉農會	同	吳綽誼		一二九	
江西	雩都縣三民鄉農會	三十一年七月十四日	陳耀堂		七八	
貴州	貴築縣鳳鳴鄉農會	三十一年七月二十日	謝伯先		三一三	
青海	貴德縣農會	三十一年六月二十七日	魏廷瑢	九		
安徽	歙縣黃尖鄉農會	三十一年七月三十一日	徐家熙		七四〇	
	徽城鎮鄉農會	同	程齊遷		二三八	
	豐山鄉農會	同	程啟錡		三四五	
	富堨鄉農會	同	汪潔人		六四〇	
	禮義鄉農會	同	方槐三		八三九	
	蘇陽鄉農會	同	黃鏡輝		一八〇	
	豐源鄉農會	同	宋千里		七九四	
	許村鄉農會	同	許雲舫		四三八	
	亳縣龍德鎮鄉農會	三十一年八月七日	焦和鑾		三三七五	
福建	建陽縣黃坑鄉農會	三十一年七月二十四日	梁順群		七五四	
	龍溪縣合作鄉農會	三十一年七月三十一日	郭貽鴻		一七〇	
廣東	羅定縣上寧鄉農會	三十一年九月七日	李榮昌		一二一	
	文宗鄉農會	同	譚克昭		一三六	
	鬱南縣上四鄉農會	同	莫梓均		五八	
	綏清鄉農會	同	黃錫康		一二六	
	天安鄉農會	同	黃清榮		五六一	
	建城鄉農會	同	劉澤民		一九一	

省市別	團體名稱	核准日期	主要負責人	會員數（團體）	會員數（個人）	備考
	桂坪鎮鄉農會	同	李文健		一三三	
	石灘鄉農會	同	蔡冠朝		一三三	
	和平縣古寨東鄉農會	同	梁鏡蓉		一三五	
	博羅縣五美鄉農會	同	李子瓊		七一	

2. 核准改選之農會

省市別	團體名稱	核准日期	主要負責人	會員數（團體）	會員數（個人）	備考
貴州	道眞縣舊城鄉農會	三十一年七月二十日	趙寬成		二〇〇	
浙江	上虞縣農會	三十一年七月二十四日	王雲皎		三七	
甘肅	金塔縣農會	同	王玉章		八	

3. 核准改組之農會

省市別	團體名稱	核准日期	主要負責人	會員數（團體）	會員數（個人）	備考
廣西	興業縣城鄉農會	三十一年七月十日	吳景運		一二三	
	大平山鄉農會	同	文剛傳		八一	
	梅棠鄉農會	同	梁廷中		六七	
貴州	道眞縣張家營鄉農會	三十一年七月二十日	張雲峯		三四五	
福建	福鼎縣安仁鄉農會	三十一年七月二十四日	陳彦		七五〇	
安徽	霍山縣諸佛菴鄉農會	三十一年八月十九日	田胖兆		四八九	

4. 核准整理之農會

省市別	團體名稱	核准日期	主要負責人	會員數（團體）	會員數（個人）	備考
貴州	銅仁縣黃渠壩鄉農會	三十一年七月二十日	劉大林		一一〇	

(二)社會部核准備案之工人團體一覽表

三十一年七月至九月

1. 核准組織之工會

省市別	團體名稱	核准日期	主要負責人	會員人數	備考
江西	臨川縣捲烟業職業工會	三十一年七月十日	杜鵬	一〇五	
	捲烟業職業工會	同	陳昌韻	八七	
	崇義縣總工會	三十一年七月十四日	鄭炳輝	六	
河南	沈邱縣皂[illegible]鎮理髮業職業工會	三十一年七月十六日	王道才	二三六	
	皂廟鎮建築業職業工會	同	李國猷	一六〇	
安徽	桐城縣理髮業職業工會	三十一年七月十八日	魏得勝	五六	
浙江	海寧縣木器業職業工會	三十一年七月二十三日	汪柳鑫	五一	
	縫伕業職業工會	同	許金萬	五三	
	臨海縣運鹽業職業工會	同	沈得標	七〇	
四川	成都市田房監定業職業工會	三十一年八月十日	蔡青云	一二八	
湖南	湘鄉縣熬硝業職業工會	三十一年八月二十三日	周芷香	一一二	
廣東	雲浮縣酒樓茶室業職業工會	三十一年九月八日	何滿	一〇八	
	開平縣印刷業職業工會	同	周煦	七五	
	揭陽縣木器業職業工會	同	黃英	六一	
	棉布業職業工會	同	陳光	五一	
	鐵業職業工會	同	陳鴻展	八三	

2. 核准改選之工會

省市別	團體名稱	核准日期	主要負責人	會員人數	備考
廣東	揭陽縣豆油業職業工會	三十一年九月八日	魏松波	五一	
	鞋業職業工會	同	黃積之	四五五	
	造船業職業工會	同	林炎記	六七	
	理髮業職業工會	同	鍾枝幹	一一三	
	曲江縣理髮業職業工會	同	黎應霖	四七四	

3. 核准整理之工會

省市別	團體名稱	核准日期	負責人姓名	會員人數	備考
浙江	臨海縣木匠業職業工會	三十一年七月二十三日	顧大烘	七七	
	脚夫業職業工會	同	林賢福	五四	
	泥水業職業工會	同	陳炳文	[illegible]八九	
廣東	全省手車業職業工會	三十一年八月二十七日	杜芳	一一二	
	揭陽縣縫衣業職業工會	三十一年九月八日	翁子輝	六〇七	

（三）社會部核准備案之商人團體一覽表

三十一年七月至九月

1. 核准組織之商人團體

省市別	團體名稱	核准日期	主要負責人	會員人數	備考
重慶	重慶市照相商業同業公會	三十二年七月六日	李雪樵	六二	
	絲棉織商業同業公會	同	陳清和	八五	
	廚商業同業公會	三十一年七月二十二日	吳注淮	二四	
	磁器商業同業公會	三十一年九月十九日	周子榮	四九	
	菜蔬商業同業公會	同	潭海清	七四五	
	汽車商業同業公會	同	何予峰	三〇	
	水果商業同業公會	同	劉太白	三九七	
	理髮商業同業公會	同	彭仕蘭	二一六	
	鑲牙商業同業公會	同	唐伯華	三五	
	醬園商業同業公會	同	陳實生	五一	
	承攬運送商業同業公會	同	陳桂林	五四	
	顏料商業同業公會	三十一年九月二十四日	仇秀數	九八	
貴州	習水縣溫水鎮旅棧商業同業公會	同	劉顯榮	六七	
河南	鄭縣糧食商業同業公會	三十一年九月一日	蘇慈亭	一六	
	鹽商業同業公會	同	唐錦文	二二	
	油商業同業公會	同	黃兆瑞	九	
	息縣鹽商業同業公會	同	熊松如	二〇	
	百貨商業同業公會	同	李笑波	一八	
	糧食商業同業公會	同	程文輝	二五	
	國藥商業同業公會	同	李鵬武	一三	
	酒商業同業公會	同	孟英才	一九	
	鐵工業同業公會	同	萬雲程	一一	
甘肅	蘭州市商會	三十一年九月三日	賀笑塵	四六	

	靈台縣雜貨商業同業公會	同	王玉璽	三九
	園菜商業同業公會	同	何光輝	一二
	菜飯商業同業公會	同	王虎臣	一五
	和政縣布商業同業公會	同	王穰年	二六
青海	貴德縣商會	同	丁靜麟	五六
湖南	安化縣藍田綢緞商業同業公會	同	梁益城	五二
	桃源縣國藥商業同業公會	同	楊國棟	二二
	長沙縣百貨商業同業公會	同	蔡瀛洲	二六
安徽	青陽縣商會	卅一年九月五日	陳榮廷	二四六
	霍山縣糧食商業同業公會	同	黃賢瑞	二〇
陝西	西京市雜貨商業同業公會	同	李雲卿	二八
	承攬運送商業同業公會	同	賈德政	一一
	代書商業同業公會	同	雷雲亭	一五
福建	浦城縣棉花商業同業公會	三十一年九月八日	邱煥榮	一一
	紙商業同業公會	同	陳景華	一二
	古田縣豆腐商業同業公會	同	趙肇銘	三二
	花生商業同業公會	同	林爲群	二七
	閩侯縣民船商業同業公會	同	林更新	三六五
	龍溪縣煤炭商業同業公會	同	盧國華	六五

	建甌縣餅麵商業同業公會	同	謝玄原	五八
	酒商業同業公會	同	葉孝榮	四一
	長汀縣屠宰商業同業公會	同	丘煥華	六〇
四川	犍爲縣第四區商會	三十一年九月二十六日	王方藩	一七
	瀘縣柴商業同業公會	同	方伯忠	一一七
	漆商業同業公會	同	先威章	五三
	醬園商業同業公會	同	焦鄒中	二〇
	鹽亭縣布商業同業公會	同	馮德興	四八
	南川縣鹽商業同業公會	同	周鳳池	二五
	敘永縣鹽商業同業公會	同	李厚芳	二七
	閬中縣煤炭商業同業公會	同	朱德三	八
	江津縣紗商業同業公會	同	羅承彥	二七
	資中縣國藥商業同業公會	同	張一齋	三八
	富順縣圖書教育用品商業同業公會	同	李輔丞	九一
	樂山縣百貨商業同業公會	同	徐椿輔	九八
	自貢市鹽包纜篾工業同業公會	三十一年九月二十八日	彭樹棠	一一八
浙江	瑞安縣水菓商業同業公會	三十一年七月二十四日	陳兆容	一六
	臨海縣運輸商業同業公會	同	方以穀	五
	江山縣商會	同	王壽昌	一一四

	江山縣承攬運送商業同業公會	同	戴增餘	一八	
	國華商業同業公會	同	何天衢	一五	
	糧食商業同業公會	同	毛達炬	九	
	清湖鎮商會	同	徐慶芳	七六	
	清湖鎮承攬運送商業同業公會	同	周可立	一四	
	玉環縣楚門區商會	同	徐燾南	一三六	
	永康縣商會	三十一年九月三十日	程士毅	六一	
	常山縣糧食商業同業公會	同	黃渭如	二〇	
	武豐縣木商業同業公會	同	甄仲麟	八四	
	永嘉縣紗商業同業公會	同	樊作廣	二一	
	棉花商業同業公會	同	錢叔璇	七七	
	絲綢呢絨布商業同業公會	同	邱百川	一〇七	
	樂縣商業同業公會	同	黃國定	一四	
	煤炭商業同業公會	同	張鑄新	三三	
	輪船商業同業公會	同	葉志超	三三	
	桕油雜貨商業同業公會	同	潘松山	四三	
	木業商業同業公會	同	葉迺庚	一〇八	

2. 核准改選之商人團體

省市別	團體名稱	核准日期	主要負責人	會員人數	備考
江西	上猶縣商會	三十一年七月六日	吳運漢	二一	
	國華商業同業公會	同	蕭善高	九	
	屠商業同業公會	同	劉慶榮	八	
	布商業同業公會	同	郭家身	一五	
	雜貨商業同業公會	同	徐秀峯	三九	
	鐵器商業同業公會	同	陳承愈	一一	
	茶酒館商業同業公會	同	田山昆	二五	
	糧食商業同業公會	三十一年七月九日	鍾培德	一七	
重慶	重慶市電影戲劇商業同業公會	三十一年七月三十一日	夏雲瑚	一二	
	木商業同業公會	三十一年九月十一日	吳卓裕		
浙江	江山縣南北貨商業同業公會	三十一年九月二八日	程來灝	二三	

3. 核准改組之商人團體

省市別	團體名稱	核准日期	主要負責人	會員人數	備考
江西	雩都縣民船商業同業公會	三十一年七月九日	舒洪源	一〇八七	
福建	閩侯縣典當商業同業公會	三十一年七月二十二日	梁孝松	一八	
	炊切餅商業同業公會	同	王遠濟	一一〇	
	澡塘商業同業公會	同	劉子芸	三八	
	煤油商業同業公會	同	姚章本	一七	
	醬[illegible]商業同業公會	同	鄭拱蒼	二四八	
	電影劇場商業同業公會	同	鄒耿誠	一四	
	紙商業同業公會	同	揚彌贊	五五	
	金銀器商業同業公會	同	胡執中	四六	
	五金電料商業同業公會	同	高賢	五六	
	旅社商業同業公會	同	林棋松	四六	
	內河輪船商業同業公會	同	阮公黨	八二	
	南洋船票商業同業公會	同	李誠	一四	
	裁縫工業同業公會	同	林清潘	一三	
	新藥商業同業公會	同	胡夢洲	二九	
	販運雜貨商業同業公會	同	汪紹濤	五一	
	酒商業同業公會	同	蔡貽燦	五四	
	南港區木商業同業公會	同	林應民	一八	

4. 核准整理之商人團體

省市別	團體名稱	核准日期	主要負責人	會員數	備考
江西	廣昌縣五金電料商業同業公會	三十一年七月六日	唐伯元	二三	

（四）社會部核准備案之自由職業團體一覽表

三十一年七月至九月

1：核准組織之自由職業團體

省市別	團體名稱	核准日期	主要負責人	會員數（團體）	會員數（個人）	備考
甘肅	清水縣中醫師公會	三十一年七月二十三日	紀復		二二	
湖南	會同縣巫水鄉教育會	三十一年七月二十三日	陳彩光		二三	
	廣平鄉教育會	同	石邦總		三八	
	朝陽鄉教育會	同	宋亮臣		二一	
	若水鄉教育會	同	明厚晋		二五	

省市別	團體名稱	核准日期	主要負責人	會員數（團體）	會員數（個人）	備考
	連山鄉教育會	同	李坤		二六	
	中正鄉教育會	同	何仲柱		二七	
	豐山鄉教育會	同	唐浩		二七	
	和平鄉教育會	同	林世宇		二二	
四川	嘉禾縣珠泉鄉教育會	三十一年九月二十六日	李任安		二七	
	雷波縣黃琅鄉教育會	三十一年九月三十日	吳耀材		四一	
	南川縣教育會	同	陳自譽		一一三	
	德陽縣教育會	同	舒鼎勳	三		

2. 核准改選之自由職業團體

省市別	團體名稱	核准日期	主要負責人	會員數（團體）	會員數（個人）	備考
四川	宣漢縣教育會	三十一年九月三十日	陳睿	四		

3. 核准改組之自由職業團體

省市別	團體名稱	核准日期	主要負責人	會員數（團體）	會員數（個人）	備考
貴州	正安縣中醫師公會	三十一年七月二十四日	楊元龍		五七	
湖南	長谿縣教育會	三十一年九月二十六日	張廷能	一五	二五〇	
四川	什邡縣教育會	三十一年九月三十日	陳翼夫	三	一六三	
	第一區教育會	同	張玉珊		九七	
	第二區教育會	同	馬甫瓊		三六	

（五）社會部核准備案社會團體一覽表

三十一年七月至九日

1. 核准組織之社會團體

省市別	團體名稱	核准日期	主要負責人	會員人數	備考
福建	惠安縣海外華橋公會	三十一年七月十日	辛宗鑫	三八〇	
甘肅	中國回教救國協會甘肅華亭縣支會	三十一年七月十八日	李占春	一〇四	
湖南	嘉禾縣婦女會	三十一年八月二日	游特民	三二	
浙江	中國佛教會浙江山縣分會	三十一年八月廿三日	釋寄塵	二三五	
江西	龍南南縣婦女會	三十一年七月十日	陳宗寶	六二〇	
	永豐縣婦女會	同	劉文穠	五一	
	貴谿縣婦女會	同	趙慶嫻	三六	
	戲劇學會	三十一年九月二十八日	程宗宣	一三九	

2.核准改組之社會團體

省市別	團體名稱	核准日期	主要負責人	會員人數	備考
四川	中國佛教會四川省分會	三十一年七月三日	昌圓	一一五	
	中國邊疆學會四川省分會	同	顧頡剛	二六二	
貴州	安龍縣婦女會	三十一年七月二十四日	王燮瀾	一二八	
	黃平縣婦女會	同	石秀貞	五二	
	中華醫學會貴州分會	三十一年九月二十八日	姚克方	一四六	
	中國護士學會貴州分會	同	虞祺英	五一	

周玉成再訴願決定書

合三字第二九二二三號　三十一年七月三十日

再訴願人　周成玉四川彭山縣年五十六歲業農住南門外老城牆

原決定官署　四川省政府

右再訴願人周成玉因彭山縣東碼頭信用合作社貸款，被郭學儒悉行捲逃，涉及本身利害關係，不服四川省政府三十一年四月二十二日所爲之訴願決定，提起再訴願，本部決定如左：

主文

原決定撤銷，本案應移送該管地方法院核辦

事實

緣彭山縣東碼頭信用合作社理事會主席郭學儒私將社內各項貸款悉行捲逃，經彭山縣政府合作主任指導員陳玉均發覺，簽請原縣政府將其妻收押，并通緝郭學儒，查封其財產實施拍賣賠償各項貸款。旋因拍賣之款不足賠償，遂將徒有其名之司庫周成尉認定爲周成玉拘傳到案，處令賠償，但周成玉根本否認爲東碼頭合作社司庫，曾經以郭學儒郭慶陽叔侄由弊僞造私章，朦充朦保借嫁禍於人，粘呈糧票二紙及照抄買業官契二紙證明爲周成玉非周成尉，訴請傳集質訊，復又以監守自盜訴請嚴進稻谷添傳儲谷之劉有權及陳玉均等到案質訊，詎原縣不加研訊，竟將再訴願人即周成玉予以管押，勒令賠償儲押貸款五十元，儲押谷款七百五十元，油菜貸款二十元，合計八百二十元之多，再訴人不服其處分，向省政府訴願，經決定爲訴願駁回，提起再訴願到部。

理由

本案再訴願人周成玉是否即周成尉？以及周成尉是否卽係車碼頭信用合作社司庫？爲本案係爭關鍵。據被訴願官署辯稱：『彭山縣府卷內二十七年六月該社創立登記，聲請書載司庫周成尉先係玉後改尉，同年七月九日該社職員印鑑紙理事兼司庫周成尉仍係先書爲玉旁改作尉，遂認定再訴願人改玉爲尉已預存抵賴地步，縱尉非玉，亦卽該民一人了無疑義』等語：但查彭山縣政府二十九年二月廿九日偵訊時，詢及再訴願人周成玉年齡爲五十六歲，而車碼頭信用合作社呈報表周成尉係四十九歲，且查社員名册并無周成尉其人，僅第37號社員周與海旁邊添有成尉二字將與海點去，其年齡亦爲四十九歲，又該社借款細數表第37號社員周成尉，亦係塗改，墨色與原表各字絕對不同，此種塗改黑幕究屬誰負責任？原審不予査及，實有未合之處。至關再訴願人二十八年十二月以周成尉名義呈遞訴狀自認民不過負名義而已，以及二十九年二月二十九日庭訊時亦供認遞過狀紙，原決定遂認定爲自認司庫不諱，殊嫌疏忽，查再訴願人周成玉於二十八年十二月十一日陳訴郭慶陽等叔侄串弊僞造私章，朦充朦保朦借，請求拘案質訊以昭公允而辯是非，此種刑事問題，原處分機關彭山縣府如果尊重人民訴權，應卽移送法院核辦，方爲正當。乃查二十九年二月二十九日訊問筆錄，經問及再訴願人『你遞過狀紙添傳郭慶陽到案質訊麽？』再訴願人答稱『我辯明未經手實遞過狀紙說我目不識丁，』又問再訴願人『你狀紙上自己承認負名義司庫？』答稱『我沒有如此說過。』是再訴願人根本否認，而偏謂爲自認不諱，不知果何所據？且問郭慶陽『你在車碼頭任的什麽職』答稱『我任會計』寥寥數語而已，關於串弊僞造各情，眞僞與否，絕未詢及，實嫌違反審判程序，輕視人民訴權。再訴願人旋於二十九年三月八日呈訴僞造文書意圖陷害，懇請傳案核對筆跡，以別眞僞而辯是非、并添傳郭慶陽對質，有無挽勸叫民承認名義情事，是再訴願人已根本否認遞過承認司庫名義狀紙，有原卷足證，惟原縣對此有關刑事問題，仍不加以究訊，即憑指導員陳玉均一紙報告押令再訴願人勒繳儲押稻谷七百五十元油菜貸款二十元，另以不盡司庫職責處分賠洋五十元合計八百二十元之多，實不無違法偏頗之處，又被訴願官署維持原決定，認再訴願人之充任司庫係車碼頭信用合作社成立時各社員所公選，證之原縣城鎭第十三保第十保保長何俊德孫良棟等十七人（均簽名蓋章）公呈稱周成玉賦性戇樸，耕作爲業，素未充當公務，鄉里鄉黨，咸知爲忠厚長者，舉凡地方大小公務，從未涉及沾染，派款祇知出錢，派工祇知出力，至於推舉相辦公事，常以目不識字，口不善言推卸，車碼頭信用社開辦二年，發行數期放款收款，社員等并未見伊臨場一次。是原決定書所稱爲社員所公選似不足信，又關於儲押貸款被訴願官署謂稻谷一百五千石，雖在劉有權家，是否劉有權盜賣？訴願人自可另案起訴，再訴願人已於二十九年三月十一日曾以監守自盜訴請嚴追有案，乃該縣竟置不理，殊失公允。

總上各理由，無論再訴願人周成玉是否即周成尉，既經一再聲明，根本否認為車碼頭信用合作社司庫，狀訴係郭慶陽叔任串弊僞造，意圖陷害，以及指出劉有權盜賣儲押稻谷各節，均屬刑事範圍。依照二十一年十二月二十四日司法院字第八三一號解釋，如原縣係兼理司法即使誤用行政處分形式，仍應以民刑裁判或檢察處分論。依通常訴訟程序，予以救濟。若原縣不兼理司法，則係無權處分根本無效。故為決定如主文。

同仁堂再訴願決定書　福五字第三〇〇〇六號　三十年八月二十一日

再訴願人　湖南衡陽同仁堂代表王威周年五十六歲住衡陽黃茶市大羅山

原決定官署　湖南省政府

右再訴願人因所管江東岸水府廟第三家房屋被處分為縣屬江東鎮公所及中心小學校舍不服湖南省政府三十年十一月十七日所為之訴願決定，提起再訴願到部，本部決定如左：

主文

原決定撤銷。

事實

緣衡陽江東岸水府廟第三家房屋，係前浮橋公所移捐於同仁堂義渡公產之一。該同仁堂設義渡船八隻，以代浮橋，濟渡行人，所收之浮橋公所田屋契據，并於民國十三年謄抄成簿，名曰義渡公抄契簿，呈奉衡陽縣政府鈐有縣印。近年土地登記處成立，而又憑契登記。嗣因民十九年為當地初級小學租用，每索租金，皆藉修葺為詞，同仁堂以其不納租金解約，出租於廣武煤棧，月訂租金一百二十元，乃當地學款經理員陳湘儀硯為學產，將該房屋出租於集成煤棧，拒不還讓，同時江東鎮公所，亦派兵守門，責令廣武煤棧不得修繕。再訴願人遂將上項情形，呈請衡陽縣政府令其遷讓，并追繳集成煤棧租金，以維主權，殊原縣不加考查，即予指令一呈悉。查江東岸往字號衛浮橋公所，係本縣公產，前經指爲第一學區區立第二初小學舍，近奉上令每鄉鎮籌設中心學校一所，本府規定該公所房屋爲江東鎮公所，及中心學校場所，業已令飭城區聯合學款經理員陸湘儁轉飭集成煤棧，以前租金已列爲第一區學款收入，留作該浮橋修理費，自無追繳之必要。而江東鎮鎮長祝貽信呈請指撥該處房屋爲鎮公所中心學校地址，亦屬正當手續，毫無侵佔意思。所請應毋庸議，仰併知照』等語，再訴願人以其處分違法侵害權益，提起訴願於湖南省政府，經決定駁回，提起再訴願到部

理由

查衡陽同仁堂以救濟事業爲目的，設義渡船八隻以代浮橋，濟渡行人，原縣（衡陽縣政府）并未否認，其爲合法之慈善團體，已無疑義。江東岸水府廟下第三家房屋既經前浮橋公所移轉於同仁堂接管，且將接收之田屋契據，於民十三年彙抄成簿，名曰義渡公抄契簿，呈送縣府鈐有縣印。近年衡陽縣土地登記，而又憑契登記，是同仁堂合法取得所有權。原決定官署（湖南省政府）亦未加以否認，惟認定原處分機關（衡陽縣政府）規定該浮橋公所房屋爲江東鎮公所及中心學校場所，並未侵及再訴願人之產權，實嫌矛盾。查民法第七百六十七條『所有人對於無權占有或侵奪其所有物者，得請求返還之，對於妨害其所有權者，得請求除去之，有妨害其所有權之虞者，得請求防止之』之規定，再訴願人之訴願不無相當理由，原決定書謂再訴願人接管該房屋原係民衆集捐而成爲全縣公共房屋，利用爲中心學校校舍，按之國民教育實施大綱第二十八條規定，委無不合，殊不知公產與官產有別，例如寺廟爲公產，多係由住持募款建設或重修，但其所有權始終屬之寺廟，不得由地方官署撥歸任何團體使用。即地方任何團體亦不得擅行佔用拆毀（參照司法院院字第三五七第四二三第六七三第七二四各號解釋）。同仁堂財產既係民衆集捐而成，其爲公產而非官產，與寺廟同當不能例外。又同仁堂係屬慈善團體，即爲一種財團法人，依照民法第六十條第一項『設立財團者應訂立捐助章程』，同條第二項『捐助章程應訂明法人目的』，原水府廟下第三家房屋係由於浮橋公所移轉該同仁堂（財團法人）辦理義渡之財產，以代浮橋濟渡行人，可謂有一定之目的。原處分謂指撥係爭房屋爲江東鎮公所及中心學校校舍，毫無損害人民法益之處，實已變更捐助人之意旨，與法人訂明設立之目的。不僅有違上項法令之規定，即按之監督慈善團體法第十二條該主管官署（衡陽縣政府）之措施，亦有未合。

基上論結，本件再訴願人所訴各節不無理由，合依管理私立慈善機關條例第一條前段，及訴願法第七條第八條第十一條決定如主文。

徵集抗戰殉難同志事蹟啓事

查自抗戰軍興以來，本黨同志因參加前後方工作殉難者，爲數甚夥。本會爲表彰忠義，以勵來茲，對於此項事蹟之徵集，早經着手進行。惟見聞未週，深慮掛漏，用再訂定調查範圍及表式，倘希各地同志協助查塡，郵寄本會，俾資彙編，無任盼禱。

一 範圍

甲 直接參加抗戰陣亡者

乙 在淪陷區活動犧牲者

丙 被敵僞奸拘捕殺害者

丁 在前後方執行職務被敵機炸死者

二 表式

抗戰殉難同志事蹟調查表

姓名　字　性別　籍貫　省　市　縣　年齡	
入黨時期　年　月　日　黨証字號　字　號	
經歷	
殉難地點及其情形	
家屬近況及通訊處	

中華民國　年　月　日塡表人（一）姓名（二）通訊處

三 手續 本表[illegible]

[illegible]會部[illegible]公報 附錄

甲 表內所列事項務請逐一塡明

乙 表格文字可按事實需要酌爲伸縮

丙 塡表請寄重慶山洞輯園本會

中國國民黨中央執行委員會黨史史料編纂委員會啟

社會部公報 第七期

中華民國三十一年十月出版

編輯兼發行者　社會部總務司

訂購辦法

期限	冊數	價目	郵費
三月	一	五角	八分
半年	二	壹元	一角六分
全年	四	二元	三角二分

附註：本報掛號及寄往國外郵費照加

社會部設立

社會服務處

宗旨：發揚服務精神，促進社會事業

改善社會生活　溝通社會文化

現有業務

重慶　貴陽　桂林　衡陽　內江　遵義

生活服務：社會食堂　社會公寓　理髮室　淋浴室　旅居嚮導　代運行李

人事服務：升學輔導　職業介紹　法律顧問　衛生顧問　人事諮詢　寄物存放　信件留轉　代售郵票　代收電報　繕寫書信　公用電話

文化服務：圖書館　社交會堂　學術講演會　座談會　民衆學校　書報供應　娛樂室　兒童樂園　體育場　診療所

經濟服務：小本貸款

處址

重慶社會服務處　重慶兩路口　都郵街　海棠溪（分處）

貴陽社會服務處　貴陽大西門

桂林社會服務處　桂林依仁路

衡陽社會服務處　衡陽[illegible]前街

內江社會服務處　內江交通路

遵義社會服務處　遵義[illegible]

社會部公報

第八期

社會部總務司 編

重慶：中華民國社會部總務司，民國三十二年（1943）鉛印本

中華郵政登記認為第一類新聞紙類

中華民國三十一年十月至十二月

社會部公報

第八期

中華民國卅二年八月廿三日[illegible]

社會部總務司編印

國父遺像

國父遺囑

余致力國民革命，凡四十年，其目的在求中國之自由平等，積四十年之經驗，深知欲達到此目的，必須喚起民衆，及聯合世界上以平等待我之民族，共同奮鬥！現在革命尚未成功，凡我同志，務須依照余所著：建國方略，建國大綱，三民主義，及第一次全國代表大會宣言，繼續努力，以求貫澈！最近主張開國民會議，及廢除不平等條約，尤須於最短期間，促其實現！是所至囑。

社會部公報 第八期目錄

法規 附方案

命令

府令

部令

公牘

總務類

總二字第三二〇八七號　令本部所屬各機關　爲奉令中央各機關派赴各省調査視察或檢閱人員仍有不謹守官常接受地方機關招待各機關於派員出差時亦多未依照規定領發旅費等情事茲特重申前令嗣後應恪遵規定切實

組織訓練類

社會福利類

人力動員類

合作事業類

附錄

法規

社會部合作事業管理局全國合作社物品供銷處會計室組織規程 三十一年十月九日國民政府核准

第一條 本規程依照國民政府主計處組織法及國民政府主計處辦理各機關歲計會計統計人員暫行規程公有營業及事業機關辦理會計人員暫行規程暨社會部所屬機關會計室組織及辦事通則制定之

第二條 會計主任辦事處所定名為社會部合作事業管理局全國合作社物品供銷處會計室

第三條 會計主任承主計長之命受主計處主管局長之指導社會部會計主任及合作事業管理局會計主任之指揮監督並依法受全國合作社物品供銷處主管長官之指揮主辦全國合作社物品供銷處歲計會計事務

第四條 會計室之職掌如左

一 關於概算預算之籌編整理事項

二 關於預算內各款項依法流用之登記事項

三 關於會計制度之設計事項

四 關于單據記賬及編製報表事項

五 關于帳目登記事項

六 關于收支憑單之核簽事項

七 關于成本及損益之計算事項

八　關于編造會計報表事項
九　關于財務上增進效力及減少不經濟支出之研究及建議事項
十　關于全國合作社物品供銷處所屬機關會計人員之指揮監督事項
十一　其他有關歲計會計事項

第五條　會計主任應出席全國合作社物品供銷處有關其職掌之各項會議
第六條　會計室設佐理員二人至三人辦事員二人至三人委任均由全國合作社物品供銷處會計主任報請合作事業管理局會計室轉請社會部會計室轉呈主計長任用承會計主任之命佐理各項事務並得分股辦事
會計室得用雇員一人至二人由會計主任派充並呈報主計處備案
第七條　會計室視事實上之需要得呈請全國合作社物品供銷處主管長官調員襄助
第八條　會計室遇有會計組織之更改及會計制度之修訂應擬具方案送請合作事業管理局會計室轉請社會部會計室核轉主計處核辦
第九條　會計室對主計處應編送之歲計會計報告及工作報告應依主計處規定辦理
第十條　會計室辦事細則另定之
第十一條　本規程自呈准之日施行

社會部合作事業管理局統計室組織規程　三十一年十一月國民政府核准

第一條　本規程依照國民政府主計處組織法國民政府主計處辦理各機關歲計會計統計人員暫行規程暨中央各機關所屬統計室組織與辦事通則制定之
第二條　社會部合作事業管理局統計主任辦事處所定名為社會部合作事業管理局統計室
第三條　統計室之職掌如左
一　關於社會部合作事業管理局統計冊籍圖表格式之製訂及編製統計統一辦法之推行事項
二　關於社會部合作事業管理局統計材料之登記調查整理彙編事項

三　關於社會部合作事業管理局統計報告之編纂事項

四　其他有關統計事項

第四條　統計室對於社會部合作事業管理局之所屬機關統計事務應負責辦理左列事項

一　關於所屬機關統計人員之指導監督事項

二　關於所屬機關統計工作之分配事項

三　關於所屬機關統計冊籍圖表格式之審查製訂及編製統計方法之統一事項

四　關於所屬機關統計報告之審核彙編事項

五　關於所屬機關統計工作及人事報告之核轉事項

第五條　統計主任承主計長之命受主計處主管局長社會部統計長之指導監督并依法受社會部合作事業管理局局長之指揮主辦社會部合作事業管理局之統計事務

第六條　統計室設科員四人至六人委任辦事員二人至四人雇員二人至五人均雇用科員以上人員由合作事業管理局統計室主任呈請社會部統計長轉呈主計長任用之辦事員以下人員由合作事業管理局統計室主任呈請社會部統計長派充之均承長官之命佐理各項事務

第七條　統計室視事實之需要得呈請社會部合作事業管理局局長指定人員在局內各部份組織中負責担任登記統計工作

前項人員對於辦理統計工作應受統計主任之指揮

第八條　統計室於必要時得呈准社會部合作事業管理局局長委託局內及其所屬機關職員代行登記及調查或調用職員佐理各項事務

第九條　統計室得派定職員在局內各部份組織中抄錄有關統計之表冊及簿籍登記

第十條　統計主任得出席社會部合作事業管理局有關其職掌之各項會議

第十一條　統計室為謀統計事務與行政事務之聯絡起見得呈請社會部合作事業管理局局長設置社會部合作事業管理局統計委員會其組織規則另定之

第十二條　統計室辦事細則另定之

第十三條　本規程自呈准之日施行

非常時期公務員任用補充辦法

三十一年十一月六日國民政府公佈

第一條　非常時期公務員之任用除適用各該任用法規外依本辦法行之

第二條　擬任人員未盡合法定資格者如其學歷經歷與擬任職務確屬相當時銓敍部得依其學歷經歷依附表之規定俾計年資准予試用

前項試用期間定為一年期滿經考核成績優良者認為銓敍合格予以任用

第三條　擬任人員之合法資格或依前條所敍之資格僅能敍至低一官等最高級者如其學歷經歷與擬任職務確屬相當時銓敍部得予以低一官等職務任用或試用准其權理擬任職務

權理人員積有升等任用資格時卽以所權理之職務任用權理期內經考核成績不良者免其權理職務

第四條　曾經銓敍合格人員轉任適用他種任用法規之職務如其原任職務與轉任職務性質相當者銓敍部得就其原有之資格認為合格

銓敍合格人員轉任職務時其已取得之高一官等待遇或年功加俸得予以承認

第五條　地方機關長官原為派用人員以變更組織改為任用人員致有未盡合法定資格者銓敍部得依其服務成績仍以各該職務准予任用

機關長官原為任用人員以機關升格本官升等致有未盡合法定資格者適用前項之規定

第六條　在本辦法公布前經中央或省市政府行政人員檢定或訓練合格現仍在職者遇有未盡合法定資格時銓敍部得依其成績以原職准予任用

第七條　依非常時期適用於戰區之任用法規經銓敍機關審查決定准予任用或派用之人員繼續任職二年以上成績優良經銓敍部核定者認為具有合法資格

第八條　在認可之高級中學舊制中學或其他同等學校畢業者得以十二級以下委任職分派見習滿二年以後經考核成績優良者得升任本機關九級以下委任職並認爲銓敘合格其成績不良者延長見習一年但以一次爲限

前項畢業生如已具有與擬任職務相當之服務經歷者得視其服務年資縮短其學習期間或逕以九級以下委任職任用

第九條　本辦法自公布之日施行

重慶市人力節制辦法

三十一年十二月三十日國民政府公布

第一章　總則

第一條　本辦法實施之主旨在清查及限制市區內勞力之浪費以充裕兵源並使轉業生產事業及有利抗戰之工作

第二條　左列各款依本辦法清查並限制之

一　人力車輛行及其所租賃之車輛伕

二　各機關公司行號廠商暨私人自備人力車輛及其所僱用之車輛伕

三　奢侈品製造業與販賣業之員工（如香水脂粉等）

四　事涉迷信之員工（如錫箔儀仗星相等）

五　擦背修脚工人

六　擦鞋工人

七　旅館業之從業員工（如旅社飯店公寓之員工伕役等）

八　飲食業之從業員工（如飯館茶樓酒店甜食麵點店舖之員工伕役等）

九　娛樂場所之從業員工（如戲院書場之員工伕役等）

十　各機關超過編制規定之長伕公役暨各公司行號廠商之逾額伕役

十一　私人僱用之逾額伕役

十二　無業游民

前項三、四、五、六、各款應儘先限制七、八、九、各款應逐漸限制

第三條　本辦法以重慶市政府為執行機關必要時由社會部及憲兵司令部派員協助之

第四條　在重慶市區內各機關及各業公會負責人應接受市政府之要求切實推行本辦法如有敷衍或違反情事由市政府報告該管上級機關予以處分

第二章　清查與登記

第五條　凡在本市營車輛行業者應向市政府申請登記非經市政府發給許可證並加入該業公會不得營業

第六條　凡本市車伕及轎伕均須持身份證向市政府申請登記非經市政府審查許可發給工作證並加入職業公會不得工作

第七條　凡機關公司行號廠商及私人自備人力車輛者須向市政府申請登記後始得使用

第五條及本條之車輛于登記前須先經檢驗編號合格者發給檢驗執照

第八條　經登記許可之車輛行車輛伕及車輛如不繼續營業或解僱或停止使用者須向市政府申報分別繳銷許可證檢驗執照及工作證

第九條　本辦法第二條第三款至第九款各色人等之年齡體格籍貫技能教育程度及其生活狀況應由市政府定期調查完畢分別限制或禁止之非經市政府審查許可發給工作證並加入職業公會不得任本市仍理舊業

第十條　凡市區內無業游民由市政府舉行總清查並依其年齡體貌及技能予以審定後分別處置

第三章　限制與取締

第十一條　本辦法第二條規定之人力車轎伕暨各業從業員工伕役游民等凡合於兵役法規定者一律送服兵役

第十二條　對於人力車轎行之限制如左

一　依照市區人口比例及交通需要限定車轎行之開設地點及其最高數額逾額者限期停業

二　已申請停業之車轎行禁止復業

三　申請新開業之車轎行不予登記

四　每一人力車之租用人數以二人為限每一乘轎之租用人數以四人為限

第十三條　對於人力車轎伕之限制如左

一　依照市區交通需要及核准之車轎數量限定車轎伕之從業最高名額逾額者限期停業

二　已申請停發及解僱之車轎伕禁止復業

三　申請新就業之車轎伕不予登記

第十四條　各機關公司行號廠商及私人自備之人力車轎以每一人力車僱用一人每一乘轎僱用二人為限

第十五條　對於乘坐人力車轎者之限制如左

一　軍人憲警壯丁青年不許搭乘車轎但因患病就醫者不在此限

二　非左列人員不得乘坐車轎

子　老弱及婦孺確難步行者

丑　疾病殘廢有顯明表徵者

寅　公務員因公出勤者

卯　攜帶笨重物件必須乘轎者

辰　醫師助產士救護人員及其他同業務需要必須爭取時間者

三　為執行本條規定得由警察或憲兵隨時予以勸告並禁止

第十六條　本辦法第二條第三款至第九款各業工人之限制如左

一　已退業之員工禁止復業

二　新就業之員工不許補充

三　擦鞋工人以年齡在六十歲以上者為限

四　旅館從業員工不得超過該旅館容額十分之一

第十七條　對於各機關公司行號廠商暨私人僱用伕役之限制如左

一　各機關伕役之限制依法令之所定

二　各公司行號廠商暨私人僱用伕役由市政府另定辦法限制之

遣額之伕役應於審定之日起予以解僱

第十八條　對於無業游民不准寄住市區一律強制就業或收容訓練

第四章　處置與救濟

第十九條　凡未予登記或撤銷登記之車輛伕暨與抗戰業務無關各業被取締之員工遣額伕役及游民等在取締前市政府應預為妥籌安當辦法使其改業或轉業其要點如左

一　適齡壯丁送服兵役

二　具備各種工作技能者依技能分配於各生產部門予以適當工作

三　無相當技能者依其年齡體質等由市政府會商各有關機關工廠予以適當訓練後再行分配工作

四　流鄉外籍無法還鄉者酌量儘先予以適當之工作或救濟

第二十條　依前條分配轉業于市區各生產事業之員工一律發給工作證並飭令加入職業工會未經許可不得自由轉業

第五章　附則

第二十一條　本辦法施行細則由市政府定之

第二十二條　本辦法施行後對於人力車輛租賃費暨車輛乘坐價格應由市政府規定最高標準切實執行

第二十三條　本辦法施行後應同時於市區內增闢公共汽車行駛路線增加車輛並於不妨害交通之原則行駛馬車

第二十四條　本辦法施行時在農閒季節應同時將農閒義務勞動服務配合實施

第二十五條　本辦法自公佈日施行

社會部加强管制物價方案實施辦法

三十一年十二月十六日國家總動員會議第二十六次常務委員會議通過

一　限制工資實施辦法

甲　原則

一　戰時工資限制之標準依照當地限制物價之標準隨時訂定之（例如以某月某日之物價為最高價格即以同月同日之工資為最高工資實施限制）

二　本辦法所稱之工資係指正工及已有之津貼而言
三　限制工資實施之對象包括產業工人職業工人
四　實施限制物價之地區同時限制工資
五　限制工資實施之地區依全國限制物價地區之規定劃定之
六　同一地區內同一性質等級之工資應力求劃一
七　實施限制工資之地區前頒之平定工資實施辦法停止施行

乙　機構

八　管制工資之主管官署在中央為社會部在省為社會處（未設處之省為民政廳）直轄市為社會局在縣（市）為縣（市）政府
九　各省（市）縣（市）於限制工資時應由主管官署召集各該地黨部團部憲警機關及有關機關同業公會工會法團體組織工資評議會

丙　執行

一〇　各省（市）縣（市）限制工資應由主管官署召集工資評議會共同審議由主管官署核定施行
一一　各省（市）縣（市）限制工資應由主管官署按月將辦理經過連同物價工資之簡表層報社會部備查
一二　各省（市）縣（市）限制工資時主管官署得隨時調閱僱傭雙方有關文件並命令僱傭雙方作有關工資之報告被命令人不得拒卻
一三　各省（市）縣（市）限制工資時主管官署應同時舉辦「職業分類」「工作等級」及工資調查統計以為調整工資時之依據
一四　各省（市）於限定工資後對於受固定工資而其工作有計算標準者主管官署應召集工資評議會商定工人工作成績標準其超過者獎勵之不及者懲罰之懲獎章則由各省市訂定報社會部備案
一五　工資限制後雇主不得以其他名義增加類似工資性質之報酬
一六　工資限定後主管官署應督同各該地同業公會工會監察並檢舉凡違反規定其情節重大者依妨害國家總動員

一六　懲罰暫行條例懲處其情節較輕者由主管官署會同各該業同業公會工會公議處罰

一七　工資限制後凡雇主未經合法手續擅自改雇或挖雇他廠場工人及工人未經合法手續擅自跳廠場轉業者主管官署應視情節處罰之

一八　工資限制後對於工人福利事業主管官署及雇方或有關之機關團體應提前興辦各種共同生活設備以安定工人之生活

一九　凡工人因執行職務而致傷病死亡雇方應予以醫藥補助及撫卹其給與標準由各省(市)縣(市)主管官署召集工資評議會議訂定報社會部備查

丁　執行步驟

二〇　各省(市)縣(市)於執行限制工資前應依「非常時期職業團體會員強制入會與限制退會辦法」嚴密各業組織

二一　主管官署應召集有關之同業公會工會及有關法團組織工資評議會釐訂章則

二二　主管官署應督同工資評議會辦理工資普查

二三　主管官署於工資普查後應視當地情形之需要擇政府已管制之各種產業與交通運輸及日常生活有關之各業工資提前交工資評議會審評後核定限制之

二四　主管官署舉行工資普查及工資評議時應與鄰近地區取得聯繫同時進行

戊　經費

二五　為執行限制工資各項業務上所必需之經費各省(市)應就其原有預算內統籌

己　附則

二六　本辦法施行時所需之有關施行細則或補充章則得由各省(市)制定之

二七　本辦法經國家總動員會議議決施行

二　加強工商團體管制實施辦法

甲　原則

一　凡實施限制物價工資之地區同時實施工商團體之管制

二　凡實施管制之工商團體以切實推行限制物價工資節約消費增進生產為主要任務

三　凡實施管制之地區工商團體已有組織者應嚴密其組織尚未組織者應限期完成

四　本辦法所稱工商團體係指各職業產業工會各業同業公會及縣市總工會商會

五　前頒非常時期工會管制辦法及非常時期工商業及團體管制辦法與本辦法不抵觸者仍適用之

乙　範圍

一　地區方面

1. 已經指定管制之重慶市成都市江北縣巴縣廣元縣瀘縣宜賓縣樂山縣萬縣涪陵縣西京市南鄭縣寶鷄縣咸陽縣蘭州市天水縣昆明市桂林市馬平縣長沙市衡陽市洛陽縣貴陽市鷹潭鎮等二十四縣市鎮為繼續實施管制地區

2. 依照限制物價工資地區從新指定實施管制地區

3. 其他各省市政府臨時呈經行政院或各社會部核定之管制地區

二　業類方面

1. 已經指定管制之糧食業棉花業紗業布業煤炭業油業紙業汽車業新藥業五金電料業倉庫業顏料業圖書教育用品業礱米業麵粉業棉紡織業植物油製煉業造紙業電工器材業製藥業印刷業煤礦業等二十二業為繼續實施管制業類

2. 配合實施限制物價工資之各業從新指定實施管制業類

3. 其他省市政府呈准行政院或各經濟部核定之管制各業

丙　機構

一　實施工商團體管制之主管官署在中央為社會部在省為社會處（未設處之省為民政廳）直轄市為社會局在縣（市）為縣（市）政府

二　社會部應派員分赴各省（市）縣（市）巡迴督導管制

三、各省（市）社會處（局）或民政廳得派員分駐管制各縣市協助督導管制工作

四、縣（市）政府應經常召集經管制之工商團體負責人舉行工商督導會報並指導其組織物價及工資評議會

丁、方法及步驟

一、嚴密組織

1. 凡管制區內已有組織之各業工商團體應先嚴加考核如組織鬆懈會務廢弛者應限期調整使之健全
2. 經指定為管制之工商團體尚未組織者應限期完成組織
3. 管制區內未經指定為管制之各業尚未組織者亦應策動組織
4. 檢查管制區內之公司行號及各業工人依照非常時期職業團體會員強制入會限制退會辦法厲行強制入會否則即依法予以停業停職處分
5. 凡經指定管制之工商團體均應依照職業團體書記派遣辦法派遣書記其已設有書記者應予甄別
6. 嚴格訓練團體書記及理監事次及於會員訓練
7. 督促依法征收會費及編製事業預算決算
8. 厲行小規模營業登記其不合標準或不登記者應予取締
9. 未經登記之採購商應嚴格取締

二、指導工作

1. 指導工商團體經常舉行工作會報
2. 指導工商團體自訂同業管制辦法
3. 鼓勵同業舉發壟斷操縱囤積居奇之不法行為
4. 照經濟部指定之標準分區厘定小規模營業標準
5. 工商團體負責人對於限制物價工資及推行增產與節約法令奉行不力者應予解職情節重大者並應依法懲處其成績優良者予以獎勵
6. 縣市政府應將每月實施工商管制情形編製工作報告呈轉社會部備查

戊　經費

一　爲執行工商團體管制各項業務上所必需之經費由當地政府就其原有預算內統籌

己　附則

一　本辦法施行時所需之有關施行細則或補充章則得由各省(市)制定之

二　有關限制物價工資等目的事業之指導推行事項不在本辦法範圍不予規定

三　本辦法經國家總動員會議議決施行

浙贛兩省收復地區救濟辦法

三十一年十月八日院令核准

一　採用合作組織辦理耕牛農具種籽供給並修建平民住宅貸予謀生資金統用合作方式貸放以扶助復業安定民生

二　經營合作工廠及合作供銷以供應人民之日常生活用品及生產工具

三　恢復各縣市之經常救濟設施儘量收容失所無依之孤苦老弱傷殘同時辦理戶外救濟以安輯流亡

四　實施醫藥救濟組織醫藥救濟隊巡迴治療以防治疾疫之滋蔓

五　設置各縣市社會服務處或服務站辦理平民食堂社會公寓及各種人事服務職業介紹等工作以安定社會秩序

六　請以緊急命令撥發浙贛兩省合作貸款各二千萬元並各撥五百萬元作爲救濟資金交由兩省省政府督飭社會處合作事業管理處暨有關機關迅速統籌辦理

修正地方金融機關辦理小工業貸款通則

三十一年十二月十二日院令頒行

第一條　小工業貸款以補助小工業之發展增加日用必須品之供給爲宗旨地方金融機關(省市銀行總分行處)按照本通則斟酌當地情形辦理之

第二條　借款人以有確定住址經營正當小工業需要營運資金並加入各該業同業公會者爲限但各該業同業公會尚未成立者不在此限

前項小工業以製品能供軍用或運銷國外或屬於經濟部依日用必需品平價購銷辦法第二條指定之日用必

貨品爲限

第三條　小工業借款數額最高以五萬元爲度

第四條　借款利率最高不得超過月息一分二厘凡借款不滿五百元者得申請酌量減低利息

第五條　借款期限分活期定期兩種均得用分期攤還辦法償還本息但最長期限不得逾二年其有特殊情形經貸款機關認可者得酌量延長之

第六條　借款須有保證由借款人於下列方式中任擇一種辦理之

甲　由殷實商號或工場一家負責保證經貸款機關認可者

乙　由社會上有信譽之二人連帶負責保證經貸款機關認可者

丙　以動產爲担保（動產以貨物或有價證券能實行移轉占有及有確實價格者爲限）其貸款金額不得逾動產價格十分之六

丁　以不動產爲担保（不動產以有永續確實收益者爲限）其貸款金額不得逾不動產估定價格十分之四

前項甲乙兩款之保證人凡以代人保證或自借尚未清償者不得再爲保證人

前項丙款以動產爲担保之借款如以貨物爲担保品者其期限應遵照非常時期管理銀行暫行辦法之規定辦理

第七條　動產調查鑑定所需之費用及不動產登記保險等費用均由借款人負担之

第八條　借款人填具借款申請書時（由貸款機關備用）須由各該同業公會或殷實商號工場負責證明經查明屬實辦理借款手續後始予貸款

第九條　定期貸款提前歸還一部或全部者得按日給算利息

第十條　貸款機關爲明瞭借款之人營運內容得隨時查閱其賬簿

第十一條　借款人所借款項不得作用囤積居奇及其他不正當之用途或轉貸他人從中漁利否則一經查覺得隨時追還其借款之全部

第十二條　借款人與保證人或保證商號工場如有遷移應各自隨時通知貸款機關否則一經查覺得隨時追還借款之一

第十三條　借款人限借一戶不得以一人捏造二名或數戶朦混多借

第十四條　借款人對於到期應還之本息如不履行清償時貸款機關得責成保證人或保證商號工場賠繳或處分其担保品所有處分担保品必需費用由借款人負担之

第十五條　借款未還清以前保證人或保證商號工場不得自動退保但貸款機關通知借款人換保時借款人應即照辦在新保未經換妥以前原保仍負完全責任

第十六條　借款人與保證人或保證商號如不履行契約時貸款機關得報請當地政府予以追償

第十七條　地方金融機關依本通則辦理小工業貸款資金不足時得向中中交農四行聯合辦事處商借之

第十八條　各地方金融機關依本通則所定契約格式及按月辦理貸款情形應呈由省政府轉報財政經濟兩部備查

第十九條　本通則自公布之日施行

社會部合作事業管理局全國合作社物品供銷處會計室辦事細則

（三十一年十月三十一日國府主計處核准）

第一條　本細則依照社會部合作事業管理局全國合作社物品供銷處（以下簡稱全合供銷處）會計室組織規程第十條之規定制定之

第二條　本室事務除法令另有規定外悉依本細則辦理其有與全合供銷處各部份組織有關聯之事項於不抵觸法令範圍內並依社會部合作事業管理局全國合作　物品供銷處之事務規程辦理之

第三條　本室事務由會計主任分配所屬職員辦理之遇有事務增繁原有職員不敷分配時得按照組織規程第八條規定呈請調員襄助

第四條　本室登記帳册依照會計法之規定由主管職員依據原始憑證製具記帳憑證送由會計主任及全合供銷處主管長官或其授權代簽人蓋章如涉及現金票據證券出納保管移轉之事項時並須由保管出納人員簽章證明收訖或付訖後交還本室登記保管如涉及財務增減保管移轉之事項時並應由經理事務人員蓋章以明責任

第五條　本室憑簿上每日現金結存數須與出納人員所送當日之庫存表互相核對

第六條　本室依照規定期限辦理結帳並編造各歲計會計及工作報告分送備核

第七條　本室對於前條各款報告依照主計處規定格式及期限編送合作事業管理局會計室轉請社會部會計主任核轉主計處核辦

第八條　本室收到文件由收發員摘由編號填註收到日期時刻附件件數登入收文簿按日送會計主任核閱其封面有密件或親啓字樣者應即送會計室主任親自拆閱

第九條　本室收到文件經會計主任核閱後批明辦法分交職員辦理

第十條　本室承辦文件職員收到交辦文件應即分別擬稿其有疑難者應隨時簽呈請示其應予存查者送會計主任核准歸檔

第十一條　本室承辦文件職員於文件辦竣簽名後送會計主任核閱判行其需處稿者經會計主任核簽後依處定判稿手續辦理

第十二條　本室發出文件由收發員摘由編號填註發出日期時刻附件件數登入發文簿分別將文件送發稿件歸檔其屬處稿者應依處定發文及歸檔程序辦理

第十三條　本室對外行文以社會部合作事業管理局全國合作社物品供銷處名義行之

第十四條　本室對內行文程式如下

對主計處用呈

對主計處各局用呈

對社會部會計室全國合作事業管理局會計室及主計處所派其他機關之計政機構用函

對全合供銷處主管長官用呈

對全合供銷處所屬機關指定受本室指導監督之辦理會計人員用函

對全合供銷處其他部份組織視其性質或依照處內向例辦理或呈請交辦

第十五條　本室人員之任免遷調獎懲等事項由會計主任報請合作事業管理局會計室轉請社會部會計主任審核後彙

第十六條　本室應行請示或報告事項應按其性質分別送由合作事業管理局會計室轉請社會部會計主任轉呈主計處請主計長核辦或送全合供銷處長官

第十七條　本室辦公時間依全合供銷處之規定於必要時延長之

第十八條　本室職員應於本室考勤簿簽到不得托人代簽

第十九條　本室職員請假手續依全合供銷處規定行之但會計主任請假至一月以上時並須預先函由合管局會計室轉請社會部會計室核轉主計處核准

第二十條　各種例假循例休息但有緊急事件仍得臨時召集辦公

第二十一條　本室職員值班出勤辦法依全合供銷處規定行之

第二十二條　本細則如有未盡事宜得隨時呈請修改之

第二十三條　本細則自呈奉主計處核准之日施行

社會部合作事業管理局統計室辦事細則

（三十年十一月十六日國府主計處核准）

第一章　總則

第一條　本細則依據社會部合作事業管理局統計室組織規程第十二條之規定制定之

第二條　本室事務除遵照國民政府主計處辦理各機關歲計會計統計人員暫行規程及中央各機關所屬機關統計室組織辦事通則所規定者外悉依本細則辦理其有與社會部合作事業管理局各部份組織有關聯之事項于不抵觸上項範圍內並依社會部合作事業管理局辦事細則辦理之

第二章　職權

第三條　本室事務由統計主任分配所屬職員辦理之遇有事務增繁原有職員不敷分配時得按照組織規程第八條規定調員襄助

第四條　本室對於經主計處或社會部統計長指定直接指導監督之社會部合作事業管理局所屬機關統計人員

或呈經社會部合作事業管理局指定之統計工作其未經指定者得呈請社會部合作事業管理局局長另行交辦

第三章　統計工作

第五條　本室每屆社會部合作事業管理局編製年度概算之前應擬具下年度統計工作計劃經社會部合作事業管理局統計委員會或會同社會部合作事業管理局各部份組織審議後呈送社會部統計長轉呈主計處核准

第六條　本室統計工作由統計主任分配于各職員後承辦職員應按其資料之性質分別登記整理彙編或編製圖表及說明等呈統計主任核辦

第七條　本室之統計資料登記由統計主任指定本室職員或委託社會部合作事業管理局各部份組織中職員隨時蒐理並按期送統計主任核閱

第八條　本室統計報告之造送除主計處暨社會部統計長交辦者應逕行呈覆外其規定之經常統計報告應依統計法施行細則之規定行之

第九條　本室于各項册籍圖表格式之製定與統計結果公布以前應先呈送社會部統計長核轉主計處核定

第四章　文件處理

第十條　本室收到文件由收發員摘由編號塡註收到日期時刻附件件數登入收文簿按日送統計主任核閱其封面有密件或親啓字樣者應即送統計主任親自拆閱

第十一條　本室收到文件經統計主任核閱後批明辦法交職員辦理

第十二條　本室文件應視其性質分別最要次要最要者即日辦竣次要者限期辦畢如須查卷或因其他情形得由承辦職員陳明理由酌予延長之

第十三條　本室承辦文件職員收到交辦文件後應即分別擬稿其有疑難者應隨時簽呈請示其應付存查者送統計主任核准歸檔

第十四條　本室承辦文件職員於文件辦竣後簽名負責送統計主任核閱判行其屬局稿者經統計主任核發後依局定判稿手續辦理

第十五條　本室發出文件由收發員摘由編號填註發出日期時刻附件件數登入發文簿分別將文件送發稿件歸檔其屬局稿者應依局定發文及歸檔程序辦理

第十六條　本室關於統計資料及其他應單獨保管之檔由統計主任指定職員分門別類妥爲保管并依類登記錄于登記簿

第十七條　本室未經核准公布之文件各職員應絕對嚴守秘密如有洩漏從嚴懲辦

第五章　行文程式

第十八條　本室對外行文以社會部合作事業管理局名義行之

第十九條　本室對內行文程式如下

一　關於主計處方面

對主計處及主計處各局用呈

對主計處各局部分組織用函

對主計處所派其他機關之主辦計政人員用函

二　關於社會部統計處方面

對社會部統計長用呈

對社會部統計處部份組織用函

三　關於社會部合作事業管理局方面

對社會部合作事業管理局局長用呈

對社會部合作事業管理局所屬機關經指定受本室指導監督之辦理統計人員用令

對社會部合作事業管理局其他各部份組織視其性質或依照局內向例辦理或呈請交辦

第二十條　本室應行請示或報告各項事件應按其性質分別行之凡屬主計處主管者呈由社會部統計長轉呈屬社會部合作事業管理局者逕呈社會部合作事業管理局局長

第六章　工作報告

第二十一條 本室每月應報告之工作事項如下

一 關於工作之成績事項

二 關於有關統計事務之會議記錄事項

三 關於所屬職員之任免遷調奬懲事項

四 關於所屬職員之考勤事項

凡經主計處及社會部統計長指導監督之社會部合作事業管理局所屬機關統計人員之各種報告均由本室核轉

第二十二條 本室於每月上旬將上月之各種工作報告造具二份送呈社會部統計長存轉其有規定格式者依照規定辦理

第二十三條 本室各種工作報告除呈報社會部統計長轉呈主計處外並應視其性質分呈社會部合作事業管理局備查

第七章 服務

第二十四條 本室辦公時間依社會部合作事業管理局之規定于必要時得延長之

第二十五條 本室職員須按時間到室辦公不得遲到早退但因公外出者不在此限

第二十六條 本室職員在辦公時間不得會客但因公接見者不在此限

第二十七條 本部職員除於社會部合作事業管理局簽到紙按照簽到外並應於本室考勤簿簽到不得託人代簽

第二十八條 本室職員請假依社會部合作事業管理局規定辦理但統計主任請假在一月以上時並須呈經社會部統計長轉呈主計長核准

第二十九條 各種例假循例休息但有緊急事件仍得臨時召集辦公

第三十條 本室値班出勤辦法依社會部合作事業管理局規定行之

第八章 附則

第三十一條 本細則如有未盡事宜由統計主任呈請社會部統計長轉呈主計處修改之

第三十二條 本細則自呈奉主計處核准之日施行

修正社會部職員簽到簿考核辦法

三十一年十月三日部令修正

第一條　本辦法依本部處務規程第三十五條之規定制定之

第二條　各廳司局科室薦任職以下各級職員應於規定辦公時間在各該辦公部門簽到簿內親自簽到並簽註到公時間以資查核簡任職職員在常務次長室簽到其辦法另定之

第三條　各廳司局科室主管長官應按規定時間在簽到簿上最後一名之旁蓋章並註明時間以備查考其長假公出時由代理人員辦理之

第四條　各廳司局科室職員請假或公出者應由各該主管長官於簽到簿內填列該員姓名並於請假或公出欄內劃一「×」號加蓋印章

第五條　簽到簿由總務司第二科在規定辦公時間以前分送各廳司局科室並按規定時間收回凡未簽到又未經各該主管長官註明請假或公出緣由者一律作為遲到遲到者仍須到總務司第二科補行簽到

第六條　凡無故不簽到或不到部又未在事後補陳情由經核准補假者一律作為曠職遺忘簽到者亦作曠職論但遺忘簽到經主管單位長官負責證明者免予處分

第七條　遲到或曠職之職員由總務司第二科按日通知其本人及各該主管長官並於月終列表呈部次長核定後公布之

前條但書之證明須於接獲前項通知之當日或次日為之

第八條　凡遲到或曠職或託人代簽或代人簽到之職員依其情節之輕重於月終予以下列之處分

一　警告

二　申誡

三　記過

四　記大過

遲到在五次以上者警告十次以上者申誡二十次以上者記過曠職在五次以上者申誡十次以上者記過二十次以上者記大過

前項處分併入年終考績案計算之

第九條　凡因職務上之關係不能按時或按日簽到者須呈經部長核准

第十條　本辦法自公布日施行

修正社會部職員值日規則

三十一年十月二十一日部令修正

一　本部爲處理辦公時間以外臨時發生之事項並便於各方接洽公務起見派員值日

二　值日人員以簡薦任職人員及研究室主任担任之

三　值日人數星期一至星期六每日一人星期日及例假日每日二人分上下午輪值以十二時爲交替時間總務司第一科第四科每日應各派一人隨同輪值

四　值日時間星期一至星期六爲下午辦公時間後十時前星期及例假日爲上午七時後下午十時前

五　值日人員派定後如因故請假須自行托人代理並呈報部次長備查

凡司長科長公出或請假時由幫辦副科長分別代值

六　值日人員應切實執行值日勤務不得無故不到

七　值日人員應作成日記於次日上午呈部次長核閱

八　值日人員辦公處設本部公務接談室

九　本規則自呈奉部長核准之日施行

冬令救濟實施辦法

三十一年十月二十六日本部頒行

一　爲辦理冬令救濟事業各省縣市應一律按時設立冬令救濟委員會

二　各級冬令救濟委員會由社會行政機關（或主管社會行政人員）發動聯合有關機關團體與當地各界代表組織之設主任委員一人副主任委員一人委員若干人以社會行政機關負責人（設處省份爲處長設科省份爲民政廳長院轄市爲局長縣（市）爲縣（市）長）爲主任委員於地方人士中推選一人爲副主任委員各機關團體負責人及各界代表爲委員但如有以省（市）主席（市長）兼任主任委員者得加設副主任委員一人以該省（市）社會行政機關負責人充之

三 各級冬令救濟委員會設下列各組會分掌各事項

1. 查放組——設組長一人幹事若干人辦理調查統計及一切救濟之實施事項
2. 事務組——設組長一人幹事若干人辦理本會會計出納庶務人事及不屬於各組會事項
3. 籌募委員會——設主任委員一人委員二十一人至二十九人幹事若干人辦理款物之籌募徵集及保管事項
4. 監核委員會——設主任委員一人委員七人至十一人幹事若干人辦理一切屬於監督審核事項

籌募監核兩委員會委員應由冬令救濟委員會於地方公正人士素著信望者遴聘並由各該委員互推一人爲主任委員（有必要時得增設副主任委員一人）

查放事務兩組組長由冬令救濟委員會主任委員於委員中遴任

各組會幹事視業務繁簡由各機關團體調用但均不支薪津

四 各級冬令救濟委員會應酌量地方情形舉辦下列各項救濟設施

1. 工振（如開浚河渠修築道路堤壩暨一切公益工程等）
2. 小本貸款（各地如已有此項組織得聯合辦理之但仍由原機關主辦）
3. 舉辦平糶或施放米穀
4. 開辦平價食堂或粥廠
5. 發售平價衣被或施送衣被
6. 設置庇寒所（或冬令臨時收容所）
7. 發放代金

以上各項如不能同時併舉者得擇要舉辦

五 冬令救濟之對象暫定如下

1. 鰥寡孤獨殘廢
2. 難民（但在當地已有職業可以生活者不予救濟）
3. 災民（以不能生活者爲限）

4. 抗戰軍人家屬（家境可以生活者不予救濟）
5. 生有子女至五人以上家境赤貧者

六 冬令救濟款物之籌集採用下列方法

1. 依法勸支地方救濟經費
2. 依法勸用或平糶地方積穀
3. 向地方殷實富戶銀商捐募米穀衣被或代金（捐鉅者得酌量依法呈請褒獎或公布表揚）
4. 勸用地方特種公集款項（如行政罰金及某種節餘公款或公積金等類可以移充者）但其上級官署有案者仍須依法呈准

七 冬令救濟款物之動支均須分別性質（如發放代金舉辦工賑粥廠施送衣被米穀設置庇寒所等款物之須絕對支出者平價發售之米穀衣被及開辦平價食堂等款物之須預計虧損者小本借貸之可以收回者）擬具計劃及概算送由監核委員會審核經冬令救濟委員會全體委員會議決定之

八 冬令救濟款物之發放應依照下列手續

1. 發放代金及施送衣被米穀應先周詳調查造冊於發放前七日將應受接救濟者姓名款額物量公布其有確應救濟而漏遺或不應救濟而濫冒者許其聲請並盡量接受人民意見立予糾正
2. 發放時應照公布名冊由經發人會同當地鄉鎮保甲長定期公開辦理並請監核委員會委員到場監視
3. 發放後七日內應將受救濟人姓名款物數量公布如有虛假不符或經辦人員有舞弊情事時准人告發立予究辦

上述發放手續及前後兩項公布辦法務須照辦並廣爲宣傳使民衆周知

九 各級冬令救濟委員會之工作時期一律限於每年十月一日起成立至次年三月底結束但此項機構除有個別之人事變動外仍應保留其形式屆到下季十一月仍循成規恢復工作如另以法令變更者不在此限

十 各級冬令救濟委員會之工作程序應依照下列規定

1. 調查轄境應受救濟對象
2. 舉行擴大宣傳及募捐運動

5. 籌集救濟款物統籌支配

4. 籌定第四條所列各種救濟設施並實施之準備

3. 實施救濟

十一　各級冬令救濟委員會於每年結束後應將收支賬目發放單據按照定章經過核銷手續其捐款數目在十萬元以上者並應編印徵信錄並將辦理經過情形製成報告書分層報轉

十二．本辦法由社會部頒佈施行

修正社會部職員出差暫行辦法第二第三條條文

三十一年十一月七日部令修正

二　職員出差應由主管部份填具「職員出差請示單」呈請部次長核准並檢同「職員出差通知單」第二三兩聯送總務司第二科辦訓令稿並檢發中央公務人員出差戒條以資遵守

職員出差係由部次長指派者仍應於奉派後填具前項通知送科分別辦理

三　訓令判發後總務司第二科應將出差職員姓名職別官等服務部份出差任務往返終點及起行日期等項分別登記於「職員出差登記表」并將「職員出差通知單」第三聯送會計室存查

醫藥職業團體組織暫行要點

三十一年十一月十三日部令頒行

一　團體名稱　本要點所稱醫藥職業團體係指中醫師公會醫師公會藥師公會牙醫師公會助產士公會護士公會等團體

二　系統級數　暫定為縣市公會省或院轄市公會及全國公會聯合會二級

三　會員資格　醫藥職業團體之會員以領有合格證書并執行業務之各該從業人為限

四　發起人數　醫藥職業團體組織發起人數暫依左列之規定

（一）縣市及院轄市公會發起人為五人

（二）省公會以三個以上縣市公會組織之

（三）全國公會聯合會以三個以上省公會組織之

前項第二款之規定如在同一省區內某種醫藥業從業人合計不滿十五人或已超過十五人而有特別情形經主管官署核准得先組織省公會

五　組織區域　醫藥職業團體之組織區域以現有之行政區域為區域

六　適用法規　醫師公會藥師公會牙醫公會助產士公會護士公會等團體之組織可參照非常時期人民團體組織法暨本部所頒有關人民團體組訓法規

中醫師公會之組織可參照中醫師公會組織規則非常時期人民團體組織法暨本部所頒有關人民團體組訓法規

七　附註　先策動省會及重要縣市之醫藥職業團體

社會部勞動局處務規程

三十一年十一月二十日部令頒行

第一章　通則

第一條　本規程依社會部勞動局組織條例第十四條之規定制定之

第二條　本局各職員執行職務除另有規定外應遵照本規程之規定

第三條　本局各職員由局長按照事務繁簡分配之必要時得由主管長官簽請指派或添派

第四條　本局職員承辦文件除緊急事務隨到隨辦外自接受之日起最要者不得逾一日次要及尋常者不得逾三日但須考查當案討論辦法或審核及擬辦表冊者不在此限

第五條　各處室事務如有互相關聯者應由各該處室主管人員協商辦理彼此意見不同時陳請局長裁奪

各處室所管事務涉及二科二組或職員二人以上者由各該科長組主任或職員等協商辦理彼此意見不同時由該上級長官解決之

第六條　各處室辦理事務必要時應互相移付或通知

第七條　本局職員處理事務應服從主管長官之命令但遇有事實上發生困難時得陳述理由請主管長官核辦

第八條　本局職員處理事務得陳述意見於主管長官

第九條　本局職員對於機密事務及未經宣佈之事件無論是否主管承辦均不得洩漏退職後亦同

第二章 職掌

第十條 秘書辦公處所稱秘書室設秘書主任一人以本局簡任秘書兼充綜理全室事務秘書室分設兩組各設組長一人以本局薦任人員兼充分別辦理左列事項

（一）關於各處室工作聯繫事項

（二）關於到文之核閱及提呈事項

（三）關於文稿之覆核及呈判事項

（四）關於機要文電之撰譯收發及保管事項

（五）關於本局會議之召集紀錄之整理及保管事項

（六）關於工作計劃及工作報告彙編事項

（七）關於本局法規及關係法令之搜集彙編事項

（八）關於本局職員學術研究及工作檢討之彙辦事項

（九）局長副局長特別交辦事項

第十一條 總務人員辦公處所稱總務室設主任一人以本局簡任人員兼充經理全室事務

第十二條 總務室分設兩科其職掌如左

第一科

（一）關於局令公佈及不屬各處室文稿之撰擬事項

（二）關於本局文件之收發繕校事項

（三）關於本局收文發文總表之編送事項

（四）關於本局已辦未辦文件之定期檢查事項

（五）關於本局檔案之登記分類編目保管事項

（六）關於典守印信事項

（七）其他有關文書事項

第二科

（一）關於本局經費之出納管理及庶務交際事項

（二）關於公用物品及圖書之購置登記保管及分發事項

（三）關於本局員工證章符號之保管核發事項

（四）關於本局警衛及消防事項

（五）關於本局員工之給養福利及消費合作事項

（六）關於本局工役之管理訓練事項

（七）關於各項會議與禮堂之佈置及司儀事項

（八）關於本局房屋之修繕及衛生清潔事項

（九）其他有關本局庶務事項

第十三條　第一處設處長一人綜理全處事務

第十四條　第一處分設三科其職掌如左

第一科

（一）關於人力調查章則辦法及表格之擬訂事項

（二）關於一般勞力及特種產業勞力之調查事項

（三）關於從業員工就職退職受雇解雇及薪俸工資之調查事項

（四）關於被徵人員待遇之調查事項

（五）關於前後方及華僑專門人才暨技術員工之調查事項

（六）關於公司機關團體行號員工及私人僱用工役之調查檢查暨抽查事項

（七）其他有關人力調查事項

第二科

（一）關於人力登記章則辦法及表格之擬訂事項

（二）關於從業員工之就職退職受僱解僱轉業失業登記事項
（三）關於專門人才技術員工及一般勞力需要之種類數額填報登記事項
（四）關於委託各機關團體代辦登記事項
（五）關於已有登記資料之復集整理事項
（六）其他有關人力登記事項

第三科

（一）關於人力動員演習之計劃督導及聯繫事項
（二）關於人力動員演習之召集編組及指導事項
（三）關於人力動員演習業務之宣傳講習及訓練事項
（四）關於勞動行政幹部之甄別訓練及管理配置事項
（五）關於勞動行政幹部訓練教材之編輯事項
（六）關於從業員工及被徵人工之訓練編組及其計劃之擬訂推行事項
（七）其他有關勞動行政幹部訓練及人力動員演習事項

第十五條 第二處設處長一人綜理全處事務

第十六條 第二處分設三科其職掌如左

第一科

（一）關於人力動員章則辦法之擬訂事項
（二）關於人力動員計劃之擬製及聯繫事項
（三）關於國家總動員業務所需人力之徵調編制及配置事項
（四）關於各地從業員工之動員編制訓練及指導調查事項
（五）關於被徵人工之利益依法保護事項
（六）關於增進勞動興趣提高勞動效率事項

（七）其他有關人力動員業務事項

第二科

（一）關於專門人才及技術員工管制章則辦法之擬訂事項

（二）關於限制或調整專門人才技術員工之就職退職受僱解僱就業轉業失業及綜合聯繫事項

（三）關於限制或調整專門人才技術員工之薪俸工資及其綜合聯繫事項

（四）關於機關團體行號雇使員工之限制調整及其綜合聯繫事項

（五）關於專門人才技術員工自由轉業之取締及強制就業事項

（六）其他有關專門人才及技術員工之管制事項

第三科

（一）關於一般人力管制章則辦法之擬訂事項

（二）關於限制或調整一般從業員工與工役之就職退職受雇解雇就業轉業失業及其綜合聯繫事項

（三）關於限制或調整一般從業員工與工役之薪俸工資及其綜合聯繫事項

（四）關於取締一般從業員工工役與無正當職業者之自由轉業及強制就業事項

（五）關於前後方及華僑專門人才技術員工暨一般人力之招致爭取及其綜合聯繫事項

（六）關於私人雇使員工之限制調整事項

（七）其他有關一般人力之管制事項

第十七條 第三處設處長一人綜理全處事務

第十八條 第三處分設三科其職掌如左

第一科

（一）關於業餘義務勞動服務章則辦法之擬訂事項

（二）關於業餘義務勞動服務之計劃編制督導考核獎勵及聯繫事項

（三）關於業餘義務勞動服務有關資料之搜集整理事項

（四）關於部隊業餘義務勞動服務之計劃編制督導考核獎勵及聯繫事項
（五）關於榮譽軍人義務勞動服務之計劃編制督導考核獎勵及聯繫事項
（六）關於國防需要義務勞動服務之徵調事項
（七）其他有關業餘義務勞動服務事項

第二科

（一）關於農閒義務勞動服務章則辦法之擬訂事項
（二）關於農閒義務勞動服務之計劃編制及聯繫事項
（三）關於農閒義務勞動服務之督導考核獎勵及聯繫事項
（四）關於農閒義務勞動服務有關資料之搜集整理事項
（五）其他有關農閒義務勞動服務事項

第三科

（一）關於青年及婦女義務勞動服務章則辦法之擬訂事項
（二）關於青年及婦女義務勞動服務之計劃編制督導考核獎勵及聯繫事項
（三）關於戰區青年及婦女義務勞動服務之計劃編制督導考核獎勵及聯繫事項
（四）關於義務勞動服務幹部之甄別訓練及管理配置事項
（五）關於青年及婦女義務勞動服務有關資料之搜集整理事項
（六）其他有關青年及婦女義務勞動服務事項

第十九條 視導辦公處所稱視導室辦理左列事項

（一）關於各地人力動員業務及人力管制實施情形之視察督導協同推動事項
（二）關於公私機關團體員工勞動使用之視察督導事項
（三）關於各地業務勞動服務實施情形之視察督導事項
（四）關於各地處理力役實施情形之視察督導事項

（五）關於各地處理被徵人工利益保護實施情形之視察督導事項
（六）關於本局施政方針計劃方案之研討及建議事項
（七）關於本局法規章則之交付審擬事項
（八）關於與本局業務有關各機關之工作聯繫及接洽事項
（九）其他有關本局各處室業務之宣傳及協同推動事項
前列事項得由各簡任視導協商按事項或地區分組辦理
本室設主任一人處理室內一切事務由局長就簡任視導中派充

第二十條　技術人員辦公處所稱技術室設主任一人以本局高級技術人員兼充處理室內一切事務
技術室職掌如左
（一）關於各項技術工作之規劃及審核事項
（二）關於專門及技術員工之甄審編訓協同治理事項
（三）關於人力動員及義務勞動服務之技術業務協同辦理事項
（四）其他有關技術事項

第二十一條　會計室統計室各依主計法規分掌本局歲計會計統計事項

第二十二條　辦理人事人員辦公處所稱人事室設主任一人綜理全室事務人事室職掌如左
（一）關於本局職員之任免遷調考績考勤奬懲恤養事項
（二）關於本局職員任用資格之審查及擬敘事項
（三）關於本局職員靜態動態之登記事項
（四）關於員工福利之計劃事項
（五）關於學術會議及機關小組會議之考核事項
（六）所屬機關及其他有關人事事項

第三章　文書處理

第二十三條　到局文件由收發室送由總務室第一科加蓋最要次要尋常戳記最要者即時送經秘書主任轉呈局長副局長核示次要及尋常者送秘書主任核閱後發還按文書性質分送各處室分別擬辦

第二十四條　凡收到文件遇有緊急或重要者隨到隨送不得延擱如有附件應隨文附送不得遺漏散失

第二十五條　凡收到文件封面上有密件或親啓等字樣者收發人員不得開拆應即送秘書主任轉呈局長副局長核閱批示辦理

第二十六條　電報到局由秘書室譯電人員譯就交還收發人員依第二十三條規定辦理如係密電或急電由秘書室留辦

第二十七條　附有錢幣證券及貴重物品之文件應於收文簿內註明數目送由總務室出納人員點收加蓋私章并舉具收據粘附原件

第二十八條　各處室收到各項文件後即擬具辦法同時敘稿呈候閱判如遇疑難重大事件應由各該主管人員加註意見遞送由秘書室轉呈局長副局長核示再行辦稿擬存文件應附具擬存事由遞呈核閱

第二十九條　擬稿人員須於稿面簽名蓋章註明日時并摘由登記送稿簿送主管審核

第三十條　凡互相關聯之稿件應由關係較重之處室科組主稿移送其他處室科組會簽

第三十一條　各主管長官核稿時須於添註塗改處加蓋私章并於稿面簽名蓋章送由秘書室覆核轉呈副局長閱局長判行

第三十二條　凡以部名義行文書應先擬具辦法簽請　部長核定後擬辦部稿呈核（例行文件得簽稿併送）

第三十三條　凡文稿經局長判行後由秘書室分送各主管處室長官交主管組長科長及承辦職員閱看畢即時發交繕校如係重要文件應由原擬稿人員負責複校再交繕校人員分別送簽送印齊全後逕送收發人員封發

第三十四條　關於文書處理事項除本章所定外得另定文書處理規則由局長核定施行

第四章　服務紀律

第三十五條　本局職員均須按照規定時間到局辦公不得遲到早退必要時得延長其辦公時間

第三十六條　本局每日設總值日員一人各處室各設值日員一人輪流值日遇有臨時發生事故應即報告主管長官核奪總務室收發人員及庶務人員並應逐日輪流值宿值日規則另定之

第三十七條　本局職員承辦事項須力求迅速確實並須於每日退公前辦理清楚其定有限期者應於限內完竣不得稽延

第三十八條　本局職員非經主管長官之許可或因職務上之必要不得將文卷攜帶外出對於經管之文書財物應盡善良保管之責不得毀損變換私用或借給他人

第三十九條　本局職員在辦公時間除因公接洽者外不得接見賓客

第四十條　關於本局職員服務事項除本章所定外得另定職員服務規則由局長核定施行

第五章　會議

第四十一條　本局因事務上之必要得由局長召集局務會議會議規則另定之

第四十二條　本局各處室為集中意志推行業務得舉行會議其辦法另定之由局長核定施行

第六章　附則

第四十三條　本局因事實上之必要得組織委員會其組織規則另定之

第四十四條　本局事務管理規則另定之由局長核定施行

第四十五條　本規程如有未盡事宜得隨時修改之

第四十六條　本規程自呈奉　社會部核定後施行修改時同

社會部勞動局局務會議規則

三十一年十一月二十日部令頒行

第一條　本規則依社會部勞動局處務規程第四十一條之規定制定之

第二條　局務會議以局長副局長秘書處長各室主任簡荐任視導各科科長及其他由局長指定之人員組織之

局務會議討論之事件有須各主辦人員說明者經局長之許可得列席會議

第三條　局務會議以局長為主席局長因事不能出席時由副局長代理之

第四條　局務會議每週舉行一次必要時得召開臨時會議

第五條　局務會議報告事項如左

一　前次會議記錄已辦未辦事項之報告

二 各處室每次工作之報告

三 其他有關局務之報告

第六條 局務會議討論事項如左

一 關於本局預算決算事項

二 關於本局預算決算事項

三 有關全局各種重要章則事項

四 各處室互相關涉不能解決事項

五 局長副局長交議事項

第七條 議案應於開會前一日由祕書室印送出席各員但遇有緊急事項臨時提出者不在此限

各處室提案須於開會前二日送達祕書室編列議程

第八條 局務會議之決定事項經局長核定後即印送各處室遵照辦理其性質重要及有時間性者由各處室逕行提交擬辦

第九條 本規則如有未盡事宜得隨時修正之

第十條 本規則自公佈日施行並呈報社會部備案修正時同

社會部直轄團體經費補助暫行辦法

三十一年十一月二十三日部令公佈

一 為扶植直轄團體之組織並推行其工作起見特訂定經費補助辦法（以下簡稱本辦法）

二 本辦法所稱直轄團體以左列各種為限

甲 國際文化團體

乙 重要學術團體

丙 宗教團體

丁 救國團體

三 直轄團體補助費分左列三種

甲 組織補助費 於各團體開始組織或整理時一次分期補助之

乙 經常補助費 於各團體成立後按月補助之

丙 臨時補助費 於各團體辦理臨時事項時一次補助之

四 直轄團體有左列情形之一者得核給組織補助費

甲 經本部指定組織者

乙 經本部指定整理者

五 直轄團體有左列情形之一者得核給經常補助費

甲 任務與抗戰建國國策有密切關係者

乙 原辦事業急待發展者

丙 工作努力成績優良者

六 直轄團體有左列情形之一者得核給臨時補助費

甲 受有本部委託之臨時任務者

乙 創辦急要事業者

丙 遭意外災害急圖恢復原有會務者

七 受補助之直轄團體其經費或事業費預算應先呈請本部備案并須於每月終造具計算書及收支對照表呈送本部查核

八 本部對於領受補助費之直轄團體如發現其有違法行為或報銷不清時得停止其補助

九 受補助之直轄團體於其本身經費收支已足維持會務時或領受補助費後無工作成績表現者本部得減少或停止其補助

十 本辦法自公布之日起施行

人民團體登記統計應注意事項

三十一年十一月二十七日部令頒行

一 關於辦理人民團體總登記案之註册統計事項

（一）凡團體在三十一年二月底以前成立者其統計數字一律以此次總登記表爲根據該項總登記表視作各該團體組織總報告表

（二）人民團體總登記表經核准備案後各省市社會行政機關應照縣市區域分區裝訂成册並隨時登記入人民團體備案登記表（見附表一）暨人民團體登記册（見附表二）同時將所有產業職業工會工業商業及輸出業同業公會等團體備案登記表附發分業標準分業裝訂之其他團體則按縣市區域分區裝訂

（三）根據人民團體總登記（見附表二）分業分區錄入人民團體總登記數及其職員數會員數整理表（見附表三四）再於總登記截止後編製人民團體總登記數及其職員數會員數報告表（見附表五、六）轉報本部

附註：上項人民團體總登記數及其職員數報告表并不限與人民團體總登記案及總登記表同時彙報

二 關於經常辦理人民團體登記統計事項

（一）凡團體三十一年三月以後核准成立者在組織總報告表應照縣市區域分區裝訂並隨時登入人民團體備案登記表此項備案登記表應視團體性質分業或分區裝訂之

（二）人民團體經改選整理或改組後其改選整理改組等總報告表均應按其團體核准成立之時期屬於三十一年二月底以前或以後者分別附訂於各該團體總登記表或組織總報告表之後以資查考並隨時登入各該團體備案登記表

附註：上項組織總報告表得與總登記表合併裝訂藉以取得銜接

（三）隨時根據人民團體組織總報告表或改選整理改組總報告表登入各月人民團體成立登記册或改選整理改組登記册（見附表七、十二、十七）並分區分業錄入人民團體成立數整理表或改選整理改組數整理表（見附表八、九、十三、十四、十八、十九）而後按月據以編製人民團體成立數報告表或改選整理改組數報告表（見附表十、十一、十五、十六、二十、二十一）於次月內呈報本部

（四）按月根據上月之人民團體數及其職員數會員數報告表與本月人民團體成立數報告表及改選整理改組數報告表分區分業錄入本月人民團體數及其職員數會員數整理報告表（見附表二十二、二十三）復分別據以編製本月人民團體數及其職員數會員數報告表（見附表二十四、二十五）於次月內呈報本部

工商團體分業標準

（三十一年十一月二十七日部令頒行）

工會種類	業別範圍	備註
機器製造業	製造機器機械等工人屬之	1. 關於工會之分業標準尚未經明令規定公布暫就現有重要各業工人組織列舉如上
冶煉業	冶煉金屬及翻砂等工人屬之	2. 上列各業之工會之登記統計及備案登記表裝訂事宜暫依上項分業行之并須按「產業」工會「職業」工會之性質分類辦理
碾米業	從事碾米礱米等工人屬之	
麵粉業	磨製麵粉之工人屬之	
屠宰業	屠宰豬牛羊等牲畜之工人屬之	
造酒業	製造飲酒等工人（酒精造製在外）屬之	
製油業	榨製油類工人（煉油工人在外）屬之	
製糖業	熬糖及製造糖食等員工人屬之	
製茶業	從事茶葉製造之工人屬之	
棉紡業	紡製棉紗之工人屬之	
蔴織業	製蔴織物品之工人屬之	
絲織業	製造絲織物品之工人屬之	
繅絲業	提取蠶繭製絲之工人屬之	
毛織業	製造毛織物品之工人屬之	
製革業	製造皮革之工人屬之	
革履業	製造皮件之工人屬之	
中服縫紉業	製衣縫紉等工人屬之	
西服縫紉業	製造服裝西服之工人屬之	

針織業　以針織機製棉毛各種服用品等類工人屬之
中藥業　製造藥材之工人屬之
新藥業　製造西藥之工人屬之
衛生器材業　製造藥用品及醫療器物之工人屬之
獸運業　以駝騾馬等類牲畜運輸之工人屬之
簰筏業　以竹木簰筏運輸之工人屬之
轎輿業　以轎輿供客乘坐擡運之工人屬之
人力車業　以人力車供客乘坐拉運之工人屬之
手車業　以獨輪小車運輸之工人屬之
板車業　以雙輪載重拉運之工人屬之
汽車司機業　公用汽車及私用汽車之司機（公路司機在外）
造船業　製造各種船舶之工人屬之
木工業　製造木材器物及建築營造之木匠等屬之
石作業　製造石器物品及建築營造之石匠工屬之
磚瓦業　製造各種磚瓦之工人屬之
泥水業　從事泥水粉糊土築之工人屬之
篾作業　製造竹器物品及建築營造之工篾匠屬之
水泥業　製造水泥各工人屬之
電氣業　以電力供給發動及廠製等類工人屬之
自來水業　裝置水管及自來水廠各工人屬之
電汽裝置業　電器具電氣裝置之工人屬之
煤炭業　煤及木炭廠棧內雇用之各工人屬之
煤礦業　從事煤礦開採各工人屬之
酒精業　製造酒精各工人屬之

五金電料業　製造電用五金物品之工人屬之

火柴業　製造火柴各工人屬之

煉油業　採煉植油類之工人屬之

製紙業　製造各種紙張之工人屬之

印刷業　從事各種印刷之工人屬之

挑擔業　凡以人力肩挑搬運之工人屬之

派報業　從事報館及報業等之工人屬之

其他

商業同業公會

棉花業　買賣棉花之業屬之

紗業　買賣紗線之業屬之

布業　買賣各種棉毛織品之業屬之

絲綢呢絨業　買賣各種絲毛織品及生絲之業屬之

煤炭業　買賣煤球塊末煤焦煤煙煤無煙煤等業屬之

糧食業　買賣米麵粉雜糧等業屬之

油業　買賣日常食用油類之業屬之

鹽業　買賣食鹽之業屬之

糖業　買賣日常食用粗糖精糖之業屬之

茶業　買賣各種茶葉之業屬之

國藥業　買賣國藥之業屬之

新藥業　買賣新藥之業屬之

肥料業　買賣肥料之業屬之

木業　買賣各種木材之業屬之

1. 關於同業公會之分業標準係經濟部依同業公會法指定公布之業別

2. 上列工商同業公會之登記統計及裝訂備案登記表之事宜概依上項分業行之

錫器業　買賣各種錫器之業屬之

鐵器業　買賣各種鐵器及刀剪業屬之

錫器業　買賣各種錫器之業屬之

五金電料業　買賣五金材料及供給電氣器具之業屬之

煤油業　買賣煤油及油業屬之並暫包括各種代汽油

紙業　買賣各種紙張之業屬之

圖書教育用品業　買賣各種圖書儀器文具及其他教育用品之業屬之

百貨業　經營製織品及手工藝品不屬於其他重要商業範圍者屬之

山貨業　經營農業產品非輸出業性質及不屬於其他重要商業範圍者屬之

汽車業　應公衆需要供給汽車以運輸旅客或貨物之業屬之

民船業　應公衆需要以使用櫓櫂帆篷等爲主要運輸方法之船舶運輸旅客或貨物之業屬之

輪船業　應公衆需要供給輪船及附拖船舶以運輸旅客或貨物之業屬之

承運業　代客轉運貨物之業屬之

倉庫業　經營倉庫之營業屬之

典當業　各種典押當業屬之

保險業　各種保險公司屬之

銀行業　各種銀行業屬之

錢業　錢莊銀行等業屬之

其他

工業同業公會

電氣工業　指供給電力電光電熱之工業屬之

電工器材業　指製造各種電器機器用具材料配件之工業

機器工業　指以機器或手用工具製造或修理各種機器儀器及配件並金屬器皿之工業暨包括生鐵生鋼之翻砂船舶及車輛之修理

金屬品冶製工業　指冶煉及鎔鑄各種金屬之工業

交通器材工業　指製造水陸運輸整部工具之工業

棉紗織工業　指以棉花為原料用機器或手工紡紗織布之工業暨包括低落整理等

繅絲絲織工業　指繅絲及絲織工業暨包括染煉

酸鹼工業　指製造各酸及鹼之工業暨包括工業用鹽類及酸鹼類附屬出品之製造

製鹽工業　指以製鹽之工業

麵粉工業　指以機器或水力畜力磨製麵粉之工業

製藥工業

碾米工業　指以機器或水力畜力碾米之工業

植物油製煉工業　指以機器或土法榨製及精煉植物油之工業

造紙工業　指以機器及手造紙之工業

製革工業　指以機器及手工製革之工業包括牛皮毛皮及皮件之製造

製糖工業　指以機器及土法製造之工業

橡膠工業　指製造橡膠物品之工業

酒精工業　指製造酒精之工業并暫包括代汽油之製造

豬鬃整理業　指漂洗及整理豬鬃之工業并包括製刷

火柴工業　指製造各種火柴工業

印刷工業

教育用品工業　指以製造各種教育用品及文具玩具體育用品之工業

針織工業　以絲毛棉蔴用針織衫襪等工業

其他

輸出業同業公會

植物油業　在輸出區域內經營輸出桐油及其他各種植物油料等業務者屬之

茶葉業　在輸出區域內經營輸出茶葉之業務者屬之

猪鬃業　在輸出區域內經營輸出猪鬃之業務者屬之

生絲業　在輸出區域內經營輸出絲織品之業務者屬之

牛羊皮業　在輸出區域內經營輸出牛羊皮之業務者屬之

腸衣業　在輸出區域內經營輸出腸衣之業務者屬之

藥材業　在輸出區域內經營輸出藥材之業務者之屬之

草帽業　在輸出區域內經營輸出草帽之業務者屬之

絲織品業　在輸出區域內經營輸出絲織品之業務者屬之

其他

合作事業工作競賽辦法大綱實施細則要項（三十一年十二月四日咨行）

一　省合作主管機關得視各縣歷史及環境之不同對各縣分別規定權數俟各縣競賽實際成績報核後作為加減分數之依據

二　縣合作主管機關得視各合作社之性質分別核定各社參加競賽之項目但縣單位之成績仍應以六項競賽之總成績比較之

三　新縣制開始實行時因原有合作社解散改組致社數減少之情形如限于少數縣份得視同特殊因素酌量增減各該縣份

競賽之得分

四 合作競賽標準與各省合作事業三年計劃進度不一致時其事業之推進應以二者之較高者為準但競賽成績之評判仍應以競賽之標準為依據

五 組社競賽之社員人數應以鄉鎮保合作社及專營合作社之個人社員為標準鄉鎮保合作社之個人社員以一人平均為為五人計算之在開始競賽時已達全民入社（鄉鎮保社以每一社員代表五人計算）之縣份應即停止組社競賽並提高其訓練競賽之標準至原定標準之倍數訓練競賽優勝時得以兩項優勝計算之

六 因各人同時參加鄉鎮保合作社及專營合作社致社員名數將發生超過人口實數之情形時得停止組社競賽並視專營合作社主要業務之情形提高其他一種或一種以上競賽項目之標準比賽之以其他項目之優勝代替組社競賽優勝

七 為使加股節儲訓練之競賽不致因新社員陸續加入妨礙平均數之增加應按期提高舊社員認股節儲及受訓之單位至原定之標準之一倍仍以每期每社員平均增加五單位為競賽之標準

八 節儲競賽得包括以往購買儲蓄券之數字合併計算

九 訓練競賽得包括合作講習會以外以合作教育為目的各種其他方式之訓練時數

一〇 經營消費業務合作社交易總額之增加間接表示售價之貴賤此項交易總額得包括經售專賣品之數額計算之

一一 各縣為推行競賽得組織合作事業工作競賽委員會其委員人選除縣長為當然委員並兼主任委員外得就左列人員中聘任之

甲 縣黨部書記長

乙 農會或工會理事長

丙 合作金庫經理或駐縣農貸人員

丁 縣政府合作室主任

戊 其他與合作有關機關人員或熱心合作人士二人

一二 各縣政府應於三十一年度完成左列工作

甲 訂定各社各項競賽之標準及進度

乙　分配指導區域
丙　競賽宣傳
丁　競賽調查
戊　核定參加各項競賽社數
己　將各項競賽之基本數字報告省合作主管機關
庚　製印各種應用表報
一三　各縣應調查左列事項
甲　各鄉鎮保居戶數
乙　各社個人社員數
丙　各社個人社員已繳股金數
丁　各社職員已受訓練總時數
戊　各社已認購節儲券金額
己　各社生產運銷農工產品之總值
庚　各社經營消費之交易總值
前項各項數字均截至三十一年底止
一四　各縣應將前項數字於三十二年一月底以前報告省合作主管機關此後非經呈准不得變更報告（表式另定之）
一五　各縣應根據實際情形分別指定各社每月中之一日為競賽日（競賽日以利用場上期為原則）屆時負責指導人員應到場指導并應記載競賽成績報告縣政府競賽日應舉辦之事項如左
甲　收受股金每次每社員不得少於一元各保社得派代表繳納
乙　勸購節儲券每次社員不得少於一元鄉鎮社個人社員得聯合認購各保社社員得聯合或集體認購
丙　施行社職員集體訓練每次不得少於一小時鄉鎮社并得派員至各保社實施訓練
丁　在生產社應加工生產在運銷社消費社應特價售貨

一六　各期競賽成績之核算除第一期已截至三十一年底之各項數字為基數外均以前期期末所報之成績為基數前期超過標準之數不得併入本期計算但至競賽總結束時得以各期成績混合計算以定總成績之優劣

一七　各項成績合於標準者得六十分超過標準時以積分法計算之每超過一倍即增給□分

一八　各縣（市）競賽成績之計算分項別成績與總成績兩種項別成績以得十分者為甲等八分者為乙等六分者為丙等超過十分者為特等總成績以滿六十分者為甲等四十八分者為乙等三十六分者為丙等超過六十分者為特等

一九　各縣舉辦競賽期間合作指導人員必須加緊外勤工作其實需旅費應由各該縣政府照經費預算核發遇必要時得呈由省合作主管機關補助之

二〇　各縣得責令參加競賽之合作社推派負責職員一人為競賽通訊員担任通訊宣傳聯絡並查填競賽成績月報表事項

二一　各縣競賽成績逐月進度報告表得規定於次月十五日同日寄達省主管機關並由縣估計郵程日期責令各社提先計算彙報

二二　各省應於每月二十五日以前將上月份各縣競賽成績列表通訊公佈之

二三　各縣各項競賽總成績其未超過競賽標準而縣以下各階單位競賽成績優勝者得由縣或者比照大綱第十一條之規定分別獎勵之

二四　各縣合作指導人員或各級合作社及其負責職員辦理合作競賽工作經考核成績優異者得參照合作事業工作人員考成辦法或合作事業獎勵規則之規定分別獎勵之

二五　合作社舉辦競賽時期得經理事會議決對所屬社員參加競賽成績優良者予以榮譽獎勵或各種業務上之優待

社會部直轄兒童保育機關收容兒童暫行辦法

三十一年十二月八日部令公布

第一條　本部直轄兒童保育機關收容兒童悉依本辦法之規定

第二條　凡自出生至滿足十二歲為止之兒童合於左列各款情形之一者得由其親族或監護人向本部申請收容

一　負扶養義務之人因公殉職或被難死亡而其家境確係貧苦者

二　出征抗敵軍人因作戰陣亡或受重傷致成殘廢不能扶養其子女者

三　生父殘廢失去工作能力或生母死亡而家庭經濟不能扶養其子女者

四　生母孀居無依且無謀生能力者

五　家庭所生子女超出五人以上而其家庭收入確係無力維持生活者得自第六個兒童起申請收容

六　其他因家境赤貧確無扶養能力經證明屬實者。

第三條　凡為前條之申請應具正式申請書詳具事實并覓具保證人由本部派員查明屬實呈經部長核准後始予收容

第四條　棄嬰及流浪兒童得由當地警察機關保甲長或其他地方機關團體出具證明函件經本部查核收容直轄兒童保育機關遇有棄嬰得先予以收容并於一星期內報部備查

第五條　本部直轄兒童保育機關收容人數滿額時得隨時停止收容但業經核准者得予以登記遇缺遞補

第六條　收容之兒童得由其原申請人隨時申請領回

第七條　收容之兒童其扶養義務人具有扶養能力時本部得限令領回

第八條　收容之兒童超過額定最高年齡時本部得通知原申請人領回或轉送其他教養機關

第九條　收容之兒童如遇申請人有謊報情事經查核屬實卽限其領回并追繳其收容時之全部費用

第十條　本辦法自公布日施行

社會部工作競賽委員會組織辦法

三十一年十二月十二日部令公布

一　本部為提高工作效率起見特組織社會部工作競賽委員會（以下簡稱本會）舉辦各項業務如人事財物公文檔案工作競賽

二　本會設常務委員五人至九人主持競賽事宜

三　本會常務委員自委員會推選（或由部長指定担任之）委員由本部各司廳處局室指定一人担任之

四　本會職掌規定如下

1　釐定競賽規則

2 督導競賽工作
3 評判競賽結果
4 報告競賽經過
5 其他有關競賽事項

五 本會委員會每月開會一次必要時得臨時召集之開會時由常務委員任主席
六 本會需用辦事人員以調用本部原有人員爲原則必要時得任用最少數之專任人員協助辦理
七 本會必需之經費如獎勵費用等等由本部列入行政經費預算開支
八 本章則如有未盡事宜得經全體委員之同意呈准部長修改之
九 本辦法自呈奉核准後施行

社會部工作競賽實施辦法

三十一年十二月十二日部令公布

(一)競賽試辦項目

行政管理包括範圍甚廣舉行競賽之始應就人力物力財力各管理部門分別各擇一二項基本中心工作先行試辦以資倡導以免陷於範圍過廣無法切實推行之弊

甲 人事競賽
1 體力競賽
2 讀書競賽
3 守時競賽　如簽到時間等
4 生活競賽　如整齊清潔簡單樸素等

乙 財物管理競賽
1 文具節約(包括所有紙張筆墨等)例如信紙信封節約競賽
2 用品節約(包括桌椅器具電燈等)例如迴形針別針節約競賽

丙　附註：管理制度之合理化科學化及代用品之發明均在本競賽範圍之內尤側重管理方法及管理技術之競賽

公文處理競賽

本競賽包括公文處理時間之遲速與技術之優劣比較（包括收發辦稿繕寫……）

丁　檔案管理競賽

本競賽着重檔案室分組競賽

（二）競賽推行辦法

1 參加各單位

各種競賽視其性質分別規定應參加之單位

2 競賽要點

A 競賽標準　各單位工作性質相同者工作成績有同一之標準互相競賽其性質不同者一單獨舉行其計算之標準先就參加單位之人員或單位過去某一月或某一時期之工作成績作為基數且以基數之月份或競賽時期工作成績當基數之百分率為競賽之標準

B 競賽期限　每種競賽應規一期限由參加者於期滿分別報告競賽結果經評定後再行繼續辦理

C 預期結果　每種競賽應預定其預期結果立為某項競賽之理想目標以為評定競賽結果之準繩例如公文處理競賽收發辦稿繕寫……均應預行規定期限以為目標

3 推行程序

A 某種競賽開始之前應由本會先行通知參加之單位共同商訂施行某種競賽之細則各單位出席人員應由與某項競賽直接有關之主管人員代表出席

B 某種競賽開始後應由本會定期或隨時派員分赴參加單位查詢競賽之進度及其辦理有無困難情形以收聯繫之效

C 各參加單位應定期向本會報告進行情形每屆期滿應有一總報告

D 競賽限期屆滿本會應根據每一參加單位之總報告調查其實際工作情形分別評定成績

（三）競賽獎懲

獎懲原則 競賽結果除分別評定各參加單位總成績外其成績應行或可歸功於某個人或由某個人負責者可分別評定個人之獎懲

（1）獎

A屬於物質者

一 獎金

屬於個人者給獎金屬於單位者給獎品

一 加薪晉級升職改任

屬於個人者依成績優良之程度分別評定

B屬於精神者

一 嘉獎 個人或單位均可

（甲）傳令嘉獎

（乙）頒給獎狀

（丙）記功

一 報章或公報雜誌公佈成績優良之單位或個人之姓名並發表其成績之內容

（2）懲

競賽成績過劣者得酌量予以懲戒

A屬於物質者

1單位 年終屆滿將工作過劣之單位予以公佈

2個人 考績時不予加薪或降級減薪

B屬於精神者

1警告

2 記過

3 公佈單位或個人之姓名

自由職業團體全國聯合會籌備委員會組織通則

三十一年十二月二十五日部令公佈

第一條 各種自由職業團體為籌備成立各該團體全國聯合會得組織全國聯合會籌備委員會（以下簡稱籌備委員會）其辦法悉依本通則之規定

第二條 籌備委員會設委員七人至十一人由社會部商同目的事業主管官署就各該業從業人員中選派之並就中指定主任委員副主任委員各一人

第三條 籌備委員受社會部之指導監督其任務如左

一 關於全國聯合會會員代表之選舉事項

二 關於各種章則之選擬事項

三 關於全國聯合會成立大會開會之籌備事項

第四條 籌備委員會得按事務之繁簡酌用辦事人員

第五條 籌備委員會經費應自行籌集必要時并得呈請社會部及目的事業主管官署補助之

第六條 籌備委員會應於六個月內將各該團體全國聯合會籌備組織完成并於全國聯合會成立時撤銷之

第七條 籌備委員會辦事細則另定之

第八條 本通則自公布日施行

自由職業團體全國聯合會會員代表選舉通則

三十一年十二月二十五日部令公佈

第一條 自由職業團體全國聯合會會員代表之選舉依本通則之規定行之

第二條 自由職業團體全國聯合會會員代表由各該業之省市開會選舉其名額及其分配由社會部依各該業省市公會之多寡以命令定之

第三條　自由職業團體全國聯合會會員代表之選舉人以領有各該業之省市公會會員證者爲限

第四條　有左列各款情事之一者不得有選舉權及被選舉權

一　背叛國民政府經判決確定或尚在通緝中者

二　曾服公務而有貪污行爲經判決確定或尚在通緝中者

三　褫奪公權尚未復權者

四　受破產之宣告尚未復權者

五　禁治產者

六　吸用鴉片或其代用品者

第五條　代表之選舉以記名投票行之其選舉票由各該業省市公會自行製定

第六條　各該業省市公會選舉代表時應呈請各該省市社會行政機關派員監選

第七條　各該業省市公會選舉代表時以理事長爲主席

無理事長者以常務理事一人爲主席

第八條　各該業省市公會代表選出後由各該公會依法簽具證明書交當選代表收執並將當選代表之姓名年齡籍貫略歷及通訊地址連同相片報告各該職業團體全國聯合會籌備委員會

第九條　代表證明書應載明左列各款

一　各該業省市公會名稱

二　當選代表姓名

三　主席及監選人姓名

四　選舉及發證年月日

第十條　凡出席自由職業團體全國聯合會大會之代表到會報到時應繳驗代表證明書及本人會員證

第十一條　凡戰區或未成立自由職業團體之省市得由地方社會行政機關呈准社會部就各該業從業人員中指派代表出席

第十二條　本通則未規定事宜準用人民團體職員選舉通則之規則

第十三條　本通則自公布日施行

修正社會部社會工作人員訓練委員會組織規程

（三十一年十二月三十日部令修正）

第一條　社會部爲統籌訓練社會工作人員起見特設社會工作人員訓練委員會（以下簡稱本委員會）

第二條　本委員會主任委員一人由部長兼任副主任委員一人由政務次長兼任委員九人至十三人由部長就本部高級職員中派充之均爲名譽職

第三條　本委員會設左列二組

第一組掌左列事項

一　關於社會工作人員之考選及調訓事項

二　關於畢業學員之分發工作事項

三　關於經費之分配出納事項

四　關於本會人事庶務及其他不屬於第二組事項

第二組掌左列事項

一　關於本部及各省市訓練計劃之擬訂及審核事項

二　關於本部訓練班及各省市訓練工作之考查及輔導事項

三　關於訓練課程標準之擬訂及訓練教材之徵集編製事項

四　關於畢業學員之工作指導事項

五　關於本會刊物之編印事項

第四條　本委員會開會由主任委員召集之主任委員不能出席時由副主任委員代理

第五條　本會設祕書一人由部長指派之承主任委員之命辦理本會日常事務

第六條 本會設組長二人分掌各組事務由部長就本部荐任以上人員及專員中派充之

第七條 本委員會每組設科員辦事員錄事各一人

第八條 本會辦事細則另訂之

第九條 本規程如有未盡事宜得隨時呈請修正之

第十條 本規程自公佈之日施行

抗戰期間海外船員請領證書暫行辦法

三十一年十二月十日交通部公布

第一條 本辦法所稱船員係指抗戰期間（自民國二十六年七月七日起至戰事解決之日止）服務海外同盟國籍輪船無法回國受船員檢定考驗之駕駛員及輪機員而言

第二條 駕駛員及輪機員之種級與船員檢定章程第三條所規定之種級相同惟不包括丙種駕駛員

第三條 各海外船員（後稱船員）除照章可以聲請檢定外得援照本辦法之規定聲請發給證書

第四條 船員呈報服務資歷須附呈服務輪船或輪船公司之正式服務證明書（該項證明書須經船長或船東簽字並蓋相當之硬印）送請附近領事館簽證始爲有效

第五條 船員聲請檢定除呈繳前條所述之服務證明文件外應呈送履歷調查表（須用中國文字）體格檢查表及最近半身相片三張並呈繳證書費國幣五元印花費國幣四元

第六條 船員所呈證件經審查合格者得先發給證書俟抗戰結束 交通復原後補行考驗或照章予以免考其審查不合格者所呈證件連同證書費印花費概行發還

第七條 船員檢定分編級檢定原級檢定及升級檢定

第八條 編級檢定依左列各款之規定

一、抗戰期間在艙面服務及從事駕駛員工作共滿四年者得受三副編級檢定

二、抗戰期間在機艙服務及從事輪機員工作共滿四年者受三管輪編級檢定

第九條 原級檢定依左列各款之規定

一　在艙面服務及充當駕駛員共滿八年並現充船長者得受船長原級檢定

二　在艙面服務及充當駕駛員共滿六年並現充大副者得受大副原級檢定

三　在艙面服務及充當駕駛員共滿四年並現充二副者得受二副原級檢定

四　在艙面服務及充當駕駛員共滿二年並現充三副者得受三副原級檢定

五　在機艙服務及充當輪機員共滿八年並現充輪機長者得受輪機長原級檢定

六　在機艙服務及充當輪機員共滿六年並現充大管輪者得受大管輪原級檢定

七　在機艙服務及充當輪機員共滿四年並現充二管輪者得受二管輪原級檢定

八　在機艙服務及充當輪機員共滿二年並現充三管輪者得受三管輪原級檢定

第十條　大副服務滿三年並現充大副者或其他各級船員服務滿二年並現充各該級實職者得受升級檢定但均以領有各該級證書者爲限

第十一條　領有乙種船長證書並曾充甲種大副之職務滿三年者或領有其他各級乙種駕駛員證書並曾充甲種低一級之職務滿二年者得聲請檢定換領甲種原級證書

第十二條　領有乙種輪機員證書並曾充甲種相當輪機員滿二年者得聲請檢定換領甲種原級證書

第十三條　聲請檢定之船員非在本國或外國商船專科學校海軍學校或相當學校畢業者不得請領船長或輪機長證書惟曾在本部考驗大副或大管輪及格領有證書者不在此限

第十四條　本辦法未規定事項悉依船員檢定章程辦理

第十五條　本辦法自公布之日起施行

命令

府令

國民政府令　三十一年十月三日

任命卞宗孟爲社會部視導此令

國民政府令　三十一年十二月五日

行政院院長蔣中正呈據社會部部長谷正綱呈請任命歐陽滙爲社會部合作事業管理局視察應照准此令

國民政府令　三十一年十二月二十四日

行政院院長蔣中正呈據社會部部長谷正綱呈請任命翟鯨身爲社會部科長應照准此令

部令

社會部令　社法字第三一七三八號　三十一年十月三日

茲修正社會部職員簽到簿考核辦法公布之此令

社會部令　社法字第三二三四六號　三十一年十月二十一日

茲修正社會部職員值日規則公布之此令

社會部令　社法字第三三〇九〇號　三十一年十一月七日

茲修正社會部職員出差暫行辦法第二條第三條條文公布之此令

社會部令　社法字第三三七八二號　三十一年十一月二十三日

茲制定社會部直轄團體經費補助暫行辦法公布之此令

社會部令　社法字第三四三三五號　三十一年十二月八日

茲制定社會部直轄兒童保育機關收容兒童暫行辦法公布之此令

社會部令　社法字第三四五六六號　三十一年十二月十二日

茲制定社會部工作競賽委員會組織辦法暨社會部工作競賽實施辦法公布之此令

社會部令　社法字第三五〇九七號　三十一年十二月二十四日

茲制定人民團體[illegible]會籌備委員會組織通則及自由職業團體全國聯合會會員代表選舉通則公布之此令

社會部令　社法字第三五六〇二號　三十一年十二月二十九日

茲修正社會部社會工作人員訓練委員會組織規程公布之此令

社會部令

本部統計處調查科專員孫相衡呈請辭職應照准此令

總二字〇三一七一九號　三十一年十月二日

派郭　鐸代理本部科員者令

總二字〇三一七六四號　三十一年十月三日

代理本部科員郝幼孫呈請辭職應照准此令

總二字〇三一七八八號　三十一年十月五日

代理本部科員彭振武另有任用着免本職此令

總二字〇三一八九八號　三十一年十月八日

派彭振武為本部調查員此令

總二字〇三一八九九號　三十一年十月八日

本部合作事業管理局荐任視察潘裕楨呈請職辭應照准此令

總二字〇三一九一二號　三十一年十月八日

派林　嶸代理本部合作事業管理局視察除呈荐外此令

總二字〇三一九一三號　三十一年十月八日

本部督導員王正平呈請辭職應照准此令

總二字第[illegible]號　三十一年十月八日

派董廣英代理本部科長除呈薦外此令

總二字○三二一五號　三十一年十月十四日

委任趙澤華為本部科員此令

總二字第三二一七號　三十一年十月十五日

派仲醴泉代理本部科員此令

總二字第三三四〇二號　三十一年十月二十三日

派黄柄光代理本部科員此令

總二字第三三四二〇號　三十一年十月二十三日

委任陳嵩藏試署本部合作事業管理局科員此令

總二字第三三四三四號　三十一年十月二十三日

委任盧慶鵬試署本部科員此令

總二字第三三四四一號　三十一年十月二十三日

派湯道福為本部督導員此令

總二字第三三五〇九號　三十一年十月二十四日

派王知行為本部調查員此令

總二字第三三五五一號　三十一年十月二十四日

委任王希祥試署本部科員此令

總二字第三三六二八號　三十一年十月二十七日

委任田久安為本部科員此令

總二字第三三六三〇號　三十一年十月二十七日

派張玄中為本部統計處調查督導員此令

總二字第三三六三一號　三十一年十月二十七日

派彭策湘[illegible]雷季協[illegible]王永鈞[illegible]吳東旭代理本部勞動局視導除呈荐外此令

總二字第三三六三五號　三十一年十月二十七日

派袁中之[illegible]蔣賓劉[illegible]戴伯璋[illegible]袁運珪[illegible]李志總[illegible]姚景高　何振黃　張　界　王鼎銘　郭士沅　丁景康　田純規李昌漢　陳績森[illegible]陶[illegible]樹[illegible]夏智君[illegible]趙宗鼎[illegible]何[illegible]湘　蔣中年[illegible]黃　明　郭鑑洋　鄧綸川　鄧步堂　計沛霖　李艾三柯蓉鳴[illegible]張莞棟[illegible]胡純翰[illegible]程德謙[illegible]李闓安[illegible]蔣壽如　涂道卓　羅文華　劉　堯　徐貞順　陳伯畏代理本部勞動局科員此令

[illegible]　三十一年十一月十一日

[illegible]總三字第[illegible]號　三十一年十月二十七日

派莫希平代理本部科員此令

[illegible]　三十一年十月十日

[illegible]總五字第[illegible]號　三十一年十月二十九日

派朱辛流代理本部科員此令

[illegible]　三十一年十一月[illegible]

[illegible]總五字第[illegible]號　三十一年十月二十九日

本部統計處調查審導員吳永樞呈請辭職應照准此令

[illegible]總二字第[illegible]〇號　三十一年十月二十九日

派張文源代理本部科員此令

[illegible]　三十一年十一月[illegible]

[illegible]號　三十一年十月三十一日

爲何文[illegible]育幼院總務組組長此令

[illegible]總二字第[illegible]號　三十一年十一月二日

派陳景逸爲本部重慶第二育幼院教導組組長此令

[illegible]〇號　三十一年十一月二日

派李洛修爲本部重慶第二育幼院保育組組長此令

[illegible]字第三二九三[illegible]號　三十一年十一月二日

派張活賓爲本部重慶第二育幼院衛生組組長此令

[illegible]總二字第[illegible]九三二號　三十一年十一月二日

派趙發蕙代理本部科員此令

總二字第三二九八七號　三十一年十一月三日

派王仙舟代理本部視導除呈荐外此令

總二字第三三一一三號　三十一年十一月七日

代理本部科員閻志銘呈請辭職應照准此令

總二字第三三一〇八號　三十一年十一月七日

代理　部科員李濟川呈請辭職應照准此令

總二字第三三〇九五號　三十一年十一月七日

代理本部視導陳必睍呈請辭職應照准此令

總二字第三三一一一號　三十一年十一月七日

本部督導員孫　方呈請辭職應照准此令

總二字第三三一〇二號　三十一年十一月七日

代理本部科員王正華久不到差着卽免職此令

總二字第三三一四四號　三十一年十一月九日

委任陳永齡游天爵包華章試署本部科員此令

總二字第三三一三一號　三十一年十一月十日

委任兪可鈞爲本部合作事業管理局科員此令

總二字第三三三一〇號　三十一年十一月十一日

本部合作事業管理局科員金顯鍼呈請辭職應照准此令

總二字第三三四四六號　三十一年十一月十六日

本部合作事業管理局辦事員陳明遐呈請辭職應照准此令

總二字第三三四四七號　三十一年十一月十六日

本部社會工作人員訓練班總務組事務員徐天爵另有任務應予免職此令

總二字第三三五五八號　三十一年十一月十八日

派徐天爵為本部社會工作人員訓練班上尉副官此令

總二字第三三五五九號　三十一年十一月十八日

本部社會工作人員訓練班上尉副官朱豫齋另有任務應予免職此令

總二字第三三五六〇號　三十一年十一月十八日

派朱豫齋為本部社會工作人員訓練班教務組教務員此令

總二字第三三五六一號　三十一年十一月十八日

本部科員孟憲海呈請辭職應照准此令

總二字第三三五六八號　三十一年十一月十八日

委任黃華昌試署本部科員此令

總二字第三三五七〇號　三十一年十一月十八日

委任惲紹耀為本部科員此令

總二字第三三五七二號　三十一年十一月十八日

委任劉 暢為本部科員此令

總二字第三三五七四號　三十一年十一月十八日

委任鍾玉成為本部科員此令

總二字第三三五七六號　三十一年十一月十八日

本部督導員馮人松另有任用着免本職此令

總二字第三三六三〇號　三十一年十一月二十日

派田沛欣為本部督導員此令

總二字第三三二十四號　三十一年十二月廿一日

派袁宇仁為重慶市工人服務總隊總幹事此令

總二字第三三七[illegible]三號　三十一年十二月十三日

派蘇錫盤代理本部合作事業管理局科員此令

總二字第三三七九三號　三十一年十二月十三日

派朱國斌　羅彭年　游培成　王兆泰　程庸昌　丑方迹　吳　東　王樹志　秦寶彝　李雪端　費良村　王惠傑　羅

茲有楊增耀　劉義大　曾希平代理本部勞動局科員此令

總二字第三三八六四號　三十一年十二月二十四日

派張家良代理本部勞動局科長除呈薦外此令

總二字第三三八六五號　三十一年十二月二十四日

代理本部科員張維雲呈請辭職應照准此令

總二字第三三八六九號　三十一年十二月二十四日

派何三洲代理本部科員此令

總二字第三三八七〇號　三十一年十二月二十四日

派鄭　毅　馮國維　蕭　傑　杜新民爲本部社會工作人員訓練班專幹員此令

總二字第三三八七六號　三十一年十二月二十五日

本部調查員章鏡清呈請辭職應照准此令

總二字第三三八七七號　三十一年十二月二十五日

委任張步洲試署本部科員此令

總二字第三三九六七號　三十一年十二月二十七日

本部科員劉緒始呈請辭職應照准此令

總二字第三四〇七二號　三十二年十二月三十日

派陳寬雲代理本科員此令

總二字第三四一〇〇號　三十一年十二月三十日

本部科員李　劭應予免職此令

總二字第三四一〇二號　三十一年十二月一日

本部辦事員查在明齋即撤職此令

總二字第三四二二八號　三十一年十二月四日

本部科員陳祖堯另有任用應予免職此令

總二字第三四二二九號　三十一年十二月四日

本部科員孟爾藏另有任用應予免職此令

總二字第三四二三〇號　三十一年十二月四日

派陳祖堯爲本部社會工作人員訓練班祕書此令

總二字第三四二三一號　三十一年十二月四日

派孟爾藏爲本部社會工作人員訓練班總務主任此令

總二字第三四二三二號　三十一年十二月四日

派楊玉輝代理本部科員此令

總二字第三四三五三號　三十一年十二月九日

派靳國文代理本部科員此令

總二字第三四三九六號　三十一年十二月九日

派張仿勳爲本部統計處調查員此令

總二字第三四五一二號　三十一年十二月十一日

派成善麒爲本部統計處調查審導員此令

總二字第三四五一三號　三十一年十二月十一日

派范華美爲本部統計處調查審導員此令

總二字第三四五一四號　三十一年十二月十一日

派陳慶宇爲本部統計處調查審導員此令

總二字第三四五一六號　三十一年十二月十一日

派王生陵爲本部統計處計算員此令

總二字第三四五七三號　三十一年十二月十二日

派周東平為本部統計處計算員此令

總二字第三四五七四號　三十一年十二月十二日

派舒雲龍為本部統計處計算員此令

總二字第三四五七九號　三十一年十二月十二日

派程振遠為本部統計處計算員此令

總二字第三四五七六號　三十一年十二月十二日

派王應銓為本部統計處家計調查員此令

總二字第三四[illegible]號　三十一年十二月十二日

本部督導員張[illegible]梓呈請辭職應照准此令

總二字第三四[illegible]號　三十一年十二月十三日

本部督導員盧會森呈請辭職應照准此令

總二字第三四五八〇號　三十一年十二月十三日

本部統計處調查審導員樸壯應予免職此令

總二字第三四六[illegible]六號　三十一年十二月十五日

本部統計處調查審導員常梓壽呈請辭職應照准此令

總二字第三四六二七號　三十一年十二月十五日

派周榮材　林[illegible]　吳[illegible]　武富宏　宋紹業　何澤民　調有[illegible]為本部廉價檢查員此令

總二字第三四六[illegible]號　三十一年十二月十八日

派樺字咸　岑啟仁代理本部合作事業管理局科員此令

總二字第三四九六四號　三十一年十二月二十三日

派胡健民為本部督導員此令

總二字第三四九八三號　三十一年十二月二十三日

派胡子美爲本部統計處調查員此令
總二字第三四九八四號　三十一年十二月二十三日

派于四民爲本部督導員此令
總二字第三四九八五號　三十一年十二月二十三日

派方毓英爲本部統計處調查審導員此令
總二字第三四九八六號　三十一年十二月二十三日

派龍時樵爲本部督導員此令
總二字第三四九八七號　三十一年十二月二十三日

派楊萃珍爲本部統計處調查審導員此令
總二字第三四九八八號　三十一年十二月二十三日

派何崇立　周文淵　匡　繩代理本部科員此令
總二字第三四〇一八號　三十一年十二月二十四日

委任李守靜爲本部合作事業管理局科員此令
總二字第三四二六二號　三十一年十二月二十九日

派吳志弘爲本部統計處調查審導員此令
總二字第三五三七二號　三十一年十二月三十日

第一次全國社會行政會議職員姓名一覽

秘書長　洪蘭友
主任秘書　賓夢飛
秘書　楊放　葉毅　戴登　温叔萱　向傑　徐竹書
議事組組長　温叔萱
編纂組組長　龔光昀

文書組組長　徐竹若
事務組組長　施裕壽
交際組組長　李公恪

[illegible]

社會部新聘社會行政計劃委員會委員姓名一覽

程一中　錢義條

[illegible]

會計[illegible]此令　三十一年十一月二十日

[illegible]第三四〇一六號　[illegible]

[illegible]此令　三十一年十一月二十日

[illegible]第三四六八八號　[illegible]此令　三十一年十一月二十三日

派[illegible]為本部[illegible]此令

人字第三四八六號　三十一年十一月二十三日

派[illegible]為本部[illegible]此令

[illegible]　三十一年十二月[illegible]

[illegible]

公牘

總務類

社會部訓令　總二字第三二〇八七號　三十一年十月十四日

令本部所屬各機關

爲奉令中央各機關派赴各省調查視察或檢閱人員仍有不謹守官常接受地方機關招待各機關於派員出差時亦多未依照規定頒戒條條等情事茲特重申前令俟後應恪遵規定切實執行明密考查毋稍放任如再有上項情事即以貪污論罪令仰遵照由

案奉

行政院本年十月五日順文字第一九七三二號訓令開：

「案奉　國防最高委員會卅一年九月廿九日國綱字第二九六三一號訓令開：『查中央各機關派赴各省調查視察或檢閱人員，應謹守官常，一律不得接受地方機關之招待，或餽遺；前經一再申令，並由本會制定中央公務人員出差戒條通令遵照在案。近據考察所及，中央出差人員，仍不免有接受招待情事，各機關長官亦多未於派員出差時依照規定頒發戒條，以致前項禁令寖成具文。茲特重行申令，嗣後各機關長官對於所派出外各項人員，務於臨行之際，恪遵規定，嚴切告誡，並隨時明密考察，毋稍放任，如一再有接受地方招待情事，應即以貪污論罪。除分行外，合亟令仰該院遵照，並飭屬一體遵照為要。』等因；奉此，除分行外，合行令仰遵照，並飭屬遵照。」

等因；奉此，除分令外，合行令仰遵照。並飭屬遵照。此令。

社會部訓令　總一字第三三二二九號　三十一年十月十四日

令本部附屬各機關

奉　令飭公務員不得經營任何商業或担任商業機關之董監事等職令仰遵照并飭屬遵照由

案奉

行政院三十一年九月三十日順文字第一九三五〇號訓令開：「案奉　國防最高委員會三十一年九月二十五日國綱字第二九五五七號訓令開：『查公務員不得經營商業，迭經明令申儆。各級公務員自應束身自愛，切實遵行。乃日久玩生，近來公務員之經營商業者，仍不乏人，各機關對於此項法令，未能嚴格執行，良堪痛心！用特重申前令，凡政府各級公務員，皆不得經營任何商業，或担任商業機關之董監事等職務。如有違令故犯，一經查出，應予依法懲處。合行令仰該院遵照，轉飭所屬一體遵照。』等因；奉此，除分行外，合行令仰遵照，并飭屬遵照。此令。」等因；奉此，除分行外，合行令仰遵照，并飭屬遵照。此令。

社會部訓令　總一字第三三二六三號　三十一年十月十六日

令各省社會行政機關
　本部附屬各機關

奉　院令轉發明令公佈之本部勞動局組織條例令仰知照并轉飭知照由

案奉

行政院三十一年九月三十日順致字第一九三四八號訓令開：「奉　國民政府三十一年九月十八日渝文字第八七七號訓令開：『查社會部勞動局組織條例，現經制定明令公布，應即通飭施行。除分行外，合行抄發該條例令仰知照，轉飭所屬一體知照。此令。』等因；奉此，除分行外，合行抄發該條例令仰知照，并轉飭所屬一體知照。此令。」等因；附抄發社會部勞動局組織條例一份，奉此，除分行外，合行抄發原件令仰知照，并飭屬知照。此令。

附抄發社會部勞動局組織條例一份（見第七期公報法規欄）

社會部訓令　會計字第三三三〇七號　三十一年十一月十一日

准主計處函送全國合作社物品供銷處會計室組織規程及辦事細則等由仰轉飭遵照由　令本部合作事業管理局

案准國民政府主計處三十一年十月三十一日渝秘字六七六九號公函內開：「查社會部合作事業管理局全國合作社物品供銷處會計室組織規程，業經呈奉國民政府令准照辦，該室辦事細則幷經本處主計會議決議修正通過。除分別函令外，相應抄件函達，即希查照轉知爲荷」。等由：附抄送社會部合作事業管理局全國合作社物品供銷處會計室組織規程及辦事細則各一份，准此，合行令仰轉飭遵照。此令。

附抄發社會部合作事業管理局全國合作社物品供銷處會計室組織規程及辦事細則各一份（見法規欄）

社會部訓令　總一字第三三四四一號　三十一年十一月十六日

令本部各附屬機關

奉令轉知在抗戰期間「九一八」「七七」仍應分別紀念幷由各地高級黨部召開聯合紀念大會慰問陣亡及出征將士家屬暨軍人全國一律懸旗不放假令仰遵照飭屬遵照由

案奉

行政院三十一年十一月七日孝字第二二四七二號訓令開：

「奉國民政府三十一年十月三十一日渝文字第九五號訓令開：『據本府文官處簽呈稱：「准中央執行委員會祕書處三十一年十月二十七日渝（卅一）機字第一六六五七號公函開：『查各項紀念日日期及紀念辦法一案前經中央第二零四次常會通過，制定國定紀念日及革命紀念日日期表各一種，分別規定紀念辦法，經以渝世機字第一〇七五號函達在案。關於「九一八」及「七七」兩紀念日，原未列入國定紀念日之內，惟值此抗戰期間，爲激勵國民抗敵精神，以符明恥教戰之義，上開兩紀念日仍有舉行紀念必要。玆經中央第二一三次常會決議，在抗戰期間「九一八」「七七」仍由各地黨政軍警機關團體學校分別集會紀念，並由各地高級黨部召開聯合紀念大會，慰問陣亡及出征將士家屬，與榮譽軍人，全國一律懸旗，不放假在案。除由會通令各地黨部外，相應函達，即希查照轉陳通飭遵辦。』等由；理合簽請鑒核。」等情；據此，自應照辦。除飭復并分令外合行令仰遵照，并轉飭所屬遵照。此令。等因；奉此，除分令外，合行令仰遵照，並飭屬遵照。」

等因；奉此，合行令仰遵照，並飭屬遵照。此令。

社會部訓令

總一字第三三六二二號　三十一年十一月二十日

令本部附屬各機關

奉 院令轉奉 國防最高委員會令以英美對華取消不平等條約我國際地位提高益當懷於前途責任之重大應振奮努力以從事建設新中國等因令仰遵照并飭屬遵照由

案奉

行政院三十一年十月三十一日順文字第三二〇三三號訓令開：

「案奉 國防最高委員會三十一年十月二十六日國綜字第三〇二八六號訓令開：『中國受不平等條約之束縛，百年於茲，今年國慶日英美同時宣言，取消對華不平等條約，我國自是在國際上始獲得自由平等之地位，我國民革命，亦自是展其目的之一部。此皆我全國人民與我長官士兵五年以來奮鬥犧牲所獲之代價。由是益知立國於世界，惟自強乃能自由，惟自立乃能獨立。我黨政工作人員，檢討既往，策勵將來，念國際地位之提高，益當懷於前途責任之重大，應如何振奮努力，刻苦耐勞，推行國策，以從事新中國之建設，中央各院部會主管，應即召集所屬人員熱心研討，擬具意見及方式，呈報，並由黨政主管機關通令各級黨部暨行政機關一體遵行。除分令外，合行令仰遵照，并轉飭所屬遵照爲要！』等因；奉此，除分行外，合亟令仰遵照，并飭所屬遵照。此令。」

等因；奉此，除分行外，合亟令仰遵照，并飭所屬遵照。此令。

社會部訓令　總二字第三三九二五號　三十一年十一月二十七日

為奉令戰時後方服務政府機關人員其直系尊親屬在淪陷區內死亡不能奔喪成服者於事平之後准予公假歸葬以全孝思並請總裁曾賜題詞以資褒揚而昭激勸一案抄發原提案令仰知照由

令本部各附屬機關

案奉

行政院本年十一月十一日順八字第二二七九八號訓令開：

「案奉　國民政府三十一年十一月三日渝文字第九九六號訓令開：『據行政院三十一年十月二十七日順八字第二一五零二號呈稱：「本院第五八六次會議，副院長交議：『戰時後方服務政府機關人員其直系尊親屬在淪陷區內死亡不能奔喪成服者擬於事平之後准予公假歸葬以全孝思』一案，當經決議通過，理合抄附原提案，呈請鑒核施行」等情到府；應准照辦。除指令并分行外，合行抄發原附件，令仰知照，并轉飭所屬一體知照。此令』等因，除分令外，合行抄發原提案，令仰知照。此令。」

等因；除分令外，合行抄發原提案令仰知照。此令。

計抄發原提案一件（略）

社會部訓令　總一字第三五一四七號　三十一年十二月二十六日

奉令轉發修正地方金融機關辦理小工業貸款通則仰知照飭屬知照由

令本部各附屬機關

案奉

行政院三十一年十二月十二日順十一字第二五九二七號訓令開：

「查地方金融機關辦理小工商貸款通則，業經本院第五九一次會議決議縮小貸款範圍，修正為地方金融機關辦理小工業貸款通則，應即公布通飭施行。除分行外，合行抄發原通則令仰知照，並轉飭所屬一體知照。」

等因；附抄發地方金融機關辦理小工業貸款通則一份，奉此，除分行外，合行抄發原通則，令仰知照，并飭屬知照。此令

附抄發修正地方金融機關辦理小工業貸款通則一份（見法規欄）

組織訓練類

社會部呈 組二字第三二四〇七號　三十一年十月二十三日

檢同出席第二十六屆國際勞工大會報告書一份呈請鑒核轉請備案由

案據出席國際勞工組織理事院中國理事李平衡三十一年八月二十四日呈稱：

「案查前奉鈞部呈准合派李平衡爲出席國際勞工組織大會中華民國政府第一代表，于梭吉爲第二代表，謝嘉爲政府代表顧問等因；當以此次大會我政府代表團任務，偏重會外活動，爰由平衡會同第二代表指定中美文化協會主席孟治，前駐葡萄牙公使館祕書曹國濱爲顧問，紐約總領事館職員顧毓珍兼祕書，分別工作。所有大會重要事項，業經隨時電呈在案。會務報告亦早經編就，原擬俟朱壽兩代表返國時，托便帶呈；乃因航機座位缺乏，朱壽兩代表遲遲未能返國。茲因外交郵袋對于公文遞送比較安全，爰合將出席報告書呈送鈞部鑒核，轉呈備案。」

等情；據此，理合抄同原送出席第二十六屆國際勞工大會報告書二份，呈請

鈞院鑒核。轉呈

國民政府備案。謹呈

行政院

附呈出席第二十六屆國際勞工大會報告書一份（見附錄欄）

社會部咨 組二字第三二七九七號　三十一年十月三十日

准咨爲據順縣某業職業工會請示出征軍人家屬參加職業團體應否減免會務經費一案復請查照由

案准

貴省政府本年十月一日社一字第二六六三號咨，轉富順縣絲織業職業工會請示出征軍人家屬參加職業團體，應否減免會務經費，囑核復等由。查出征軍人家屬參加職業團體，其會務經費，毋庸減免。但經該團體決議減免者聽之。准咨前由，相應復請

查照爲荷。此咨

四川省政府

社會部咨　組三字第三四〇〇六號　三十一年十一月二十八日

准咨以據雅安縣政府呈請核示警察局與同業公會行文爭議囑解釋一案咨請查照由

案准

貴省政府三十一年十月十五日民社字第二二二八號咨，以據雅安縣政府呈請核示該縣警察局，對各同業公會行文爭議一案，囑爲解釋見復等由；准此，查人民團體對於警察局原無隸屬關係，平時相互行文，應用公函。但涉及警政職掌範圍，有請求或指揮時，得用呈令。本案關於調查茶館煙鋪營業狀況，非屬警務職權範圍以內，自應用公函或通知。准咨前由，相應咨復

查照。此咨

西康省政府

社會部公函　組五字第三二一四三號　三十一年十二月十六日

准函囑解釋各省縣(市)鄉(鎮)兵役協進會組織通則疑義復請查照轉知由

准

貴會三十一年九月二十六日(渝)未社字第二五一五號函，以擬呈請解釋各省縣(市)鄉鎮兵役協會組織通則第二條規定「協會設於省縣(市)政府及鄉(鎮)公所所在地冠以省縣(市)鄉(鎮)之名稱但無隸屬關係」，原指各級兵役協會相互間無隸屬關係，并非指協會與行政機關而言，條文中所指縣(市)政府及鄉(鎮)公所，亦係指協會設立所在地

而言，與原通則第八條之規定，自無衝突。准函前由，相應復請
查照轉知。爲荷。此致
中國國民黨湖南省執行委員會

社會部公函　組二字第三二三八〇號　三十一年十月二十日

准函以農本局紅砂磧倉庫所雇力伕可否不加入公會一案復請查照由

案准

貴部本年九月二十二日（三十一）工字第一五九一三號函，以農本局紅砂磧倉庫所雇用運輸力伕，可否不加入普通工會？囑查復等由；准此，查國營產業機關之僱用人員，依照工會法第三條但書之規定，不加入工會。除令重慶市社會局知照外。相應復請
查照轉知。爲荷。此致
經濟部

社會部代電　組二字第三一八四二號　三十一年十月六日

據請解釋工合及一般合作機關所轄工業合作社之工廠內部並非合作組織而有勞資關係之工人應否加入工會一案復請查照由

卞視導宗孟：申虞電悉。查合作社工人與普通一般產業職業工人業務，經營方法雖有不同，但爲謀取本身經濟之利益，與生活之改善，目的性質並無二致。是其合於工會法定會員資格，已無疑義。依照非常時期職業團體會員強制入會與限制退會辦法第二條規定，是項工人，自應加入當地業經依法設立之工會爲會員。仰即知照。社會部組二酉陽

社會部代電　社組字第三二一一七號　三十一年十月十四日

爲據該省社會處電擬改全省性質職業團體之書記名稱爲書記長一案電請查照由

寧夏省政府勛鑒：據貴省社會處社二字第九號魚代電，請核示該處直轄全省性質職業團體所派遣之書記，擬稱爲書記長等情，查職業團體書記，地位重要不能以通常辦理文書繕寫之書記視之，是項名稱早經規定，仍應遵照規定辦理。特電請查照。再：貴省改設社會處案，尚未奉准，由部再呈核示中，現該處代電，未便逕復，希察轉。社會部組壟印。

社會部代電

組三字第三三二六號　三十一年十月十六日

據電請釋明寶雞縣軍用商車大隊之商車應否加入該縣汽車商業同業工會一案電仰知照由

陝西省社會處：社二組字第一五一八號代電悉。查寶雞縣軍用商車大隊之車輛，係該縣無公司行號之商車，雖因戰事需要，牢供軍用，然仍不失爲商車性質，應依照本部及軍事委員會運輸統制局會訂健全各地汽車商業同業公會應辦事項（三）項，各地汽車公司行號應依法加入各地汽車商業同業公會。其無公司行號之汽車。除依法申請登記營業外，并應設立公司行號，加入公會。否則弔銷其營業執照之規定辦理。特電知照，並轉該寶雞縣政府遵照。社會部組三酉銳印。

社會部代電

社組字第三二九四一號　三十一年十月十八日

准電以本部陷代電四項解釋農會商會職員名稱俟改選時再行依法辦理一案似以人民團體改組辦法第二條發生抵觸囑核復等由復請查照由

晉綏省政府：社二未字第二一八九號未寢代電敬悉。查農會商會職員名稱及數額，於人民團體組織法規定不合，祇應於下屆改選時，依法改制，不得視作改組。至人民團體改組辦法第二條新法二字，乃指各該團體單行法或與該團體基本組織有變更關係之法。現農會商會既未變更，基本組織自無一律通令改組之必要。特電復請查照。社會部組叅酉齊。

社會部代電

組七字第三二〇五號　三十一年十月三十日

中央社會部
中央宣傳部
三民主義青年團中央團部
軍事委員會政治部

爲加強 國父誕辰紀念舉辦文化建設運動及文化勞軍運動辦法要點電達查照由

各省市黨部分送各省市政府三民主義青年團各省市支團部各戰區政治部：本年 國父誕辰除照中央規定外、應以文化建設運動，及文化勞軍運動爲中心工作，舉辦下列各項：（一）闡揚 國父遺教及 總裁言論中對世界和平幸福之貢獻；（二）發動當地報紙出版特刊，闡揚兩種運動之意義；（三）舉辦三民主義文化建設座談會，檢討一年來文化建設情形，確定今後工作目標；（四）遵照文化勞軍運動實施辦法擴大宣傳；（五）舉行社會教育擴大運動；（六）黨部及團部會辦當地大中學生三民主義論說競賽。希即會同積極籌辦。特電查照，並飭遵爲荷。中央宣傳部三民主義青年團中央團部軍事委員會政治部社會部酉文陷會印。

社會部代電

組四字第三二九〇四號　三十一年十一月二日

據電請解釋新藥業及醫師公會二項疑義電復知照由

四川省社會處：十月社字第二七三三三號申[illegible]代電悉。釋示如下：（一）新藥業原名西藥業近改今名，包括買賣西藥及依法製成之藥；（二）醫師會之醫師，係指西醫。本部已擬定醫藥業職業團體組織法規，即將頒發，一俟公布施行，則過去組成之西醫公會，應一律改稱醫師公會。中醫公會改稱中醫師公會。特復。社會部戌冬印。

社會部代電

組五字第三三二〇四號　三十一年十一月七日

據呈請解釋佛教會與居士林會員資格一案電仰知照由

甘肅省社會處：寒代電悉。查團體組成份子，應與其名稱相符，既稱居士林，自應以在家信徒爲限，如爲出家在家混合組織，自應改稱爲佛教會。仰即遵照。社會部陽組五印。

社會部代電

組三字第三三四七六號　三十一年十一月十六日

據代電請解釋郴縣麵粉業組織公會疑義一案電復知照由

湖南省社會處：未社二字第二三八〇號代電悉。以石磨畜力製造麵粉之工業，各該地原無工業同業公會之組織，可依工業同業公會法第五十七條之規定辦理。社會部組三戌銑印。

社會部代電　組三字第三三三六四六號　三十一年十一月二十日

據電請示毛皮猪鬃羊腸輸出商業同業公會名稱如何決定一案電仰遵照由

甘肅省社會處：酉迴電悉。查毛皮猪羊腸等業務如係一般商業性質，可概括於山貨業內組織山貨商業同業公會，如係輸出業務，應依輸出業同業公會法第二第三及第十各條之規定，組織牛羊皮猪鬃腸衣輸出業同業公會，依例應由本部令行該處代爲指導。來電所稱輸出商業同業公會名稱，核與規定不合，特電仰遵照爲要。社會部組三戌號印。

社會部代電　組一字第三三三五五〇號　三十一年十一月二十一日

據廣東省社會處呈以據羅定縣政府爲強制各鄉成立農會擬規定非農會會員不得享有農貸權利請核示等情查所陳各請自屬可行特電查照飭遵由

各省市政府公鑒：據廣東省社會處呈，以據羅定縣政府呈，爲強制各鄉成立農會起見，擬定今後各鄉農民，非農會會員不得享有農貸權利，請予察核示遵等情，據此，查所陳各節，二十九年十月十一日行政院公布之非常時期職業團體會員強制入會與限制退會辦法第五項已有明白規定，自屬可行，惟未有農會設立之鄉區農民，如欲貸款，必須令其先行依法組織農會。除指令飭遵，並函四行總處查照轉飭各行局切實予以協助外，特電查照，並轉飭所屬一體遵照爲荷。社會部組一戌號印。

社會部代電　組一字第三三三九四五號　三十一年十一月二十七日

奉行政院令以國民參政會第二屆第二次大會建議關於擴充農會經費來源一案經決定各項辦法並抄發原令及附件特電查照飭遵由

各省市政府：案查本部前奉行政院三十一年二月十三日順三字第〇二六四五號訓令，以准國防最高委員會秘書廳函送國民參政會第二屆第二次大會建議，關於擴充農會經費來源以鞏固農會組織一案，飭會同農林部及四聯總處核辦具報等因；奉此，查原建議案所擬辦法：「一、政府規定金融機關，凡在農村放款所得之利息，須提充農會經費，而各級農會應負協助收款之責；二，政府應規定：凡農村各種合作社，及農業倉庫所提存之公益金，須全部或一部撥歸當地農會，統籌辦理農村中之公益事業。」兩項，當由本部函請有關機關會商，對於原建議辦法第二項經決定「合作社與農倉之公益金撥充農會統籌辦理農村中之公益事業時應採會商決定方式。」等語，惟辦法第一項經會商數次，各方意見迄未一致，嗣奉　行政院召集審查會議，經詳細商討，決定辦法三項如次：「一、農會經費應由政府補助，並列入地方自治經費預算之內；二、農會舉辦事業所需經費，可依照四行局農貸辦法綱要申請借款，可依照合作社貸款辦法辦理。」茲奉　行政院三十一年十一月二日順三字第二二〇三八號訓令，以該案審查會議所決定三項辦法，應准照辦。除分令農林財政兩部函知四聯總處暨轉報國防最高委員會外，合行令仰遵照等因；自應遵辦，除呈復並分電各省市政府，特抄同行政院前後訓令二件及附件一件，電請查照。並飭所屬一體遵照為荷。附抄行政院順三字第〇二六四五號暨二二〇三八號訓令各一件及附件一件（略）。社會部組一戌感。

社會部代電　組乙字第三四二二六號　三十一年十二月四日

爲根據國家總動員法第十四條處理勞動糾紛等事件指示三點電仰遵照並轉飭遵照由

各省市社會行政機關：查國家總動員法第十四條規定「本法實施後政府於必要時得以命令預防解決勞動糾紛並得對於封鎖工廠罷工怠工及其他足以妨礙生產之行為嚴行禁止」及國家總動員法實施綱要第二、甲、10、規定「……國營事業之屬於軍政部及其他軍事機關主管者由軍政部掌理之國營事業及私人企業之屬於其他各部會署局主管者由社會部掌理各主管機關協助之」根據上述規定是本部及各級社會行政機構對於一般國營或私人企業之勞動糾紛，及封鎖工廠罷工怠工等事件，在原則上概得以命令處理之。茲為使各級明瞭辦理此類事件原則，特指示如次：（一）私人企業之勞動糾紛，涉及勞資雙方者，仍適用勞資爭議處理法，但于必要時，得以命令預防或解決；（二）遇有勞動糾紛發生應由當地縣市政府迅為依法處理並即時呈報上級，如不能處理時，應電請上級指示；（三）處理國營事業勞動糾紛時，應同時商請各該事業所隸主管機關協助。以上三項，除分行外，持電遵照，並轉飭遵為要。社會部組二亥支印。

社會部代電　組乙字第三四二六六號　三十一年十二月七日

准代電囑解釋歸運工人與搶運工人其業務如何劃分一案復請查照由

安徽省政府：本年十月二十四日航法字第八三七號代電敬悉。查凡驛運長途工人及各驛運站內因接力轉儎卸儎而長僱之工人，應視為聯營專業工人，另行組織。其各站內因接力轉儎卸儎而臨時添僱及運物出站之工人，應組織或加入當地搬運工會。准函前由，除咨交通部查照外，特復請查照轉知為荷。社會部組三印。

社會部代電　組三字第三四六九四號　三十一年十一月十六日

據電請示西京市鈕扣業等公會以受軍需局統制出品完全供給軍需請解散組織可否照准一案電仰查照由

陝西省社會處：酉陷代電悉。該西京市鈕扣業同業公會等出品雖歸統制，業務仍屬商營，既關軍需，更應加強組織。所請解散一節，應毋庸議。特電知照。社會部組三亥銑印。

社會部代電　組三字第三四九五一號　三十一年十二月二十三日

據電請核示粵北江湖藥販可否組織工會適用何種組織法一案電仰知照由

廣東省社會處：（世）韶社二組字第一八二六號代電悉。查此類江湖藥販，依法不合組織工會條件。又係公司行號，自亦不能組織同業公會。惟其性質甚合於小規模商行為，可依非常時期工商業及團體管制辦法之規定，向當地國藥業同業公會或商會舉辦小規模營業登記。社會部組三次亥漾印。

社會部電　組三字第三四四六三號　三十一年十二月三日

據電請核示縣商會與鎮商會之關係如何確定一案電仰知照由

陝西省社會處：篠電悉。依法單獨組織商會之鎮不屬縣商會區域，彼此不相隸屬，同具有參加省商聯會為會員之資格。特電知照。社會部組三亥江印。

社會部訓令　社組字第三一八九一號　三十一年七月十日

令各省社會處及設社會科之民政廳重慶市社會局

關於今後團體解散及分立合併組織情事應專案報部備案仰遵照並飭屬遵照由

案查人民團體之組織改組整理改選事宜，各級行政機關，業經依法辦理，並將組織改組整理改選總報告表，呈轉本部備案。至於人民團體之解散分立合併組織，則甚少據報，以致數字統計，形成有增無減。茲規定今後省縣行政機關對解散分立合併人民團體組織之後，應將團體解散原因，或分立合併組織經過情形，分別備文專案報部備案。除分令外，合亟令仰遵照，並轉飭一體遵照爲要。此令。

社會部訓令　組二字第三八五二號　三十一年十月七日

令中華海員工會特派員辦事處

奉　行政院令抄發修正中華海員工會國外分會組織準則令仰知照由

案查關於組織國外海員分會一案，前經本部草擬中華海員工會國外分會組織準則，於本年七月十八日約集各有關機關會商修訂，呈請　行政院三十一年八月二十九日順玖字第一六八五七號指令內開：

「呈件均悉。案經提出本院第五七七次會議決議『修正通過，已令知外交交通兩部，及僑務委員會』，令仰知照。修正準則抄發此令。」

等因；奉此，除函達中央海外部外，合行檢發該項組織準則，令仰知照。此令。

附發中華海員工會國外分會組織準則一件（詳七期公報法規欄）

社會部訓令　組三字第三二二九六號　三十一年十月十七日

令湖南省社會處

據長沙市布商業同業公會代電請解釋商業同業公會法第十二條第三項之規定一案令仰轉飭知照由

案據長沙市布商業同業公會增廣代電稱：

「竊商業同業公會法第十二條第三項會規定「工廠之設有售賣場所者視同商業之公司行號，」依此規定，顯有兩種不同之意見，甲說謂工廠自行製造之物品，自須售賣，如其售賣場所與製造場所同在一處，當然不再加入同類之商業同業公會，若於工廠外另設售賣場所，則非加入不可，立法意旨，蓋慮另設之售賣場所經售之貨品，或不限於各該工廠自製之出品，又慮另設之售賣場所，或與工廠之主體人，並不相同，縱令牌名無別，但該工廠與該售賣場所之間，僅有一種承銷契約關係，故特設此項規定，以免妨礙同類商業公會之任務；乙說謂此項規定其注意點在售賣場所之形態，如果工廠之售賣場所，其形態與普通專營售賣之商店無別，即應視同商業之公司行號，而應加入同種類之商業同業公會，該售賣場所是否與該工廠同在一處，並非所問，觀於法文內並無另字，卽可斷言。此兩說究以何說爲是？事關律法規定，不敢擅定，現因本會奉令組織成立，有此項問題急待從事解決，如呈以地方主管官署按級遞轉，則時間過長，更將發生其他枝節，茲爲避免糾紛擴大起見，不得已冒昧逕電瀆明，伏乞鈞部察核，解釋示遵。」等情；據此，查商業同業公會法第十二條第三項關於工廠設有售賣場所者，視同商業之公司行號之規定，係指明工廠製造物品，屬於工業範圍，其兼設售賣場所則爲涉及商行爲，不論其同在一處或另設，均係以工業而兼營商業，自應分別加入各該業商業同業公會，據電前情，合行令仰該處轉飭該長沙市布商業同業公會知照。爲要。此令。

社會部訓令

社組字第三二八二五號　三十一年十月三十一日

令各省社會處及設社會科之民政廳重慶市社會局

頒發人民團體掛牌式樣及實施辦法仰遵照飭轉由

查人民團體掛牌式樣及實施辦法，亟待規定，以資統一。兹由本部制定掛牌式樣一種，及實施辦法。除分行外，合行隨令頒發，仰卽遵照，並轉飭遵照爲要。此令

附人民團體掛牌式樣及實施辦法一份

人民團體掛牌式樣及實施辦法

一、大小尺寸：長五市尺寬一市尺厚七公分其式樣如次

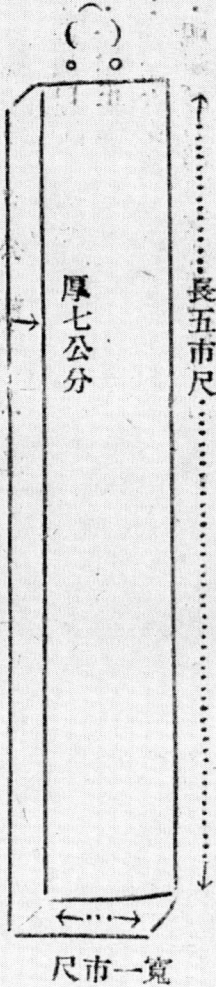

二、牌字顏色：藍底白字

三、字　體：一律正楷

四、掛牌質料：一律木質

五、牌字寫法：視團體名稱字數排定茲舉其例：

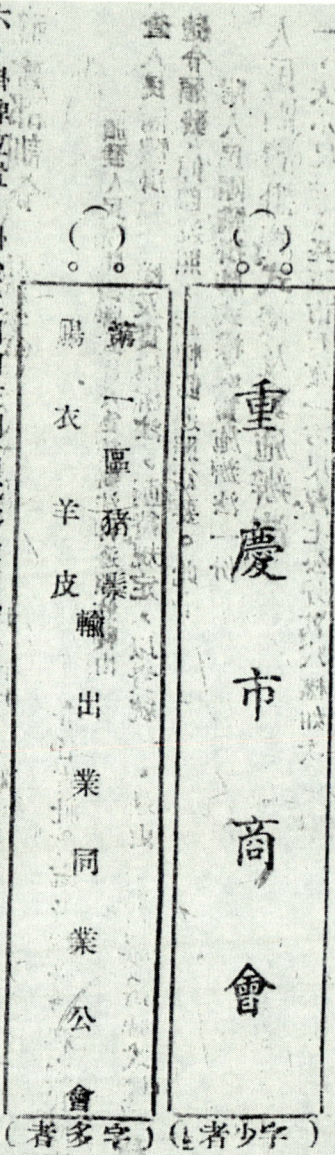

（一）

重慶市商會

（字少者）

（二）

第一區豬鬃輸出業同業公會

騾衣羊皮

（字多者）

六、掛牌位置：掛於大門前左側高低務求適當如有二方牌子以上者上下尤應掛齊

七、實施辦法：凡屬新成立之團體應一律依照新定式樣製掛已成立之舊有團體而經費充裕者應依新定式樣更換其經費艱難者得暫緩辦

各級主管官署於令飭施行相當時間後應舉行檢查務期整齊壯觀

組二字第三二九九四號　三十一年十一月三日

社會部訓令

令四川省社會處

據自貢市政府社會科長陳均楷呈請解釋縣市總工會組織準則第七條所載比例如何規定等情仰轉飭知照由

案據自貢市政府社會科長陳均楷本年十二月二十二日呈稱：「關於縣市總工會組織準則第七條所載，縣市總工會代表本大會之代表，由各該工會按照會員比例數依法選舉之，其比例數應如何規定？呈請解釋」等情到部；查縣市總工會組織準則第七條所稱比例數，法規既無明文規定，可由當地主管機關酌定。但各業工會代表總數，不得少於三十人。據呈前情，合行令仰轉飭知照。此令

社會部訓令　組四字第三三三二三號　三十一年十一月十三日

令各省社會處及設社會科之民政廳
　重慶市社會局

爲檢發醫藥職業團體組織暫行要點令仰遵照辦理由

查關於醫藥職業團體之組織亟應推動。業經本部擬訂醫藥職業團體組織通則草案，呈請行政院核示，在未奉令准以前，爲謀迅速完成該項組織起見，經先行制訂醫藥職業團體組織暫行要點一種。除函達衞生署，並分令外，合行檢發該要點一份，仰卽遵照辦理，並將辦理情形具報爲要。此令。

附發醫藥職業團體組織暫行要點一份(見法規欄)

社會部訓令　組字第三三三七一號　三十一年十一月十四日

令四川省社會處

據江津縣總工會呈請解釋自備車輛之人力車輛究應加入人力車商業同業公會抑人力車業職業工會等情令仰轉飭知照由

據江津縣總工會，本年十月十二日總字第十號呈，略稱本縣人力車輛有自置車輛一部，作爲本身工作之工具者，究應加入人力商業同業公會，抑加入人力車業職業工會爲會員？呈請解釋等情到部；查商業同業公會之會員資格，應以設有公司行號者爲限。該縣人力車伕，如僅置車輛一部作爲本身營業工具，而無公司行號之設立者，依法應加入人力車業職業工會，不得爲商業同業公會會員。據呈前情，合行令仰轉飭知照。此令。

社會部訓令　組五字第三三五九九號　三十一年十一月十九日

令重慶市社會局本部直轄社會團體

爲奉　行政院令以嗣後人民團體會社僭用圓形鈐章淆亂中外觀瞻影響法儀等因令仰遵照辦理由

案奉

行政院三十一年十月二十一日順玖字第二〇八三三完訓令內開：

「准軍事委員會三十一年十月五日辦二二營(渝)字第三六〇號公函開：『案據衞戍總司令劉峙電稱「案據電

慶衛戍區第一分區司令李根固呈稱『查證章條例，規定黨政軍用圓形，學校用三角形，人民團體用長方形。國家煌煌法典，不容或紊，現據觀查所及，重慶市人民團體會社公司商店工廠工人均僭用圓形證章，幾乎公務員琳瑯滿目，觸處皆是。匪特淆亂觀瞻，抑且跡近招謠。若不嚴行取締，殊不足以正名實。按冒用公務員刑法第一百五十九條，定有治罪明文。重慶爲陪都所在，使節往還，中外觀瞻所繫，尤不容魚珠相混，影響法紀。除函市府取締外，理合具文呈請鈞部，俯予通令，嚴行取締，用符規定，仍候指令祇遵。』等情；據此，擬請通令取締，可否之處？謹電請示。』等情；據此，應准照辦。除指令並分令外，相應函請查照，轉飭所屬遵照。』等由；准此，應准照辦。除函復外，合行令仰遵照辦理。』等因；奉此，自應遵辦。除呈復外，合行令仰遵照，並轉飭所屬一體遵照辦理爲要。此令。

社會部訓令

社一組字第三三九四號　三十一年十一月二十一日

令各省社會處及設社會科之民政廳
重慶市社會局

爲規定今後人民團體與黨部往來公文程式改用代電令仰遵照並轉飭遵照由

查各級黨部與人民團體之法定關係，既因社會行政權之移轉已有變更，中央前頒「人民團體與黨部往來公文程式」自不適用。經與中央組織部會銜函請中央秘書處轉陳中央予以廢止，並規定今後人民團體與黨部往來行文改用代電，俾臻簡便，而昭劃一在案。茲准中央秘書處渝（引）機字第一七六二五號函復，業經陳報中央常務委員會第二一四次會議備案，除分行各級黨部外，相應函復查照等因；准此，除分行外，合行令仰遵照，並轉飭所屬一體遵照爲要。此令。

社會部訓令

社組字第三三九七七號　三十一年十一月二十七日

令各省社會處及設社會科之民政廳
重慶市社會局

爲規定人民團體登記應注意事項及應用表格、工商團體分業標準各種人民團體分類表令仰遵照辦理由查全國人民團體總登記案，行將辦理結束，今後各省市社會行政機關，對於團體登記統計工作，應行注意之點及其所需各種表格，亟應有所規定。以資劃一。茲特訂定人民團體登記統計應注意事項，及其應用表格全套二十五種，併工商團體分業標準，及各種人民團體分類表式隨令頒發，仰即督促該處（社會局）主管統計人員，切實遵照辦理爲要。此令。

附發人民團體登記統計應注意事項工商團體分業標準（見法規欄）及各種人民團體分類表式計二十五種（表式略）

社會部訓令

組二字第三三九九九號　三十一年十月二十八日

令中華海員工會特派員辦事處

准外交部函轉駐加拿大公使館與加政府交涉放寬我國海員登岸限制一案詳情令仰知照由

案准外交部三十一年十一月二十日歐31字第六二一二號公函開：

「關于加政府放寬我國海員登岸限制事，前於本年十月十二日以歐31五三七〇號函達在案。茲續據加拿大公使館呈報詳情內稱：「查一九二八年十一月八日加政府樞密院令P.C.2042號第一及第二節規定：我國海員在船服務於駛抵加拿大港口時，須由所屬船船長或船公司繳交移民當局加金一千元作爲該員之保證金。因此已往我國海員在加拿大登岸，至感困難。本館經商請加政府改善，加政府遂於本年八月二十八日頒布樞密院令P.C.75號，將上述樞密院令P.C.2042第一第二兩節停止適用。主管部已飭令各口岸移民當局，於輪船駛抵該口岸時，對華籍海員如願登岸，經該船船長向移民局聲請，即可准予登岸，海員之身份證明書須交移民局收存，於回船及該船離港時，即予發還。」等情，相應函請查照爲荷。」

等因；准此，合行令仰知照。此令

社會部訓令

組四字第三四一三九號　三十一年十二月三日

令各省社會處及設社會科之民政廳
重慶市社會局

爲飭對職業團體會員以領得執業證照爲合格嗣後應將所送表冊分別塡明令仰遵照辦理由

查醫藥職業團體之會員，以領有合格證書，幷執行業務之各該從業人員爲限。前頒醫藥職業團體組織暫行要點中，業予規定，近查各地所送表册，均未塡明，致難審核。嗣後對於是項會員資格，應切實審查，並須在各類表册會員或職員資歷欄內，將已否領證，切實證明，以憑查核。除分令外，合亟令仰遵照，並轉飭所屬一體遵照辦理爲要。此令。

社會部訓令

組四字第三四一四八號　三十一年十二月三日

令各省社會處及設社會科之民政廳
重慶市社會局

爲中醫公會一律改稱中醫師公會令仰遵照辦理由

查中醫名稱，業奉

行政院三十一年十一月三日順陸字第一九六一三號令，確定爲「中醫師」在案。所有各省市以前所組中醫公會，自應一律改稱「中醫師公會」，以符法定。除分令外，合行令仰遵照，並飭屬遵照辦理爲要。此令。

社會部指令

組三字第三二六一九號　三十一年十月二十六日

令重慶市社會局

三十一年九月八日社六二字第五七六六號呈一件：爲准物資局函以源泰字號小龍坎支店是否仍須入公會發給證書一案請核示由

呈悉。查小龍坎係屬重慶市區，該源泰字號如已加入該業同業公會，併聲明設有支店按其資本總額担任會費時，則該號小龍坎支店，即不能認爲另一會員，毋須另給會員證。仰即知照。此令。

社會部指令

組三字第三二六九五號　三十一年十一月二十八日

令湖南省社會處

三十一年九月十六日東社二字第一八一九號呈一件　爲臚呈實施調整及發展人民團體組織等事宜發生疑義請釋核示遵由

呈悉。茲分別核示如左：

一、各該業同業公會會員代表僅為三人，會費單位適為五個時，則其理事監事可各為一人。

二、縣市以下人民團體其立案證書及圖記可由該縣市政府逕行頒發；但應以完全合法為條件。如依法尚有疑義或須變通之案件，自應先行層轉核示發，再行頒發。

三、鄉鎮公所僅為人民團體之指導監督機關，不能認為主管官署，其圖記之刊發，應依人民團體圖記刊發規則第三條之規定，由縣市政府辦理。

四、各縣市總工會商會及工業同業公會圖記之刊發，均應依照人民團體圖記刊發規則第三條各款之規定辦理；其由經濟部指定區域名稱之工業同業公會，由本部刊發，縣市農會及其所屬鄉區農會之圖記，其式樣大小依人民團體圖記刊發規則第三條第三款之規定辦理。

五、鄉村之公司行號應依法加入各該縣市之各業同業公會，或商會，但在該管轄區鎮已組織公會或商會時，則應加入該區鎮之各該業同業公會或商會，其聯繫辦法，可利用其與城市商場同業在商行為上往來之機會為之，至入會為各該公司行號之義務，其有不依法加入者，得依商業同業公會法第四十二條之規定處分之。

六、人民團體會員證書式樣，俟制定後檢發。

據呈前情，合行令仰知照此令。

社會部指令 組二字第三二九八九號 三十一年十一月三日

令重慶市社會局

三十一年十月十四日呈一件：為呈請頒發工會所屬分會支部圖記式樣由

呈悉。查工會之分會支部小組組織簡則第三條但書規定，分會支部小組均不得單獨對外。所請頒發分會支部圖記式樣一節，應毋庸議。如有必要，可飭自行刻製條戳應用，至市屬工會圖記，應依照人民團體圖記頒發規則第三條第二條規定辦理。仰即知照。此令。

社會部指令 組四字第三三二一六四號 三十一年十一月九日

令重慶市社會局

三十一年十月十七日社六組字第一四一一號呈一件：為新聞記者公會會員資格疑義三點請核示由

呈悉。茲分別核示如次：（一）新聞記者公會組織暫行要點第三條末段：「依法登記者」係指報社或通訊社而言；（二）在新聞記者條例未公布施行前，新聞記者俱未登記，故以在依法登記之報社通訊社從業為限；（三）校對排印等人員，不准參加公會。仰即知照。此令。

社會部指令　社組字第三三〇〇七號　三十一年十一月十四日

令萬縣縣農會

本年九月二十七日農字第一二一一號呈一件：為縣農會幹事及商會教育會總工會負責人可否以公務員兼任請解釋由

呈悉。茲分別核示如下：

一、農會法及各級農會章程準則，對現任公務員不得被選為農會職員，俱有明文規定。現任公務員自不得兼任縣農會職員。

二、工會法第十一條第二項規定，理事由會員中選任之，但有必要時，經主管官署之認可，得選非工會會員擔任之。故選任公務員為縣市總工會理事，在主管官署認可條件下，應屬可行。

三、公務員不得經營商業，迭經行政院國防最高委員會公布有案。公務員既不能經營商業，無法充當商會會員代表，故商會負責人，不得以公務員兼任。

四、教育會法第十六條，對於教育會會員資格之規定，第一款為現任社會教育機關職員。第二款為現任教育行政人員，第五款為對教育確有研究並有關於教育著作者，故凡具有上列三款任何一款資格之公務員，且已加入教育會者，自得兼任教育會之負責人。

仰即知照。此令。

社會部指令　組二字第三五一五一號　三十一年二月二十六日

令湖南省社會處

本年十一月二十五日秦社二字第二六八九八號呈乙件：為據長沙市政府呈請核示未達法定年齡之工人可否准其入會一案轉請核示遵由。

呈悉。未達法定年齡之工人，依法不能加入工會。仰即知照。此令。

社會部指令

社組字三三九三六七號　三十一年十二月三十日

令福建省社會處

三十一年十二月五日調戊徵處社字第二四五五〇號呈一件：為請示人民團體組訓手冊內疑慮二點由

呈悉。核示如下：

一、人民團體組訓手冊，雖係依據現行法規編纂，但並無法規效力。所列入人民團體分類，祇供參考，自不能視為法定之分類。特種工會一詞，係沿用術語，在特種工會法未頒佈以前，亦不能認為法定名稱。至民船船員工作之組織，應以現行民船船員工會組織規則為依據。

二、人民團體組訓手冊第二〇頁漁業會表備註欄，原只二項，第三項係工業同業公會之表內文字被排字工人誤排。仰即知照。此令。

社會福利類

社會部咨

福五字第三三〇七八號　三十一年十一月十六日

為貴省收復地區災情嚴重擬具救濟辦法草案呈奉　院令洽擬民經辦法呈核咨請查照辦理由

案據本部派赴浙贛兩省視察人員，暨浙贛兩省社會處及合作事業管理處等先後報告，以　貴省收復地區災情嚴重，籌請撥款救濟等情，當經本部擬具浙贛兩省收復地區救濟辦法草案六項，呈奉行政院本年十月八日順玖字一九九二八號及同月二十八日順玖字第二一六四七號兩指令，略以原辦法第四六兩條，已分交衛生署及四行總處核辦，其餘各項，交由本部與浙贛兩省府洽商擬定具體辦法呈核；各等因；奉此，正遵辦間，復准行政院祕書處十月二十八日順玖字第二一六八號箋函，略以原辦法第六項，前經奉交四行總處核辦，茲准該總處函復，浙省農貸總額，暫定為一千萬元，贛省農貸總額暫定為六百萬元，已轉函中國農民銀行迅即切實洽辦等因；准此，除已另案奉達，並分咨外，相應抄同本部所擬浙贛兩省收復地區救濟辦法，咨請查照，參酌該辦法第一、第二第三及第五各項，並配合收復地區實際需要，迅即擬定具體辦法送部，以憑核轉。為荷。此咨

浙江
江西　省政府

抄附浙贛兩省收復地區救濟辦法一份（見法規欄）

社會部代電　福五字第二三四五七號　三十一年十月二十六日

為檢送冬令救濟實施辦法電請查照飭遵並希見復由

各省市政府公鑒：關於冬令救濟事業，上年曾由本部電請查照舉辦，各地成績尚屬良好。茲寒冬又屆，貧苦同胞待救孔殷，為求齊一步驟，普遍推行，以期嘉惠貧民，肅為風氣起見，特訂定冬令救濟實施辦法，隨電檢送，至希查照，轉飭所屬切實遵照實施，並希見復為荷。附送冬令救濟實施辦法一份（見法規欄）。社會部酉宥福五印。

社會部代電　福三字第三二八九七號　三十一年十一月二日

據電為各級黨部社會服務處社會行政機關應如何行使指導監督權限暨各縣市政府應否一律設立社會服務處乞核示一案電仰知照由

湖南省社會處：社三中梗電悉。查各級各社會行政機關指導各級黨部社會服務處業務要點，正由本部與中央祕書處會商擬訂中。至各縣市政府應否一律設立社會服務處一節，應視地方財力與環境需要斟酌辦理，不必一律設立。特電仰知照。社會部福社三冬印。

社會部訓令

福三字第三二三二四號　三十一年十月十九日

令本部直屬各社會服務處

關於社會服務處舉辦公有事業應否加入同業公會一案業經修正規定令仰知照由

案查本部社會服務處各部門事業，應否加入當地同業公會一案前據貴陽社會服務處呈請核示，當經指復，飭依商業同業公會法之規定加入同業公會，並經以福三字第二九七六九號訓令分行知照各在案。茲經修正規定如左：

「凡公設社會服務機關舉辦公有事業不以營利為目的并無商股資本在內者經社會行政主管官署之許可得不加入當地各該業同業公會」

該處係屬政府所設，依上項規定，自可毋需加入同業公會。除分令外，合行令仰知照。此令。

社會部訓令

福四字第三三七一四號　三十一年十一月二十日

令各省社會處

抄發私設職業介紹所暫行辦法暨登記規則并限期舉辦私設職業介紹所總登記令仰遵照由

查「私設職業介紹所暫行辦法」暨「登記規則」業經制定，并於本年八月十一日以社法字第二九六五〇號部令公布，應即通飭施行，并應自令到之日起，迅即依照該項辦法，舉辦私設職業介紹所總登記之對象，除原辦法第一條所稱私設職業介紹所外，並包括職業指導所，傭工介紹所，及經營介紹業者（例如舊荐頭行等）在內。並限于兩個月內辦理完竣彙報到部，以憑核辦。毋得延誤！除分行外，合行抄發前項辦法及規則，令仰遵照，並轉飭所屬一體遵照為要。此令。

附抄發私設職業介紹所暫行辦法及登記規則各一份（詳第七期公報法規欄）

社會部訓令

福六字第三三九四一號　三十一年十一月二十七日

令各省市社會處及設社會科之民政廳
重慶市社會局

爲令仰依實辦理關於兒童救濟及福利事業並飭屬遵照辦理由

查本部對於兒童之教養救濟，倡導推行不遺餘力，以期達到善種善生善養善保善教之目的。乃近來迭據報告，各地每因生活波動，時有遺棄或虐殺童嬰情事。若不立予救濟，國家民族前途何堪設想？各級社會行政機關對於兒童福利職責所在，亟應迅謀挽救，藉維人道，而固國本。茲指示要點如次：

一將各地方原有育嬰育幼機構，加以改進擴充，必要時應即增設普遍收容。

二會同當地機關團體，普遍發動救護童嬰運動。

三嚴厲禁止墮胎遺棄，及虐殺童嬰等不法行爲。

四對於一般兒童福利如姙娠、助產、保育、醫療、營養、衛生展覽、健康比賽、遊戲、娛樂、運動、作業、閱覽、歌詠、講演、交誼、以及其他有關兒童健康生活習慣事項，應另設兒童福利指導所積極推行。

以上四項，除分令外，合亟令仰遵照轉飭所屬切實辦理，並將辦理情形隨時具報，爲要！此令

社會部指令

福五字第三四四四七號　三十一年十二月十日

令湖南省社會處

三十一年十月三十一日未社三字第一五二五五二〇號呈一件：爲據東縣政府呈擬在各鄉鎮設立救濟分院一案是否可作爲縣救濟院之分院其隸屬應如何規定請鑒核示遵由

呈悉。各鄉鎮設立救濟院名稱，在各地方救濟院規則未修訂前，仍應暫稱某某鄉鎮救濟院，直隸於各該縣政府。仰即轉飭知照。此令。

社會部指令

福五字第三五四三九號　三十一年十二月二十日

令本部重慶實驗救濟院

三十一年十月二十六日院產字第〇六二〇號呈一件：呈送該院護產簡章及服務處代辦護產登記辦法請鑒核備案由

呈件均悉。所擬護產簡章，業經修正。茲隨令轉發，仰即遵照。至服務處代辦護產登記辦法，核無不合，准予備案

。此令。護產登記辦法存。

附抄發社會部重慶實驗救濟院護產簡章

一、本院為實施醫藥救濟免費護產起見特訂定本簡章

二、凡確係赤貧無力負担生產費用之孕婦均得依本簡章之規定申請免費護產

三、申請人應向下列處所先申請登記施行產前檢查

1.本院護產所

2.本院護產所門診部（兩路口重慶社會服務處康樂部內）

3.重慶社會服務處市中心區分處（都郵街柴家巷口）

4.重慶社會服務處海棠溪分處（南岸海棠溪車站對面）

四、護產辦法如左

赴本院護產所門診部及特約產婦檢查所施行產前檢查以便臨產時接據報告由各該部所派員接生及辦理產後護理等工作

五、凡不合於第二條規定之產婦請求住院生產者本院得視情形酌量收費其收費辦法另定之

六、產婦期間規定以十四天為限逾期各費自理

七、產婦入院應酌帶費用以備醫藥及不時之需

八、產婦登記時須由申請人之家屬填具保證書及登記表如其家屬因故不能辦理時得由護送之機關團體或區保長代辦

甲、住院護產

1.孕婦登記後給予登記檢查證逕赴本院護產所門診部或各特約產婦檢查所施行產前檢查其手續時間等均在證上詳為注明

2.產前檢查完畢由本院護產所門診部經院產婦檢查所登記證上註明準備生產日期及應入產院名稱孕婦即如期前往

3.產婦入院出院時間應絕對遵守院所之規定

乙巡迴護產

孕婦如因特殊情形不能住院生產者得向就近特約院所辦理

九、本院之特約護產院所暫定如下

南岸土橋苦竹壩：社會部重慶實驗救濟院護產所

特約第一產院：歌樂山國立中央高級助產職業學校

特約第二產院：臨江門寬仁醫院

曾家岩求精中學寬仁醫院

歌樂山寬仁醫院

住院產婦檢查所：兩路口本院護產所門診部

特約第一產婦檢查所：南岸羅家壩市立第一診療所

特約第二產婦檢查所：夫子池市立第二診療所

特約第三產婦檢查所：南紀門市立第三診療所

特約第四產婦檢查所：江北火神廟市立第四診療所

特約第五產婦檢查所：上清寺市立第五診療所

特約第六產婦檢查所：沙坪壩市立第六診療所

特約第七產婦檢查所：南岸黃桷埡市立第七診療所

特約第八產婦檢查所：南岸彈子石石橋街市立第八診療所

十、本簡章如有未盡事宜得隨時呈請修改之

十一、本簡章經呈准社會部備案施行

人力動員類

社會部電　勞字第三四八五四號　三十一年十二月十九日

飭遵令辦理限制工資由

各省政府社會處、民政廳，重慶市社會局：關於限制物價運價工資實施辦法，已奉 院長公布，並飭於電到十日內，切實遵辦！除全文業經院座以亥篠侍養電逕達省府外，查此次限制物價、運價、工資，政府具最大決心，勢在必行，期在必效！該廳處局於執行限制工資，責無旁貸，務必仰體時艱，切實遵行。除關於辦理限制工資辦法要點，另電指示外，合先電令如限遵辦；並轉飭遵照。爲要！部長谷正綱亥皓勤。

社會部電　勞字第三四一五九號　三十一年十二月三十一日

電發限制工資實施要點飭切實遵辦具報由

各省社會處、民政廳，重慶市社會局：亥皓電計達。茲將限制工資實施要點指示如下：一、戰時工資限制標準，以當地十一月三十日之各業工資爲最高額；二、實施限制工資之地區，即依照該省市決定限制物價之地區訂定；三、限制工資之對象，包括產業工人、職業工人、先就鹽、食油、紡織、燃料、紙、印刷、麵粉、糖、理髮、縫紉、車、轎、船、力運、泥、木、石等業工人限定，仍得視當地限制物價及實際情形之需要，酌予增減；四、組織工資平議會，辦理關於工資之報告、登記、調查、審議、糾查、檢舉等類事項，其組成份子，爲當地黨部、團部、商會、有關同業公會工會、憲、警及有關法團等，由主管官署召集，惟決議案之最後核定權，仍屬當地主管官署（在省爲社會處未設處省份爲民政廳在縣爲縣政府；五、注意取締野力，應依非常時期人民團體組織法，及非常時期職業團體會員強制入會限制退會辦法，嚴密各業組織，並派遣書記；六、各省市應於電到五日內組成工資平議會，由受限制工資之各該業同業公會或代表，據實報告十一月三十日之工資，由主管官署復查經審議核定後，於十二月十日以前公佈，並電報到部。以各項之有關章則條例，由各省市因地制宜，妥爲訂定，報部備核，逐步調整。此不過指示範疇，責爲循率。中樞造備其要，地方務任其詳，限期追促，藉始原不責其備周，而考核綦嚴，課功端視夫效績。願各勉旃，用副期望。並將電到日期報查，並隨時電報籌辦情形，以便彙呈院座。部長谷正綱亥號印。

社會部訓令　勞字第三〇一八六號　三十一年十月三十一日

令重慶市社會局

令飭轉令重慶市印刷業同業工會妥議限制印刷業工人跳廠暫行辦法呈准實施由

案准

中央出版事業管理委員會函，送書刊運輸印刷工價及工人流動問題談話會記錄一份，過部。查工人跳廠問題，正由本部勞動局擬議辦法。在整個辦法未經訂頒以前，仰由該局飭令重慶市印刷業同業公會妥議暫行辦法，呈准實施。嗣後如再有藉以高價挖雇工人情事，應即從嚴究辦。此令。

社會部訓令　社組字第三四九四一號　三十一年十二月二十三日

令各省社會行政機關

檢發加強管制物價實施辦法限制工資及加強工商團體組織部份令仰遵照辦理具報由

查關於限制物價運價工資一案，前奉　兼院長蔣飭辦到部，遵經本部主管範圍，先行訂定限制工資實施要點，以亥皓電飭切實執行在案。前本部所擬加強管制物價實施辦法限制工資及加強工商團體組織部份，業經國家總動員會議第二十六次常務委員會議，決議通飭照辦。除分咨各省市政府外，先行檢發上項實施辦法令仰遵照切實辦理，並將辦理情形，隨時具報爲要。此令。

附加強管制物價實施辦法限制工資及加強工商團體組織部份一份（見法規欄）

合作事業類

社會部訓令　[illegible]字第三四八〇四號　[illegible]

社會部咨 合四字第三四〇六九號 三十一年十二月二日

准咨以轉據唐河縣和尙莊合作農場呈請登記應如何辦理囑予解釋一案咨復查照由

案准

貴省政府本年五月二十九日合乙字第二二六號咨，以據合作事業管理處簽呈，准唐河縣政府函送和尙莊合作農場請予登記案，應如何辦理？囑予解釋等由，准此，查依農業生產合作推進辦法第三條，及縣各級合作社章程準則之規定，合作農場爲縣各級合作社生產部，或專營之農業生產合作社經營業務之方式，如縣各級合作社或農業生產合作社業經依法登記，則其所設置之合作農場，僅須由各該社呈報備案毋庸再辦登記手續。准咨前由，相應咨請

貴省政府查照轉飭知照。爲荷。此咨

河南省政府

社會部咨 合三字第三四二〇一號 三十一年十二月四日

爲檢送合作事業工作競賽辦法大綱實施細則四項咨請查照轉飭遵照擬具施行細則報部備核由

查「合作事業工作競賽辦法大綱」，業於本年六月十二日由本部公布，並通飭各省政府查照，轉飭遵照有案，

玆爲謀便於實施起見，復經擬定實施細則要項二十五條除分咨外，相應抄同原要項一份咨請

查照，轉飭合作主管機關遵照擬具施行細則報部備核爲荷。此咨

各省政府

附合作事業工作競賽辦法大綱實施細則要項一份（詳法規欄）

社會部電 合二字第三一八一六號 三十一年十月五日

據電請核示接近敵區合作社與非社員之官兵交易可否減免稅捐電仰遵照由

立煌安徽建設廳儲廳長：合三申直電悉。接近敵區消費合作社與非社員之官兵發生交易，自屬難免，可依照本部消費合作推進辦法第十一條之規定，將此項官兵以最簡易手續登記爲預備社員，即不致發生稅捐問題，仰即遵照。部

長谷正綱合三酉徵印。

社會部代電　合四字第三三八七六號　三十一年十一月七日

准財政部電復合作社承銷食鹽可與招商並行一案電請查照由

四川省政府張主席勛鑒：前准本年九月一日省財一電，當經轉洽財政部並電復各在案。茲准財政部本年九月十六日渝鹽丙七〇八五四號銑代電，以合作社承銷食鹽可與招商承辦並行，業經電復，囑查照等由；准此依合作社承銷食鹽辦法大綱，已有合作社優先承銷食鹽之規定，擬請飭貴省合作主管機關速飭川東各縣加強並健全鄉鎮保社之組織，依照該大綱申請承銷，將來合作社如能普遍承銷食鹽，當仍可免除鹽商之積弊。特電請查照為荷。谷正綱社陽合四印。

社會部　經濟部　軍政部　代電　合四字第三三八二六號　三十一年十一月六日

為通電廢止經濟軍政兩部所釋出征軍人展期償還合作社之貸款辦法由

各省政府、各軍管區勛鑒：查出征軍人展期償還合作社貸款業經國民政府令頒「出征軍人對合作社借款展期償還辦法」通飭施行在案，所有本經濟部與本軍政部二十九年九月二十四日迴代電會同解釋之出征抗敵軍人對合作社借款展期償還辦法兩項應廢止，即希飭屬一體遵照為盼。社會部合四經濟部（卅一）管軍政部渝役宣戌魚印

社會部代電　合四字第三三四九二號　三十一年十一月十七日

據電請示該局沿綫廠站設立合作社總分社登記手續一案電復知照由

川滇東路運輸局職工指導委員會蘇主任委員從周：酉齊電悉。該社業務範圍，既經過川滇黔三省，所有呈請登記事項，應依合作社辦法施行細則第四條之規定，向所在地主管機關呈請，先行轉呈本部核准。至分社之設立，如經本社呈經核准有案，毋須辦理登記手續。特電復知照。社會部戌篠合三印。

社會部代電　合代字第三三九四七號　三十一年十一月二十七日

准電囑解釋中國工業合作協會所屬區辦事處及事務所是否直轄社會團體一案電復查照由

甘肅省政府公鑒：本年十月八日組合字第二五五四號代電敬悉。查中國工業合作協會，雖經院會認爲社會團體，在總會未依法呈請立案前，其分支組織，暫以合作事業機構性質，由合作主管機關監督指揮，對所在地政府自應以合呈行之。特電奉復。即請查照爲荷。社會部感合四印。

社會部代電　合二字第三三九四八號　三十一年十一月二十七日

擬電請示該會消費合作社社員代表之產生及盈餘分配辦法一案電復知照由

川滇東路運輸局職工指導委員會：職導字第六號篠代電悉。查合作社之設立，以社員能實行合作之範圍爲準，合作社法第三條已有明文規定。來電所擬設立之合作社，路長達四七四公里，不便召集社員大會，即社員代表大會，亦不易產生，其不合法令與實情，至爲明顯。如勉強設置，將來社務之管理，將無法求其嚴密，易滋流弊，應改就各重要地區分別設置合作社，俟各社成立後，再彼此洽訂聯繫辦法，以增進業務之經營，至年終盈餘攤還社員部份，應依交易額多寡比例分攤，不應按股分配，乃合作社不同於普通商店之一種特徵，未可更改，否則即不能稱爲合作社，所請可否自行選定分配一節，着毋庸議。特復。社會部合二感印。

社會部公函　合四字第三三四九一號　三十一年十二月十七日

准函以貴州省合作業務代理局向省外購貨請予運輸上之便利有無流弊並該性質與全國合作社物品供銷處有無抵觸囑核議見復等由函復查照由

案准

貴廳本年十月二十日渝辦一通字第二四三五八號公函，以貴州省合作業務代營局向省外購貨，請予運輸上之便利，有無流弊？並該局性質與全國合作社物品供銷處有無抵觸？囑核議見復等由；准此，查貴州省合作業務代營局，其性質相當於省合作社物品供銷處，其業務以該省各級合作社爲對象，與本部合作事業管理局全國合作物品供銷處並無衝突之處。該局所請予以運輸上之便利，似應予照准，以利合作事業之發展。至恐由此而生流弊一節，可飭由貴州省合作事業管理處嚴予監督，以資防範。准函前由，相應函復查照辦理。為荷。此致

軍事委員會辦公廳

社會部訓令　合二字第三四六七九號　三十一年十二月十六日

令各省合作主管機關

為非法經營業務之合作社應隨時注意嚴加取締令仰遵照並轉飭遵照由

案據四川省貴陽縣政府代電，以貴陽縣南津鄉某樓運銷合作社，依法經營業務，被徵營業稅，請轉咨財政部洽免一案，經咨准財政部本年二月十七日渝直字第四六七七二號函節開：「……本部為扶植合作事業之發展，對各地合作社免稅之請求，如符規定，無不照准。惟近迭據各地稅收機關報告，頗有不肖商人，假藉合作社名義意圖逃避國課，其方法大抵[illegible]中聯合同業依法定手續設立合作社，或以大量資本滲入已經核准設立之合作社，或與合作社經理人勾結，將其貨品用合作社名義代運代銷，以此情形，不僅有違合作事業之初意，亦足貽普通商人之藉口。為防止流弊起見，除已通飭各稅收機關嚴密注意外，所有各種非法經營業務之合作社，擬請貴部轉行各級合作事業管理機關隨時嚴加取締，以杜朦混，而裕庫收。」等由；准此，查非法經營業務之合作社，亟應隨時注意，依法嚴加取締。除分令外，合行令仰遵照，並轉飭遵照。」

此令。

社會部訓令　合二字第三五一九二號　三十一年十二月二十八日

令各省市合作主管機關

為各級合作社服務人員如有營私舞弊情事依懲治貪污暫行條例辦理令仰遵照並轉飭所屬一體遵照由

案據浙江省政府建設廳呈稱：「案據景寧縣縣長侯朗軒呈稱：『案查本縣三十一年度第一次縣行政會議關於「

縣各級合作社服務人員如有營私，擬請以貪污論處一案，經議決「由縣政府呈請建設廳層轉中央核准辦理」等語紀錄在卷，理合錄案備文呈請，仰祈鑒核，准予層轉中央核准辦理」等情；計抄呈決議案一件，據此，除指令外，理合檢具原決議案，備文呈送，仰祈鑒核示遵」等情；附原決議案一件到部，據此，查懲治貪污暫行條例第一條載，軍人或公務員於作戰期內，犯本條例之罪者，依本條例處斷，辦理社會公益事務以辦理公務論」，各級合作社服務人員，當可視為辦理社會公益事務論，如有營私舞弊等情事，自可依照上項條例，予以懲處，除指令並通飭遵照外，合行令仰遵照，並轉飭所屬一體遵照。為要。此令。

社會部指令

合三字第三四〇二三號　三十一年十月二十八日

令重慶市社會局

本年十月二十一日社元合字第三三三〇二號呈一件：為擬本市第十一區農會請以該會名義另設消費合作社轉請鑒核示遵由

呈暨附件均悉。查本部前核准該市農會三十一年度示範工作計劃中所謂「舉辦生產運銷及消費合作社」一節，係指鎮或保尚無合作社組織者，農會得倡導並發動會員依法組織各級合作社。其主體為全體會員，而非農會社名，應冠以鎮或保字樣，不得冠農會字樣。如鎮或保已有合作組織，而農會會員尚有未參加者，農會得指導並發動會員，依法申請加入其組織。倘農會認為確有必要，亦得倡導或發動會員依法組織專營合作社。茲該會區域內五鎮僅有三鎮設立消費合作社，其餘二鎮又正籌設中，凡屬各該鎮公民均應按戶加入農會會員，如合於社員資格，自在准予入社之列，該會亟應根據計劃，引導分別加入，無庸另組經營消費業務之合作社。如該會認為鎮合作社尚有應行改進之處，應即積極協助，以滿足農民社員生活上之需要。仰即轉飭遵照。此令。

社會部指令

合一字第三四一五七號　三十一年十二月三日

令湖南省社會處

本年十一月二十七日合字第二四五九號呈一件：為合作金庫經營匯兌業務及合作社專設門面營業應否加入當地同業公會或商會並受非常時期強制入社之管制乞核示由

呈悉。查依照合作社法施行細則第三條之規定：「合作社業務，不受任何行規之限制」，自可不加入同業公會或商會，迭經經濟部及本部先後解釋有案。合作金庫為準合作社聯合社之組織，亦可比照成案辦理。惟來呈所稱湖南省南縣蘭溪合作社，經查該省呈報本部之合作社成立報單內，並無此社。是否新近依法設立，尚未呈報登記，抑係假借名義私營商業？應即轉飭南縣縣政府查明議復。倘有假冒或不法情事，應從嚴依照取締，以儆刁頑。仰即遵照。此令。

附　錄

第一次全國社會行政會議紀要

三十年秋，社會部以各級社政機構建立伊始，爲指示方針，聽取報告，推進民衆組訓社會福利合作事業及人力動員等業務起見，特依據本年度社會建設計劃決議，於十月十一日召開第一次全國社會行政會議，並擬訂會議規程提案及議事規則，暨秘書處組織規程等法規，呈奉行政院核准由部公布施行。旋於七月十五日成立第一次全國社會行政會議籌備委員會，派洪次長蘭友黃次長伯度黃參事友郢黃秘書孝飛陸司長烈陸司長京士謝司長徵孚壽局長勉成鄒視導孝谷汪統計長龍張主任鴻鈞等十一人爲籌備委員，指定洪次長爲主任委員，黃次長爲副主任委員，依據部定籌備工作綱要，開始籌備。並按照會議規程，分別聘派會員，計中央有關機關代表三十五人，委託辦理組訓工作之省黨部代表四人，各省市社會行政機關主管人員二十一人，各省市合作事業主管人員二十一人，未設社會行政機構各省代表五人，本部簡任以上人員二十七人，暨指定高級人員五人，特聘專家四十九人，共一百六十七人，此外複核派列席人員，計本部科長視導等四十人，附屬機關三人，各省市主管社會行政合作事業機關在渝受訓之秘書科長視導視察主任三十九人，重慶市黨部社會科長一人，共八十三人，至九月三十日籌備完竣，十月一日成立第一次社會行政會議秘書處，繼續辦理大會一切事宜。

本會議會場，係商借軍事委員會大禮堂，會期定爲八日，於十月十一日晨如期開幕，十八日晚閉會，先後共舉行大會十次，各組審查會二十餘次，專家座談會一次，各省市出席人員討論會一次，計報到會員共一百四十一人，列席會員七十三人，收到提案共二百五十五件，除因關於某一地方性質無共同討論之必要，或曾經全國合作會議討論決定有案等案由未提大會者外，共有議案二百一十件，其中關於一般行政者三十件，關於社會政策者十件，關於民衆組訓者五十六件，關於社會福利者六十一件，關於合作事業者四十五件，關於人力動員者八件，均先交提案審查委員分組審查，擬具審查意見，然後提出大會討論，分別通過或修正通過。惟臨時動議，則逕提大會討論，在開會期間各會員均能依據各地實際情況，及當前需要，殫精竭慮，研討至為詳盡，茲將大會逐日會議情形，擇要分述如次：

十月十一日上午八時舉行開會式，計到林主席代表陳主計長其采，行政院孔副院長，中央黨部吳秘書長鐵城，社行政院陳秘書長儀，何總長應欽，周部長鍾嶽，陳部長立夫，劉總司令峙，賀司令國光，楊主任委員公達，徐次長恩會，鄭署長寶宇，吳委員忠信代表曾少魯，程署長澤潤代表李蒸英等暨全體會員共約二百人，由谷部長主席，行禮如儀，主席報告後，首由陳主計長其采宣讀林主席訓詞，全體均肅立恭聽，繼由孔副院長訓詞，吳秘書長鐵城陳秘書長儀周部長鍾嶽徐次長恩會等致詞，最後由重慶市社會局長包華國代表大會全體會員致答詞，詞畢禮成，至十一時許攝影散會。下午三時舉行第一次大會，到會員劉克俊等二百零一人，列席會員高雲裳等二十三人，由谷部長主席，於秘書處宣讀本會議提案及議事規則，各組審查委員會名單，並報告籌備經過，秘書處組織暨會務各項文件後，即由谷部長作施政報告，分就社會部主管範圍，社會行政機構，組織訓練，及工作檢討四大部門，加以詳細闡述與指示，報告畢，會員倪渭卿等七十二人臨時動議，請以大會名義電呈國民政府主席，軍事委員會委員長蔣致敬，並電慰前方將士案，當場宣讀電文，一致通過，至下午六時散會。

十月十二日（星期一）上午八時大會舉行紀念週，到立法院孫院長，谷部長，洪次長蘭友，黃次長，會員范任等一百零一人，列席會員李徵梧等二十六人，及秘書處全體職員，由孫院長主席，領導行禮，並致訓，對三民主義的社會政策，分民族民權民生各方面，指示甚詳，紀念週舉行畢，休息十分鐘，於十時繼開第二次大會，谷部長主席，由秘書處宣讀第一次大會議事紀錄，並報告後，即由四川省社會處黃處長仲翔，重慶市社會局包局長華國，雲南省社會處徐秘書經祖，浙江省社會處鍾秘書家湘先後報告各該處工作情況，至正午十二時散會，下午三時第一第二第三第四第五第六各組審查委員會分別舉行審查會，開始審查提案。

十月十三日上午八時，各組審查委員會繼續舉行審查會，下午三時，請何總長敬之演講最近我軍事情勢，並提出推行兵役及提倡國民健康運動數點，希望各會員協助推行，至四時舉行第三次大會，到會員戴振魂等一百零三人，列席會員陳書耀等四十三人，谷部長主席，繼續聽取各省報告，由西康省民政廳冷廳長融、廣東省社會處戴處長振魂。廣西省社會處黎處長民任，江西省社會處黃處長光斗、甘肅省社會處趙處長龍文、湖南省社會處黃處長仁浩福建省社會處鄭處長傑民，陝西省社會處陳處長保安，貴州省社會處周處長達時，先後報告各該處工作概況，至六時十五分，主席宣告散會，所有議程，原列討論事項，移下次會議討論。

十月十四日上午八時，請陳部長立夫演講，講題爲社會工作與教育，演講畢，休息十分鐘，於九時三十分舉行第四次大會，到會員洪聲等九十九人，列席會員易希文等五十一人，谷部長主席，先由四川省合作事業管理處趙處長呂齡，湖北省合作事業管理處吳處長暇希，西康省合作事業管理處陳秘書賀冉，陝西省合作事業管理處尹處長樹生，貴州省合作事業管理處于處長永滋，相繼報告，嗣即開始討論提案，計通過議案三十二件，至十二時散會，下午三時各組舉行審查會，繼續審查各項案件。

十月十五日上午八時，請賀秘書長耀組演說，題爲社會行政與國家總動員，九時三十分舉行第五次大會，計到會員譚光旦等一百零二人，列席會員侯啓明等五十二人，谷部長主席，首由福建省合作事業管理處陳處長希誠，浙江省合作事業管理處俞代表銓，河南省合作事業管理處馮處長紫崗，廣東省合作事業管理處謝處長齊聲，廣西省合作事業管理處魏處長競初，相繼報告工作，報告畢，討論提案，計通過要案三件，下午三時舉行第六次大會，到會員戴振鴻等九十一人，列席會員李覺泉等三十七人，谷部長主席，繼續聽取各地工作報告，由雲南省合作事業管理處鄒處長枋，甘肅省合作事業管理處陳處長世璘，綏遠省合作事業管理處李秘書樹茂，江西省合作事業管理處周秘書岡方，先後報告畢，開始討論，通過議案三件，至下午六時三十分散會。

十月十六日上午八時，請王秘書長寵惠演講廢除不平等條約，九時三十分舉行第七次大會，到會員冷融等一百零六人，列席會員高鏡裳等五十八人，谷部長主席，由秘書處宣讀林主席復電，安徽省社會處楊代表甲，湖南省建設廳丁代表鵬翥，相繼報告各該省社會行政概況，旋即討論提案，通過要案四件，另又擬具兒童福利立法原則一案，經詳細討論後，決議推定八員，組織特種審查委員會，負責審查。嗣由秘書長報告，主席決定組織議決案起草委員會，及決議案整理委員會，十二時散會，下午二時第三、六兩組審查委員會繼續開會，四時全體會員赴嘉陵賓參加孔副院長茶會，七時兒童福利案特種審查委員會開會審查有關各案件。

十月十七日上午，各組審查提案完畢，下午三時舉行第八次大會，計到會員黃夢飛等一百零四人，列席會員徐鳴亞等四十六人，谷部長主席，首由衛生署金署長演講衛生行政概況。嗣由朱會員學範報告國際勞工大會概況，報告畢，開始討論提案，計共通過議案四十八件，至七時散會。

十月十八日上午八時三十分舉行第九次大會，到會員李飛鵬等九十四人，列席會員黃長祚等四十八人，谷部長主席，如儀開會後，即討論提案，共通過議案五十一件，最後由會員陸京士等二十六人臨時動議，響應　委座號召，競購公債以迎取勝利案，決議通過，下午三時舉行第十次大會，到會員蔣世安等九十五人，列席會員張永懋等三十九人，谷部長主席，討論議案十件並通過本會議總決議案，至此議案全部討論竣事，六時半舉行閉會式，仍由谷部長領導行禮，首先恭讀　委員長訓詞，旋由主席致閉幕詞，至七時禮成，第一次全國社會行政會議，乃圓滿結束。

第一次全國社會行政會議總決議案

中華民國三十一年十月十一日，社會部召集第一次全國社會行政會議於陪都，與會者，中央各有關機關代表，各省市主管社會行政人員，各省市主管合作事業人員，以及研究社會學之專家等，都二百十四人，會期八日，議案凡二百一十件。開會以來，咸本實事求是之精神，貫其學識經濟之所及，研精覃思，分別為扼要與切實之決議，用為推進今後社會工作之張本。惟各案內容至繁，允宜提要鉤玄，揭舉具體之概念與方針，以期共信共行，而完成本會議所負之使命。

我國社會行政之專設機構，為時未久，事功草創，固屬經緯萬端，顧其至大至正之鵠的，則為實行三民主義之社會政策，與完成三民主義之社會建設。良以社會建設為革命建國之最基本工作。其理論悉見於　國父之三民主義與各種遺訓中，如何仰承遺訓，實現主義，以奠立社會建設之基礎，允為吾人協力奮赴之職責。抗戰以後，時會益艱，社會生活與社會組織之變動彌繁，為檢討社會現狀，發動社會勞力，健全社會組織，與策劃戰後社會之重建，社會工作乃因時代之需求而益增其重要與艱鉅。大會於此，更懍於責任之重大，故對過去之工作，特為全面之檢討，於將來之設施，作縝密之策劃，期使社會行政，日臻治理，凡所定議，靡不力求精嚴，用利施行，綜其要義，厥有數端：一曰確立三民主義社會政策之施政方針。三民主義之社會建設，有其特具之本質與最高之準繩，必先有完整之理論體系與明白之社會政策，而後社會行政，始有軌範可循。大會因根據國家民族利益高於個人利益之原則，為調整社會關係，健全社會制度，改良社會生活，增進全民福利，以釐訂各種社會政策之建議。更揭櫫維持人口之合理增加，提高人口之本質，調整人口之分佈之三原則，擬具「人口政策綱領草案」，期國家民族得以富強繁衍，長治久安。其次確認農民爲革命建國之基本，爰本保障與扶植農民，及調節土地分配與耕者有其田之原則，擬具「農民政策綱要」。復次爲促進勞資協調，配合國防建設，適應民生需要，和諧社會關係，擬具「增訂勞工政策綱領草案」。

一曰完成三民主義之社會組織。　社會之發展，遠在國家之先，而國家之建立，又爲社會進化之極則，故政治建設、經濟建設，要當以社會建設爲基礎。必須社會建設已立，而後政治建設方有保障，經濟建設乃有憑藉。雖惟社會有組織有生機，而後民衆乃能充分發揮其精神與力量，此精神與力量，實爲今日抗戰之要素，亦即民權主義之社會基礎。在此爭取最後勝利之階段中，尤賴民衆能嚴密其組織，加強其訓練，一以培植其自治能力，一以加強其戰鬥精神，俾能貫澈國家總動員之任務。大會於此因有「限期完成全國人民團體組織，加強其訓練，改進其相互間之聯繫與事業上之配合，以培養人民本身之自治能力，並達成戰時動員業務」之各種決議。

一曰確定社會救濟制度。國家之盛衰，繫乎民生之榮瘁，　總理手訂之建國大綱，以民生爲建設之首要，其理至明。欲求民生問題之解決，端在羣衆生活之安定，與福利之增進。我國過去雖亦有各種社會事業，惟其性質多爲消極的事後救濟，且其舉措不屬國家，私人之樂善好施，能力有限，故亦不能收普遍增進福利之效，今後於社會事業，允宜由民間消極之慈善觀念，變爲國家積極之行政責任，更發動社會力量，共策進行，紓地方之財力，解救地方之疾苦，以地方之正士，主持地方之善政。大會於此，因有「從速頒行社會救濟法」及「積極整理並改進地方慈善團體及救濟設施」等之決議。

一曰推進兒童福利與勞工福利業務。　社會福利應注重兒童福利與勞工福利之設施，前者當注重於孤苦無依兒童之收容教養與一般兒童福利之推進，實現善種善生善養善保善教，以增進民族活力。後者宜注意改善工人生活，維持工人健康，以增強生產效能，並應推行工廠檢查制度，以保障工人之安全及童工女工之利益，大會於此因有「兒童福利立法原則及實施辦法」暨「切實推進勞工福利」之各種決議。

一曰推行社會保險與職業介紹。　社會保險，在安定社會人民之生活，職業介紹在調劑社會人才之供求，兩者均爲近代社會行政之重要設施，大會於此因有「限期實施社會保險並擬定原則及辦法」，使各種從業人員，發揮互助精神，獲得經濟保障並從速舉辦職業介紹以使各得其所之各種決議。

一曰加強合作之組織與運用。合作事業爲實行民生主義經濟理想改造社會經濟制度之重要工作，戰時社會經濟生活之調適，與戰後社會經濟之推進，皆有賴於合作行政之健全與合作事業之發展。今後之合作設施，應以完成增加生產，集中配給，節約消費之基層機構，以謀社會經濟之改進爲主要任務。大會於此，因有「健全合作行政建立合作金融充實合作業務」之各種決議。

一曰加強人力動員。此項工作，爲達成國家總動員之要務，所有調查人力分配，限制人力浪費，充實人力供給，實施技術員工管制，調節人力使用，以及發動人民義務勞動，均爲人力動員之必要工作。尤應注意配合各種業務，爭取各方聯繫，以充分發揮動員人力之效果。大會於此，因有「確定義務勞動服務制度，頒佈義務勞動法原則」，規定義務勞動之身份、目的、種類、範圍、及時間、方式、以及其他有關人力動員之各種決議。

一曰協助改進兵役與管制物價工資。此兩者爲當前社會要政，總裁對本會議之訓詞，曾諄諄以此爲勉。蓋欲增強國軍兵源，穩定戰時經濟，以完成戰爭之勝利，必須社會行政機構與社會工作人員能與各主管機構互相配合，以謀進行之便利。大會於此，因有「各級社會行政機構協助兵役推行實施辦法」及「擇定地點限制工資以配合平定物價」之決議。

一曰提倡戰時生活，轉移社會風氣。此爲節省物力爭取勝利所必需。必使人民之生活合于戰時之條件，而後社會風氣，乃能嚴肅緊張，戰時精神，乃能歷久彌堅。大會承　總裁「教民以善導民以義勵民以勞協民以羣」之訓示，尤信倡行戰時生活，移風易俗，爲今日所必須，因有「規定戰時生活標準切實倡導推行」之各種決議。

一曰釐定收復地區及戰後社會之重建方案。此爲軍事反攻前之重要準備，亦爲戰後社會建設之首要問題，如何撫揖流亡，籌謀善後。如何重建社會，恢復地方元氣，必須於社會福利，民衆組訓，合作事業，勞動服務各方面妥爲有周密之計劃，然後始有可循之軌範。大會於此，因有「收復地區社會重建案」之決議。

一曰確立人事制度寬籌事業經費。此爲加強社會行政之最基本工作，大會於聆取各地報告之餘，深以幹部與經費之未能適應事業需要，爲過去之一般缺陷，今後必須力圖改進，始能培植人才，恢宏事業，因有「確立各級人事制度，寬籌各種事業經費，以謀社會建設之積極發展」之各種決議。

綜上所述，皆其犖犖大者。邊疆福利事業之設施，尤當本此次研討結果，積極推進。此外如戰時與戰後各種社會問題之解決，以及機構之充實，事業之創導等，亦皆有詳細之研討與決議。總裁以「親民和衆」之旨訓勉吾人，並昭示目前社會工作之重點，在化散漫之社會為整一，易冷漠之空氣為融和，轉移各為其私之積習為犧牲奉公，以期造成我國家為現代之國家，率導我國民為現代之國民」。本大會同人，謹掬至誠，接受此剴切之訓示。願本大會所有決議各案，其間有待中央之採擇者，有待社會行政機關職權所能施行者，有須社會人士之協力倡導者，有希全國同胞之共同努力者，同人等或職司社政，或志願研求，敢矢精誠，各竭棉力，蘄其實現。尤望羣策羣力，共赴事功，使抗戰建國之偉業，因社會建設之猛晉而益迅速其完成。謹此決議。

國際勞工組織大會中國政府代表團出席報告書

一、出席大會之國家

大會自一九四一年十月二十七日起在美國紐約市哥倫比亞大學舉行至十一月六日在華盛頓美國總統府作閉會式會期共十一日出席國家凡三十四派遣完全代表團出席者共二十二國計為美國阿根廷澳洲聯邦比利時巴西不列顛帝國加拿大智利中國古巴捷克厄爪多希臘墨西哥荷蘭紐絲蘭挪威波蘭南非聯邦烏拉圭委內瑞那南斯拉夫僅派政府代表者有波立維亞哥郎比亞多米利根共和國埃及法國印度伊蘭盧森堡巴拿馬共和國秘魯泰國另有非會員國哥斯達里加（Costa Rica）派觀察員列席以上所有出席大會之三十四國計政府代表五十九人其中現任勞工部長或外交部長者十四人現任副內閣總理一人前任內閣總理一人政府代表之顧問四十五人出席資方代表二十二人顧問二十二人勞方代表二十二人副代表一人勞方顧問二十六人此外各國代表團並有觀察員及祕書若干人總計出席人員共二百二十一人

二、我國代表團之人選及其在大會中之任務

我國政府第一代表李平衡第二代表燰于吉顧問謝嘉孟治曹國濱兼秘書厲毓珍資方代表壽景偉顧問黃宗勳鄧以誠兼秘書陳味經勞方代表朱學範顧問劉逸孝朱向榮兼秘書徐澤予全代表團共十四人按大會組織全體大會下設兩大委員會為議事規程委員會下設提案資格審查兩分委員會一為合作委員會下設政勞資戰時合作分委員會我出席大會政府第一代表李平衡除任大會政府組副主席外並任議事規程委員會政勞資戰時合作分委員我出席勞資兩方代表朱學範壽景偉亦分任大會勞資兩組主席

三、大會之開幕

大會二十七日上午十一時在哥倫比亞大學舉行開會式出席人員除各國政勞資代表顧問等共一百七十餘人外列席參與盛典者尚有美國紐約邦邦長奈門紐約市長拉爪第亞哥倫比亞大學校長古拉萊拍特勸諸氏國際勞工局代理局長經蘭氏循例充大會秘書長各新聞記者及旁聽席上擁擠不堪濟濟一堂極盡一時之盛

開會時美國政府代表國際勞工組織理事院理事長顧垂祺氏（Mr. Coodirch）以理事長資格充當臨時主席顧氏當致開會辭略謂

「此次大會並非例會其召集係根據一種信念即社會公平（Social justice）社會安全（Soci l Security）及經濟的民主之要義並非在戰爭後一種思想之點綴品此等原則為國際分野因而發生衝突之焦點而為自由國家之人民奮鬥以求

之者也國際勞工組織會協議之原則致力於此種理想其立場所在努力以企求之雖在戰時亦與平時無異也回憶一九三九年二月間理事院鑒于世界局勢之日趨黯淡曾經確定國勞之大政方針當決議即使戰爭爆發國勞之活動仍須維持至最大之可能限度嗣後戰事發生吾人一秉此堅決之方針在日內瓦舉行會議而新大陸諸國則在古巴京城舉行美洲勞工會議及至一九四〇年五月因德西戰結果日內瓦會議不能召集時國勞對於其爲民主國家服務之決心未曾稍懈因此前局長魏南德氏乃將局址遷設「加拿大友誼領土之上」現時大會之召集即根據上述一貫之宗旨也

「諸君不避遠道跋涉之艱苦不計本身職務之繁忙毅然命駕出席本會即證明國勞自有其重要之任務須待完成諸君來自世界各處出席本會凡三十三國有完全代表團二十二國截至現時止代表及副代表計百人顧問七十六人到會人員總計百八十七人以現時各國政府事務之繁忙與艱巨而身爲閣員或部長出席本會者仍不下十五名之多足見國勞之力量然此力量固不僅以諸君而表現之其派遣勞資代表之會外團體以及平素致身于國勞之理想及事業向與吾人共同工作及今在全能國家暴力壓迫之下而不得親臨本會者蓋不知凡幾以此吾人之責任乃更爲重大

「在本會議程所示此次大會之任務乃關於政策的普遍討論而非技術的細則問題主要議案共二一爲局長報告書此次報告與往年不同有其非常的重要意義此就報告書「國勞與世界建設」之標題可以見之第二議案爲政府與勞資團體合作方法本議案原列在一九四〇年大會議程但因上年大會未能集會延至本會現時本問題之重要性自不待言此項合作乃爲民主方式生活中不可或少之存在條件

「余茲不必對議案方面預爲申述惟要喚起諸君注意本身在大會之責任以資依據國勞憲章派定國際勞工局之權力與義務國際勞工立法工作已因戰事而中斷戰爭結束後此項工作自須恢復且將置於較寬廣之基礎之上然勞工局仍有其他工作須待實行諸君必須要求工作並增進其工作之能力民主國家勝利之後國勞之任務且將更多最大問題爲「解員」職業恢復資源與人力之自戰時生產改爲平時生產世界貿易之再造以新大陸糧食接濟舊大陸戰區之善後以及最大困難問題如在廣大區域中因其可能爲混亂複雜而須收拾整頓建立其經濟及社會生活者凡此等等均須根據社會觀點有其計劃與發明均將與行政工作賦其無上之重要性而爲難于解決之問題也此等問題當然有若干可由各國自行處理解決之但如戰後工人職業其間題不僅爲由一業移至他業且須由一國移至他國者若非國際合作戰後世界工人之恢復職業決難做到完滿之境諸如此類問題如不經由各國政府自行計劃而由一國際團體之吾人今日出席之國勞者更有勞資團體從中合

作則其方案之執行結果必可免除國際間不少之誤會與摩擦必可更合於改造世界以達永久和平之理想與希望誠如前局長魏南德所言「國勞乃諸君之國勞諸君之工具諸君利用此工具則國勞之力量自趨堅強」諸君如不使用之則至戰後國勞將不能勝任其工作之艱巨茲謹宣布大會正式開幕」

顧氏致詞畢當介紹紐約邦長秦門紐約市長拉爪第哥倫比大學校長柏特勒三氏分別致歡迎詞三氏對國勞在世界經濟改造工作方面地位之重要以及國際合作建立永遠和平改良勞動者生活反抗侵略保衛民主實現羅邸宣言等均有闡述詞長不備錄

諸氏演說畢大會即進行選舉會長英國政府代表亞希登（Mr. Ashteen）提議推舉美國勞工部長勃爾金斯女士（Mrs. Frances Perkins）充當大會會長亞氏謂國勞所召集之會議其意義以茲次大會對於世界最爲重要美國爲世界最大之工業國對于國勞及理想擁護最力而美國勞工部長又爲優秀卓越之人物故推爲大會會長極爲適當勃女士在身任部長之前從事勞工生活之改良成績卓著已有年數其間曾有六年任紐約州勞工總監職三十工廠法在勃女士任期中制成此於工人衛生安全福利備具功效而紐約三十勞工行政標準亦最高勃女士任勞工部長已八年其期限之長爲吾英國所絕無美國聯邦勞工立法行政如關于失業保險老年恤金及勞動關係法等之通過與實施勃女士厥功最著至其對于國勞之同情援助更無待言余以英國政府代表資格提議推舉一位女子爲本大會主席尤覺快慰云云

亞氏介紹畢加拿大資方代表古特爾氏（Mr. Coulter）代表僱主組發言附議我勞方代表朱學範則代表大會勞方組附議朱代表謂「余茲代表大會勞方組附議英國政府代表推舉美國勞工部長勃爾金女士爲本大會會長之提議勃女士從事工人生活改良之工作孜孜不倦伊與美國政府擁護國勞更具熱忱吾人現在美國開會故推舉卓越之人物如勃女士者爲大會會長領導會議進行實最合適」「余茲特附議英國政府代表之提議」云云

三氏致詞畢主席宣布無異議一致通過勃女士於全場鼓掌聲中就會長席大會於下午五時半開會時復推定波蘭政府代表勞工及社會福利部長史丹齊克英國僱主代表藍特生阿根廷工人代表多門耐奇三氏爲副會長

四、會長致詞

勃爾金女士就會長席當向大會出席代表表示謝意略謂「渠爲大會主席不但爲美國及其本人之光榮即全世界婦女亦與有榮焉大會之在紐約開會乃爲一種希望與信心之結合諸君自戰禍遍天之世界各角落不遠千里而來以肯定人類中

被壓迫階級最低要求之權利合力研討詳細而切合實際之方案以期造福人類國勞爲一工具此工具既已在戰時繼續活動吾人必負荷之渡過難關以至和平到來和平時國勞將爲一種重要方式此方式其本身乃係一種方案一種人類良知之方案回憶第一屆國勞大會在華盛頓開會時於今恰爲二十二年當時出席代表來自三十九國此種世界會議原屬創舉而出席代表非但爲政府所派且有勞資人民團體參加其時距第一次世界大戰慘禍之休止僅及一年各國人民歡欣鼓舞而於和會中各種問題之衝突未來經濟情形之混亂尚未能相當察覺人民只知戰事已過而於新世界之建造具一空闊之概念由此意識戰後出現兩大新機構一爲國際聯合會一即根據凡爾賽條約所設之國際勞工組織也國勞之產生實受各國組織工人之啓迪此等工人領袖時則集會於利茲（Leeds）時則集會於斯托哥爾摩時則集會伯因（Bern）各國民衆運動之領袖無不感覺眞正和平必須建立於社會公平基礎之上時至今日社會公平已成爲政治經濟或宗教的意義上之術語然在當時則爲一新觀念當克里蒙梭在和會第一次全體大會宣布即時討論三大重要問題而以國際勞工立法爲三問題之一時四座新聞記者無不相顧茫然事實上當時之政治家對其所欲創立之國勞或亦全然無清晰之概念惟普通之平民則對此十分了然因其本身之利益與期望因超出國界而不宥於政治問題之規劃也

「自一九一九年國勞大會通過八小時工作日四十八小時工作週制等大公約以來迄一九三七年已通過六十七公約國勞公約乃指導改良勞動標準之規範當時如禁止婦女夜工兒童入廠最低年齡等各國中已有法定標準者寥若晨星然自今日視之第一次國勞大會之約定標準殆已普遍施行司空見慣矣二十年來國勞在社會立法方面成功之大蓋無待言然國勞工作固不以立法方面爲限也

「社會公平如其實際不能導社會於進步之境亦無意義可言吾人必須清澈明瞭吾人意中所欲建設之未來世界究爲何種世界吾人又常言國際合作然國際合作云者指可合力從事於建設合力從事人類生活及工作情況之改良殆此之謂乎今日之世界並未完全開發而資源則無限量因經已開發者十分有限故世界人口未能享受安適之生活復因資源無限故吾人希望無窮此其一世界下層階級人民之需要與消費給予生產物擴大市場無窮盡之消納量故欲使億萬人民現時輾轉於饑餓線上者進而達到舒適之生活水準其所需資本智力及實行之工作不但爲此一代人民之責任且爲後此無數代人民之責任也

「凡謂世界生產過剩消費有限者均無意義之妄語全世界棉花生產量不敷每人每年三件襯衫兩雙襪褲之用食糧之

生產不敷食物營養專家所定平均每人營養之最低要求其他如民用金屬之不足更無待言戰後世界問題爲生產不足吾人之工作爲擴大生產開發新資源俾，自重慶以至倫敦世界遭受戰禍人民之迫切需要」

「戰後另一問題爲失業問題失業係人爲的故亦須以人爲方法解決之戰事動員各國感受人力缺乏戰事一經結束大量退伍軍人須即時恢復職業同時戰時工業改組復有無數工人失業此爲一嚴重問題放任主義不應再存於今後之世界吾人之工作爲探察人類之無限需要從事生產以供應之設法擴大人類需要之 界即爲國勞大會之工作各國目前工作當然以國際利爲第一然關於戰後建設之研究設計亦不容緩此後各國政府勢必在公共衛生國民營養及住宅問題多負責任政府更須負 責保障每一國民在體格智能方面有完全發展之機會兒童福利事業之發展不但爲取締童工問題且須設法使兒童得受適當教育及職業訓練也政府責任有國內及國際的兩種範圍國際方面所有國家必須準備於戰事結束之後提供其資源爲改造世界之用世界爲富庶的倘使各國必須依賴其本國資源則誠貧乏矣

「原料之自由取得固屬必要然苟使提供之原料所得代價不足抵償生產所費之勞力價値時則亦誠無意義可言故政府之責任在使國內享有特權者不致創造本國人民貧窮與失業問題在國際社會應同樣免除某等國家單獨享有特權

「自由爲社會進步之基本條件惟人民得有表示個人信仰與志願之自由得有於錯誤中體驗學習之自由得有對他不苟同不固執之自由然後始有進步可言惟尙使人民享受自由時而不與他人共同享受生活資料不能免除自私自利之心不能提高其公民及互助道德則此種自由亦無存在之價値國勞之使命即在負担此種工作吾人均各分担一部份責任容合力進行以達到此偉大之目的」

五、討論局長報告書

討論局長報告書向爲會程中最長時間之討論名爲討論實際乃各代表之自由演說本年在大會發言之代表顧問不下七十餘人其議論範圍包括戰時戰後一切社會經濟政治軍事事項凡已淪亡之國家其代表之演說大體報告各本國在軸心國家統治下之痛苦與其人民繼續奮鬥之情形因而幸澳洲紐絲蘭代表多申述本國勞會改良及勞工福利事業之現狀所有發言者幾無不以自擊敗軸心國戰後實現羅邱宣言諸原則加以發揮而於英國之英勇抗戰美國之努力援助表示欽仰之辭亡國之民其辭悲痛故代表演說者如比國外長斯巴克捷克外長馬薩利克等皆最使人感動我國艱苦奮鬥之情形雖爲各國代表同情然讚美之辭僅出少數代表因當時英美對日尙在拖延妥洽中多數代表不願涉及中日問題也自十月二十八日上

午起至十一月三日下午六時半止大會所有時間全爲聽取各代表顧問之高論最後於十一月四日上午約十一時由國際勞工局代理局長費倫氏提出答辭茲摘要編述如次

「大會非但爲全世界性之會議而其重要性且並由各國偉大政治家開明之如羅斯福總統將於本會在白宮致開會詞邱吉爾首相特派掌璽大臣國會工黨領袖阿特里代表英國政府出席本會致詞南非聯邦總理斯末某將軍加拿大總理麥斯金亦均囑其各本國出席人員對本大會宣讀賀詞大會爲自由之會議自由發表言論自由聽取言論代表顧問發言者不下六十六人來自二十七國以上內政府代表三十五人僱主代表十四人工人代表十七人

「余及哈斯握斯（英國工人代表）提及國勞經費問題余欣然應爲諸君告者即國勞財政狀况向屬穩妥差可維持國勞對於交納會費之國家在其艱難困苦之中仍能照常盡會員國之義務表示感謝惟國勞經費雖可維持究非寬裕仍望各會員國斟酌情形按時交納會費庶使國勞可照常工作則不勝感盼之至矣

「拉丁美洲諸國此次出席代表中有如許衆多之部長渠等地位重要事務繁劇今均親自出席本會足見各該國對於社會政策及國際合作之重視國勞與拉丁美洲諸國之密切合作可就汎美社會安全委員會之組織見之此會由祕魯發起將於一九四二年三月間在祕京聖地雅哥舉行國際勞工局欣然參與此會並願努力襄助之智利勞工部長孟羅茲先生希望勞工局對拉丁美洲增加技術上的援助余茲欣然答覆諸君在余權力範圍之內只須拉丁美洲諸國有提所議余將努力使國勞局副各國之期望過去美洲各國有所請求無論出自阿根廷或其他政府凡可爲力者國勞局均已協助之至在本大會所提出之問題如工人住宅營養休假時間娛樂設備等自余觀之似可由將來一美洲勞工會議從長討論之

「亞洲爲世界上廣大之陸而有其特別問題諸君諦聽印度及中國代表之演詞必甚感興味在中國與印度其古老之文化證示兩國當前有近代化發展之偉大可能性此項發展已因戰時環境之影響而益加劇對於未來世界經濟結構將有深厚之影響誠如揭諦爵士所言國勞在此方面有真實的工作待於從事亞洲勞動會議之議已非新穎時間確已顯然將至組織亞洲勞動會議其貢獻不但對中印兩國及亞洲其他國家顯示重要性而對於世界全體亦莫不皆然也余深信理事院將對此事予以密切注意待與關係國家商討後自當採取必要步驟儘速使此會可以組成並信其有勝利之結果。

「本大會爲自由的民主組織因其爲自由的民主的故本會所表顯之精神爲統一的所謂國際間之民主其意義究何所謂乎依余淺見各民族間之關係亦如個人之關係對於其所屬之社會負有義務此如美國獨立宣言所昭示各民族皆有企其

生活自由及幸福之權利也各自由民族於決定其國家之政策時對於蔑視此種基本原則者自然認爲公敵而相與結會其目的相同者一致奮鬥民族之生存乃爲追取自由亦惟自由保障之後方可企求其人民之幸福在此原則上本大會不僅全體一致且衷心持之以爲公共之信念無生命無自由卽無幸福此實三位一體於時間上可分於政策之實行時則不可分有此認識庶乎犧牲者得一鼓勵而加強其信念此等勇敢奮鬥艱苦卓絕不計犧牲之崇高性實爲各民族中建立其種類未來永遠之光榮換取人類幸福成功之代價余茲不欲對各國政府於生存自由取得保障後應採何種政策以導人民於幸福之境加以討論凡此業在本會所收到之提案中備見一切本會提案委員會於審議之後自當提出大會作最後之決定也諸提案之要點爲求達到大西洋宣言之目標此卽「民族間於經濟方面充分合作以求提高勞動標準經濟進步社會安全」並「保障世界任何地方人民生活於自由無恐懼無缺乏之眞正和平世界」也

「就諸君對於報告書之討論一般贊同國勞如欲有效的爲社會問題求得解決則於經濟方面尙須擴大活動範圍關於以後建設問題余對壽景偉代表之提議特別感受深刻之印象壽君呼籲根據　孫中山先生國際資本開發中國富源一事國際勞工局將欣然盡其能力協助中國政府實現此項偉大之工作

「余請諸君容余對報告中建議以國際勞工組織爲機構補充大西洋宣言中關於社會條款之規定略加申說吾人須知創立制度之法案其結果之成就常較之此法案本身之會議爲尤宏偉制度之影響於人類進步者如君主立憲制自由民主制勞資團體組織制等其所助於人類幸福之企求者不較之彼十或此一法案之供獻爲尤多乎勞資團體組織自由之制度在民主政體中已成整個機構之一部份關於世界未來和平經濟改良之國際議定方案如與勞資團體組織自由制互相關聯則此制對於民主政體自更成爲不可分離之整然機構矣由此可知立制爲要而立法次之夫以國勞爲世界戰後和平建設會議之一部分如其實現尙待各國政府以後如何決定固非國勞本身所可單獨使之生效也余信諸君必能轉達各本國政府關於吾人在大會中一般對於此事之重視

「至戰後建設方案雖有臨時及永久建設之分然臨時應急之方案其方式必須有助於永久之建設因此國勞於戰後不僅將參加和平會議或建設會議且有緊急救濟事項須設法協助各國先事實行也

「在討論余之報告書時諸代表甚至無相當批評僅本大會副會長僱主組主席約翰爵士略作評論爵士謂余在報告書中未提出自由企業一名辭約翰爵士似未注意報告書第十七頁在該頁中余曾謂國家參與經濟事項之擴大爲戰時經濟之

特色者戰後將無疑縮小于與之範圍也但有許多經濟情形國家參與則不能中止戰事愈延長政府活動之範圍愈大其事項亦愈多且益形其參與有重要之性質也此種現象一部分由于國家戰時經濟機能之擴大然國家統制在平時也有此趨勢至於戰時不過加以展延耳此趨勢似不至突然逆轉云云約翰爵士謂渠誠不解余所謂社會公平一語就作何解余則謂余對渠之「自由企業」一語亦誠不知究作何解倘如若干戰時工業統制戰後仍然適用倘余所建議十二點中之一即統制時勞資團體意見必須顧及倘如戰後之統制能使吾人渡過難關則某種方式之生產統制因除此以外無他法可以克服過渡時期之困難而必須繼續或施行之者試問屬於此種情形之工業究為自由企業或非自由企業乎余暫不作答亦不信約翰爵士能答覆此問題渠當視此究為何種統制其性質如何統制時勞資團體參與之程度如何等等然後方能決定」

六、我政府代表之演辭

十月三十一日上午大會我政府第一代表李平衡因同時出席理事院會議不及出席發表演說時由第二代表于焌吉出席致詞如次

「余代表中國代表團參加大會討論深為欣慰回顧勞工局既往之工作吾國代表團對前局長魏而德在其任內之成績卓著時代欽佩魏君未能在此領導吾人工作雖使吾人抱憾然彼係一大民主國使節駐在另一大民主國足令人稍覺寬慰因彼之使命正與吾人同在精神上渠固與吾人相聚一堂也魏君掌理國勞時使社會的經濟的公平推及於全世界工人之一政策取得支持與擁護魏君運用智慧而巧於應變故其成績斐然殊使吾人滿意

「余於述及代理局長費倫氏之工作時亦快慰異常費君於國勞危急存亡之秋承受重任由其卓超之能力與勇敢之精神使國勞安然渡過難關克服因戰爭而起之無限困難渠之成功為出席政勞資諸代表所週知毋待余之贅言也余閱費局長報告書特別關於和平恢復世界建設工作一章衷心贊佩認為前所未有之傑作凡所議論皆明晰具體而實事求是此實為建議未來之方案指示吾人應取之途徑且未低估行將遭遇而須克服之困難關於將來政策一章特別有價值容吾人遵照之一致努力於社會之改革

復次余認為大會能得勃爾金女士為本會會長實屬特別幸運勃女士之能力熱忱及藹然之風度於領導大會進行工作時自然表現其對於社會及經濟事業之智識經驗其對大會之供獻及友好之性格表現將永留於吾人之記憶中固不待言也

「因全世界大局現值非常而前途如何更屬渺茫不測有心人之視本會或亦以為無關大體也但如吾人體察現時之討

論係根據一種信念卽以勞資圓滿關係爲基礎換言之無論就個人利害關係着想抑就團體利害關係着想侵略國之惡勢力必須由吾人摧毀之根據此種信念故本會之重大意義無待言諭如其世界爲武力所制服勞資兩方均無和平及公平可言本會會場非可以普通集會視之而需視之爲莊嚴神聖之祭壇一切愛好和平自由之國家代表來此相與立願誓爲一致犧牲余所見之國際會議遭遇同樣危機而有同樣克服決心之出席國家從未有若本會此次之多者政勞資應通力合作不爲個人利益而爲人類共同幸福此誠千鈞一髮之時也

「善惡不兩立有史以來則皆然今日之犧牲爲崇善而驅惡吾人生於此代幸得參與爲人類文明偉大鬥爭之一方豈非甚足傲然自得之事乎此戰爲自奴隸狀態中拯救自由專制中拯救民主強權中拯救眞理雖犧牲性命又何足惜乎吾國政府自東三省事變以來已對侵略者之挑戰予以答覆自所謂「中國事件」四年以來已爲無限量之流血矣抗戰四載艱苦備嘗然吾人之精神則愈挫愈銳再接再勵必至最後勝利而後止何則爲國家生存四載爲民族自由而戰且上蒼知之吾人之戰亦實爲世界民主而戰所謂大敵當前義無反顧此之謂也吾國抗戰目的簡單明瞭故有犧牲決心而誠亦樂於接受此種犧牲也

「吾國偉大領袖蔣委員長自始卽認爲對侵略國不可以姑息對黷武者不可以妥洽故不惜一切犧牲抵抗日本之侵略余今欣然向諸君指陳者卽在二次世界戰爭以前無論國際局勢如何變化中國從未表示動搖從未向後抽足一步及今吾人便保持充分之信心認爲最後勝利必屬吾人

「以言犧牲之決心諸君或可想見沿海各省大學生向內地遷徙之情形質言之學生實將大學負之於肩背輾轉西行更將敵手下人民徙步內徙不遠千里而往自由中國諸君或可億及南京漢口撤退時不能置信之困難情形凡人力所能做到者任何機器無不運至內地不遺片鐵南運動力廠中之蒸汽鍋鑪鍋全用人力運至後方七千五百里之遙翻路於十個月內以勞動者之血汗未嘗稍用近代機械之力也經此公路而入中國之接濟品現時已達一萬五千噸矣

「凡此一切實予吾人有價值之教訓卽以富有伸縮性之人類偉力只需有決心有犧牲之精神可以克服萬難使不可能之事有成功之結果在此黑暗時代余願以此教訓供獻諸友邦相與省察而供勉焉

「余今在此一切沉痛之犧牲的經驗中吾人復發現倘社會政治經濟不能互相融和爲圓滿之發展則所謂和平與社會公平亦無實現之可能關於此點吾願提及吾國工業合作社運動一言之抗戰二年之後我國沿海各大城市之工廠及近代工業多

數爲敵人摧燬但工業一經破壞而我國之偉大工合網已在內地建立其始此種工合不過二百四十六處但在今年春已有千六百六十四處其中且有若干工合設在敵軍後方因戰時經濟之有此種新設施無數失業工人得有工作機會而食糧及製造品由工合生產者誠亦爲量非細此一運動有助於戰時戰後新中國之工業化自不待言我國政府不僅扶持工合運動且已在敵人殘酷的空襲之下設定多種社會救濟制度在戰前主管勞工及社會行政僅爲一附屬機關現則社會部業經成立立法及勞工問題專家在部中服務者爲數甚多政府曾通過許多法案使工人在社會政治經濟方面地位提高關於高度工業民主制之法案亦在審議中例如今年一月政府頒布條例一種平定工人工資使與當地生活情形適應今日甚至工人因躲避空襲在防空洞中失去工作之時間亦已由政府規定予以公平之報償

「綜上以觀可見吾國勞資團體與政府在戰時完全一致合作成績昭著實因國家大敵當前形勢危急實家喻戶曉之事也願凡愛好民主自由出席本會之所有國家其政府及勞資各方且決心一致合作對付國際公共之敵人誠然在實行合作一方或他方或不免須作暫時之犧牲但須知忍受一時痛苦乃爲公同及永久之幸福此則不可辯駁之事實也

「如吾人欲在本會較前此任何大會得益更多不但須接納局長報告書所建議之一切而實行之且須將大會一致之信心帶回各國此信心爲何即吾人愛好自由諸國之政勞資　表值茲國際危急之時共願並肩一致奮鬥反抗侵略違背正義及奴隸之制度戰後建設之計劃誠然重要但更重要者乃爲戰爭之勝利亦即保護人類之勝利此偉大工作完成之日後此無數世代之光榮紀念碑亦即巍然建立矣」

七、大會之閉會

大會會務於十一月十五日下午四時一刻即行完畢會長副會長分別致詞惟正式開會在六日下午是日下午各國代表團乘車至白宮總統府代表顧問環坐一廳三時正美國總統羅斯福由勞工部長勃爾金女士介紹出席發表重要演說其詞當日已向全世界廣播無容在此細述羅總統演說畢大會正副會長分別致謝詞出席人員即一一與羅總統握手作別赴加拿大使館招待會先時我國代表團曾於三日晚在紐約大使館招待各國代表團其盛況當經電呈六日下午自加拿大使館散會後我代表團復在我國大使館受胡大使之歡讌

八、大會議決案

此次大會之特點爲僅有決議案而與同年尚須通過若干國際公約及建設書稍有不同此蓋因戰時情形與平時不同故

會議之性質亦自然不同也但此次決議案性質重要實爲國勞劃時代的工作表現茲就關係最大之議決案摘報如次

（一）戰後緊急救濟及永久建設案

「爲因各自由民族反抗至能國侵略戰之勝利乃達到國際勞工組織理想之必要條件

「爲因戰爭結束之後必須繼之以立時行動以從事人民食糧需要之供給戰區瘡痍之善後恢復經濟生產所必要之原料工具及運輸之供給貿易出路之再開工人及其家庭住宅之建造衛生等工作於自由安全有希望之環境中以及改造戰時工業合於平時需要以提高世界所有人民之生活程度等等

「爲因欲達到上開目的必須所有國家在經濟方面通力合作

「爲因此種合作必須有組織及行政的工作而要求最高能力及對各國人民需要有最同情的了解

「爲因國際勞工組織要各自由民族之信任且在其機構中包括勞資代表因之適合參加上述工作而能減少誤解紛爭促進安定與經久之和平

「國際勞工組織大會決議要求理事院：

（A）將此決議送達各會員國政府喚起其注意宜與國際勞工組織聯合設計及實施建設方案並請贊同在戰後世界和平及建設會議中國際勞工組織亦應參加

（B）向各會員國政府建議如其尚未設立機關應即設立之從事研究戰後世界社會的及經濟的需要此等機關須隨時與國勞交換意見

（C）理事院以其理事設一小型的三方委員會研究並編擬建設方案處置失業辦法此委員會應有權取得專家技術上的協助且與各國研究相同問題之公私機關合作其他機關如其現時關於社會的經濟的活動對於戰後實行之建設計劃發生影響者亦應與之合作

（D）儘量利用國際勞工組織現有之機關如國際公共工程委員會常設農業委員會常設移民居留委員會海事聯合委員會等並隨時改組之或設立新機關使能勝任因本議案而生之責任

（E）向次屆或以後國際勞工大會報告本議案之重要發展事項使國際勞工組織能斟酌情形在以「改良勞動標準經濟進步社會安全」爲基礎之世界和平再造中對其所負之各種社會目的作有權威之表示」

（F）指導國際勞工局關於執行本議案之工作計劃

（二）贊同大西洋宣言案

「爲因美國總統羅斯福英國首相邱吉爾在大西洋宣言中公布八項共同原則爲各本國政府之政策根據此項政策彼等對於世界良好之

來寄寓無窮之希望

「爲因此等原則已爲所有聯盟國政府所贊同

「爲因該宣言中第四第五第六原則有下列之規定

「第四兩國政府在適當的遵重現存義務之下將致力於促進所有國家不論大小或戰勝戰敗依同等條件爲求經濟繁榮享受世界貿易與原料之取得

「第五兩國政府願促成所有國家在經濟方面最充分之合作以期達到改良勞工標準經濟進步及社會安全

「第六納粹暴政摧燬之後兩國政府希望建立之和平將致所有國家在其國境內享受和平並將保證世界任何一地方之人民均在自由中生活無恐懼無缺乏

「爲因國際勞工組織之憲章已昭示永久之和平「惟有以社會公平爲基礎始可建立」

「國際勞工組織大會贊同大西洋宣言之上述原則要請儘量利用國際勞工組織之機構及經驗以使此等原則生效並懇以國際勞工組織之完全合作以增益其不足」

（三）關於戰爭與和平之決議

「國際勞工組織大會由四十國代表出席於一九四一年十月二十七日至十一月五日在紐約開會大會業已接到被軸心軍隊佔領國家代表之報告其恐在軸心軍隊佔領之國家集會結社自由及一切民主權利與自由已被壓制特向中國英國俄國及歐洲大陸億萬之人民表示最深切之同情軸心戰且對此無數人民加諸無可描述之痛苦而使彼等現時在精神上物質上忍受辛酸艱苦之生活

「大會鄭重宣佈惟有世界自由民族之勝利始可拯救世界出於絕望的混亂此等自由民族現正爲民主而戰爲維護不可割讓之人權而戰

「大會特向勇敢之民族表示最熱烈之羨慕與忱摯之謝意彼等現正對歷史上最獰悍之野蠻人作戰拯救人類於挫敗由於彼等之英勇抵抗不但世界已被拯救且已奠立民主勝利之基礎亦惟有此種勝利始可保障社會之進步與自由也

「大會敦促所有自由民族盡其權力之最大限度以工業所能生產之軍用品供給中英俄及其同盟國以求勝利

「大會堅執在勝利確定之後民主國最重要作工作建立國際間經濟合作之原則現時重要之事爲即行開始研究經濟情形爲社會進步於可能實現境地並冀勝利到來之民主國已準備妥當足以應付偉大之建設工作使世界和平之福音人與人間之信賴成爲真實而普遍」

（四）美洲國家間關於戰爭及貿易之決議

此案係因美洲諸國有實行貿易限制之制度而提出爲欲取銷出口限制以免發生失業，國內不安定等問題與美洲出席代表希望各國共同會作促進貿易大會決議由理事院採取步驟並委定委員會以期鼓勵美洲各國貨物之交換由原案僅與美洲國家有關係故將其全文規定從略

（五）關於政勞資合作以爲設計及實施官方政策案

「爲因在任何國家關於生產總動員及防衛工作工人及雇主皆占極重要之地位而勞資兩方對於此等工作既有如此重要性依據理智及公平各國自應於經濟及社會事務之決定與了勞資兩方參加發言權大會建議各國已設立機關從事設計及實施官方政策之對勞資利益直接或間接發生影響者應於此項政策之決定及執行機關中容納代表勞資發言人與政府合作進行」

（六）關於生活工資及農地改革案

「爲因根據生理學之統計國際勞工組織會員國中工人營養感受不足大會注視關於最低工資法令有頒佈之必要用以保證工人之資力足以滿足其生存上之基本要求蓋工人係在現代文明境況中從事工作而其工作亦爲文明所要求也大會並認爲在依人口比例國土相對的遼闊之國家極需實行農地改革使農業及畜牧業之富源得爲合理化之動員俾滿足勞動者對於社會公平較大之愿望」

（七）關於紡織業成立機關案

「國際勞工組織會員國大會：（一）要求國際勞工局局長迅擬具確實計劃在國勞維護下根據三方原則成立世界紡織機關以負經濟的社會的國際法案編組之責俾致該業於繁榮而得社會公平之實施（二）授權該局長與關係各方儘量商討在戰爭結束之最短期內在何種環境之下此項成立機關之計劃可以實施」

（八）關於設計調整商船上經濟的及社會的情況案

「爲因航海者已作無數犧牲而其潛心盡職亦屬昭然共見

「爲因航運之國際性在戰後且將較戰前尤爲顯著

「爲因海員經濟的社會的急速而圓滿的調整爲航運業將來發展之迫切要求

「國際勞工組織大會授權國際勞工局局長

（A）與有利害關係之團體機關及私人商討以期戰事終了時已有各種計劃備商船上經濟及社會情況立時調整之用

（B）並與聯合海事委員會商酌可否在該會中加入政府代表

上述之議案爲大會決議中最重要而亦較爲具體者尚有第九案爲關於美洲國家經濟情報問題第十案爲下次大會集會地點大會決議如因環境關係下次仍可在日內瓦以外地方開會第十一案爲決議申謝國際勞工局前局長魏南德均屬無關大體故將原文之複述從略此外有美國政府代表所提保護兒童案雖屬重要但大會因時間關係未及附議交由理事院處置原案大意略謂各國政府應以保護兒童爲國家之責任對於兒童之保護不因其家長之貧富有所軒輊國家不僅應取締工廠中之童工並須保障兒童在智能及體格上有充分發展之機會換言之兒童不但應受普通教育且須受職業教育也

此外大會於聽取合作委員會之報告後特作下列決議一項共三段

一（附錄）大會關於合作委員會報告之決議

第一段

（1）在經濟的社會的方面之發展勞資團體之地位日顯重要大會承認所有國家政府機關與勞資團體之有效的合作有普遍及永久之重要性

（2）大會重視此項合作之特別重要性爲

（a）在現今之戰時因前方之陣勢戰其成功大半依賴後方生產戰之結果而民主國家生產戰之勝利則全賴勞資對於國防工作之完全合作以爲斷

（b）在勝利之後爲轉移戰時經濟入於平時經濟爲世界經濟及社會建設所有國家不論交戰國抑中立國一律有利害關係而需政府機關與勞資兩方合力從事此等偉大之工作

（3）大會宣布惟有在民主政治機構中保障勞資結社自由之條件下眞正之合作方屬可能

（4）大會確認實施合作之原則而在法律上及事實上（a）國家承認勞資有組織工業團體權代表勞方或資方之利益（b）勞資團體應彼此互相承認共對方有代表勞工或僱主之權利

（5）大會是認合作之方法因不同之地方不同之社會不同之經驗不同之民情風俗而各異卽在一國中亦因時而異此則就大會將悉報告關於各國應付相同局勢而實行辦法之異趣與因應可資表證者也大會並承認假定合作之實行保根據上述諸原則且由勞資團體自選代表充分參與合作之基本要件則就本國之經驗而發展之最可保證合作之積極的功效

第二段

大會既顧國際勞工組織關於合作之推廣實行盡其最大可能性的服務對於臨時組織及永久工業的及經濟的組織範圍內大會要求

（1）國際勞工局理事院就下列兩點採取步驟保證充分利用國勞之八力物力

（a）使各國政府勞資團體間交換關於合作之戰時及永久的機構之一切資料藉以便利其廣大之發展（b）協助關係國家利用本國機關在應急的工業經濟組織方面採取適當之合作方法

……（附2）數促各國政府不但供給勞工局關於合作之組織上的發展情形之材料並將合作機構之運用方面的發展情形隨時供給詳細消息在此兩方面何處成功何處未能達到預期之目的一一指明以便爲比較的分析研究

（十）同 第三段

國內……爲因政府機關與勞資團體三方之合作方法爲一複雜之問題而因時期短促不能對問題各方面加以詳細討論大會要求理事院將此問題仍列入下屆大會之議程

第二段

[illegible]

（5）大會……合作之方法因不同之國家……不同之社會……[illegible]

（b）勞資團體應彼此互相承認其雙方有代表勞工或僱主之權利

（4）大會認爲……合作之原則而在政治上及事實上……[illegible]

（3）大會……[illegible]

（b）……[illegible]

（a）……[illegible]

（2）大會……[illegible]

（1）……[illegible]

第一段

（附錄）大會關於合作……[illegible]

社會部核准備案之農人團體一覽表

三十一年十月至十二月

1. 核准組織之農會

省市別	團體名稱	核准日期	主要負責人	會員數 團體	會員數 個人	備註
湖南	益陽縣農會	三一年十月廿六日	孟治農	一七		
	平江縣農會	同上	鍾樵	七		
	乾城縣良章鄉農會	三一年十一月五日	楊永華		三九四	
	嘉禾縣珠泉鄉農會	同右	李志文		一九八	
	嘉禾縣南平鄉農會	同右	李國鑑		一九八	
	嘉禾縣滿化鄉農會	同右	雷源箴		三五八	
四川	蓬溪縣旌忠鄉農會	三一年十二月八日	謝蒼階		一五三	
安徽	績溪縣農會	三一年十一月九日	程節生	一七		
	太平縣三龍鄉農會	三一年十一日二日	葉維蓁		三五〇	
	太平縣龍堯鄉農會	三一年十一月二日	周有炘		三五〇	
浙江	瑞安縣顧桊鄉農會	三一年十二月七日	楊錫坦		一七二	
廣西	宜山縣農會	三一年十二月十日	韋紀	一八		

2. 核准改組之農會

省市別	團體名稱	核准日期	主要負責人	會員數 團體	會員數 個人	備註
甘肅	華亭縣農會	三一年十一月十四日	張彥文	六		
	華亭縣安口鎮鄉農會	同右	萬世芳		三八二	
	華亭縣龍眼鎮鄉農會	同右	趙文明		一九五四	
	華亭縣馬峽鎮鄉農會	同右	李增芳		六三三	
	華亭縣山寨鎮鄉農會	同右	楊正榮		五六五	
廣西	臨桂縣山口鄉農會	三一年十二月十日	蕭校卿		二七五	

社會部核准備案之工人團體一覽表

三十一年十月至十二月

1. 核准組織之工會

省市別	團體名稱	核准日期	主要負責人	會員數	備註
江西	江西省公路工會	三十一年十月二十三日	王和琛	五〇〇〇	
湖南	沅江縣紙鞋業職業工會	三十一年九月二十六日	周錫鎮	五三	
	嘉禾縣縫紉業職業工會	三十一年十月二十三日	楊永光	一六六	
	平江縣染業職業工會	三十一年十月二十三日	李伯純	五〇	
	桂陽縣民船船員工會	同右	侯典儒	四二八	
	長沙縣總工會	三十一年十月二十九日	林醒民	一八	
	茶陵縣染織業職業工會	三十一年十二月十九日	譚遺益	一四九	
福建	福建省西北公路工會	三十一年十一月十八日	鐘文	一〇九〇	
	永定縣碼頭業職業工會	三十一年十二月二十三日	葛朝熙	二〇一	
	莆田縣泥水業職業工會	同右	陳文連	七〇	
	莆田縣油漆業職業工會	同右	張玉榮	五二	
	莆田縣金銀業職業工會	同右	林鑾昌	七二	
	長汀縣總工會	同右	曾福財	八	

2. 核准改選之工會

省市別	團體名稱	核准日期	主要負責人	會員數	備註
湖南	長沙市民船船員工會	三十一年十一月十八日	毛鵬雲	四八〇〇	
	長沙市銅作業職業工會	三十一年十一月廿六日	廖慕韓	六一一	
	長沙市紙棚業職業工會	同右	王和生	五二	
	長沙市黄作業職業工會	三十一年十二月二十日	方長生	四三三	
	長沙市布傘業職業工會	同右	陳桂軒	八九	
	長沙市石業職業工會	同右	陽樹松	一一〇	
	長沙市理髮業職業工會	同右	文石德	九〇	
	長沙市粉餅饅飩業職業工會	同右	李文華	一〇二	
	長沙市肩輿業職業工會	同右	譚少臣	四九五	
	長沙縣糕餅業職業工會	同右	羅順熙	二八〇	
	長沙市製革業職業工會	同右	姜芳春	八〇	
	長沙市籐器業職業工會	同右	彭漢卿	六六〇	
	長沙市西席業職業工會	同右	盧佩倫	一六八〇	
	長沙市飯菜酒職業工會	同右	李雁秋	九八	
	長沙市漆器業職業工會	同右	沈金鑑	八四	
	長沙市鐵業職業工會	同右	何友松	六六	
	長沙市昇栿業職業工會	同右	黄邁泉	九四	

省市別	團體名稱	核准日期	主要負責人	會員數	備註
福建	莆田縣總工會	三十年十二月二十三日	陳仁銘	六	
	莆田縣香燭業職業工會	同	右	曾文彬	五四
	莆田縣木業職業工會	同　右	吳桂元	六五	
	莆田縣理髮業職業工會	同　右	李文穆	五三	
	莆田縣縫紉業職業工會	同　右	陳仁銘	一五〇	
	莆田縣[illegible]業職業工會	同　右	陳福連	五四	
	莆田縣鞋業職業工會	同　右	鄭滄洲	一〇八	
	閩清縣製粉乾業職業工會	同　右	林旺金	八三	
	仙遊縣民船船員工會	同　右	蔡錦榮	一〇六	
	仙遊縣理髮業職業工會	同　右	李文章	七二	
	仙遊縣縫紉業職業工會	同　右	陳紹樞	六一	
	邵武縣裁縫業職業工會	同　右	黃慎夫	五四	
	華安縣搬運業職業工會	同　右	楊居東	一五一	
	安溪縣起卸業職業工會	同　右	李治源	五六	
	海澄縣理髮業職業工會	同　右	李永武	貳四	
	南安縣建築業職業工會	同　右	黃連元	二七七	
	長汀縣民船船員工會	同　右	曾福財	六四五	
	東山縣總工會	同　右	江應祥	九	

3. 核准改組之工會

省市別	團體名稱	核准日期	主要負責人	會員數	備註
甘肅	華亭縣各業工人聯合會	三十一年十一月六日	馬義祿	八三	
	華亭縣中藥業職業工會	同　右	張世瑛	八五	
湖南	嘉禾縣民船船員工會	三十一年十一月十一日	李瑛	一一六	
	長沙市牛猪骨角業職業工會	三十一年十一月廿五日	周應生	一一一	
廣西	浦[illegible]縣民船船員工會	三十一年十二月四日	黃利雲	一一三	

4. 核准整理之工會

省市別	團體名稱	核准日期	主要負責人	會員數	備註
福建	古田縣民船船員工會	三十一年十二月廿三日	林福濟	一〇〇	
	海澄縣碼頭業職業工會	同　右	陳蘇友	五四	

社會部核准備案之商人團體一覽表

三十一年十月至十二月

1. 核准組織之商人團體

省市別	團體名稱	核准日期	主要負責人	會員數	備註
浙江	金華縣制服商業同業公會	三十一年十一月一日	鄭錦譽	二三	
	金華縣承攬運送商業同業公會	同右	龐業經	六〇	
	金華縣紙商業同業公會	同右	樊國華	一〇	
湖南	嘉禾縣絲綢呢絨布商業同業公會	三十一年十一月廿三日	何鏡五	九	
安徽	歙縣箔坊商業同業公會	三十一年十月十九日	江友瀾	二〇	
廣東	廉江縣商會	三十一年十一月廿五日	龐華廷	二〇三	
廣西	桂林竹排商業同業公會	三十一年十二月二日	秦肇益	一二三	
福建	永春縣什貨商業同業公會	三十一年十二月廿二日	顏聯濱	七六	
	永春縣木器商業同業公會	同右	陳金餅	三四	
	永春縣窯餅商業同業公會	同右	林坎	三二	
	古田縣茶商業同業公會	同右	林樹均	二七	
	古田縣花生商業同業公會	同右	林篤祥	一七	
	惠安縣崇武鎮糧食商業同業公會	同右	陳金梧	五九	
	惠安縣崇武鎮百貨商業同業公會	同右	陳國楨	二〇	
	惠安縣崇武鎮京果商業同業公會	同右	林文端	一〇	
	惠安縣崇武鎮綢呢絨布商業同業公會	同右	莊淡水	一八	
	惠安縣崇武鎮紙商業同業公會	同右	詹僑	二六	
	惠安縣崇武鎮屠宰商業同業公會	同右	張大昌	一三	
	惠安縣崇武鎮魚商業同業公會	同右	黃老成	三四	
	同安縣糖商業同業公會	同右	揚溫恭	一〇	
	長泰縣木商業同業公會	同右	李述根	八	
	長樂縣屠宰商業同業公會	同右	李祖賓	九	
	閩侯縣印刷材料商業同業公會	同右	陳梓滿	九	
	建陽縣金銀器商業同業公會	同右	蔡學西	一四	
	霞浦縣銅鐵器商業同業公會	同右	劉士雄	一七	

霞浦縣油商業同業公會	同	右	鄭寶[illegible]	一四
霞浦縣裁縫商業同業公會	同	右	陳長[illegible]	二八
霞浦縣理髮商業同業公會	同	右	林[illegible]官	一九
霞浦縣[illegible]商業同業公會	同	右	陳[illegible]	一九
霞浦縣[illegible]飾業同業公會	同	右	阮[illegible]亮	九
霞浦縣[illegible]餅商業同業公會	同	右	卓兆光	四二
霞浦縣三沙鎮油商業同業公會	同	右	[illegible]	四八
霞浦縣三沙鎮鐵器商業同業公會	同	右	吳安[illegible]	一九
霞浦縣三沙鎮飯館商業同業公會	同	右	[illegible]	一八
霞浦縣三沙鎮竹木器商業同業公會	同	右	[illegible]	一六
霞浦縣三沙鎮雜貨商業同業公會	同	右	林[illegible]	一[illegible]
霞浦縣三沙鎮[illegible]商業同業公會	同	右	[illegible]	一九
霞浦縣三沙鎮[illegible]商業同業公會	同	右	柯[illegible]	一七
霞浦縣三沙鎮[illegible]商業同業公會	同	右	林錦[illegible]	一九
武平縣岩前鎮[illegible]運送商業同業公會	同	右	[illegible]乾[illegible]	一六
武平縣岩前鎮[illegible]業商業同業公會	同	右	[illegible]太[illegible]	一三
武平縣岩前鎮紙商業同業公會	同	右	鍾[illegible]	一六

武平縣岩前鎮[illegible]商業同業公會	同	右	[illegible]	一四
武平縣岩前鎮[illegible]商業同業公會	同	右	鍾[illegible]	二九
武平縣岩前鎮屠宰業同業公會	同	右	[illegible]	[illegible]〇
武平縣岩前鎮[illegible]縫商業同業公會	同	右	張[illegible]	一八
武平縣岩前鎮[illegible]商業同業公會	同	右	[illegible]海康	七
武平縣[illegible]鎮酒商業同業公會	同	右	王心石	一七
武平縣岩前鎮木器商業同業公會	同	右	鍾[illegible]	一〇
雲霄縣銅鐵錫器商業同業公會	同	右	唐[illegible]	一六
雲霄縣[illegible]貨商業同業公會	同	右	[illegible]	三〇
雲霄縣[illegible]商業同業公會	同	右	陳有[illegible]	三六
雲霄縣[illegible]商業同業公會	同	右	林[illegible]成	三九
雲霄縣[illegible]商業同業公會	同	右	張[illegible]	三五
雲霄縣[illegible]商業同業公會	同	右	林[illegible]卿	二四
雲霄縣[illegible]商業同業公會	同	右	林蓮道	二三
南靖縣木商業同業公會	同	右	莊英偉	五〇
南靖縣裁縫商業同業公會	同	右	陳煥容	七
南靖縣屠宰商業同業公會	同	右	吳[illegible]	一七

省市別	團體名稱	核准日期	主要負責人	會員數	備註
	[illegible]商業同業公會	同右	黃景鐘	一九	
	[illegible]商會	同右	陳亞春	一三	
	[illegible]縣[illegible]紗布商業同業公會	同右	羅子畯	一六	
	[illegible]縣百貨商業同業公會	同右	葉維新	一七	
	[illegible]縣國藥商業同業公會	同右	李筱和	一〇	
	[illegible]縣[illegible]同業公會	同右	鄧壽奇	二二	
	[illegible]縣理髮商業同業公會	同右	林德逵	一四	
	[illegible]縣酒商業同業公會	同右	陳惠濤	一八	
	[illegible]縣屠宰商業同業公會	同右	周泰茂	一三	
	[illegible]商會	同右	陳大均	一八	
	[illegible]縣[illegible]商業同業公會	同右	劉宗棻	四九	

乙 核准改選之商人團體

省市別	團體名稱	核准日期	主要負責人	會員數	備註
福建	邵武縣新藥商業同業公會	三十一年十二月廿二日	蘇叔眉	一六	
	邵武縣百貨商業同業公會	同右	方錦懋	一六	
	邵武縣糧食商業同業公會	同右	吳鑑	三八	
	邵武縣紙商業同業公會	同右	余文魁	二六	

省市別	團體名稱	核准日期	主要負責人	會員數	備註
	寧洋縣小陶鎮糕餅商業同業公會	同右	饒聲文	一〇	
	寧洋縣小陶鎮旅社商業同業公會	同右	羅振新	一六	
	寧洋縣小陶鎮絲綢呢絨布匹商業同業公會	同右	鄭麟甲	五〇	
	寧洋縣小陶鎮茶館商業同業公會	同右	吳滕財	二五	
	寧洋縣小陶鎮京菓商業同業公會	同右	沈朝容	五四	
	寧洋縣小陶鎮國藥商業同業公會	同右	曾慶賢	三五	
	寧洋縣小陶鎮紙攬運送商業同業公會	同右	李佛樹	三四	
	寧洋縣小陶鎮菸商業同業公會	同右	林仰明	一九	
	寧洋縣豆腐商業同業公會	同右	巫仰方	一七	
	漳平縣國藥商業同業公會	同右	李浩初	二七	
重慶	鹽商業同業公會	三十一年十月十四日	陳百言	六四	

省市別	團體名稱	核准日期	主要負責人	會員數	備註
	邵武縣國藥商業同業公會	同右	崔紹生	二三	
	邵武縣旅館商業同業公會	同右	王渭祥	一九	
	邵武縣酒商業同業公會	同右	馬榮卿	三四	
	邵武縣菸商業同業公會	同右	盧克明	二二	
	邵武縣醬油商業同業公會	同右	盧錦珊	一二	

邵武縣糕餅商業同業公會	同	右	蕭[illegible]成	一四	
邵武縣屠宰商業同業公會	同	右	官[illegible]	二四	
邵武縣柴商業同業公會	同	右	薛吉香	三三	
邵武縣京果商業同業公會	同	右	游振彬	三二	
邵武縣鹽商業同業公會	同	右	游銘[illegible]	二六	
德化縣屠宰商業同業公會	同	右	陳相國	一五	
東山縣國藥商業同業公會	同	右	楊鴻鐵	二八	
東山縣[illegible]商業同業公會	同	右	許仰忠	一六	
東山縣糧食商業同業公會	同	右	黃[illegible]誠	四九	
東山縣木商業同業公會	同	右	陳福全	一四	
東山縣酒商業同業公會	同	右	方上塤	四〇	
東山縣京果商業同業公會	同	右	蔡樹[illegible]	三九	
東山縣餅商業同業公會	同	右	曾[illegible]	四五	
東山縣魚商業同業公會	同	右	林冠英	二五	
東山縣海產商業同業公會	同	右	曾捷京	六六	
東山縣民船商業同業公會	同	右	郭[illegible]	四八	
漳平縣商會	同	右	陳長椿	六三	

漳平縣糧食商業同業公會	同	右	蔣鉅泉	一二	
漳平縣京果商業同業公會	同	右	邱榮楠	三〇	
漳平縣百貨商業同業公會	同	右	黃祥倫	二〇	
漳平縣木商業同業公會	同	右	林丹芳	二八	
漳平縣紙商業同業公會	同	右	李受尊	四四	
漳平縣酒醬商業同業公會	同	右	顏俊增	一九	
華安縣商會	同	右	[illegible]成齋	二六	
華安縣海產商業同業公會	同	右	李汝音	四六	
華安縣國藥商業同業公會	同	右	[illegible]成爾	一五	
[illegible]公會	同	右	馬國楨	三三	
[illegible]商業同業公會	同	右	李作梨	二七	
[illegible]百貨商業同業公會	同	右	林志遠	四五	
沙縣[illegible]業同業公會	同	右	林鴻樓	二八	
沙縣[illegible]業同業公會	同	右	胡明德	二八	
沙縣百貨商業同業公會	同	右	陳[illegible]	一〇	
沙縣五金商業同業公會	同	右	楊寶球	三六	
沙縣國藥商業同業公會	同	右	王利生	一九	

[illegible]縣五金電料商業同業公會	同右	[illegible]遵平	八七	
[illegible]縣[illegible]酒商業同業公會	同右	[illegible]維生	四〇	
[illegible]縣[illegible]商業同業公會	同右	[illegible]子海	三八	
[illegible]縣糕餅商業同業公會	同右	[illegible]仰仁	三四	
[illegible]縣[illegible]商業同業公會	同右	鄭[illegible]	四三	
[illegible]縣[illegible]雜貨商業同業公會	同右	[illegible]	五三	
[illegible]縣[illegible]商業同業公會	同右	[illegible]瑞榮	四〇	
[illegible]縣[illegible]商業同業公會	三十一年十一月卅日	陳伯海	一四	
[illegible]縣綢布絲綫商業同業公會	同右	陳[illegible]	十四	
[illegible]縣鐵器商業同業公會	同右	楊[illegible]	一三	
[illegible]縣國藥商業同業公會	同右	陳[illegible]	十九	
[illegible]縣[illegible]商業同業公會	同右	[illegible]川	廿六	
[illegible]縣百貨商業同業公會	同右	[illegible]	二七	
[illegible]縣木商業同業公會	同右	[illegible]	三二	
[illegible]縣京果商業同業公會	同右	[illegible]亥珠	三六	
[illegible]縣[illegible]商業同業公會	同右	[illegible]	二五	
[illegible]縣[illegible]商業同業公會	同右	[illegible]常川	一四	

莆田縣[illegible]商業同業公會	同右	[illegible]	一九	
莆田縣[illegible]商業同業公會	同右	[illegible]	三六	
莆田縣金銀首飾商業同業公會	同右	[illegible]	二〇	
莆田縣生菓商業同業公會	同右	[illegible]	三〇	
莆田縣京果商業同業公會	同右	[illegible]	二八	
莆田縣涵江鎮肥料商業同業公會	同右	[illegible]	四九	
莆田縣涵江鎮[illegible]商業同業公會	同右	[illegible]	[illegible]	
莆田縣涵江鎮糧食商業同業公會	同右	[illegible]	五二	
莆田縣涵江鎮[illegible]商業同業公會	同右	[illegible]	二五	
莆田縣涵江鎮鐵器商業同業公會	同右	[illegible]	四六	
莆田縣涵江鎮圖書教育用品商業同業公會	同右	吳[illegible]	二八	
莆田縣涵江鎮國藥商業同業公會	同右	[illegible]	一七	
莆田縣涵江鎮青菓商業同業公會	同右	[illegible]	四四	
莆田縣涵江鎮菸商業同業公會	同右	[illegible]	二四	
莆田縣涵江鎮糕餅商業同業公會	同右	[illegible]	[illegible]	
莆田縣涵江鎮酒商業同業公會	同右	吳[illegible]	三〇	
[illegible]縣[illegible]商業同業公會	同右	[illegible]	一六	

上原缺

武平縣[illegible]商業同業公會	同	右	[illegible]國亨	一三
武平縣[illegible]業同業公會	同	右	李鑑章	五九
武平縣[illegible]布商業同業公會	同	右	李鼎新	一八
武平縣[illegible]商業同業公會	同	右	陳成基	一二
武平縣[illegible]商業同業公會	同	右	陳瑞生	一七
武平縣[illegible]商會	同	右	揚秉衡	一一
長汀縣[illegible]紙商業同業公會	同	右	張學坡	四三
長汀縣[illegible]商業同業公會	同	右	楊道生	七八
長汀縣[illegible]業同業公會	同	右	嚴仰光	一〇六
長汀縣[illegible]同業公會	同	右	楊[illegible]初	二五
長汀縣[illegible]商業同業公會	同	右	[illegible]子振	三八
長汀縣[illegible]同業公會	同	右	涂德彰	一二四
長汀縣糧食商業同業公會	同	右	溫克俊	一五六
長汀縣[illegible]商業同業公會	同	右	[illegible]友琴	四七
長汀縣[illegible]業同業公會	同	右	陳[illegible]	二二
長汀縣[illegible]商業同業公會	同	右	[illegible]漢汀	三六
長汀縣[illegible]業同業公會	同	右	丘[illegible]	六〇

[illegible]會[illegible]公[illegible]彙編

一四三

長汀縣[illegible]商業同業公會	同	右	[illegible]佳林	六[illegible]
長汀縣香[illegible]商業同業公會	同	右	[illegible]	一六
順昌縣[illegible]商業同業公會	同	右	[illegible]九皋	三五
順昌縣[illegible]商業同業公會	同	右	[illegible]彬	五〇
順昌縣[illegible]紙布商業同業公會	同	右	[illegible]瑞麟	一一〇
順昌縣[illegible]商業同業公會	同	右	[illegible]大[illegible]	一五
順昌縣[illegible]商業同業公會	同	右	[illegible]庭德	一五〇
順昌縣[illegible]商業同業公會	同	右	鄧鏡和	一一
順昌縣[illegible]商業同業公會	同	右	[illegible]壽祺	一五
順昌縣[illegible]同業公會	同	右	[illegible]乘萬	八五
順昌縣[illegible]商業同業公會	同	右	[illegible]子香	一五
順昌縣[illegible]商業同業公會	同	右	[illegible]儒	二三
順昌縣[illegible]商業同業公會	同	右	[illegible]	[illegible]
順昌縣[illegible]同業公會	同	右	[illegible]	二六
順昌縣[illegible]商業同業公會	同	右	黃[illegible]	一一
順昌縣上洋商業同業公會	同	右	[illegible]欽	二八
順昌縣[illegible]商業同業公會	同	右	[illegible]乙	三四

漳平縣糧食商業同業公會	同	右	蔣開泉	一〇
漳平縣米商業同業公會	同	右	林[illegible]芳	一八
漳平縣[illegible]商業同業公會	同	右	李受賢	四四
漳平縣百貨商業同業公會	同	右	黃祀倫	二三
漳平縣京菓商業同業公會	同	右	邱榮森	二九
漳平縣酒醬商業同業公會	同	右	賴佳瑞	九
建甯縣商會	同	右	曹子青	八三
建甯縣煮紙商業同業公會	同	右	傅錦文	一七
建甯縣布商業同業公會	同	右	曾[illegible]達	二九
建甯縣國藥商業同業公會	同	右	王榮華	二八
建甯縣京菓商業同業公會	同	右	張鳳鳴	二四
建甯縣屠宰商業同業公會	同	右	何天錫	一四
華安縣商會	同	右	柯啟智	二九
華安縣國藥商業同業公會	同	右	柯啟猷	一八
華安縣承攬運輸商業同業公會	同	右	吳國材	二三

[illegible]商業同業公會	同	右	李作璗	三三
華安縣[illegible]商業同業公會	同	右	林志遠	四三
華安縣[illegible]商業同業公會	同	右	李雅晉	四六
大田縣商會	同	右	潘世鑠	四一
大田縣國藥商業同業公會	同	右	林明清	一二
大田縣布商業同業公會	同	右	蘇福長	一二
大田縣糧食商業同業公會	同	右	陳正篤	一三
大田縣[illegible]商業同業公會	同	右	詹玉輝	一六
大田縣京果商業同業公會	同	右	粟金芳	一八
清流縣商會	同	右	王介卿	三四
清流縣國藥商業同業公會	同	右	王介卿	二三
清流縣[illegible]商業同業公會	同	右	江映星	一七
清流縣[illegible]商業同業公會	同	右	邱騰蛟	二〇
清流縣京菓商業同業公會	同	右	張瑛	五四

3. 核准改組之商人團體

省市別	團體名稱	核准日期	主要負責人	會員數	備註
湖南	臨澧縣商會	卅一年十一月十九日	陳鋭	一六	
	臨澧縣紙商業同業公會	同右	胡祖熾	三二	
	臨澧縣絲綢呢絨布商業同業公會	同右	葉代寓	二二	
	臨澧縣南貨商業同業公會	同右	楊震縣	三六	
	臨澧縣百貨商業商同業公會	同右	田松雲	二七	
	邵武縣布商業同業公會	同右	周之珊	二一	
	邵武縣絲綢呢絨商業同業公會	同右	莊約認	一七	
	閩侯縣商會	同右	林耆揚	三五	
	閩侯縣糧食商同業公會	同右	游[illegible]訓	六一三	
	閩侯縣茶商業同業公會	同右	林屏藩	六九	
	莆田縣木商業同業公會	三十一年十二月三十日	黄香海	一二	
	莆田縣菸商業同業公會	同右	鄭慶煌	四七	
	莆田縣戲劇商業同業公會	同右	宋青如	二一	
	莆田縣竹商業同業公會	同右	鄭彬如	二七	
	莆田縣菸酒商業同業公會	同右	張之典	二〇	
	莆田縣屠宰商業同業公會	同右	蕭金波	一二	
	莆田縣涵江鎮商會	同右	陳杰人	二二	
	霞浦縣商會	同右	陳克桂	一九	
	霞浦縣綢呢絨布商同業公會	同右	黄覺凡	一六	
	霞浦縣百貨商業同業公會	同右	許少瓊	九	
	霞浦縣國藥商業同業公會	同右	蕭子垚	一五	
	霞浦縣糧食商業同業公會	同右	吳萬生	二二	
	霞浦縣三沙鎮商會	同右	魏望辰	四八	
	霞浦縣鞋商業同業公會	同右	李守滔	八	
	霞浦縣染商業同業公會	同右	李實園	一〇	
	霞浦縣國藥商業同業公會	同右	甘成之	二〇	
	霞浦縣五金電料商業同業公會	同右	李子山	一六	
	霞浦縣飲食商業同業公會	同右	陳光林	三二	
	霞浦縣粮食商業同業公會	同右	王渭川	三二	
	霞浦縣棉花紗商業同業公會	同右	甘興讓	二五	
	霞浦縣水菓商業同業公會	同右	胡松柏	四八	
	霞浦縣屠宰商業同業公會	同右	黄繼農	一二	
	霞浦縣[illegible]商業同業公會	同右	王豢庸	八	

	霞浦縣磨坊商業同業公會	同右	明相益	一五	
	霞浦縣茶酒商業同業公會	同右	周恕臣	二〇	
	霞浦縣旅館商業同業公會	同右	蘇文軒	三六	
	霞浦縣油梾商業同業公會	同右	施祖龍	三五	
	柳縣縣商業同業公會	同右	鄭[illegible]	六五	
	長沙市鐘錶商業同業公會	三十一年十一月廿五日	朱朗勳	五六	
福建	長樂縣商會	三十一年十二月廿二日	張善勳	五九	
	長樂縣酒商業同業公會	同右	李青偉	八	
	長樂縣麵餅商業同業公會	同右	陳鑑楠	九	
	長樂縣魚貨商業同業公會	同右	林瑞熊	八	
	漳浦縣雜貨商業同業公會	同右	陳熙輝	九七	
	閩侯縣海運商業同業公會	同右	蔡友蘭	五二	
	閩侯縣醫商業同業公會	同右	熊鴻亨	七	
	閩侯縣菸商業同業公會	同右	林春棠	四二	

4.核准整理之商人團體

省市別	團體名稱	批准日期	主要負責人	會員數	備註
福建	閩侯縣漆號商業同業公會	三十一年十二月廿二日	劉子英	三七	
	閩侯縣南洋船票商業同業公會	同右	張焕藩	一五	
	閩侯縣金銀器商業同業公會	同右	胡執中	一七	
	閩侯縣酒商業同業公會	同右	鄭泰林	二七	
	閩侯縣雜貨商業同業公會	同右	高子[illegible]	五二	
	閩侯縣屠宰商業同業公會	同右	劉德英	一一	
	閩侯縣京菓商業同業公會	同右	蔡信煒	二一	
	閩侯縣三沙鰻鯗商業同業公會	同右	王建章	九	
	閩侯縣粮食商業同業公會	同右	林光蔭	三二	
	閩侯縣絲綢呢絨布疋業同業公會	同右	鄭志鵬	八	
	長汀縣菸商業同業公會	同右	范瑞霖	一〇	
	雲霄縣商會	同右	陳[illegible]	二三	
	雲霄縣布商業同業公會	同右	張挺秀	二九	
	雲霄縣糖商業同業公會	同右	吳庭福	四二	
	雲霄縣屠宰商業同業公會	同右	方克明	一八	
	雲霄縣魚商業同業公會	同右	方錦瑞	二三	
	閩安縣屠宰商業同業公會	同右	陳則武	三六	

	團體名稱	核准日期	主要負責人	會員數	備註
	閩侯縣蛋商業同業公會	同右	黃孝欽	一二	
	莆田縣涵江鎮運送商業同業公會	三十一年十二月三十日	劉濟民	三	
	莆田縣涵江鎮絲綢呢絨布商業同業公會	同右	林瑩梯	八	
	莆田縣涵江鎮百貨商業同業公會	同右	高□志	一三	
	莆田縣涵江鎮木商業同業會公	同右	陳襄禹	七	
	莆田縣涵江鎮瓷器商業同業公會	同右	黃承初	一二	
	莆田縣涵江鎮鐵莞商業同業公會	同右	林□宣	八	
	莆田縣涵江鎮鞋商業同業公會	同右	嚴仰光	一〇六	
	莆田縣涵江鎮屠宰商業同業公會	同右	劉金祥	一一	
	莆田縣涵江鎮旅館商業同業公會	同右	孔琴如	一三	
	莆田縣涵江鎮京菓商業同業公會	同右	蘇承祺	二〇	
	莆田縣涵江鎮醬園商業同業公會	同右	翁繼芳	一三	

5. 核准備案之商會聯合會及工業同業公會

團體名稱	核准日期	主要負責人	會員數	會址	備註
河南省商會聯合會	三十一年十一月廿五日	孔紹周	七八	魯山	組織
第二區造紙工業同業公會	三十一年十二月七日	張劍鳴	五	重慶	組織
第二區碾米工業同業公會	三十一年十一月廿七日	陳豐鎬	一九	重慶	組織
第一區電工器材工業同業公會	三十一年十二月廿八日	楊亘垣	一九	重慶	組織
第二區製革工業同業公會	三十一年十二月廿五日	陳達德	一六	衡陽	改選

社會部核准備案之自由職業團體一覽表

三十一年十月至十二月

1. 核准組織之自由職業團體

省市別	團體名稱	核准日期	主要負責人	會員數 團體	會員數 個人	備註
浙江	雲和縣中醫師公會	三十一年十一月九日	陳甸臣		五二	
甘肅	蘭州市新聞記者公會	三十一年十二月十一日	曹啟成		四〇	

2. 核准備案之自由職業團體

省市別	團體名稱	核准日期	主要負責人	會員數 團體個	會員數 人	備註
甘肅	鎮原縣教育會	三十一年十一月二十日	張殿祥	三		
	第一區教育會	同右	張永禎		八〇	
	第三區教育會	同右	張濟儒		六四	
	慶陽縣教育會	三十一年十二月十八日	楊天保		一二二	

3. 核准改選之自由職業團體

省市別	團體名稱	核准日期	主要負責人	會員數 團體個	會員數 人	備註
甘肅	華亭縣第二區教育會	三十一年十一月六日	徐榮貴		三九	
甘肅	鎮原縣第一區教育會	三十一年十一月二十日	朱廷璽		九三	
貴州	安龍縣教育會	三十一年十一月十三日	徐耀武		一七〇	
福建	閩侯縣律師公會	三十一年十一月三十日	陳玠		八八	
	浦城縣中[illegible]師公會	同右	祝賀三		五八	

4. 核准組織之自由職業團體

省市別	團體名稱	核准日期	主要負責人	會員數 團體個	會員數 人	備註
甘肅	華亭縣教育會	三十一年十一月六日	袁璘	三		
	華亭縣第一區教育會	同右	杜如棟		五〇	
	華亭縣第三區教育會	同右	傅積厚		三五	
	涇川縣教育會	同右	李成棟		一九	
	第七區教育會	同右	張潤興		二二	
福建	武平縣城廂鎮教育會	三十一年十二月十四日	俞耀晴	四〇	九五	
湖南	桂陽律師公會	三十年十二月三十日	柏日章		一四	
	長樂縣中區律師公會	同右	林濟[illegible]		九〇	
	南靖縣中區律師公會	同右	鄭[illegible]		四四	
	仙遊縣律師公會	同右	鄭重九		二一	
	南靖縣教育會	同右	吳通	三		
	第一區教育會	同右	許鴻圖		七八	
	第六區教育會	同右	吳宏勳	三	三八	
	[illegible]	同右	羅承擁		二〇	
福建	長樂縣教育會	三十一年十二月三十日	鄭禮麒	二	一四〇	
	第一區教育會	同右	陳承詳	一	五〇	
	第二區教育會	同右	陳祥英	六	二八	
	第三區教育會	同右	張伯莊	八	三七	

	第四區教育會	同右	鄭懷新	二五	

社會部核准備案之社會團體一覽表

三十一年十月至十二月

1. 核准組織之社會團體

省市別	團體名稱	核准日期	主要負責人	會員數	備註
四川	隣水縣體育會	三十一年十一月 日	陳百芳	三七	
	黎明縣塔水穫地方文化促進會	同右	袁吉安	四五	
福建	福建省華僑團體聯合辦事處	三十一年十一月二十五日	陳聯芬	三〇	
廣西	桂林市湘[illegible]劇藝社	三十一年十二月四日	葛禹平	三〇	
	我南縣旅桂同鄉會	同右	謝光春	三八	

2. 核准組織之社會團體

省市別	團體名稱	核准日期	主要負責人	會員數	備註
雲南	昆明市婦女會	三十一年十二月二十三日	熊韻鏑	二〇〇	
四川	中國佛教會四川威遠縣分會	三十一年十一月 日	釋常文	一〇八	

3. 核准改選之社會團體

省市別	團體名稱	核准日期	負責人	會員人數	備註
甘肅	華亭縣婦女會	三十一年十月六日	强布英	二五	
	靈臺縣旅華亭縣同鄉會	同右	許師衡	一五〇	
	中國回教救國協會華亭縣支會	同右	李占春	一〇四	
	中國回教總會華亭縣分會	同右	李耀亭	三三	
四川	中國佛教會閬縣分會	三十一年十一月 日	釋昌鑫	一一一	

社會部核准立案之社會團體一覽表

三十一年十一月

人民團體

社會部公報　第八期

中華民國三十二年一月出版

編輯兼發行者　社會部總務司

訂購辦法

期限	冊數	價目	郵費
三月	一	五角	八分
半年	二	一元	一角六分
全年	四	二元	三角二分

附註：本報掛號及寄往國外郵費照加

社會部設立

社會服務處

重慶　貴陽　桂林　衡陽　內江　遵義

現有業務

中央設計局

……事業　……會文化　……室　淋浴室

人事服務
……顧問　……衛生　……放信件　……留轉　代售郵票　代收電報　讀寫書信　公用電話

文化服務
圖書館　社交會堂　學術講演會　座談會　民衆學校　書報供應　娛樂室　兒童樂園　體育場　診療所

經濟服務
小本貸款

處址：
重慶社會服務處　重慶兩路口　都郵街　海棠溪（分處）
貴陽社會服務處　貴陽大西門
桂林社會服務處　桂林依仁路
衡陽社會服務處　衡陽道前街
內江社會服務處　內江交通路
遵義社會服務處　遵義老城